[새로운 목회패러다임을 위한

목회자 리더십론]

새로운 목회패러다임을 위한

목회자 리더십론

개정판 1쇄 2012년 6월 20일

조성종 지음

발 행 인 | 신경하
편 집 인 | 손인선
펴 낸 곳 | 도서출판 kmc
등록번호 | 제2-1607호
등록일자 | 1993년 9월 4일
(110-730) 서울시 종로구 세종대로 149 감리회관 16층
(재)기독교대한감리회 출판국
대표전화 | 02-399-2008, 02-399-4365(팩스)
홈페이지 | http://www.kmcmall.co.kr
디자인 · 인쇄 | 리더스 커뮤니케이션 02)2123-9996/7

ISBN 978-89-8430-574-8 03230

값 17,000원

새로운 목회패러다임을 위한

목회자 리더십론

조성종 지음

kmc

개정판 서문

개정판 「목회자 리더십론」을 출간하게 하신 하나님의 은혜에 감사드린다. 1996년 리더십으로 경영학 박사학위를 받으면서 모아 놓은 리더십과 여러 주변 분야의 자료들을 정리하여 초판을 출간하였다. 하나님의 은혜로 그 이듬해 한국기독교출판문화상 목회자료 부문 우수상을 받았고, 현재까지도 리더십을 연구하는 많은 목회자와 학자들이 읽는 책이 되었다. 아마 당시에 리더십에 대한 사회과학적인 접근을 한 책이 부족했던 이유일 것이다.

그 후 일반대학과 감리교신학대학에서 15년 이상 리더십과 경영에 대한 강의를 하면서 최근 리더십의 학문적 변화과정을 경험하게 되었다. 또한 목회자들이 목회를 하면서 하나님이 원하시는 효과적인 목회자 리더십을 발휘하기 위하여 애쓰고 있는 것과 일반 리더십과 그 관련 분야에 대한 많은 갈증이 있음을 알게 되었다.

부족하지만 이런 상황에서 또 한 권의 목회자 리더십 책을 출간하였다. 이 책에는 그동안 발전하고 변화된 리더십의 현대적 이론과 리더십 주변 분야의 다양한 이론들을 소개하였다. 특히 팔로어십, 멘토링, 서비스, 임파워먼트 등의 이론을 소개하였다. 이 이론들은 목회자라면 반드시 이해하고 적용해야 할 분야라고 생각한다. 이 책을 쓰게 된 이유는 목회자들이 이 한 권의 책을 정독하면 리더십의 사회과학적 이해와 목회적 적용이 가능하리라는 기대 때문이다.

이 책 또한 모든 이론들은 나의 독창적인 것이 아니라, 리더십의 수많은 학문적 선배들의 작품을 나의 관점으로 정리하여 옮겨 놓은 것뿐이다.

그동안 부족한 사람이 개척한 상계경신교회가 벌써 20주년을 맞게 되었다. 그리고 이제 중견교회로 건강하게 성장하였다. 모두 하나님의 절대적인 은혜 덕분이다. 일반대학에서 교수직을 수행해도, 신학대학에서 강의를 해도 그 모든 것이 선교의 일환이라고 믿어 주면서 묵묵히 믿고 따라온 우리 교회의 모든 성도들이 자랑스럽다. 그리고 감사드린다.

결혼 후 개척교회에서 목회하며 공부하는 남편을 뒷바라지하면서 지금까지 고생하며 날마다 눈물로 기도한 아내와 바쁜 아빠 엄마를 둔 덕택에 어릴 때부터 셀프 리더로 잘 자라준 아들 훈희에게 이 책이 작은 보답이 되었으면 좋겠다. 그리고 이 책이 출간되기 직전 복음의 달려갈 길을 다 마치고 소천하신 아버님 고 조만형 원로목사님께 작은 정성으로 바친다.

아무쪼록 이 책이 사회과학적인 리더십에 목마른 한국교회 목회자들에게 조금이라도 도움이 되었으면 하는 바람이다. 또한 기꺼이 책을 출판해 주신 감리회 본부 출판국(도서출판 KMC)에 감사드린다.

2012년 상계경신교회 창립 20주년을 맞으며

조성종 목사

초판 서문

먼저 하나님께 모든 영광과 감사를 드린다. 부족한 나를 구원하시고, 학문의 길로 들어서게 하시고, 목회자로 만드시고, 흠투성이지만 이렇게 작은 책을 출판하기까지 주신 은혜를 무엇으로 감사할 수 있을 것인가? 그저 감격할 따름이다.

또한 이 책에 이름이 기록되거나 안 되었거나 간에 많은 선진 학자들에게 감사드린다. 사실 이 책은 편저라고 해야 옳을 것이다. 수많은 선진 학자들의 긴 고뇌와 애씀과 정진의 결과를 허락도 받지 않고 때로는 인용하며, 때로는 수정하여 편집하였을 뿐이다. 그분들은 수많은 날을 통해 이룩한 학문적 결과를 단지 몇 줄로 인용하면서 그 바른 뜻을 곡해하여 소개한 일은 없었으면 좋겠다는 바람뿐이다.

그동안 부족한 저자가 공부했던 숭실대학 경영대학의 많은 교수님들께 감사드린다. 특히 석사, 박사 과정을 통해 가르침을 주신 이원우 교수님과 이상호 교수님의 은혜는 갚을 길이 없다. 이재관 교수님의 격려와 박윤재 교수님의 세밀하신 지도에 감사드리며, 박태하 교수님, 유동길 교수님, 강이수 교수님께 감사드린다. 또한 신학적 소양을 길러 주신 감리교신학대학 냉천동산의 많은 교수님들, 특히 이기춘 교수님과 김외식 교수님께 감사드린다. 그분들의 격려로 이렇게 목사가 되었다.

자격이 모자라는 부족한 사람을 목회자로 다듬어 주신 경신교회 김용주 감독님과 사모님께 감사드린다. 신학학위도 아닌 경영학학위의 박사과정 학비를 모두 제공해 주시면서 키워 주신 고마우신 분들이다.

칠석동이 같은 나를 낳으시고 지금까지 기도로 격려로 인도해 주신 부모님, 의정부감리교회 조만형 목사님과 이정수 사모님의 은혜는 말로 헤아릴 수 없다. 그저 만 분의 일이라도 갚을 수만 있다면…. 또한 늘 함께 고생했던 성희, 성순, 성진, 성은이에게 오랜만에 장남 노릇을 한 것 같아 고마운 마음이다. 그리고 서울 생활에서 늘 염려해 주시고 부모님처럼 돌보아 주신 외삼촌 이봉수 장로님과 그 밖의 외가 식구들에게 감사드린다.

연구한답시고 내가 목회를 잘 못해도 참아 주고, 존경해 주며 늘 기도하고 함께 고락을 같이한 나의 기쁨이요 보람인 상계경신교회 모든 교우들과 여러모로 나를 도와준 박길순 전도사에게도 감사드린다.

결혼 십 년 동안 공부하고, 목회하는 남편 뒷바라지하면서 고생하며 눈물로 기도한 나의 아내와 바쁜 아빠를 둔 덕택에 잘 놀아주지 못한 아들 훈희에게 이 작은 책이 한 번의 기쁨이라도 되었으면 더할 나위가 없겠다.

1997년 6월

상계경신교회에서 저자

| 차례 |

1부 리더십의 일반적 이해

2부 리더십과 사회과학

3부 목회자 리더십의 이해

4부 목회자 리더십과 실천적 목회

제1부
리더십의 일반적 이해

제1장

서론

머리말

현대 사회의 문제는 곧 리더십 부재의 문제이기도 하다. 철학자 칼 야스퍼스는 "우리 세대는 리더의 공황에 직면해 있다"고 진단하였으며, 번스(Burns)는 "오늘 우리 시대에 있어서 보편적인 최고의 열망은 강력한 창조적 리더십에 대한 열망이다"[1]라고 하였다.

베니스(Bennis)와 나누스(Nanus)도 "조직에 자본이 부족하면 빌릴 수 있고 위치가 나쁘면 옮길 수 있지만 리더십이 부족하면 생존 가능성 자체가 희박하다"[2] 라고 하여 리더십이 생존에 필수불가결한 조건임을 밝혔다. 이렇게 볼 때 현대사회에서 리더십에 대한 필요성은 아무리 많이 주장해도 부족함이 없을 것이다.

특히 "교회의 성장은 목회자의 리더십에 달렸다"고 할 정도로 목회자의 리더십 발휘는 영적 기관인 교회에 절대적인 영향력을 미친다. 그러나 오늘날 여전히 각 분야마다 수많은 리더십의 위기에 직면해 있으며, 교회 역시 리더십의 기근 현상에 직면해 있다.[3]

그런데 목회자들이 리더십에 대한 중요성과 필요성은 절감하면서도 현재 목회자 리더십에 대한 연구가 미진하여 효과적인 리더십의 발휘가 어려운 실정이다. 또한 현재 목회자들이 학습하여 교회 현장에 적용하는 리더십의 내용도 시대에 뒤떨어진 진부한 내용들이 대부분이다. 특히 1990년대 이후 사회 과학에서의 리더십 연구는 그 패러다임이 완전히 변화되었는데, 우리 한국 목회자들의 리더십 패러다임은 아직도 60~70년대의 리더십 유형 수준에 머물러 있다. 이런 상황 속에서 목회자 리더십에 대한 체계적 연구와 최신 리더십에 대한 이해와 적용이 긴급한 실정이라고 여겨진다.

1965년 마틴 도메(Martin Doeme)가 "실천신학의 현재 상황"에서 실천신학의 영역에 인문사회과학의 경험주의적 사고를 처음으로 도입한 이래 실천신학, 특히 목회행정 분야에도 사회과학적 방법론이 상당한 규모로 도입되었다.[4] 특히 교회성장학 등에서는 그 기초를 사회과학적 방법으로 접근하는 실정이다. 그러나 사회과학, 특히 행동과학의 도입과 수용에 대한 신학적 조명과 토대가 부족해서 때로는 무비판적으로 수용하기도 하고, 때로는 무조건적인 거부반응을 일으키기도 한다. 하나님이 주신 모든 학문을 신학적 신앙적 체계를 세워서 교회에 덕을 세우는 일이 하나님의 교회를 잘 성장케 하는 일임을 인식할 때, 사회과학적이며 행동과학적인 리더십 이론을 잘 연구하여 교회와 목회에 적용하는 것이 필요하게 되었다.

나는 그동안 개척한 교회에서 목회하면서 리더십의 목회 실천적인 면을 경험하였고, 학교에서 교수로서 학생들을 가르치면서 전방향적인 목회자 리더십의 필요성을 깨달았다. 학문적으로는 석 · 박사 과정과 목회학박사 과정에서 일반적 리더십과 목회자 리더십을 비교, 연구할 기회를 갖게 되었다. 이러한 목회의 실천적 경험과 학문적 기초 위에서 목회자 리더십에 대한 책을 쓰게 되었다. 이 책에서는 최근의 경영학 · 조직학 · 행정학 · 교육학 등에서 연구된 리더십 이론을 신학적 틀에 맞게 재조명하여 목회자 리더십을 규명하였다.

본서의 구성

본서는 위와 같은 목적으로 리더십을 연구하고자 하는 성도와 신학생, 그리고 일반 목회자를 대상으로 쓰였다. 때문에 일반 사회과학적인 리더십의 개념을 바탕으로 하고 목회자 리더십에 대한 고찰과 현장 목회의 적용 등의 순서로 총 3부로 구성하였다.

제1부는 1~5장으로 구성하였다. 리더십은 행정학 · 교육학 · 경영학 · 조직학 · 심리학 등 모든 사회과학에서 연구된 포괄적인 주제다. 따라서 1부에서는 리더십에 대한 근거와 추종자에 대한 이해, 현재까지 발전해 온 리더십의 이론과 그 이론의 발전 과정과 현대 리더십 이론을 포괄적으로 정리하였다. 제1장은 서론과 연구의 목적을 서술하였다. 제2장에서는 리더십의 의의와 리더십의 유사개념, 리더십의 다양한 유형을 소개하였다. 제3장에서는 전통적인 리더십 이론을 정리하였다. 제4장은 비교적 현대적 리더십 이론을 다루었고, 제5장은 최근 대두하고 있는 리더십의 트렌드를 정리하였다.

제2부는 6~9장, 총 4장으로 구성하였다. 제1부에서 고찰한 일반적 리더십을 기초로 하여 리더십에 필요한 여러 가지 사회과학 인접 분야의 주제들을 정리하였다. 팔로어십, 멘토링, 임파워먼트의 리더십과 함께 적용되는 주제들과 서번트 리더십이 발휘되기 위해 반드시 알아야 할 서비스와 서비스 리더십을 소개하였다.

제3부는 목회자 리더십에 대한 고찰로 10~12장까지 총 3장으로 구성하였다. 제10장에서는 목회자 리더십의 이해, 제11장은 성서 속의 리더십에 대한 고찰을 하였다. 모세에서부터 예수 그리스도에 이르기까지 성서 속의 리더십을 살펴보았다. 제12장은 현대적 관점에서 본 목회자 리더십의 요소를 정리하였다.

제4부는 13~14장, 총 2장으로 구성하였으며, 목회자 리더십이 발휘되는 실천적 목회 현장 속에서의 목회자 리더십을 살펴보았다. 제13장은 교회성장 이론과 리더십 이론을 접목하여 목회자 리더십이 교회성장에 미치는 영

향을 살펴보았다. 제14장은 리더로서 목회자가 갖추어야 할 리더의 기술과 능력을 실천적인 면에서 정리하였다.

주

1) James Burns, *Leadership*, (N.Y.: Harper & Row, 1979), p. 1.
2) W.G. Bennis & Nanus, *Leaders: The Strategies for Taking Charge*, N.Y.: Harper & Row, 1985, p. 20.
3) J. Oswald Sanders, *Paul The Leader*, 1984, p. 8.
4) Karl-Fritz Daiber, *Foundation*, 「실천신학서설」, 박근원 역, 서울: 기독교서회 출판사, 1981, pp.9~10.

제2장

리더십의 의의

리더십의 의의

리더십이란 무엇인가? 리더십을 어떻게 정의할 것인가? 그러나 리더십을 한 마디로 정의하기는 불가능하다. 왜냐하면 학자에 따라 그 의미가 다양하게 사용되고 있으며, 오히려 그 개념 자체도 규정하기 어려운 용어이기 때문이다.

벤츠(Bentz)가 리더십의 개념을 정립하기 위하여 1945년 이후에 발행된 모든 문헌을 정리해 보았는데, 1945년 이전까지 연구된 것만 해도 무려 130여 종의 정의를 모집할 수 있었다고 하였다. 또한 번스(Burns)는 지금까지 리더십에 대한 연구 논문 수는 약 5,000여 편을 상회하고 있지만 학문적인 유용성과 과학성의 입장에서 보면 아직도 리더십의 본질과 특성에 대해 일관성 있는 결론을 내리지 못하고 있으며, 리더십은 높은 관심과 많은 연구에도 불구하고 이해의 정도가 가장 낮은 수준에 머물러 있는 학문 분야라고 하였다.[1] 베니스(Bennis)도 리더십에 대한 문헌을 조사한 후에 지적하기를 "리더십에 대한 개념상의 모호성과 복잡함이 리더십에 대한 이해를 어렵게 하고 있다. 지금까지 리더십에 대한 수많은 정의가 있었지만 아직도 일반성의 수준이 낮다"라고 하였다.[2] 심지어 스토그딜(Stogdill)은 리더십에 대한 정의는 리더십을 연구하는 사람의 수만큼 된다고까지 하였다.[3] 리더십의 어원은 앵글로색슨어(Anglo-Saxon)의 'Ledan'에서 나온 것으로 'Litan'이 어근이다. 이것은 "간다(to go)"라는 뜻으로 동적인 성격이 있다.[4]

이와 같은 리더십에 대한 다양한 현상이 생기게 된 기본적인 원인은 리더십이란 용어가 권력(power), 권위(authority), 관리(management), 통제(control) 등과 구별되지 않고 혼용되어 사용되기 때문이다.

이러한 입장에서 유클(Yukl)은 리더십 연구는 전반적인 범위의 정의에 적합한 정보를 제공할 수 있도록 계획되어야 하며, 그래야 시간을 두고 상이한 개념의 유동성을 비교할 수 있고 문제의 주된 내용에 대한 일치성을 얻을 수 있을 것이라고 하였다. 그는 지금까지 연구되어 온 대표적인 리더십의 정의를 다음과 같이 정리하였다.[5]

① 리더십이란 집단의 행동을 공동의 목표로 지향하도록 하는 개인의 행동이다.(Hemphill & Coons, 1957)

② 리더십이란 특정한 상황 속에서 행사될 때, 의사소통을 통하여 설정된 목표를 달성하도록 하는 대인간의 영향력이다.(Tannenbaum, Wescher & Massarik, 1961)

③ 리더십이란 기대와 상호작용 속에서 조직(structure)을 주도하고 형성, 유지시키는 것이다.(Stogdill, 1974)

④ 리더십이란 한 사람이 어떤 종류의 정보를 제공하고 다른 사람들이 그에 따라 행동하면 그 결과가 개선될 것이라는 확신을 갖게 하는 사람들 간의 상호작용이다.(Jacobs, 1970)

⑤ 리더십이란 조직의 일상적인 지시에 따라 기계적으로 순종하는 것 이상의 영향력을 증대시키는 것이다.(Katz & Kahn, 1978)

⑥ 리더십이란 주어진 상황 속에서 목표를 달성하기 위하여 개인 또는 집단의 활동에 영향을 미치는 과정이다.(1981, 미국 육군사관학교 교재)

⑦ 리더십이란 집단의 한 구성원이 다른 집단 구성원으로서의 활동에 관

한 행동양식을 규정할 권리를 갖는다고 지각하는 것으로 특정 지어지는 특수한 유형의 권력관계다.(Janda, 1960)

⑧ 리더십이란 조직 구성원들이 지각이나 기대 그리고 상황의 구조나 재구조화를 포함하는 집단에서 둘 이상의 성원들 간의 상호작용이다.(Bass, 1990)

⑨ 리더십이란 갑의 행위가 을의 행위를 변화시키고 을은 그러한 영향력 행사를 합법적인 것으로 그리고 그 변화를 자신의 목표와 일치하는 것으로 인정하는 한 영향력의 과정이다.(Kochan, Schmidt & DeCotiis, 1975)

이처럼 다양한 리더십에 대한 입장을 고려해 볼 때 리더십에 대한 개념은 연구자의 경험적 고찰과 연구목적에 따라 조작적으로 정의되고 있다고 볼 수 있다.[6]

그러나 지금까지 살펴본 다양한 리더십의 정의에도 불구하고 모든 학자들이 공통적으로 인정하고 있는 리더십에 대한 요소는 다음과 같다.

첫째, 리더십은 두 사람 이상의 성원들 간의 상호작용 관계를 내포하는 집단 현상이다.(상호관계)

둘째, 리더십은 사람이 아닌 영향력의 행사 과정으로, 이때 의도적인 영향력의 행사 방향은 리더에서 추종자의 방향으로 작용한다.(영향력)

셋째, 리더십의 결과는 목적 달성의 용어로 정리된다는 것 등이다.(조직목표)

이런 가정을 제외하고는 리더십 정의에서 거의 공통점을 발견할 수 없으며, 영향력의 행사 주체, 영향력의 행사 목적, 방법, 과정 등에 대하여는 서로 다른 차이를 보이고 있다.[7]

베스(Bass)는 리더십의 개념 정의에 포함된 공통적인 요소들을 어떻게 다루느냐에 따라 리더십이 달라진다고 하면서 다음과 같이 리더십을 구별하였다. 즉 집단과정으로서의 리더십, 퍼스낼리티로서의 리더십, 복종수단으로서의 리더십, 영향력으로서의 리더십, 일정한 형태로서의 리더십, 설득으로서의 리더십, 권력관계로서의 리더십, 목표달성수단으로서의 리더십, 상호작용으로서의 리더십, 분화된 역할로서의 리더십, 구조주도로서의 리더십 등이다.[8]

① 집단과정으로서의 리더십: 집단에 대한 리더의 역할을 강조한다. 리더

는 집단의 상위 직위를 차지하고 집단의 집합적 의지를 구현하는 역할을 한다. 따라서 리더는 집단에서 분리할 수 없으며, 구조, 분위기, 목표, 이념, 활동 등을 결정하는 주체가 된다.

② 퍼스낼리티로서의 리더십: 리더 개인의 퍼스낼리티의 정도와 그 효과를 리더십으로 인정하는 것이다. 그러므로 리더십의 일방적인 효과를 강조하는 경향이 있으며, 리더십에 영향을 미치는 상황적 요소는 무시하는 경향이 있다. 또한 리더의 퍼스낼리티 중 어떤 요소가 리더십과 관계가 있는지 제대로 구명하지 못하고 있다.

③ 복종을 유도하는 수단으로서의 리더십: 리더십을 목표달성을 위하여 리더가 추종자들을 유도하고 사회적 통제력을 행사하며, 복종, 존경, 충성심, 협력을 통하여 리더의 의지를 실현하는 것으로 보는 관점이다. 즉, 리더십이란 리더가 원하는 방향으로 추종자들을 유도해 가는 과정이다. 이 관점도 상황적 요소를 무시하고 리더의 일방적인 영향력만 강조하고 있다.

④ 영향력의 행사로서의 리더십: 리더십을 리더가 추종자들의 행위변화에 영향력을 행사하는 것을 보는 것이다. 즉, 목표설정과 목표달성을 위한 노력에서 집단 활동에 영향을 미치는 과정이다. 그러나 영향력이란 리더에 의한 지배, 통제, 복종의 유도뿐만 아니라, 리더와 추종자의 상호작용을 통해서도 나타난다.

⑤ 행위로서의 리더십: 리더십을 집단 활동을 이끌어가는 개인의 행태로 보는 관점이다. 작업의 구조화, 집단구성원에 대한 평가, 구성원의 복지와 감정에 대한 관심의 표시 등이 집단 활동에 대한 리더의 행태이다.

⑥ 설득의 수단으로서의 리더십: 리더십을 리더가 의사결정을 내리고 다른 사람들이 그 결정을 따르도록 설득하는 과정으로 보는 관점이다. 즉, 다른 사람들로 하여금 리더의 결정을 수용하고 옳다는 확신을 심어 주는 것이다. 이 설득은 다른 강제력을 동원하지 않고서도 결정의 장점을 통하여 확신을 갖게 하는 것이다. 리더는 설득의 과정에서 권위의 행사보다는 감정적 호소력을 가지고 영향을 미치는 능력을 갖는다. 설득은 추종자들의 기대와 신념을 형성하는 강력한 도구로 이용할 수 있다.

⑦ 권력관계로서의 리더십: 정치적 리더십의 기초를 이루는 리더십이다. 정치적 리더십이란 리더십의 기초는 권력에 있으며, 권력은 상대방의 다른 의지에도 불구하고 다른 방향으로 강제할 수 있는 힘을 의미한다. 권력관계로서의 리더십은 상호작용 과정의 통제와 비슷하다.

⑧ 목표달성 수단으로서의 리더십: 집단의 목표와 욕구를 성취하기 위한 수단적 가치를 강조한다. 따라서 리더는 자신을 포함하여 집단의 구성원들이 공동의 목표를 효과적이며 능동적으로 달성할 수 있는 환경을 만드는 사람이다. 특히 최근의 변혁적 리더십에서는 리더가 비전과 지적 자극 등을 통하여 목표를 달성하게 하는 것을 강조한다.

⑨ 상호작용의 효과로서의 리더십: 이 관점은 리더십을 집단행동의 원인이나 통제보다는 효과로 간주한다. 즉 리더십은 개인적인 차이의 성공적인 상호작용에 의하여 대의명분을 추구하는 인간에너지를 통제하는 교호작용의 과정이다. 따라서 리더십은 상호작용의 결과로서 출현하는 것이다. 즉 집단 내의 상호작용 과정에서 목표달성을 가장 효과적으로 지원하는 사람이 리더로 인정된다.

⑩ 분화된 역할로서의 리더십: 역할이론에 기초한 리더십 이론으로, 리더십을 역할분화로 간주한다. 즉 상이한 직위를 가지고 있는 사람들은 서로 다른 역할을 수행한다는 것이다.

⑪ 구조주도로서의 리더십: 리더십을 단순한 직위의 점유나 역할의 획득이 아니라, 역할구조를 창출하고 유지하는 과정으로 보는 것이다. 즉 리더는 문제해결 과정의 일부로서 상호작용을 촉진하고 의사결정 체제의 효과성을 유지하는 적극적인 역할을 수행한다.

위와 같은 인식을 바탕으로, 시스템적 접근방법을 통하여 저자는 리더십을 다음과 같이 정의하려고 한다. 즉 리더십이란 "주어진 상황 속에서 목표달성을 위하여 개인 또는 집단의 활동에 영향을 미치는 의식적인 행동과정"이다. 또한 이런 사회과학적 정의를 토대로 목회자 리더십의 정의를 "목회자가 성도 개인의 신앙 성장과 교회의 성장을 위하여 영향을 미치는 영적 · 인간관계적 과정"이라고 정리하려고 한다.

리더의 유형

리더의 유형은 리더의 유형론적 접근을 통해서 찾아볼 수 있다. 여기서는 지금까지 여러 가지 차원에서 연구된 리더십의 유형을 살펴보려고 한다.[9]

1. 정신분석학적 개념에 따른 분류

리더십을 정신분석학적 개념을 따라 연구한 대표적인 학자는 레들(Redl)이다. 레들은 학교나 캠프 생활을 관찰한 결과, 집단 형성에는 10여 가지 유형이 있다고 하였다. 이러한 집단 형성 과정에는 반드시 중심인물이 있는데 리더란 그 중심인물의 하나이며, 집단의 발전은 그의 역할이 다음과 같은 조직 성원을 중심으로 발생한다고 주장하였다.[10]

1) 동일시(identification) 대상으로서의 중심인물

① 가부장적 지배자(patriarchal sovereign): 중심인물이 성원들의 초자아와 애정으로 결합되는 데서 집단통합이 행해지는 리더다.

② 리더(leader): 성원은 중심인물이 수행한 가치를 수용할 뿐 아니라, 중심인물을 닮으려고 그를 애정의 대상으로 하여 동일시하는 데서 집단 통합이 행해진다.

③ 폭군(tyrant): 가부장적 지배와 비슷하나 그것과 다른 것은 애정에 의한 것이 아니고, 공포를 동기로 하여 통합된다.

2) 추종(drive) 대상으로서의 중심인물

① 애정의 대상(love object): 집단이 중심인물을 애정적 욕구의 대상으로 하는 데서 집단통합이 이루어진다.

② 공격의 대상(object of aggression): 중심인물이 공격적 행동의 대상이 되는 데서 집단통합이 이루어진다.

한편 잘제닉(Zaleznik)은 카리스마적 리더와 합리적 리더를 비교하여 그 특징을 정리하였다. 즉 카리스마적 리더는 내부지향적이고, 내적 투입과 연결되는 이상 · 상징 · 대상들과 동일시하며 아버지의 모습을 지니고 있는 반면, 합리적 리더는 아버지 모습이 아니라 친근한 동료의 모습으로 보인다고 한다.

한편 브리스(Kets de Vries)와 밀러(Miller)는 행정관리들의 역기능적인 수행성을 설명하기 위해 리더십을 정신분석학적으로 다섯 가지로 분류하여 제시하였는데, 그것은 박대적인 선입관형, 무력감형, 자기도취형, 강제형 그리고 정신분열적 분리형 리더십이다.

2. 리더의 권한에 따른 분류

베버(Weber)는 리더십을 리더가 권한을 어떻게 획득하고 실행하느냐에 있다고 보고 다음과 같이 분류했다.

① 전통적 권한(traditional authority)의 리더: 전통적인 윤리나 사회관습, 신분을 기초로 하는 권위를 행사하는 리더를 말한다. 원시사회나 근대화가 철저하지 못한 사회에서 나타나는 리더의 유형으로, 가부장적 색채가 짙다.

② 카리스마적 권한(charismatic authority)의 리더: 예언자나 영웅 등 어떤 개인의 탁월한 통솔력이나 인기에 토대를 둔 권위로서 전쟁영웅이나 종교적 예언자가 그 예이다. 이들은 보통 초인간으로 떠받들어진다.

③ 합리적 또는 합법적 권한(rational or legal authority)의 리더: 집단의 성원들이 정당하다고 인정하는 규칙 또는 법률에 토대를 둔 권위로서 선거를 통해 선출된 현대국가의 대통령, 국회의원 및 법률에 따라 임명된 각급 관료들이 이에 해당한다.

3. 리더와 추종자 사이의 관계에 따른 분류

설젠트(Sergent)는 리더의 유형은 리더와 추종자와의 관계성을 기준으로 특징지어진다고 하여 역사적인 인물을 중심으로 리더십을 다음과 같이 분류했다.[11]

① 카리스마적 리더(charismatic leader): 신성시되거나 초자연적인 능력의 소유자로 숭앙되는 리더를 말한다. 예수, 알라, 마호메트, 일본의 국왕 등이다.

② 상징적 리더(symbolic leader): 실질적인 권력은 거의 없으나 국가와 국민, 또는 집단을 대표하는 명예와 위신을 갖고 있는 리더, 영국의 여왕이나 일본의 국왕, 내각 책임제에서의 대통령들이 이에 속한다.

③ 예우자(head man): 전통적인 지위에 의해 권위를 행사하는 리더. 세습되는 남작, 공작 등의 칭호, 또는 명예 박사, 명예 교수 등.

④ 전문가(expert): 전문 분야에서 천재적 재능으로 이룩한 업적에 토대를 둔 리더. 뉴턴, 다윈, 베토벤 등.

⑤ 행정적 또는 집행적 리더(administrator): 기업이나 행정부에서 탁월한 리더십을 발휘하여 조직의 목표달성에 이바지하는 리더. 나폴레옹, 링컨, 루즈벨트 등.

⑥ 선동가 혹은 개혁가(agitator or reformer): 행정이나 관리능력보다 설득이나 선동적인 방법을 동원하여 조직의 목표를 달성하는 리더. 선동적 리더로는 히틀러를 들 수 있고, 설득적 리더로는 제퍼슨, 링컨, 처칠 등을 들 수 있다.

⑦ 강압적 리더(coercive leader): 주어진 권력이나 지위를 이용하여 강압적인 방법으로 리더십을 발휘하는 리더. 전제 군주나 알 카포네 등.

4. 리더의 역할에 따른 분류

우리스(Uris)는 리더십을 리더가 조직이나 추종자에 대한 역할을 수행하는 것이라고 하였으며, 리더의 유형을 기준으로 다음과 같이 분류했다.[12]

① 전문가형 리더(professional leader): 어떤 분야에서 고도의 지식과 식견이나 기능을 가지고 조직의 목표를 달성하는 데 있어서 구성원들의 세부사항에 이르기까지 신경을 쓰며 지도하는 리더를 말한다.

② 조정가형 리더(coordinate leader): 집단 성원을 조직화하고 통찰하는 능력이 강하며, 업무절차에 밝은 리더를 말한다.

③ 문제해결형 리더(problem-solving leader): 조직의 당면한 문제를 잘 해결하는 리더를 말한다.

④ 인간주의형 리더(humanistic leader): 부하와 인간적인 사귐과 교제를 통

하여 협조를 이루는 리더를 말한다.

⑤ 목표추구형 리더(goal oriented leader): 집단 구성원의 안전이나 복지나 인간관계보다는 집단목표의 달성에 집착하는 리더를 말한다.

한편 윙클러(Winkler) 등은 독일과 오스트리아의 청년운동에 관여하는 60여 명의 리더에 대한 연구를 통해 리더를 세 가지 유형으로 나누었다.

① 지배자형 리더(sovereign): 이기적이고 자신의 암시적 인격에 의해 다른 사람이나 성원들로부터 높이 평가되고 이들을 따르게 유도한다.

② 교육자형 리더(pedagogue): 비이기적인 리더로서 자기가 속한 집단을 위하여 헌신적인 리더다.

③ 종교가형 리더(apostle): 객관적인 이상을 제시하고 그 목표를 향해 동료들을 지휘한다.

리더십과 영향력

영향력이란 조직이나 집단 상황 속에서 어느 구성원이 다른 구성원들로부터의 반응을 예측하고 자신의 사고나 행동에 변화를 가져오게 하는 것을 말한다.

리더십을 역할 관점에서 볼 때 역할전달자로서의 리더는 역할수신자에게 자기가 원하는 행동이 나타나도록 영향을 주고 있다. 리더는 조직 구성원의 행동에 영향을 주고 있고, 집단은 구성원들이 집단의 규범을 준수하도록 영향을 주고 있다. 따라서 집단의 구성원들은 의도적으로 또는 무의식적으로, 내면적으로 또는 외면적으로 상호간의 영향을 주고받으면서 조직체 생활을 해 나가고 있다. 조직체뿐만 아니라 일상생활이나 교회조직에서도 우리는 모두 이러한 영향과정 속에서 생활한다.

리더십은 리더가 주어진 환경 속에서 조직 구성원들을 통하여 조직의 목표나 목적을 달성하려는 목표 지향적 행동이기 때문에, 리더십의 결과는 리더와 조직 구성원 상호간의 영향과정에 달렸다. 이 영향과정에 따라서 조직 구성원의 행동은 물론 의도한 성과의 달성 여하가 결정되고, 나아가서는 이로 인한 만족감도 결정된다. 그러므로 영향과정의 형태와 이에 작용하는 요소들은 리더십의 결과와 밀접한 관계를 갖고 있다.

1. 리더의 영향력의 유형

1) 권력의 유형

권력의 기반 또는 근거에 대해서도 학자들 간의 다소간 견해의 차이가 있지만, 이를 종합해 보면 권력은 대부분이 한 개인이 원하는 어떤 것을 획득하기 위하여 타인에 의존하는 것으로부터 출발한다. 이 의존성은 승진(출세), 인정, 안정, 정보, 채용, 기타 중요자원 등을 제공할 수 있는 권력자의 능력에 관계된다. 권력의 근원에 대하여 올간(Organ)과 베이트멘(Batemen, 1986)은 합법적 선, 자원에 대한 통제, 전문성, 사회적 관계, 개인적 특성을 들고 있으며, 미 육사 교재(1981)는 재산, 외모, 인성, 직책, 행동, 지식 등을 근원으로 들면서 리더의 유효한 자원들, 부하의 의존성, 부하들에 대한 대안적 유용성의 세 가지 상호 의존적인 속성들을 고려하여 연구해야 한다고 주장하였다.

이러한 권력의 근원들은 상호 의존적이며, 그것들의 상대적 중요성도 서로 다른 관계성이나 환경에 따라 변하게 된다.[13] 그러나 대다수 권력 유형들은 크게 두 개의 근원으로 나눌 수 있으며, 그것은 조직 내 개인의 직책을 기초로 한 것과 개인적 특성 및 전문성을 기초로 한 것이다. 전자로부터 나오는 잠재력 영향력을 직위 권력(position power), 후자로부터의 것을 개인적 권력(personal power)이라고 하며 다음과 같이 구별할 수 있다.[14]

① 직위 권력(position power)

관리 직책의 특성과 리더 및 조직 구성원들에 의해 그 직위 점유자에게 부여된 권한 속에 내재되어 있는 영향력으로 보상 권력, 강제 권력, 합법적 권력, 직무 재설계, 정보통제 등이 여기에 속한다.

② 개인적 권력(personal power)

관리 직책을 점유하고 있는 개인의 특징으로부터 비롯된 잠재적 영향력으로 전문적 지식과 기술 카리스마와 개인적 매력, 설득력, 통찰력, 언어 구사 능력 등으로 구성된 영향력을 말한다.

〈표 2-1〉 권력의 종류

권력의 종류	
직위 권력 - 주어진 직위에서 오는 권력	개인적 권력 - 개인적 특성과 전문성에서 오는 권력
합법적 권력 보상 권력 강제 권력	전문성 권력 관계 권력 정보 권력 준거적 권력

여기서는 이러한 권력의 근원에서 나타나는 권력유형을 다음의 7가지로 구별하고자 한다. 이 구별은 가장 많이 알려져 있는 프렌치(French)와 라벤(Raven)이 제안한 ① 관계성 권력 ② 전문성 권력 ③ 합법적 권력 ④ 보상 권력 ⑤ 강제 권력 ⑥ 배경 권력(association power)과 전문성이 없더라도 단순히 정보에 대한 접근이나 분배를 통제하는 ⑦ 정보 권력(information power) 등이다. 권력 유형을 좀 더 자세히 살펴보면 다음과 같다.[15]

① 합법적, 제도적 권력(legitimate power)

합법적 권력은 구두 또는 서류상으로 '합법적 요구'를 함으로써 행사된다. 정중한 요구는 거만한 요구보다 더 효과적이다. 정중한 요구는 신분 직위상 차이를 강조하지 않으며 부하의 리더에 대한 종속성도 암시하지 않는다. 정중한 요구의 사용은 리더보다 나이가 많은 부하나, 리더의 프로젝트팀에 참여하지만 리더의 직접적인 부하는 아닌 사람, 또는 리더의 동료와 같은 신분직위상의 차이와 권위관계에 민감한 사람들에게 특히 더 중요하다.

합법적 요구는 확고하고 자신 있는 태도로 해야 한다. 긴급한 상황에서는 정중함보다 단호함이 더 중요하다. 리더가 명령조의 어투로 직접 명령하는 것이 때로는 위기에서 부하들에게 충격을 주어 즉각적으로 행동하게 하는 데 필수적일 수도 있다. 그러한 상황에서 부하들은 리더의 자신 있고 확고한 지시를 권위뿐만 아니라, 전문지식에서 나온 것으로 생각하게 된다. 그러나 의심과 당황은 리더의 추종자에 대한 영향력을 손상시킬 수도 있다.

리더의 요구가 리더의 권위범위 내에 있는 것으로 인지되면 그에 대한 동조 가능성은 훨씬 더 커진다. 만약 리더의 요구 권리에 대한 어떤 의문이 제기되면 리더는 그 합법성을 입증해 주어야 한다. 합법성을 입증하는 한 가지 방법은 규칙, 정책, 헌장, 계약서, 계획, 또는 직무기술서 같은 기록물 등을 제시하는 것이다.

② 보상적 권력(reward power)

보상적 권력은 가장 빈번하게 사용되는 권력 형태로 어떤 인물에게 요구의 이행 또는 과업 수행의 대가로 리더의 통제 하에 있는 무엇인가를 제공해 주겠다는 외현적 또는 묵시적 약속으로 행사된다. 예를 들면, 개인에게 급여 인상, 승진, 보다 중요한 임무의 부여, 특전, 더 많은 휴가 등을 약속할 수 있다.

만약 보상이, 표적 인물이 가치 있게 여기는 것이고, 그 표적 인물이 리더가 그 보상의 신뢰할 만한 근원이라고 여기게 되면 동조가 일어날 가능성은 매우 크다. 따라서 리더는 그가 영향을 줄 필요가 있는 사람들이 가치 있게 생각하고 있는 것이 무엇인지 알려고 노력해야 하며, 비현실적인 약속을 하거나 약속을 지키지 못함으로써 신뢰를 떨어뜨리는 일이 있어서는 안 된다.

또한 여건이 보상의 사용에 유리할 때도 보상은 헌신적인 참여보다는 동조 정도만을 유발할 가능성이 크다. 보상의 약속만으로는 사람을 과업완수에 요구되는 것 이상으로 많은 노력을 기울이도록 동기화시킬 수 없다. 보상에 의해 동기화된 사람은 지름길을 택하려 하고, 수행기준에 명시되지 않았거나 리더가 쉽게 알아차릴 수 없는 과업측면들은 무시하려는 유혹을 받기 쉽다.

리더가 보상을 빈번하게 영향력의 근원으로 사용하면 사람들은 그들과 리더와의 관계를 순전히 경제적인 관계로만 인식하게 될 수 있다. 그러므로 리더와 추종자는 그들 사이를 충성과 우정의 관계로 보는 것이 훨씬 더 만족스러운 것이다. 그러므로 리더는 보상을 인센티브로 사용하기 보다는 성취를 인정하고 특별한 공로나 예외적인 노력에 대한 개인적인 고마움을 표현하는 보다 상징적인 방법으로 사용해야 한다. 피터스(Peters)와 워터맨(Waterman)의 연구에 의하면 효과적인 리더들은 추종자들에게 시상, 의식, 및 특수한 상징의 형태로 성실하고 공적인 인정을 제공하고 있다고 주장했다.[16] 의미 있는 보상은 인정을 수반하며, 초점이 보상이 아닌 그 인물의 기여와 성취에 맞춰진다. 보상 권력은 그런 방법으로 잘 사용하면 시간이 경과함에 따라 관계성 권력을 증대시키는 한 요인이 될 수도 있다.

③ 전문성 권력(expert power)

전문성 권력은 대개 합리적 설득의 형태로 행사된다. 리더는 특수한 제안이나 계획, 또는 요구에 대해 논리적 주장을 하고 주장에 대한 분명한 근거를 제시한다. 이 설득의 성공은 리더의 전문적 지식과 논리, 또는 분석능력에 부가해서 리더의 신뢰성과 설득적 의사소통 기술에도 의존한다. 리더는 자신 있는 태도로 제안이나 요구를 제시해야 하며, 모순되는 발언이나 모순되는 입장 사이에서 망설이는 행동을 보여서는 안 된다.

전문성 권력은 리더와 표적 인물 간의 지식의 차이에 근거한 것이지만, 리더는 전문성 권력의 행사 방식에 유의하지 않으면 바로 이러한 지식의 차이로 인하여 어려움을 겪을 수도 있다. 거만한 행동으로 전문성을 과시하려는 리더는 겸손하게 행동하였다면 충분히 동의할 수 있는 표적 인물에게서 저항을 유발할 수도 있다. 어떤 리더는 합리적 주장을 제시하는 과정에서 거만하고 생색을 내는 듯한 발언을 함으로써 듣는 사람에게 그를 무시하는 듯한 인상을 주기도 한다. 어떤 리더들은 그들의 제안을 관철시킬 목적으로 끊임없이 자기주장만 토로하며, 어떤 대답도 못하게 하고, 반대의견을 용납하지 않거나 반대의견에 깊은 관심을 보이지 않는다. 리더가 높은 전문지식을 가진 것으로 인정된다고 해도 추종자들은 항상 리더가 고려하고 있는 부가적인 정보, 아이디어 등에 관심을 갖기 마련이다.

합리적 설득은 추종자들이 리더와 목표를 공유하지만 리더의 제안이 그 목표를 달성하는 데 최선이라고 처음에 확신하고 있지 않을 때, 가장 효과적이다. 이 상황에서 리더의 영향력 기도는 리더의 인지된 전문성과 리더의 설득적 진술의 질에 따라 동조 또는 헌신적 참여까지도 유발할 수 있다. 그러나 추종자들이 리더의 목표에 반대하거나 리더의 제안이 추종자들이 용인하기에 어려운 부담을 수반하는 것이라면 합리적 설득 하나만으로 태도 변화나 행동적 동조를 유발해 내기는 어렵다.

④ 관계성 권력(connection power)

관계성 권력을 행사하는 가장 보편적인 방법은 리더가 우정을 나누고 있는 추종자들에게 어떤 일을 해 주도록 단순하게 요구하는 것이다. 때로는 개인적인 호소로 그 관계의 각별함을 자극할 수도 있다. 리더가 그 인물의 지원에 의존하고 있다고 말해 주는 것은 개인적인 호소의 한 형태이다. 리더에게 중요하게 보이는 요구가 추종자들의 참여를 유발해 낼 가능성이 크기 때문에, 리더는 그가 하는 요구가 자신에게 중요한 것임을 강조하는 것이 중요하다. 관계성 권력에만 근거를 둔 요구는 추종자의 리더에 대한 충성 및 우정의 정도와 비례한다. 많은 일을 단순하게 충성이나 우정에만 의존해서는 안 된다. 리더가 추종자에게 너무 큰 희생을 요구하게 되면 그 요구가 결국 추종자들을 화나게 만들고 결국 둘 간의 관계도 잠식되고 만다. 같은 이유로 개인적인 요구는 너무 자주 사용되어서는 안 된다. 사회교환이론에 의하면 리더가 신용을 재충전하는 속도보다 더 빠르게 그 신용을 다 소비할 수 있기 때문이다.

관계성 권력을 행사하는 다른 방법은 역할 모범을 통한 것이다. 조직 구성원들은 그들이 동일시하는 리더를 모방하는 경향이 있기 때문에, 리더가 책임 있고 헌신적인 태도로 임무를 수행하고 부적절한 행동을 피하면서 적절한 역할행동의 예를 제공해 주면 추종자들은 그와 같이 행동하게 된다.

⑤ 강제적 수단(coercive power)

강제적 수단은 사용이 어렵고, 잘못 사용하게 되면 불안이나 분노와 같은 바람직하지 못한 결과를 초래할 수도 있기 때문에 절대적으로 필요한 때를 제외하고서는 사용하지 않는 것이 최선이다. 조직에서는 강제는 불법적인 활동이나 타인을 위태롭게 하는 난폭한 행동 및 합법적인 요구에 대한 정면 불복과 같은 조직에 심각하게 유해한 행동을 방지하는 데만 사용하는 것이 바람직하다. 강제는 자발적인 참여를 유발할 수는 없으나 기술적으로 잘 사용하게 되면 저항이 아닌 동조까지는 유발할 수 있다. 추종자들에 대한 강제의 사용은 대개 규율유지의 맥락에서만 논의된다. 많은 학자들이 긍정적인 처벌에 대한 지침들을 제안해 왔다. 다음은 그런 지침들을 소개한 것이다.

㉮ 추종자들에게 규칙과 요망사항들을 설명해 주고 이의 위반이 초래하는 심각한 결과를 이해시킨다.

㉯ 어떤 위반에 대하여도 편애를 보임이 없이 즉각적이고 일관성 있게 반응을 보여, 추종자들이 그들에게 기대되는 것이 무엇인지 확실하게 이해하고 멋대로 충동적으로 행동하지 못하게 한다.

㉰ 견책이나 처벌을 하기 전에 진상을 잘 조사해서 성급한 결론을 내리거나 경솔한 견책을 가하는 일이 없도록 한다.

㉱ 아주 심각한 위반을 제외하고서는 처벌하기 전에 충분한 구두 및 서면을 통해 경고한다.

㉲ 공개적인 망신과 질책 당하는 추종자가 리더의 질책에 겁먹고 있지 않다는 것을 동료들에게 보여주기 위하여 반항적으로 행동할 가능성을 피하기 위하여 경고와 질책은 사적으로 한다.

㉳ 침착함을 유지하고 적대감이나 반항심이 유발되지 않도록 한다.

㉴ 추종자가 역할 기대에 동조하여 처벌을 받지 않기를 바라는 진지한 소망을 표현한다.

㉵ 수행의 결함에 대처하는 방법을 강구할 때 부하가 참여할 수 있는 기회를 주고, 문제를 시정하기 위한 구체적인 계획에 대해 부하의 동의를 구한다.

㉶ 위협과 경고가 있은 후에도 계속 따르지 않는다면 처벌을 가함으로써 신뢰를 유지한다.

㉷ 합법적이고 공정하며 위반의 심각성에 비례하는 처벌을 가한다.[17]

〈표 2-2〉 추종자들에 대한 리더의 영향력 근원과 가능한 결과

리더영향력의 근원	결과의 유형		
	헌신적 참여	추 종	저 항
관계성 권력	가능성이 큼(요구가 리더에게 중요한 것으로 믿어진다면)	가능성이 있음(요구가 리더에게 중요한 것이 아닌 것으로 지각된다면)	가능성이 있음(요구가 리더에게 손해를 가져다주는 것이라면)
전문성 권력	가능성이 큼(요구가 설득적이고 부하들이 리더와 과업목표를 공유한다면)	가능성이 있음(요구가 설득적이지만 부하들이 과업목표에 냉담하다면)	가능성이 있음(리더가 거만하고 무례하거나 또는 부하들이 과업목표에 반대한다면)
합법적 권력	가능성이 있음(요구가 정중하고 적절한 것이라면)	가능성이 큼(요구나 명령이 합법적인 것으로 보인다면)	가능성이 있음(거만한 요구가 제시되거나 요구가 적절하지 못한 것으로 드러난다면)
보상 권력	가능성이 있음(정교하고 아주 개인적인 방법으로 사용되면)	가능성이 큼(기계적이고 비개인적인 방법으로 사용되면)	가능성이 있음(조작적이고 거만한 방법으로 사용되면)
강제적 수단	거의 있을 수 없음	가능성이 있음(도움이 되고, 비처벌적인 방법으로 사용되면)	가능성이 큼(적재적이거나 조작적인 방법으로 사용된다면)

이 이외에도 리더가 갖는 권력유형은 다음과 같은 영향력 형태의 종류들이 있다.

⑥ 준거적 권력(reference power)

어떤 사람이 높은 신분과 자질을 가지고 있어서 그 사람의 말이나 명령에 순종해야 한다고 여기게 하는 권력이다. 리더가 자기의 매력과 카리스마를 사용하여 조직 구성원에게 영향력을 행사하는 것. 리더의 매력과 카리스마 보유가 요건이며 이러한 무언의 설득력은 합법적인 권한보다 더 위력적일 때가 많다. 주로 카리스마적인 종교지도자, 정치지도자 및 군인들이 발휘하는 영향력이 그 예가 된다.

⑦ 정보 권력(information power)

리더가 다른 사람들이 가치가 있다고 인정하는 정보를 소유하거나 그 정보에 쉽게 접근할 수 있다는 사실에 기반을 둔 권력이다. 다른 사람들에게

정보를 중간 조절함으로써 영향력을 행사하는 것이다. 정보 출처의 신빙성 보유가 주요한 요건이 된다. 상황조작은 관련된 물리적 · 사회적 상황을 조작하여 영향력을 행사하는 것이다. 관련된 상황에 대한 통제력 보유가 요건이며 독점기업의 상품, 기계에 의한 일관작업, 비문실 및 통신기제의 사용제한 등이 여기에 속한다.

2. 리더가 영향력을 미치는 방법

영향력 과정에는 권력과 권한을 중심으로 리더와 조직 구성원의 욕구, 동기, 지각, 정보, 커뮤니케이션 등 여러 가지 요소들이 작용하게 된다. 그러나 리더가 조직 구성원의 행동에 영향을 주는 데는 기본적으로 다음의 4가지 방법이 있다.

① 모범: 이 방법은 리더가 조직 구성원에게 모범을 보임으로써 그들로 하여금 리더의 본을 받아서 자신의 행동에 변화를 가져오게 하는 것을 말한다. 즉 리더의 신분이나 매력 또는 카리스마를 이들이 역할모형으로 삼고 추종자 자신의 행동에 영향을 가져오게 하는 것을 의미한다.

② 제언: 커뮤니케이션을 통해 아이디어나 의견을 제시하여 추종자로 하여금 자신의 행동에 영향을 가져오게 하는 방법이다. 그러므로 제언을 할 수 있는 리더의 자격이나 신분 그리고 신용에 따라서 리더의 영향 효과가 결정된다.

③ 설득: 제언보다는 더 직접적인 방법으로서 조직 구성원의 행동에 영향을 주려는 적극적인 방법이다. 조언으로부터 시작하여 논리적 또는 합리적인 설명, 보상조건의 간접적 제시 등이 설득에 포함된다.

④ 강요: 설득은 강제성이나 위협을 수반하지 않지만, 강요는 상이나 벌을 중심으로 조직 구성원의 행동을 강제로 끌어내는 방법이다. 승진, 승급 또는 해임 등의 상벌을 이용하여 추종자로 하여금 육체적 또는 심리적 압박을 느끼게 함으로써 그의 행동에 영향을 주는 강제적 방법이다.

이상의 방법은 영향과정과 집단성과 그리고 추종자에게 다양한 결과를 가져오게 된다. 모범과 제언방법을 사용할수록 추종자 자신의 의사에 의하여 행동이 형성되고, 강요와 설득의 방법을 사용할수록 타의에 의하여 행동이 형성된다. 따라서 자의에 의하여 행동이 형성될수록 추종자의 자발적인 순종과 이에 따른 만족감이 수반되며, 반면에 타의에 의하여 행동이 형성될수록 강제적 복종과 불만족이 뒤따르게 된다.

3. 리더의 영향력 행사 결과

일단 리더가 영향력을 행사하게 되면 수용자(추종자)에게 미치는 결과를 다음과 같이 세 가지 차원으로 나눌 수 있다.[18]

1) 복종(compliance)

리더의 자기 의도대로 추종자가 영향을 받는 것은 보상을 받거나 처벌을 피하기 위한 기대 때문이다. 이를 복종이라고 한다. 이런 복종을 성공적으로 수행하려면 리더에게는 두 가지의 요건이 필요하다. 첫째, 보상을 줄 수 있는 여러 가지 자원을 통제할 만한 충분한 능력이 있어야 한다. 둘째, 추종자의 행위나 결과를 충분히 관찰하고 객관적으로 평가할 수 있어야 한다.

2) 동일시(identification)

리더의 지시나 영향력을 받아서 행동하는 것은 그 사람이나 집단과의 만족스러운 관계를 유지하든가 이러한 관계를 성립시키려고 행동할 때를 동일시라고 한다.

특히 명령하는 리더에게 많은 매력을 느끼고 있을 때 그와의 관계를 유지하는 데 높은 가치를 부여하고 스스로 영향을 받기를 원하게 된다. 이러한 과정의 영향을 받는 자신은 개인 스스로 만족하는 데 큰 관심은 없고 리더와의 좋은 관계를 유지함으로써 받는 만족에 높은 가치를 부여한다.

3) 내면화(internalization)

명령하는 리더와의 생각, 가치관의 일치를 바탕으로 하여 자발적으로 따르는 상태를 말한다. 보상을 기대하는 것도 아니요, 스스로 내재적 보상을 받음으로써 영향력을 받아들이는 것으로 추종자는 행위의 내용에 관심을 갖고 그 행위가 욕구를 충족시켜 주며 도덕적으로 옳고 적절하다고 지각하는 것이다.

말할 것도 없이 권력 행사자로서의 리더는 내면화의 반응을 원한다. 그러나 이러한 반응행태는 어떻게 권력이 행사되느냐에 따라 결정되는 것이 일반적이다. 그러므로 리더는 어떤 권력을 행사하느냐를 잘 결정해야 한다.

〈표 2-3〉 권력의 수단에 따른 추종자의 반응[19]

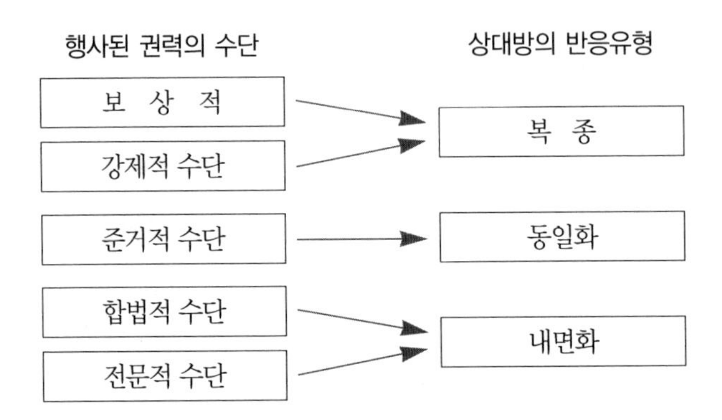

1) J. N. Burns, *Leadership* N.Y.: The Free Press, 1978. p.12.
2) W.G. Bennis, "Leadership and Administrative Behavior", *Administrative Science Quarterly*, Vol. 1959, p.259.
3) R. M. Stogdill, *Handbook of Leadership Survey of Theory and Search,* N.Y.: The Free Press, 1974, pp.5~7.
4) 양창삼, 「조직행동론」, 서울: 대명사, 1988, p.375.
5) G. Yukl, pp.2~3.
6) J. P. Campbell, "The cutting Edge of Leadership", in Hunt, J. G., & Larson, L. I., (eds.), *Leadership: The Cutting Edge*, (Carbodale: Southern Ill. University Press, 1977), pp.221~246.
7) G. Yukl, p.3.
8) B. M. Bass, *Stogdill's Handbook of Leadership: Theory, Research and Managerial Applications*, 3rd ed., N.Y.: Free Press, 1990. pp.11~18.
9) 신응균 외 공저, 「리더십」, 서울: 학지사, 1996. pp.30~35.
10) Jane Warters, *Group Guidance*, N.Y.: McGrow-Hill Book Co. Inc., 1960. pp.38~42.
11) Stansfeld S. Sargent, *Social Psychology*, N.Y.: The Ronald Press Co., 1950. p.297.

12) 김명훈, 「리이더십」, 서울: 대영사, 1983. p.174.

13) P. L. Hunsaker and C. W. Cook, *Managing Organizational Behavior*, Reading, Mass.: Addison Wesley, 1986.

14) French & raven, 1962; Yukl, 1981, Hunsaker & Cook, 1986.

15) J. R. P. French and B. Raven, "The Bases of Social Power", In D. Cartwright(ed), *Studies in Social Power*, Ann Arbor, University of Michigan, Institute for Social Research. 1959.; H. Tosi and W. Clay Hammer, *Organizational Behavior and Management*, Chicago: St. Clair Press, pp.442~456 재인용.

16) T. J. Peter and R. H. Waterman, *In Search of Excellence,* 박노윤 역, 「초유량기업의 조건」 서울: 삼성출판사, 1991, pp.73~108.

17) G. A. Yukl, *Leadership in Organizations*, Englewood Cliffs, N.Y.: Prentice-Hall. 1989.

18) C. K. Herbert, "Compliance, Identification, and Internalization: Three Process of Attitude Change", *Journal of Conflict Resolution,* 1958. pp.51~60.

19) L. N. Jewell and J. Reitz, *Group Effectiveness in Organization*, Glenview, Ill.: Scott Foreman Co., 1981. 에서 수정 인용함.

제3장

전통적 리더십의 이론적 고찰

리더십 이론의 발전과정

현재까지 리더십에 대한 연구는 여러 가지 접근 방법을 통하여 다양하게 이루어지고 있다. 그러나 지금까지 연구된 리더십을 다음과 같이 세 가지로 포괄적으로 정리하여 이해할 수 있다.

첫째, 리더십은 두 사람 이상의 성원들 간의 상호작용 관계를 내포하는 집단 현상이다. 둘째, 리더십은 사람이 아닌 영향력의 행사 과정으로, 이때 의도적인 영향력의 행사 방향은 리더에서 추종자의 방향으로 작용한다. 셋째, 리더십의 결과를 목적 달성의 용어로 정리하는 차원 등이다.

따라서 다양한 리더십의 접근방법에 대한 체계적인 이해와 인식을 하지 못하면 리더십의 숲속에 파묻혀 방향을 잃게 된다. 그러므로 우리는 리더십에 대한 이론과 유형을 살펴보기 전에, 리더십에 대한 접근방법을 개괄적으로 살펴보는 것이 필요하다.

이러한 리더십의 다양한 접근방법은 리더십에 대한 본질적인 다른 가정에 의해 생겨난 것이다. 리더십에 대한 여러 가지 가정은 크게 두 가지로 나누어 볼 수 있다.

첫째 가정은 리더십 현장 연구에 있어서 리더의 특성 또는 행동을 원인적으로 볼 것인가 아니면 결과적 요소로 볼 것인가의 문제다. 리더십을 리더의 특성 또는 행동을 원인적 요소로 보는 경우는 리더의 어떠한 특성 또는 행동이 어떤 효과를 초래하느냐를 분석하게 된다. 따라서 이 접근방법에서는 독립변수가 리더의 특성 또는 행동이 되고 종속변수는 리더십의 효과, 즉 리더십의 성패여부가 된다. 대부분의 리더십은 이 분석틀에 속한다.

또한 리더십의 특성이나 행동을 가정한 경우에도 두 가지로 구별되는데, 그것은 리더십 효과의 보편성 또는 상황특수성에 따라 효과적인 리더의 특성이나 행동이 달라진다고 보는 것이다.

둘째는 리더십을 결과적 요소로 보는 경우인데, 어떠한 상황이 리더십 행동을 효과적인 것으로, 즉 성공적인 것으로 만들게 하느냐를 분석한다. 이러한 연구에서는 상황요인이 독립변수가 되고 리더십 행동이 종속변수가 된다.

1. 리더십의 4차원 접근방법

현재까지의 리더십에 대한 전통적 이론은 크게 4가지 단계로 나누어 볼 수 있는데 그것은 다음과 같다.

첫째, 권력-영향력 행사 과정 이론, 둘째, 리더의 개인적 특성을 찾는 특성이론, 셋째, 리더의 최적 행위를 규명하는 리더 행위이론, 넷째, 리더십이 발휘되는 상황을 중시하는 상황 이론 등이다.[1] 각 접근방법들에서 적용되는 변수 및 그 관계, 리더십 이론의 강조점과 연구 결과를 요약 정리하면 다음과 같다.[2]

〈그림 3-1〉 리더십에 대한 접근방법들과 변수관계

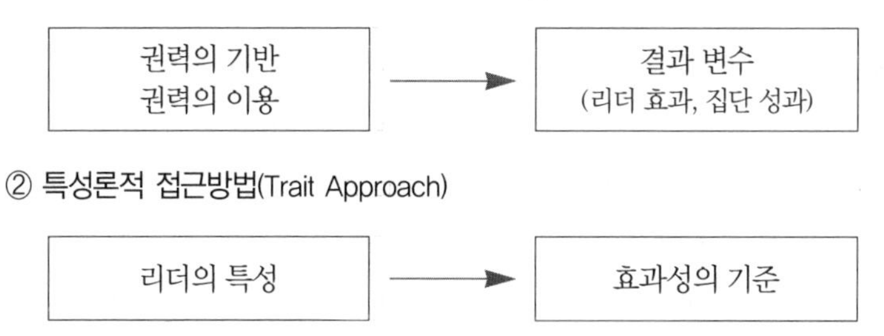

③ 행위론적 접근방법(Behavior Approach)

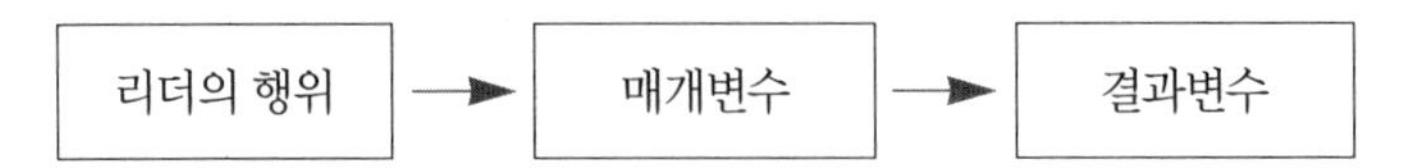

④ 상황론적 접근방법(Situational Approach)

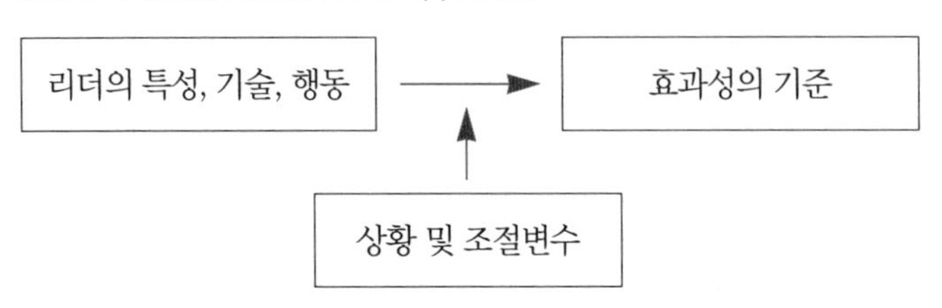

⑤ 거래적 · 변혁적 접근방법

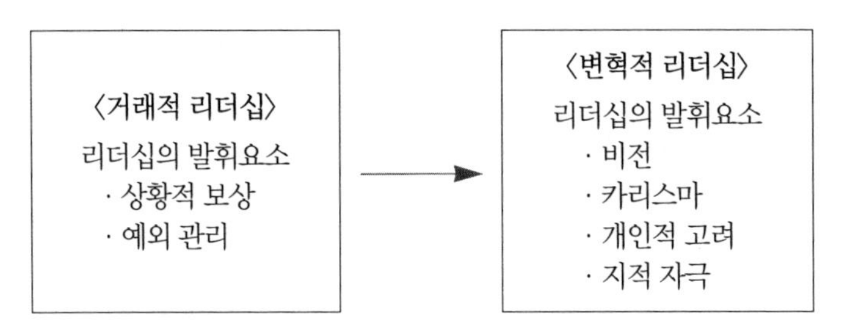

위의 도표를 보면서 자세히 살펴보면 다음과 같다.

첫째, 권력-영향력 접근 방법(power-fluence theory)은 리더십의 효과성을 리더가 이용 가능한 권력의 출처, 그리고 권력을 행사하는 방법에 의해서 설명하려는 것이다. 접근방법은 주로 영향력 과정의 상호작용이 나타나는 성질과 리더와 추종자 간의 영향 관계에 초점을 두고 있다. 그러나 이 이론의 문제점은 권력의 출처와 효과적인 권력의 불일치성, 권력과 그 권력의 기반이 되는 권력기반의 모호성 등이 있다.

둘째, 리더의 특성이론(trait theory)의 강조점은 효과적인 리더에게는 다른 사람과 다른 특질이나 특성이 분명히 존재한다는 것이다. 그러나 특성이론은 제특성에 대한 무제약적인 제시와 특성의 예측력 부족, 리더 역할의 설명 부족 현상, 상황 요소에 대한 인식 부족 등이 문제점[3]으로 제시되었다.

셋째, 리더십의 행위이론(behavior theory)은 리더십의 가장 중요한 측면은 리더의 특성이 아니라, 리더가 여러 상황에서 실제 하는 행위인 것이다. 성공적 리더와 비성공적인 리더는 그들의 리더십 행동 스타일에서 구별된다는 것이다.

넷째, 리더십의 상황이론(contingency theory)은 리더의 유효성은 그의 스타일뿐만 아니라, 리더십 환경을 이루는 상황에 의해서도 결정된다는 이론이다. 상황에는 리더나 추종자들의 특성, 과업의 성격, 집단의 구조, 강화의 유형 등이 있다.

그러나 이상에서 언급한 각 접근방법들이 지닌 제약점들이 많다. 모든 접근방법은 거의 통합된 시각에서 재해석되지 못하고, 단편적이고 편협한 시각으로만 조망되고 있는 현실이다.

즉 권력-영향력 접근방법은 리더가 나타내는 직접적인 영향력의 행사 기도나 영향력의 기반이 되는 것 이외의 특성에 대하여는 거의 관심을 두지 않는 편향성이 있으며, 특성론적 방법에서는 리더의 행동이나 영향력 행사에 대한 직접적인 관심보다는 특정한 특성이나 몇 개의 특성 간의 조합이 성과달성과의 어떤 관계를 지니고 있는지에 관심을 둔다. 또한 행위론적 접근방법은 리더에 대한 특성이나 영향력에 대한 측정을 소홀히 했으며, 상황론적 접근방법은 리더의 특성이나 상황, 행동, 영향력과 상황 등이 상호간에 미치는 영향에 대한 연구가 미흡하고 효과적이거나 효과성이 없는 상황에 대한 연구를 중심으로 하고 있다는 점 등이다.

2. 리더십의 발전과정

백기복은 현재까지의 리더십 이론의 발전과정을 연대기와 사상적 측면을 종합하여 〈그림 3-2〉와 같이 요약하였다.[4] 이 그림을 보면 1960년대 후반 이전에는 특성론과 행동이론이 리더십 연구의 주류를 이루다가 1967년 피들러(Fiedler)의 상황적합성 이론이 발표되면서 1970년대까지 상황론이 리더십 연구의 주류를 차지하게 된 것을 볼 수 있다. 그 후 1977년 하우스(House)의 카리스마적 리더십과 1978년 번스(Burns)의 변혁적 리더십이 발표되고 이 연구 성과들이 콩거(Conger)와 카눙고(Kanungo, 1987)와 베스(Bass, 1985)에 의해 구체화, 정교화되면서 이에 대한 연구가 다시 촉발되고 있음을 보여주고 있으며, 1980년대 들어서면서 슈퍼 리더십, 전략적 리더십, 로망스 리더십, 팔로어십 등의 새로운 리더십 이론들이 속속 등장하고 있음을 알 수 있다.

또한 이상호는 현재까지의 리더십을 주요 저자와 이론을 〈표 3-1〉과 같이 분류하여 정리하였다.5)

〈그림 3-2〉 리더십 이론의 발전 과정

~1960년 이전	1960년대	1970년대	1980년대	1990년대
특성론(Stogdill, '48; Mann, '56) →	→	Stogdill('74) →	Lord 등('86) →	Kirkpatrick & Locke('91)
행위론 (OSU연구, 40년대; Hemphill & Coons, '57) →	매니지얼 그리드(Blake & Mouton, '64) →	B & M('78) →	B & M('85) →	Blake & McCanse('91)
	상황론(Fiedler '67) →	→	Fiedler & Garcia('87) →	Fiedler('93)
미시간연구 (56~60년대 초)	상황론 (Hersey & Blanchard '69) →	H & B('77) →	H & B('88) →	Blanchard 등('93)
		경로-목표 이론 (House, '71) →	→	Wofford & Liska('93)
		리더십 의사결정 이론(Vroom/Yetton, '73)		
		LMX(VDL) → (Dansereau 등 '75)	Vroom/Jago('88) Graen & Scandura('87) →	Graen & Uhl-Bien('95)
		대체론(Kerr & Jermier, '78) →		Podsakoff 등('96)
		리더십귀인이론 (Calder, '77) →	→ Phillips & Lord('86) →	Lord & Maher('91)
		카리스마적 리더십 (House, '77) →	Conger & Kanungo('87) →	Shamir 등('93)
		변혁적 리더십 (Burns, '78) →	Bass('85) →	Bass('98)
			슈퍼 리더십 (Manz & Sims, '89) →	셀프리더십 Manz('92) Sims & Manz('96)
			전략적 리더십 (Hambrick & Mason, '84) (Shrivastava & Nachman, '89) →	Finkelstein & Hambrick('96) Cannella, & Monroe('97)
			리더십의 로망스 (Meind & Erlich, '85) →	Meind('93)
			팔로어십 (Kelly, '88) →	Kelly('94)

자료 : 백기복, 「이슈리더십」, 서울: 창민사. 2000.

〈표 3-1〉 리더십 이론의 분류

유형	이론의 성격	주요 이론명	주요 저자
전통적 리더십	특성론	특성이론	Stogdill('48)
	행위론	미시간대 연구 OSU 연구 관리격자론	Likert('47) Hemphill & Coons('57) Blake & Mouton('64)
	상황론	피들러의 상황적합론 성숙도 이론 하우스의 경로-목표 이론 리더십 대체 이론	Fiedler('67) Hersey & Blanchard('69) House('71) Kerr & Jermier('78)
새로운 리더십	비전론	카리스마적 리더십	House('77) Conger & Kanungo('87) Shamir('91)
	변화론	변혁적 리더십	Bass('85) Bennis & Nanus('85) Ticky & DeVanna('86)
	교환론	LMX 이론	Dansereau et al.('75) Northouse('97)
	추종자 중심론	팔로어십 이론	Kelly('88)
	이슈론	이슈리더십 이론	백기복('00)
	희생론	자기희생적 리더십 이론	Choi & Mai-Dalton('98)

특성론적 리더십 이론

1. 리더의 특성론

리더십의 보편적 특성이론은 리더는 만들어지는 것이 아니고 태어나는 것이라고 보는 것이다. 소위 위인론(greatman approach)이라 할 수 있으며, 이 이론은 지금의 리더십 특성이론으로 전개되었는데, 특성이론은 주로 리더의 개인적인 특성을 확인하는 데 관심을 두었다. 이 접근방법이 해결하고자 한 의문점은 '어떤 특성이 한 개인을 리더로 만드는가?' 였다.

이 관점은 리더 개인이 소유하고 있는 특정한 퍼스낼리티, 사회적 특성, 그리고 신체적 특성에 의해 리더십이 평가될 수 있다는 것이다.[6]

초기의 특성이론은 고대 그리스인과 로마인으로 거슬러 추적하여 리더는 태어나는 것이라고 했다. 역사적으로 유명한 인물은 - 예를 들면 나폴레옹, 히틀러, 링컨, 간디, 케네디 등 - 어느 시대에서나 어떤 상황에서나 리더가 될 수 있는 천부적인 리더십 능력을 타고나 위대한 리더가 되었다고 생각한 것이다. 그래서 이들의 리더십의 특성만 알면 성공적인 리더십 또는 효과적인 리더십의 진수를 파악할 수 있으리라고 생각하였다. 리더의 특성에 대한 연구는 1904년부터 1948년까지 약 100여 년에 걸쳐서 이루어졌다고 볼 수 있다.[7] 이 시기의 연구는 리더의 특성을 계량적으로 측정하여 그러한 특성과 리더로서의 성공 여부간의 관계를 규명하는 데 주력하였다. 이 위인론은 그 후 과학적 실증주의의 등장으로 좀 더 현실적인 방법으로 리더십을 연구하게 했다. 심리학의 형태주의 학파에 영향을 받아 리더의 특성은 완전히 태어나는 것이 아니고 경험과 학습을 통하여 습득할 수 있다는 사실을 받아들였다. 연구의 방향은 리더가 소유한 보편적인 특성을 찾는 쪽으로 돌렸던 것이다.[8] 이 이론에 의하면 리더가 고유한 개인적인 특성은 한 상황이나 바뀌더라도 항상 리더가 될 수 있다. 즉 개인적인 특성은 한 상황에서 환경이 바뀌더라도 항상 리더가 될 수 있다. 즉 개인적인 특성은 한 상황에서 다른 상황으로 이전될 수 있는 것이다. 동시에 모든 사람들이 리더가 될 수 있는 특성을 구비하고 있는 것은 아니기 때문에 그러한 특성을 가지고 있는 사람들만이 잠재적인 리더가 될 수 있다는 논리다. 리더십의 특성에 관해서는 많은 학자들이 입장과 관점을 달리 하면서 서로 다른 대상을 실증적으로 연구하여 제시하였다.

테일러(F. Taylor)는 직공장이나 감독자가 구비해야 할 자질로서 ① 명석한 두뇌 ② 고등교육 ③ 특수한 기술적 지식 ④ 기지 ⑤ 정력 ⑥ 용기 ⑦ 성실 ⑧ 건강을 들고 있다.[9] 테드(O. Tead)는 바람직한 지도자에게 필요한 특성으로 ① 육체적 및 정신적 에너지 ② 목적의식과 지식 능력 ③ 정열 ④ 친근감과 우호성 ⑤ 품성 ⑥ 기술적 우월성 ⑦ 결단성 ⑧ 지능 ⑨ 교수 능력 ⑩ 신념 등 10가지를 들고 있다.[10]

바너드(C.I. Barnard)는 리더의 특성을 두 가지 측면으로 나누었다. 첫째, 기술적인 측면으로 체력, 기능, 기술, 지각력, 지식, 기억력, 상상력을 들고, 둘째, 정신적인 측면으로 결단력, 지구력, 인내력, 용기가 있어야 한다고 했다.[11] 그 후 그는 이를 수정하여 ① 활동성과 인내력 ② 결단성 ③ 설득력 ④ 책임감 ⑤ 지적 능력을 제시했다.[12]

스토그딜(Stogdill)은 1904년부터 1947년까지의 44년간과 1948년부터 1970년까지의 24년간 리더십과 관련된 리더의 특성연구를 종합 조사하였다. 그 내용을 살펴보면 1947년까지는 ① 지능 ② 교육정도 및 사회참여성 순으로 되어 있음에 반하여, 1948년 이후에는 ① 사회성 및 기술 ② 우월성 및 지배성 ③ 자신감 ④ 지능 ⑤ 활동성 및 정력 ⑥ 성취욕구 및 의욕 순으로 되어 있는 것을 발견했다.[13] 이 연구들에서 리더는 적극적인 참여와 능력의 발휘를 통하여 집단성원이 목표 달성을 위하여 최선을 다하는 사람으로 정의하였다.

2. 리더의 적성에 대한 연구

보야티스(Boyatzis)는 관리자로서의 성공 여부와 상관이 있는 관리자 적성을 발견해 내기 위하여 사기업 조직과 공공 조직을 대상으로 일련의 연구를 하였다.[14] 관리자 적성이란 동기, 특성, 기술, 자아상, 지식 등을 모두 포괄하는 개념이다. 이 적성을 측정하는 한 가지 방법으로 '행동 사건 면접 방법(behavioral event interview)'이 있다. 이것은 관리자 효과성 점수에 기초하여 사전에 선정된 관리자들을 대상으로 면접을 실시하여 주요 사건들을 수집하는 방법이다. 관리자 효과성 점수가 낮은 사람, 중간인 사람, 높은 사람의 전 범위에 걸쳐 관리자 253명을 연구대상으로 하였다. 면접에서 수집된 사건들은 적성 범주로 분류되었는데 이 적성 범주란 관리자의 행동을 당시의 의도와 상황 등과 함께 고려한 분석에서 추리하여 도출한 특성이나 기술들이다. 9개의 적성이 변량 분석 결과 의미 있는 것으로 나왔다. 즉 관리자 효과성 점수가 높은 사람일수록 적성점수도 더 높게 나왔다. 9개의 적성은 다음과 같다.

① 효율성 지향: 과업 목표에 대한 관심. 높은 내적 작업 기준. 높은 성취 동기. 행동 상으로는 도전해 볼 만한, 그러나 현실성이 있는 목표 및 시한의 설정, 구체적인 행동 계획의 수립, 장애 극복 방안의 마련, 작업의 효율적 조직화, 타인과 대화시 성과 강조 등으로 나타남.

② 영향력(impact)에 대한 관심: 권력욕과 권력 상징에 대한 관심. 행동 상으로는 주장적 행동, 타인에 대한 영향력 발휘 시도, 높은 지위의 직책 추구, 자신이 속한 조직의 생산품과 서비스에 대한 평판에 대한 관심 표명.

③ 적극성: 자기 효율성(self-efficacy)과 내부 통제에 대한 신념, 행동 상으로는 일의 발생을 수동적으로 기다리기보다는 능동적으로 주도, 장애 극복을 위한 방안을 단계적으로 조치, 다양한 원천으로부터 정보 수집, 성패에 대한 책임의 수용 등으로 나타남.

④ 자기 확신감: 자기 자신의 아이디어와 능력에 대한 신념, 행동 상으로는 적절한 자세, 태도, 몸짓과 함께 주저함이 없이 단호히 행동하는 것.

⑤ 구두 발표 기술: 발표를 정확히 하고 설득력 있게 만들기 위하여 상징적, 언어적 및 비언어적 행동과 시각적 보조자료를 활용하는 능력.

⑥ 개념화 능력: 수집된 정보에서 어떤 패턴이나 관계성을 찾아내고 개념이나 모델을 만들거나 적절한 비유를 사용하여 그 의미를 전달하는 능력 및 문제에 대한 창조적 해결책이나 새로운 통찰력을 발전시키는 능력.

⑦ 개념의 진단적 사용: 개념이나 모델을 사용하여 사건을 해석하고 상황을 분석하며, 관련 있는 정보와 그렇지 못한 정보를 구별하며, 계획으로부터의 이탈 여부를 탐지하는 연역적 추론 능력.

⑧ 사회화된 권력의 사용(socialized power): 조직망과 동맹을 만들고 타인으로부터 협조를 얻어 내며, 건설적인 방법으로 갈등을 해결하고, 타인에게 영향을 주기 위하여 역할 모델을 사용하는 능력.

⑨ 집단 과정의 관리: 구성원들이 집단에 동일시하고 단체정신을 갖게 만드는 능력. 행동 상으로는 집단 정체감을 나타내는 상징 제작, 공동의 이익과 협동의 필요성을 강조, 성공적 팀워크 조성, 구성원의 공헌에 대한 공개적 칭찬.

3. 리더의 동기 연구

맥클랜드(McClelland)는 주제통각검사(TAT)라는 투사 검사를 통해 관리자의 동기를 연구, 측정하였다. TAT란 해석이 애매한 상황에 처해 있는 사람을 그린 31장의 그림으로 구성된 검사로서, 그림을 보고 이야기를 만들어 봄으로써 피검자의 공상이나 비전 등을 분석하여 사고의 기저에 깔린 욕구나 동기를 찾아내는 것이다. 그는 이 연구를 통해 리더에게 권력 욕구, 성취 욕구, 친애 욕구 등의 3가지가 있다고 하였다.[15]

① 권력 욕구(need of power): 조직 내의 의사결정 과정을 개인이나 집단 간에 이루어지는 일련의 조정 과정을 동반하는 집단 과정으로 인식하는 입장은 최근의 두드러진 경향이다.[16] 이렇게 조직 내의 의사결정이 개인이나 집단 간의 일련의 조정 과정 속에서 이루어진다고 인식할 때 그 개인이나 집단이 영향력을 행사할 수 있게 해 주는 것이 권력이다. 피검자가 타인에게 영향력을 미치는 것, 상대방이나 경쟁자를 패배시키는 것, 논쟁에서 이기는 것, 권한이 더 큰 직책으로 오르는 것 등의 내용이 담긴 이야기를 하면 강한 권력 욕구가 있음을 나타낸다. 그는 대규모 조직의 리더나 관리자는 강한 권력 욕구가 있음을 밝혀내었다. 그러나 강한 권력 욕구가 바람직한 것이기는 하지만, 이 권력 욕구는 개인 전유적(personalized) 권력 지향형으로 나타날 수도 있고, 사회화된(socialized) 권력 지향형으로 나타날 수도 있다. 개인 전유적 권력 지향형은 자제력과 자기 통제력이 부족하고 권력을 충동적으로 사용하는 경향이 있다. 사회화된 권력 지향형은 정서적으로 성숙된 사람들이다. 이들은 타인을 조정하기 위하여 권력을 사용하기를 싫어하며, 타인의 이익을 위하여 권력을 행사하고 장기적인 안목을 갖고 있으며, 전문가의 조언을 잘 수용한다. 이런 유형의 리더가 조직발전을 위해 헌신하며, 조직 구성원에게 책임감과 자부심을 갖게 하고 조직의 구조를 명확히 한다.

② 성취 욕구(need for achievement): 도전적인 목표의 성취, 신기록의 수립, 어려운 과제의 성공적 완수, 새로운 과업의 시작 등의 내용이 담긴 이야기들은 강한 성취 욕구를 나타낸다. 성취 욕구가 강한 리더는 자신의 노력과 능력에 의해 성공여부가 판가름 나는 일을 더 좋아한다. 일반적으로 리더에게

는 중간 정도의 성취 욕구가 있는 것이 좋다.

③ 친애 욕구(need for affiliation): 다른 사람과 친밀한 관계를 갖거나 깨어진 우정을 회복하는 것, 어떤 집단의 일원이 되는 것, 사교활동에 참여하는 것, 가족이나 친구들과 동고동락하는 것 등의 내용을 담은 이야기는 강한 친애 욕구가 있음을 나타낸다. 친애 욕구가 강한 사람은 타인이 자기를 좋아하거나 수용해 줄 때 가장 큰 만족을 느끼며, 우호적이며 협조적인 분위기에서 일하기를 좋아한다. 리더는 중간 정도의 친애 욕구가 있는 것이 좋다. 그것은 친애 욕구가 너무 강하면 과업보다 사람에 따라 결정을 내리기 쉽고, 너무 낮으면 사람과의 친교를 싫어하므로 대인관계가 원만하지 못하기 때문이다.

이와 같은 세 가지 동기에 대한 리더의 성공여부는 일반적으로 사회화된 권력 지향 욕구가 강한 사람이 성공적임을 보여 주고 있으며, 권력 욕구와 성취 욕구가 모두 높은 관리자가 정서적으로 성숙하며, 권력 욕구가 친애욕구보다 더 강한 리더가 더 성공적이라는 결과를 보여 준다.[17]

유클(Yukl)은 리더에게 가장 빈번하게 나타나는 자질과 기술은 창의력, 조직력, 설득력, 외교술, 기질, 과업에 대한 지식, 언변 등이라고 주장한다.[18] 이러한 기술(skill)은 중요하며, 리더를 선발하고 훈련하고, 개발하는 데 이용될 수 있다고 하였다.

〈표 3-2〉 리더의 자질과 기술

자질(traits)	기술(skills)
상황에의 적응력	총명(지능이나 지성)
사회환경에 민감함	개념적 기술
성취지향성	창조성
확신적	외교적 전술적
협조적	언변능력
단호함	집단 업무에 관한 지식
신뢰성	조직력
지배성	설득력
정력적	사회적 기술
끈기	
자긍심	
스트레스에 대한 인내심	
책임부담의지	

4. 리더의 관리 마인드(managerial mind)

리더가 일반 추종자와 동기나 욕구 자질 등에서 어느 정도 구별되는 것은 이미 언급하였다. 그러나 적어도 추종자들과 구별되는 리더의 동기를 총칭하여 리더의 관리 마인드(managerial mind)라고 할 수 있다.[19] 에윙(D.W. Ewing)은 리더의 전기, 자서전, 사례역사 등의 분석에 의하여 관리자의 가치성향과 태도를 연구한 결과 성공적인 관리자의 성향을 다음과 같이 정리하였다.[20]

① 조직에 몰입한다: 성공적인 관리자들은 어떤 정책과 관행에 대하여 비판하면서도 조직의 일부로 남아있는 한 조직에 대한 충성과 몰입을 강조한다.

② 감독과 조정을 중요하게 여긴다: 성공적인 관리자들은 사람들에 대한 통제가 그들의 정신과 창의성을 제한한다는 것을 인정하면서도, 통제와 조정을 가장 중요한 과정으로 여긴다. 따라서 성공적인 관리자들은 인정한 정도의 긴장과 의견의 불일치를 창의성, 혁신, 외부변화에 대한 적응 등에 필수적인 요소로 간주한다.

③ 추종자의 자율성을 인정한다: 성공적인 관리자는 추종자들을 조작하거나 그들을 엄격하게 감독하는 것을 주저한다. 대신에 그들에게 과업과 목표를 할당하고 과업수행에 있어서 상당한 자율성을 부여하고 자율적 통제를 허용한다.

④ 추종자의 시야를 확장한다: 성공적인 관리자는 추종자들의 시야를 확장할 수 있는 풍토를 확립하고 열망의 수준을 높게 설정하며, 행태의 신축성을 허용하고 오류에 대한 불안을 최소화한다.

⑤ 결과의 성취를 강조한다: 성공적인 관리자는 친절, 정중, 동정 등과 같은 개인적 가치보다는 바람직한 결과의 성취를 강조한다.

5. 리더의 성격유형

한편 최근에 와서 성격 변수가 리더 특성변수로 많은 관심을 끌고 있다. 이러한 연구들은 한 개인의 성격적 특성이 그 사람의 행동을 전적으로 결정하지는 않지만 그의 행동범위를 제한하기 때문에 리더의 성격이 리더십 스타일과 어떤 관련이 있을 것이라는 가정을 전제로 한다.

로터(Rotter, 1966)는 통제의 위치에 따라 성격 특성을 내재론자와 외재론자로 이원화하였다. 통제의 위치란 한 사람이 삶에서 얻는 결과에 자기 행동이 얼마나 영향을 줄 수 있다고 믿는가를 측정하는 개념이다.[21] 내재론자는 자신을 자율적인 인간으로 보고 자신의 운명과 상황을 스스로 통제할 수 있다고 믿는 반면, 외재론자는 자기의 운명과 삶의 결과는 외부의 요소(기회, 운, 기관)에 의해 결정된다고 믿는다. 연구결과에 따르면 내재론자가 이끄는 집단이 외재론자가 이끄는 집단보다 성과가 높은 것으로 나타나고 있으며 집단상황에서 내재론자들이 리더로 등장할 가능성이 더 높은 것으로 보고되고 있다.[22]

최근 MBTI(Myers-Briggs Type Indicator)가 사람의 성격을 분류하는 기준으로 가장 많이 활용되고 있다. MBTI는 융의 성격유형론을 확장하여 마이어스(Myers)와 브릭스(Briggs)가 개발한 것이다(Myers & McCaulley, 1989). 의사결정과 팀 빌딩의 유효성을 증진시키는 도구로 많이 활용되어 온 이 기법은 최근 리더십 훈련과정에서도 사용되고 있다.[23]

MBTI에서 사용되는 네 가지 성격측정 지표가 있다. 그 첫째는 '에너지 방향이 어느 쪽인가' 에 따라 외향성(Extroverts), 내향성(Introverts)으로 구분한다. 외향성은 사람, 활동, 사물과 같은 외부세계로부터 에너지를 도출해 내는 것을 선호하는 성향이고, 내향성은 아이디어, 정서, 인상과 같은 자신의 내부세계로부터 에너지를 도출해 내는 것을 선호하는 성향이다. 둘째는 '무엇을 인식하는가' 에 따라 감각(Sensing)과 직관(Intuition)으로 구분한다. 감각은 오관을 통해 정보를 받아들이고 실재적인 것에 주의를 기울이는 것을 선호하는 성향이며, 직관은 육감을 통한 정보와 가능성에 주의를 기울이는 것을 선호하는 성향이다. 셋째는 '어떻게 결정하는가' 에 따라 사고(Thinking)와 감정(Feeling)으로 구분한다. 사고는 논리적이며 객관적인 방법으로 결정하기 위해 정보를 조직화하고 구조화하는 것을 선호하는 성향이며, 감정은 개인적이며 가치 지향적인 방법으로 결정하는 정보를 조직화하고 구조화하는 것을 선호하는 성향이다. 넷째는 '채택하는 생활양식이 무엇인가'에 따라 판단(Judgment)과 인식(Perception)으로 구분한다. 판단은 계획되고 조직화된 삶을 살아가는 것을 선호하는 성향이며, 인식은 자율적이고 융통성 있는 삶을 살아가는 것을 선호하는 성향이다.

이러한 네 가지 성격측정 지표는 각각 2가지로 세분되면서 〈그림 3-3〉과 같은 16가지의 성격유형이 도출된다. 예를 들어 ESTJ는 외부세계에 의해 에너지가 생기는 사람을 의미하며(E), 들어오는 정보에 대해 주의를 집중하는 선호방식은 감각(S)이고, 결정방식은 사고(T), 생활양식은 판단(J)을 선택한 사람이다.

〈그림 3-3〉 MBTI 성격 유형도

마이어스와 브릭스에 의하면 한 성격 유형의 사람이 어떠한 역할을 수행할지라도 그러한 성격을 지닌 사람은 특정한 관리스타일을 보일 것이라고 전제한다. 이러한 측면에서 〈표 3-3〉은 16가지 각 성격 유형별로 나타나는 리더십 스타일을 적어 놓은 것이다.[24] 성격유형에 따른 리더 행동은 절대적인 것은 아니며 다만 성격에 따라 이러한 리더 행동이 유발될 가능성 높다는 것이다. MBTI는 개인의 성격유형을 측정하여 자신의 리더십 행동을 객관적으로 지각케 하고, 잠재적 결함과 개발할 점을 다양한 학습방법을 통해 훈련하는 것이다. 자신의 MBTI 점수와 관련된 행동성향을 파악하는 것은 리더로서의 자신의 행동을 이해하고, 수행하기 어려운 영역에 대해 준비할 수 있도록 도움을 줄 것이다.

〈표 3-3〉 16가지 성격유형별 리더십 스타일

성격유형	성격특성	리더십 스타일
ISTJ	철저하고, 근면하고, 체계적이며, 노력하고, 세부사항에 주의함	· 결정하기 위해 사실과 관련된 경험과 지식을 활용함 · 책임완수를 위해 신뢰할 수 있고 안정되고 일관성 있게 성과를 수립함 · 전통적, 체계적 접근방법을 존중함 · 업무수행중 원칙을 준수하는 자에게 포상함 · 조직체계 내에서 일을 잘함
ISTP	관리상황을 숙지하고, 사실을 파악하고, 임기응변적이고, 현실적이며, 이성에 의하지 않고는 어떤 것도 신뢰하지 않음	· 솔선수범으로 리드함 · 모든 사람을 동일하게 다루는 협동적인 팀 접근을 선호함 · 계층구조 및 권위주의에 반대함 · 주위의 분쟁에 신속히 대응함 · 부하를 느슨하게 관리하며 최소한의 감독을 선호함 · 모든 행동을 규제하는 대원칙에 입각하여 행동함
ESTP	가장 효과적인 경로를 택하기를 선호하며, 행동지향적, 실용적, 임기응변적, 현실적임	· 위기시 기꺼이 책임을 짐 · 자신의 견해에 부하를 따르게 함 · 솔직하고 독단적인 스타일을 가지고 있음 · 가장 편한 경로에 따라 움직임 · 행동과 즉각적인 결과를 추구함
ESTJ	논리적, 분석적, 결정적이며 의지가 강하고 미리 사실과 업무를 조직화 할 수 있음	· 지시적인 리더십을 추구하며 신속히 착수함 · 문제해결에 과거 경험을 적용 · 응용함 · 상황의 핵심에 접근함에 있어 확고하게 지시함 · 신속하게 결정함 · 계층구조를 존중하는 전통적 지도자처럼 행동함
ISFJ	동정적이며 충실하고 이해성 있고 친절하며 지원을 요청하는 사람을 돕기 위해 어떤 어려움도 무릅쓰고 도우려 함	· 자신과 남이 조직의 필요, 체계, 계층구조에 순응하기를 바람 · 막후에서 개인적 영향력을 행사함 · 전통적 절차와 규칙을 성실하게 따름 · 실질적인 결과에 도달하기 위해 세부사항에 신경을 씀

성격유형	성격특성	리더십 스타일
ISFP	점잖고 이해성 있고, 불행한 사람에게 동정적이며, 공개적인 유연한 접근방법을 가지고 있음	· 평등주의를 선호하며 협조적인 팀 접근을 선호함 · 동기부여의 수단으로써 개인적인 충성심을 활용함 · 비판하기보다는 칭찬하는 편임 · 가끔 분기하기도 하고 필요에 따라 적응하며 위기에 대처함 · 다른 사람의 선의에 호소함으로써 조용히 설득함
ESFP	친근하고 사교성이 풍부하며 즐거움을 추구하고 천성적으로 인간지향적인 사람임	· 호의와 팀워크의 증진을 통해 지도함 · 위기관리능력에 능통함 · 갈등요인을 공동으로 해결함 · 당면문제에 초점을 맞춤 · 사람들 간의 효과적인 상호작용을 유발함
ESFJ	도움을 주고자 하고, 기지가 있고 동정적이며, 질서정연하고, 인간상호작용의 조화에 높은 가치를 두는 경향이 있음	· 남에 대한 개인적 관심을 통해 지도함 · 좋은 대인관계를 통해 선의를 얻으려 함 · 부하에게 정보전달을 잘함 · 힘든 일의 끝마무리에 솔선수범함 · 조직의 전통을 지지함
INFJ	자신의 비전을 신뢰하고 조용히 영향력을 행사하며, 깊은 동정심과 통찰력을 가지고 있고 화합을 추구함	· 남과 조직을 위해 무엇이 최선인지에 대한 자신의 견해를 통해 지도함 · 요구보다는 협조를 중시함 · 조용하지만 확고한 행동방향을 활용함 · 자신의 영감을 실현하려고 노력함 · 자신의 이상으로 남을 고취시킴
INFP	자신의 업무가 문제해결에 공헌되기를 원하며, 이상주의적이고 개발적이며, 통찰력과 융통성이 있음	· 용이한 접근로를 택함 · 보통과는 다른 독특한 리더 역할을 선호함 · 자신의 비전을 향해 독자적으로 노력함 · 남을 비판하기보다는 칭찬하는 편임 · 자신의 이상에 따라 남이 행동하도록 고무함
ENFP	의욕적이고 혁신적이며, 통찰력 있고 다재다능하며, 새로운 가능성 추구에 지칠 줄 모르는 경향이 있음	· 정열과 열의로 지도함 · 착수단계에서 책임지기를 선호함 · 사람과 관련된 가치문제에 관심이 많아 때로는 대변인이 되기도 함 · 남을 포섭하여 지원하려고 노력함 · 다른 사람의 동기가 무엇인지에 주의를 기울임

성격유형	성격특성	리더십 스타일
ENFJ	인간상호관계에 능숙하고 이해성이 있으며 관대하고 남을 인식하고 커뮤니케이션을 촉진시키는 경향이 있음	· 개인적인 열의를 통해 지도함 · 사람과 프로젝트를 관리함에 있어 참여하는 자세를 취함 · 부하의 욕구에 민감함 · 행동을 가치와 일치시키려 노력함 · 변화를 고취함
INTJ	독립적, 개인주의적이며, 순수하고 결심이 굳은 사람으로 팽배한 회의주의와 무관하게 자신의 가능성에 대한 비전을 확신함	· 조직의 목표달성을 위해 자신과 남을 이끌어 감 · 아이디어 영역에서 강력하고 강압적으로 행동함 · 남에 대해 엄격해질 수 있음 · 새로운 것을 추구함 · 필요한 경우 냉정하게 시스템을 재편성함
INTP	이성적이고, 호기심이 많으며, 이론적·추상적이고, 상황이나 인간보다 아이디어를 조직화하는 것을 선호함	· 문제와 목표를 개념적으로 분석하고 지도함 · 논리적 시스템 사고를 적용함 · 자신들은 자율적 일을 찾는 반면, 다른 독립적인 유형을 지도하기를 선호함 · 직위보다는 능력에 입각한 대인관계를 맺음 · 감정 차원보다는 지적 수준에서 상호작용을 추구함
ENTP	혁신적이며, 개인주의적이고, 다재다능하며, 분석적이고, 기업가적 아이디어에 매력을 느낌	· 조직의 욕구를 제기할 이론적 시스템을 계획함 · 다른 사람의 독립성을 고취함 · 논리적 시스템 사고를 적용함 · 자기가 하려는 바를 위해 확고한 명분을 활용함 · 사람과 시스템 간의 촉매적 역할을 수행함
ENTJ	논리적, 조직적, 체계적, 객관적이며 자신이 개념상 타당하다고 보는 견해에 대해 확고한 경향이 있음	· 행동지향적, 열성적 접근 방법을 취함 · 조직에 장기 비전을 마련함 · 필요한 경우 직접 관리하며 확고부동함 · 복잡한 문제를 선호함 · 가능한 많은 조직을 운영하려 함

자료 : 이상호, 「조직과 리더십」, 서울: 북넷, 2010.

6. 특성이론의 평가

리더십의 특성이론은 의미 있고 일관성 있는 결과를 얻지 못하였다. 제닝스(E.E. Jennings)는 지도력의 특성에 관한 50년간의 연구는 리더와 비(非)리더를 구별하기 위해 이용할 수 있는 퍼스낼리티의 특성을 확인하지 못했다고 결론 내렸다.[25]

그러나 모든 자질이 동일하게 절대적인 영향을 미치는 것은 아니나, 적어도 리더를 성공하게 만드는 핵심적인 자질이 존재하는 것은 사실이다. 사실 리더가 위대한 인간일 필요는 없으나 성공적인 자질은 있는데, 문제는 그 자질들을 어떻게 개발시키고 발휘시키느냐는 것이다.

이와 같은 리더 특성이론이 지닌 제약점은 다음과 같다.

첫째, 특성수에 대한 무제한적인 제시다. 연구가 많아질수록 리더의 특성요인 숫자의 범위가 넓어지고 각 특성 간의 연관관계도 거의 없는 일반적인 것이 많다.

둘째, 특성의 예측 부족현상이다. 리더의 특수성과 리더십의 효과성에 관한 관계에 대한 연구결과가 일관성이 없으며, 많은 경우에는 상반되는 결과를 나타내기도 해서 리더의 특성과 성과 간의 관계에 의문이 제기되기도 한다.

셋째, 리더의 역할에 대한 불명확성이다. 리더의 특성이론은 리더가 리더십 과정에서 실제로 무슨 일을 하고, 어떠한 역할을 하는지를 설명해 주지 않음으로써 리더의 특성만으로는 리더십 과정을 이해하기 어렵다.

넷째, 상황적 요소에 대한 인식부족 현상이다. 리더의 유효성은 리더뿐만 아니라, 과업과 구성원, 그리고 상황의 각종 요소에 의해 결정되는데 리더의 특성만으로는 리더십의 과정의 이해가 불가능하다.

이러한 비판에도 불구하고 특성이론은 최근 다시 중요하게 인식되고 있다. 그 이유는 다음과 같다. 첫째, 리더의 몇몇 특성들은 유효성을 높이는 데 있어 중요한 역할을 수행할 수 있다는 실증적 연구가 나타나고 있으며 둘째, 리더의 특성들이 주변 사람들의 리더인식이나 지각에 영향을 미칠 수 있다는 인식론적 차원의 새로운 해석이 가해지고 있다. 셋째, 최근 카리스마적 리더십이론이 활발히 연구되면서 카리스마와 관련된 리더의 특성에 관심이 쏠리고 있으며 넷째, 실무 차원에서 지속적으로 특성에 기초한 리더십 프로그램을 운영하고 있기 때문이다.[26]

행동주의적 리더십 이론

20세기 중반을 전후한 시기는 인간의 행동과 관련된 학문 분야 전반에 걸쳐 행동주의의 바람이 거세게 몰아친 시기였다. 행동주의란 철저한 과학적 방법론의 바탕 위에서 인간에 관한 연구를 하자는 관점이다. 예를 들면, 직접적 관찰이나 측정이 불가능한 성격 특성이나 태도 등의 개념을 갖고서는 철저하게 과학적인 연구가 될 수 없다는 것이다. 그래서 직접적 관찰이나 측정이 가능한 외현 행동만을 연구의 대상으로 삼아야 한다는 것이 주된 요지다. 20세기 중반 이후에는 리더십 분야의 연구에서도 행동주의적 연구가 주종을 이루게 된다.

행동주의적 리더십은 '리더는 무엇을 하는가?'에 관해 논의함으로써 리더의 행동과 리더의 유효성에 초점을 맞추는 이론이다. 즉 리더의 유효성을 결정하는 것은 개인의 특성이 아니라 부하를 향한 리더의 행동이며 따라서 이 리더십이 리더의 행동 및 리더와 부하 집단과의 상호작용에 관한 연구에 집중한다. 특히 이러한 연구는 미국의 오하이오(Ohio) 대학과 미시간(Michigan) 대학의 연구팀에 의해 주도되었다.

초기의 행동주의적 리더십 연구는 모든 상황에 걸쳐 가장 효과적인 리더 행동이 무엇인가를 찾으려고 하였다. 그러나 그러한 시도는 상황에 따라서 효과적인 리더행동이 달라진다는 결과들이 발견됨에 따라 한계에 부딪히게 된다. 그래서 연구의 방향은 어떤 상황에서 리더의 어떤 행동이 가장 효과적인가를 찾는 쪽으로 바뀌게 된다. 최근 들어서는 리더의 행동을 있는 그대로 관찰 기록하여, 효과적인 리더행동이 무엇인가를 도출해 내는 등의 다양한 연구 방법을 모색하고 있다.

리더십의 행동주의적 연구가 시작된 동기에는 두 가지 이론적 배경이 있다. 첫째, 1940년대 말기에 발행한 리더십 연구의 특성론적 접근에 대한 극단적 비판이 제기된 것이다. 스토그딜의 리더 특성 연구에 관한 개관 논문은 이러한 비판들을 요약하여 대변한 것이라고 볼 수 있다.[27] 이에 따라 리더십 연구는 새로운 대안적 접근법을 요구하게 되었다.

둘째, 이 시기는 심리학을 비롯하여 사회과학 분야 전반에 걸쳐 행동주의적 접근 방법이 각광을 받고 있던 때였기 때문이다. 행동주의란 눈에 보이지 않는, 다른 말로 하면, 관찰이 불가능한 것은 과학적 연구의 대상이 될 수 없으므로, 사회과학을 진정한 의미의 과학으로 만들기 위해서는 관찰이 가능한 대상만을 연구해야 한다는 입장을 말한다. 행동주의적 관점에서 리더십 연구를 본다면, 리더의 특성이란 객관적 관찰이 불가능한 것인데, 심리검사 등을 통하여 간접적으로 측정을 한다고 하더라도 측정 결과의 타당성을 확신할 수 없으므로, 객관적 관찰이 가능한 리더의 외형적 행동을 연구 대상으로 삼아야 한다는 결론이 나오게 된다.

리더십 효과에 관한 초기의 행동주의적 연구들은 리더십 효과의 보편적(universal)인 관점을 가정하고 있다. 따라서 모든 상황에 걸쳐서 가장 효과적인 리더십 행동으로서 어떤 것이 있는가를 밝히려고 하였다. 이 입장의 대표적인 연구로서 오하이오 대학 연구팀의 연구와 미시간 대학 연구팀의 연구를 들 수 있다. 이러한 연구는 1950년대와 1960년대에 걸쳐서 심리학자들의 주도하에 의해 이루어졌다.

특성 연구에서와 마찬가지로, 리더 행동의 효과가 상황에 따라 달라진다는 증거들이 나오게 되면서, 1970년대부터는 리더 행동의 효과성에 관한 상황부합 이론이 대두하게 된다. 이 입장은 상황에 따라서 어떤 리더 행동이 가장 효과적일 것인가를 탐구한다. 따라서 이 계통의 연구는 리더 행동의 효과를 증폭시키거나 아니면 무력화시키는 상황 조정 변인이 무엇인가를 찾으려고 하고, 나아가서 리더 행동 및 상황과 리더십 효과성 간을 매개하는 매개변인이 무엇인가를 밝히려고 한다.

위에서 언급한 리더 행동 연구는 리더 행동과 리더십 효과성 간의 인과관계에 관한 연구들이다. 리더십에 관한 행동주의적 연구의 또 다른 계통으로서 기술적 방법(descriptive method)을 사용하여 리더의 직책을 담당하고 있는 사람들이 어떤 행동을 하는가를 기술한 연구들이 있다. 이러한 유형의 연구는 1950년대부터 꾸준히 있어 왔는데, 최근에 들어서 상당히 많이 증가하는 경향을 보이고 있다. 이 장에서는 리더 행동에 관한 기술적 연구들이 먼저 소개되고 다음으로 리더십 효과성에 대한 보편적 관점의 리더 행동 연구들이 논의될 것이다. 마지막으로 리더 행동에 관한 상황 부합론적 연구들이 논의될 것이다.

1. 1차원적 리더십 연구

1) 아이오와(Iowa) 대학의 리더십 연구

1930년대 말에 아이오와 대학의 레빈(Kurt Lewin)의 지도 아래 리피트(R. Lippitt)와 화이트(R. K. White)가 행했던 리더십의 연구가 행동주의적 리더십의 시작이 되었다. 초기 연구에서는 10세 소년들을 대상으로 취미집단(hobby club)을 구성하도록 하여 세 가지 리더십 유형을 실험하였다. 이 세 가지 리더십 유형은 권위적(authoritarian), 민주적(democratic), 자유방임적(laissez-fair) 리더십이며, 이 리더십이 소년집단의 구성원들에게 어떤 영향을 미치는지 평가하려고 하였다.[28] 이 집단에서 전제적 리더는 매우 명령적이고 참여를 허용하지 않았으며, 칭찬과 비판에 있어서는 개인적인 주의를 기울였으나 객관적 입장을 견지하였다. 민주적 리더는 집단토론과 집단적 의사결정을 독려하였다. 반면에 자유방임적 리더는 집단에게 완전한 자유를 허용하였으며 결국 아무런 리더십을 행사하지 않았다.

이 실험은 특정한 리더십 유형이 집단 구성원의 만족감과 좌절감, 도전감 등의 변수에 어떻게 영향을 주는지 관찰한 것이었다. 그 결과는 리더십 유형에 따라 분명한 반응을 나타낸 것도 있으나, 다른 변수는 분명하지 않았다. 그러나 한 가지 명확한 결론은 소년들이 개별적 면접에서 20명의 소년 중에서 19명이라는 압도적인 다수가 권위주의적 리더보다는 민주적인 리더를 선호한다고 진술하였다는 점이다.[29] 이들은 또한 10명 중 7명의 비율로 권위주의적인 리더보다는 자유방임적 리더를 선호하는 것으로 나타났다.

그러나 이 리더십 연구는 리더십의 유형과 생산성과의 상관관계를 설명하지는 못했다. 하나의 초기적인 실험이었으며 성인들의 조직 생활에 적용하기 어렵기 때문에 일반적인 결론을 내리기에는 부족하나, 리더십 연구 측면에서는 역사적인 의의를 갖는다. 이 연구의 가치는 처음으로 리더십의 연구를 과학적 연구 방법론의 관점으로 분석했고, 상이한 리더십 유형이 같은 집단으로부터 다른 반응, 혹은 더 복잡한 반응을 나타낼 수 있다는 사실을 발견했다는 데 있다.

탄넨바움(R. Tannenbaum)과 슈미디트(W. H. Schmidt)는 리더십 유형을 권위적 리더와 민주적 리더로 양극하여 〈그림 3-4〉와 같은 광범위한 리더 유형을 설명하고 있다.[30] 이들은 의사결정 과정에로 참가시킬 것인가에 따라 권위적 지도자와 민주적 지도자를 하나의 연속선 위에서 파악하고 그 가운데 지도자의 다양한 행위유형을 나타내고 있다. 이 연속선상에 자유방임형 리더십이 나타나지 않은 것은, 자유방임적인 환경에서 실제로 리더십을 발휘할 때는 그 행위가 추종자들에게 공식적인 리더십 행위로 정확히 인식되는 것이 힘들기 때문이다.

〈그림 3-4〉 리더십 행동의 연속선

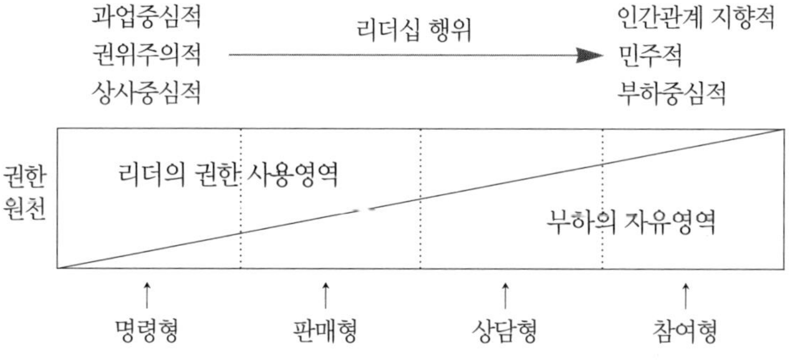

과업중심적
권위주의적
상사중심적
리더십 행위 →
인간관계 지향적
민주적
부하중심적
권한 원천
리더의 권한 사용영역
부하의 자유영역
명령형 판매형 상담형 참여형

이 외에도 여러 연구들이 있으나 기업을 중심으로 민주적, 전제적, 자유방임적 리더십 유형의 유효성에 관한 자료들을 요약해 보면 〈표 3-4〉와 같이 정리할 수 있다.

〈표 3-4〉 리더십 유형과 유효성

유효성변수 \ 유형	민주적 리더십	전제적 리더십	자유방임적 리더십
1. 리더와 집단과의 관계	호의적이다	수동적이다 주의환기를 필요	리더가 무관심하다
2. 집단 행위의 특성	응집력이 크다 안정적이다	노동이동이 많다 냉담, 공격적이게 된다	냉담하거나 초조하다
3. 리더 부재시 구성원의 태도	계속 작업을 유지한다	좌절감을 갖는다	불변(불만족)이다
4. 성과(생산성)	우위를 결정하기 힘들다	힘들다	최악이다

일반적으로 민주적 리더십이 리더와 집단구성원의 관계, 집단 행위의 특성, 리더 부재 시의 구성원 태도 면에서, 전제적 리더십보다 호의적으로 나타나기 때문에 생산성 효과가 동일하다고 볼 때, 민주적 리더십이 가장 효과적이라는 것을 알 수 있다. 그러나 민주적, 전제적인 리더가 순수하고 획일적인 상태로 존재하는 경우가 거의 없고 두 유형이 하나의 선 위에서 절충형의 양상을 띠기 때문에 이러한 기업조직에 적용하는 것은 적합하지 않다.[31]

2. 리더십의 다차원 모형

1) 오하이오(Ohio) 주립대학의 리더십 연구

1945년에 미국 오하이오 주립대학의 '기업연구실(Bureau of Business Research)'에서는 일련의 리더십에 관한 연구를 시작했다. 연구 프로그램의 주요 목적은 효과적인 리더십 행동이 무엇인지 찾아내는 것이었다. 이 연구에서는 리더 유형을 측정하기 위한 리더 행동기술설문지(Leader Behavior Description Questionnaire: LBDQ)를 사용하여 여러 형태의 집단과 상황에 있어 리더십을 분석하였다.

오하이오 주립대학의 초기연구의 하나로 헴필(J.K. Hemphill)은 52조의 폭격기 탑승원을 조사대상으로 하여 그들의 사령관에 대한 리더십 행동을 300

여 명의 탑승원들을 통해 기술하게 하였다. 그 결과 1800가지의 서로 다른 리더십 행동 예가 수집되었다. 그 중에서 중요한 리더십 기능을 잘 나타내는 것으로 판단되는 예들만 간추려 다시 150개의 진술들로 정리하였고, 리더십 요인 분석 결과 배려(consideration)와 과업 주도(initiating structure)의 2차원이 추출되었으며, 각각 15개의 항목으로 구성하였다.[32] 이 설문에서는 특정한 리더 행태를 알고자 하여 추종자들에게 리더의 행태를 빈도(항상, 자주, 가끔, 거의, 전혀)에 따라 LBDQ 상에 표시하도록 하였다.

특히 스토그딜(R. M. Stogdill)을 중심으로 심리학, 사회학, 그리고 경제학 분야에 참여한 학제간의 팀이 다양한 형태의 집단과 상황에서의 리더십 스타일을 분석하기 위하여 LBDQ를 사용하였는데, LBDQ는 리더가 그들의 업무를 어떻게 수행하는가를 기술하도록 설계된 도구다.[33]

예를 들어 과업주도는 부하의 과업 환경을 구조화하는 리더십 행동으로 부하의 과업을 배정하고 부하와의 커뮤니케이션 패턴과 절차도 명백히 하며, 성과도 구체적으로 정확하게 평가하는 행동이 포함된다. 고려는 부하와의 관계를 중요시하고 리더 - 부하 및 부하들 사이의 신뢰성, 온정, 친밀감, 상호 존중, 상호 협조를 조성하는 리더 행동이다. 간단히 말해 업무주도는 과업 또는 목표 지향적이고 배려요인은 개인의 욕구와 관계를 인정하는 것이다. 따라서 구조주도적 리더십은 직무중심적 리더십과, 고려적 리더십은 부하 중심적 리더십과 유사한 개념이다.

또한 이 두 개념을 서로 구별되는 개념으로 이해한다는 점이 이 연구의 특징이다. 즉 한 차원의 높은 점수가 반드시 다른 차원의 낮은 점수를 의미하는 것은 아니라는 점이다. 따라서 이 두 차원을 두 개의 구별되는 축으로 표시할

〈표 3-5〉 오하이오 대학의 리더십 유형

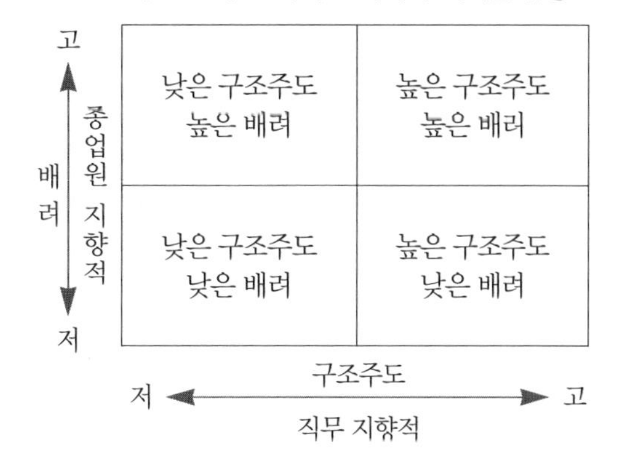

수 있다. 즉 〈표 3-5〉로 나타낼 수 있다.

오하이오 대학의 연구는 리더십에 대한 어떠한 만족스러운 정의도 존재하지 않는다는 전제에서 출발하였다.

오하이오 대학교의 연구 결과에 따르면 구조와 배려가 높은 업적, 낮은 불만, 이직률의 저하 등을 가져오는 반면에, 구조와 배려가 낮은 관리자들은 업적의 저하, 높은 불만과 이직률을 가져오는 것으로 나타났다. 물론 리더 자신이 이러한 두 가지 형태의 리더십 가운데 어느 하나를 선택할 수 있으나 구조와 배려가 동시에 높은 리더가 더 나은 성과를 가져오는 것으로 밝혀졌다.

〈표 3-6〉에서도 알 수 있듯이 4가지의 리더십 형태에 대하여 고려해 볼 수 있다. 즉 구조-배려가 고-고, 고-저, 저-저 등으로 결합될 수 있다는 의미다. 그 결과 고-고는 높은 성과는 물론 불만율과 이직률을 최대한 저하시킬 수 있는 반면에, 저-저는 낮은 성과와 높은 불만율, 높은 이직률을 수반하고 있다. 따라서 성과를 높이기 위해서는 높은 구조와 높은 배려가 결합된 리더십 형태가 발휘되어야 한다는 결론을 얻게 되었다.

〈표 3-6〉 오하이오 대학 리더십 연구의 결과

배려 \ 구조	고	저
고	높은 성과 낮은 불만율 낮은 이직률	낮은 성과 낮은 불만율 낮은 이직률
저	높은 성과 높은 불만율 높은 이직률	낮은 성과 높은 불만율 높은 이직률

오하이오 대학교 연구팀은 설문지를 개발해 낸 뒤 리더가 배려와 업무주도적인 행동을 하는 것이 리더의 유효성과 관련이 있는지를 알아보기 위해 상관관계 연구를 실시하였다.

이러한 가장 대표적인 연구가 플레시맨(E. A. Fleishman)과 해리스(E. F. Harris)의 연구다. 이 연구는 지도자 행동과 집단 행동의 결과인 종업원의 고정과 퇴직 간의 관계를 알고자 함이 그 목적이었다. 이 연구는 인터내셔널 해리스(International Harris) 회사의 한 트럭 제조 공장에서 실시되었으며, 57명의 생산직 감독의 행동에 대하여 그들의 조직 구성원들에게

SBDQ(supervisory behavior description questiption)을 작성하도록 하였다. 리더십 효과성의 기준으로서 11개월간에 접수된 고충처리 신청서와 자발적 이직자의 빈도가 사용되었다. 이 연구결과를 요약하면 다음과 같다.[34]

① 지도자의 행동(배려와 업무주도)은 집단의 고정 및 퇴직과의 상관관계가 있다. 낮은 배려 행동과 높은 업무주도가 높은 고정 및 퇴직과 관계가 있었다. ② 배려적인 행동이 증가하거나 배려주도적인 행동이 감소해도 고정 및 퇴직률에 영향을 미치지 않는 임계수준(critical level)이 존재한다는 것이다. ③ 배려적 행동과 업무주도적 행동 중에서 배려적 행동이 지배적인 요소가 된다. ④ 고정 및 퇴직에 관해서는 낮은 배려적 행동이 높은 업무적 행동보다 중요하다는 점이다. 배려적인 행동을 하지 않는다면 업무주도적인 행동으로 얻는 성과는 단기적이 된다.

오하이오 주립대학의 리더십 연구의 약점은 두 가지로 요약된다.

첫째, 리더십 연구를 행동 기술 질문지로 수행했는데, 이 질문지 방법에 편파성과 오류가 있다. 그것은 질문지 내에 응답자에 따라서 해석이 달라질 수 있는 애매한 문항이 들어 있다는 점이다. 고정된 반응 척도(fixed-response format)를 사용함으로써 응답자의 편차가 생긴다는 오류이다. 즉 리더를 좋아하기(싫어하기) 때문에 실제와 다르게 응답할 수 있다는 점이다.

둘째, 리더 행동 질문지를 사용한 연구들이 상관관계적이기 때문에 어떤 유의적인 결과가 나왔다고 하더라도 변수들 간의 인과관계의 방향을 결정할 수 없다.

결국 연구 결과에 대한 일관성 결여로 결국 상황의 특성을 고려해야 한다는 데 오하이오 주립대학의 연구도 비판을 받고 있지만 리더십을 평가함에 있어 과업과 인간 차원의 중요성을 처음으로 지적하였다는 점에 가치가 있고 그런 점에서 리더십의 이론적 기초를 마련하는 데 공헌하였다고 할 수 있다.

2) 미시간(Michigan) 대학의 리더십 연구

오하이오 대학교의 리더십 연구와 거의 같은 시기에 미시간 대학의 '조사

연구소(Survey Research Center)'에서 리더십에 관한 일련의 연구를 실시하였는데 주된 연구 목적은 다양한 리더행태를 기술하기보다는 어떠한 리더십 유형이 집단의 성과를 높이는가를 밝혀내려는 것이었다.

대학의 연구팀은 다음의 네 가지 범주의 리더 행태가 효과적인 집단 성과와 관련되어 있다는 것을 밝혀냈다.

① 리더의 지원: 리더가 추종자들에게 관심을 나타내는 행태를 의미한다.

② 상호작용의 촉진: 리더가 추종자들 간의 갈등을 극소화하기 위하여 나타내는 행태를 의미한다.

③ 목표의 강조: 리더가 추종자들의 과업달성에 동기를 부여할 때 나타나는 행태다.

④ 업무의 촉진: 역할을 명확하게 만들고 자원을 획득, 배분하며, 조직 갈등을 완화하는 데 관심을 두는 리더의 행태를 의미한다.

연구팀은 네 가지 범주의 리더 행태를 기초로 하여 사람에게 중심을 두는 리더십을 종업원 중심(employee-centered) 리더십이라고 하고, 업무에 중심을 두는 리더십을 직무중심(production- centered or job-centered) 리더십이라고 명명하였다. 직무중심적 리더십은 리더가 일의 기술적 측면을 강조하고 종업원을 조직의 업무 달성의 수단으로 보며, 명확하게 정의된 업무관계의 패턴을 설정하는 일에 관심을 나타내는 행동이다. 종업원의 개인적 특질을 인정하고 각 종업원은 개인으로서 중요하다고 생각하며 일의 개인 간 관계를 강조하는 행동이다.

오하이오 대학의 리더십 연구와 비교해 볼 때 종업원 중심적 리더십은 배려적 리더십과, 직무중심적 리더십은 업무주도의 유사한 개념이다. 그러나 다른 점은 오하이오 대학의 연구팀은 구조와 배려 형태를 독립적으로 가정하였으나 미시간 대학의 연구팀은 리더의 업무중심 행태와 종업원 중심의 행태를 단일한 연속선상에 위치하는 것으로 간주하여서 두 가지 행태를 동시에 나타낼 수 없다는 점이 다른 점이다.

리더십에 대한 두 연구에서 밝혀낸 공헌은 리더십의 성공에 관련된 일정한 리더 행태를 규명할 수 있다는 점을 밝혀낸 것이다. 결국 미시간 대학의 연구는 다양한 업종에 걸쳐서 종업원 중심 리더십이 생산성과 정(+)의 관계에 직무 중심적 지도력은 부(-)의 관계에 있다는 것을 알아냈다. 이들 연구의 주된 결론은 종업원 중심적 리더십이 가장 바람직하고 효과적이라는 것이다.[35]

오하이오 대학의 연구 및 미시간 대학의 연구에서의 구조-배려, 업무-직원의 리더십 유형은 일본에서 미쓰미(Misumi)와 피터슨(Perterson)이 연구한 성과중심의 리더십(performance leadership)과 현상유지적 리더십(maintainance leadership)으로 구분한 PM이론과 관련될 수 있다.[36] 여기에서의 성과는 특히 빠른 작업속도를 통한 집단목표의 형성, 고도의 품질, 정확성 및 생산량의 결과, 규칙에 대한 관찰 등을 말하며, 현상유지는 추종자의 감정을 잘 다루고, 스트레스를 감소시키며, 안정을 제공하고, 인정해 줌으로써 집단의 사회적 안정을 유지하려는 행태를 말한다. 이러한 리더십 행태를 일본에 적용한 결과 사람들은 단순한 업적 중심의 리더십에 비하여 업적과 현상유지가 모두 높은 리더십을 선호하는 것으로 나타났다.[37]

미시간 대학의 연구 성과는 최종적으로 리커트(R. Likert)에 의해 이론적, 방법론적으로 집약되었다.[38] 그는 미시간 대학의 연구를 기초로 하여 높은 생산성의 관리자들이 다른 관리자들과 대조적으로 사용하는 일반적인 관리 스타일을 밝히는 데 노력을 기울였다.

그는 미시간 대학의 연구에서 세 가지 유형의 리더 행동이 성공적인 리더와 그렇지 못한 리더를 구분 짓게 해 주는 요인임을 밝혀냈다.

① 과업 지향적 행동: 성공적인 리더는 그들의 조직 구성원이 하는 것과 같은 일에 시간과 노력을 소비하지 않았다. 반면 그들은 작업의 계획 및 일정표 작성, 부하들의 활동 조정, 필요한 공급품, 장비, 기술 조언 제공 등과 같은 과업 지향적 기능들에 시간이나 노력을 집중하였다.

② 관계 지향적 행동: 성공적인 리더는 보다 배려하고 지지하며, 부하에게 도움을 주는 유형이었다. 관계 지향적 리더들은 신뢰감과 확신을 주고 우호적이며 배려 있게 행동하며, 아이디어를 칭찬해주며 부하의 기여와 성취를 인정해 주는 행동을 하였다.

③ 참여적 리더십: 리커트는 부하를 개별적으로 관리하기보다는 집단적으로 감독하는 것이 필요하다고 제안하였다. 집단 회합을 활용하면 부하들의 의사결정 참여 촉진, 의사소통의 원활화, 상호협조의 증진, 갈등 해결 촉진과 같은 효과가 있을 수 있다.

또한 리커트는 많은 조직을 대상으로 한 행태적 연구를 기초로 하여 시스템1에서 시스템4의 리더십으로 옮겨가는 조직변동의 프로그램을 실시하였다. 이 과정은 X 이론적 가정에서 Y 이론적 가정으로, 동기부여의 위생요인에서 동기요인을 강조하는 방향으로 변화해 가는 것과 유사한 것이다. 네 가지의 리더십 시스템은 다음과 같다.

· 시스템1(system Ⅰ) – 착취적 권위적 리더십(explosive-authoritative): 리더는 구성원을 전적으로 신뢰하지 않으며 의사결정 과정에의 참여도 전적으로 배제된다. 조직의 목적 설정과 의사결정은 리더에 의하여 독단적으로 행하여지며, 이것이 명령에 의해 하달될 때 구성원은 집행만을 할 수 있을 뿐이다. 구성원의 관리는 처벌과 위협에 의존되며 구성원의 욕구는 기본적인 것만 충족될 뿐이다. 이같이 집권화된 관리시스템 하에서 구성원들은 공식목표에 저항할 수 있을 뿐이다.

· 시스템2(system Ⅱ) – 온정적 권위적 리더십(benevolent-authoritative): 리더는 구성원들에게 약간의 온정을 베푼다. 그러나 이것은 주인이 하인에게 베푸는 것과 다름없어서 구성원의 마음을 움직일 수 있는 것은 못된다. 중요한 결정은 리더가 하고 구성원은 이에 따른 집행만을 할 뿐이다. 구성원에 대한 동기부여는 보상과 처벌, 그리고 처벌에 따른 위협이 사용된다. 보상은 경제적 보상이 주로 사용되며, 사회적 보상은 최소한으로 한정된다.

· 시스템3(system Ⅲ) – 협의형 리더십(consultative): 리더는 구성원을 상당히 신뢰하지만 완전한 것은 아니며, 의사결정에 대한 통제권을 행사하려고 한다. 의사결정은 리더와 구성원이 함께 할 경우도 많지만 중요한 결정에 대한 부하의 참여는 제한된다. 의사소통은 쌍방적이고 동기부여는 경제적, 사회적 욕구를 충족시킬 수 있도록 유지된다. 구성원에 대한 불이익과 참여가 동시에 활용되나 참여 지향적 색채가 짙게 활용된다. 조직의 공식적 목적에 대

하여는 구성원들이 지지하며, 불만이 있는 경우 조심스럽게 표명한다.

· 시스템4(system Ⅳ) – 참여적 집단적 리더십(participative-group): 리더는 구성원을 전적으로 신뢰한다. 의사결정권은 모든 조직을 통해 널리 분포되어 있고 각 계층의 의사결정은 전체적으로 잘 통합 조정된다. 의사소통은 모든 조직을 통하여 원활히 이루어지고 있으며, 조직 구성원의 참여는 최대한으로 보장된다. 리더와 구성원 간의 심리적인 거리감도 없기 때문에 구성원들은 리더의 지시에 충실하며 조직목표 달성에 만족과 책임을 느끼게 된다. 따라서 조직목표와 개인목표의 통합이 이루어진다.

일반적으로 집단을 운영해 나가는 데 있어서 시스템4를 적용하는 관리자가 가장 훌륭한 성공을 하고 있음을 발견하였다.

또한 리커트의 주장에 따르면 종업원 중심적 리더십 발휘는 부하들뿐만 아니라 동료 리더들과 상위 계층에도 그 관계가 중요시되고 있다.[39] 이와 같은 리더십의 횡적 , 수직적, 대각선적인 연결 관계를 연결핀(Linking Pin) 관계라 부르고 이 연결핀 역할을 얼마나 잘 수행하느냐에 따라서 부하와의 관계는 물론 리더가 되려면 효과적인 부하가 되어야 하는 동시에 효과적인 동료가 되어야 한다는 것을 강조하고 있다. 그러나 이 미시간 대 연구도 연구 결과의 일관성 결여로 리더의 효과성을 예측할 수 없었고 결국 상황의 특성을 고려해야 한다는 점이 부각됐다.

〈표 3-7〉 보편적 리더십 행동이론의 비교

연구측면	연구개척자	조사응답자	측정방법	연구대상 조직
직무중심적 부하중심적 (단일연속선 개념)	R. Likert, Michigan 대학	리더, 부하	면접, 설문지	은행, 병원, 기업전력회사, 정부기관
구조주도 고려 (복수연속선 개념)	Fleishman, Stogdill, shartle, Ohio 주립대학	리더, 부하 동료, 직속상사	설문지	군대, 기업체, 교육기관, 전력 회사, 정부기관
리더중심 부하중심 (단일연속선 개념)	R. Lippitt, R.K. White, Iowa 대학, R.Tannebaum, W.H. Schmidt	리더, 부하	관찰, 면접, 설문지	소년클럽, 교육 기관

3) 매니지얼 그리드(managerial Grid)

오하이오 대학이나 미시간 대학의 연구에서 발전된 이론 또는 모형으로 매니지얼 그리드(managerial Grid) 이론이 가장 널리 알려져 있다. 또한 이 이론은 리더십 스타일로 더 잘 알려져 있다. 관리자가 생산성과 인간 모두에 관심을 가져야 할 중요성을 밝히고 있는 연구에 입각하여 온 관리자들의 관심을 극적으로 나나낼 수 있는 훌륭한 기구를 고안하였다. 매니지얼 그리드(managerial Grid)는 관리자의 훈련 방법과 다양한 리더십 스타일의 조합을 식별하는 수단으로 전 세계적으로 사용되고 있다.

매니지얼 그리드(managerial Grid)는 2차원으로 되어 있다. 즉 인간에게 관심을 갖는 차원과 생산에 관심을 갖는 차원이다. 이들이 '무엇에 대한 관심(concern for)' 이라는 표현을 사용한 것은 관리자가 '어떻게(how)' 생산성을 갖는가 또는 '어떻게' 인간에 대하여 관심을 갖는가를 의미하는 것이지 그룹에서 산출하는 생산규모에 대하여 '얼마만큼(how much)' 관심을 갖느냐를 의미하는 것은 아니다.

'생산에 대한 관심' 은 정책결정의 질, 절차와 과정, 연구의 창조성, 스태프 서비스의 질, 업무 효율성, 산출량 등과 같은 다양한 사항들에 대한 관리자의 태도를 포함한다. '인간에 대한 관심' 도 위와 마찬가지로 광범위한 방법으로 설명되고 있다. 그것은 목적달성을 위한 개인적 몰입의 정도, 작업자의 자존심의 유지, 복종보다는 신뢰에 기초를 둔 책임부여, 양호한 작업조건의 배려, 그리고 만족스러운 대인관계의 유지와 같은 요소를 포함한다.[40]

〈그림 3-5〉에서 보는 바와 같이 이론적으로는 9×9=81가지의 관리 스타일을 상정할 수 있으나 블레이크(Blake)와 머튼(Mouton)은 다섯 가지의 관리 스타일이 모든 관리 스타일을 비교적 전형적으로 나타낸다고 하였다.[41]

① 1.9형(컨츄리클럽형): 인간관계를 만족시키기 위한 사람들의 욕구에 사려 깊은 주의를 기울임으로써 편안하고 우호적인 조직분위기와 작업속도에 이를 수 있다.

② 9.9형(팀형): 몰입하는 구성원들에 의해 업무달성이 이루어지고 조직목적에 대한 공동인식을 통한 상호의존성에 의해 신뢰와 존경의 관계를 가져

올 수 있다.

③ 5.5형(타협형): 적정한 조직성과는 구성원들의 사기를 만족스러운 수준으로 유지하면서 작업수행을 추진함으로써 가능하다. 이러한 관리자를 조직인이라고 한다.

〈그림 3-5〉 관리격자와 리더 행동유형[42]

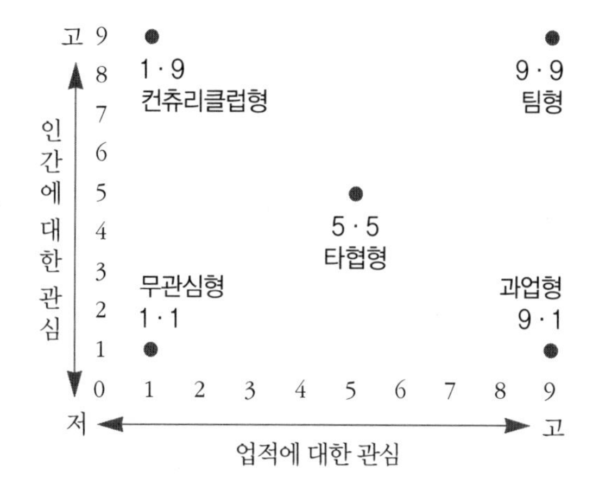

④ 1.1형(무관심형): 조직 구성원들을 유지하기 위하여 업무수행에 최소의 노력을 기울이는 것이 적절한 것으로 간주된다.

⑤ 9.1형(과업형): 인간적인 요소를 최소한으로 제한하는 작업조건을 설계함으로써 능률성을 달성할 수 있다. 이러한 관리는 권위-복종(authority-obedience)에 의존한다.

블레이크와 머튼은 생산에 대한 관심과 사람에 관한 관심이 동시에 높은 관리자가 바람직하다고 주장한다. 즉 매니지얼 그리드(managerial Grid)를 통한 리더십 훈련은 9.9리더십 스타일로 진행할 수 있도록 설계되어야 한다는 말이다. 그들은 동시에 이러한 두 가지 차원 사이의 상호작용이 긍정적인 결과를 가져올 것이라고 주장한다.[43]

매니지얼 그리드(managerial Grid)는 관리유형을 확인하고 구분하는 데 유용한 방법이다. 그러나 왜 관리자가 왜 어떤 관리격자에 속하는지에 대하여는 설명해 주지 못하고 있다. 그 원인을 알아내려면 기초적인 원인, 즉 리더 혹은 부하의 성격, 관리자의 훈련 정도와 능력, 기업 환경, 그리고 그 리더와 부하의 행동에 영향을 주는 기타의 상황적 요소들을 살펴보아야 한다.

상황적합적 리더십 이론

1. 피들러(Fiedler)의 컨틴전시 모형(Fiedler's Contingency Model)

스토그딜(Stogdill)은 리더십 연구에 알맞은 분석은 리더에 관한 특성과 행동뿐만 아니라 리더십이 발휘되는 상황에 관한 연구라는 사실이 점차 분명해지고 있다고 주장하였다. 리더십이 발휘되는 상황적 요소들을 중요시하는 리더십에 대한 상황론적(Contingency) 접근 방법은 오늘날 리더십 연구에서 가장 지배적인 것이 되고 있다.[44] 피들러(F.E. Fiedler)는 1951년부터 대규모의 다양한 집단의 리더를 대상으로 연구를 시작하여 최초로 리더십 상황이론을 개발하였다.[45] 많은 연구에서 피들러는 컨틴전시 리더십 모형을 통하여 리더십의 유효성은 지도의 행동과 어떤 특정한 상황적 요소와 상호작용에 의존한다고 주장하였다. 다시 말하면 리더십 스타일을 변화시키기 어렵기 때문에 조직은 일정한 리더십 스타일에 부합하는 상황에 리더를 배치해야 한다는 것이다. 즉, 그의 모형은 리더의 LPC(least preferred coworker) 점수와 리더십 효과성과의 상관성은 복잡한 여러 가지의 상황적 변수에 따라 결정된다고 하였다. (〈그림 3-6〉 참조)

피들러 이론의 기본 명제는 리더의 유형은 상황의 요구와 맞추어야 한다는 것이다. 그 내용은 다음과 같이 설명할 수 있다.

1) 리더십의 유형

컨틴전시 모델은 두 가지 기본적인 지도력 유형으로 구분한다.

① 과업 지향적(task-oriented style) 리더십: 목표 달성에 중요한 관심을 둔다.

② 인간관계 지향적(relationship-oriented style) 리더십: 과업의 성과뿐만 아니라 집단 내의 인간관계에 중요한 관심을 둔다. 이 두 가지 리더십 유형은 LPC(least preferred coworker) 척도로 측정한다. LPC 점수는 8척도의 20개의 설문에 대한 점수를 산출한다. 리더에게 가장 같이 일하기 어려운 사람을 생각하게 한다. 그가 현재 같이 일하는 사람이든 과거에 알았던 사람이든 상관없다. 또 제일 감정적으로 싫은 사람일 필요는 없다. 일을 하기에 가장 애로

를 느끼는 사람이다. LPC 점수가 낮은 것은 리더십이 자기와 같이 일을 할 수 없는 사람을 거부할 태세가 되어 있는 정도를 보여 주는 것이다. 따라서 LPC 점수가 낮을수록 리더십은 과업 지향적일 가능성이 크다. 그 반대로 높은 LPC 점수는 가장 싫어하는 동료 작업자라도 긍정적 속성을 지니고 있는 것으로 평가할 의사가 있다는 것을 표시해 주는 것으로, LPC 점수가 높을수록 리더십은 인간관계 지향적이 될 경향이 많아진다.

피들러의 LPC에 대한 해석은 이 이론이 발표된 이후 여러 번 바뀌었는데, 최근의 해석은 LPC 점수는 리더의 동기 위계를 나타낸다고 한다. 동기부여의 관점에서 볼 때, LPC 점수가 높은 지도자는 1차 목표로서 인간관계를 중시한다. 즉 작업 상황에 있어 다른 성원과의 감정적, 정서적인 강한 유대를 맺는 것을 1차 목표로 하고, 이 정서적 관계가 확립되면, 2차 목표로서 존엄 및 지위를 원하게 된다. LPC 점수가 높은 사람은 맥그리거(McGregor)의 Y 이론적 인간으로, 인간관계에 대하여 보다 낙관적이 되고 나아가 타인에게 자유를 주는 형태다.[46]

〈그림 3-6〉 피들러의 컨틴전시 모델[47]

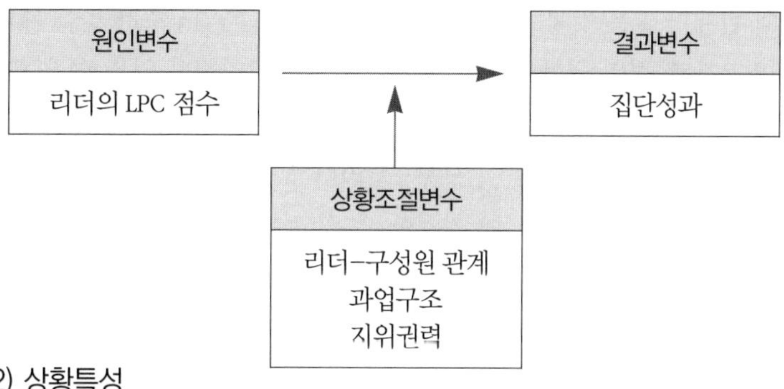

2) 상황특성

일정한 상황 아래에서 리더가 집단의 성과에 영향력을 행사할 수 있게 하는 정도, 즉 리더가 조직 구성원을 통제함에 있어서 상황적 여건이 어느 정도 유리한가의 정도를 의미하는 상황호의성(situational favorableness) 또는 상황의 통제 변수(situational control)라 불리는 상황 변수는 다음의 세 가지 요소로 구성된다.[48]

① 리더와 부하의 관계(leader-member relations)

지도자와 부하 사이의 신뢰성, 친밀감, 신용과 존경을 포함한다. 지도자와 부하 사이에 신뢰감과 친밀감 그리고 상호 존경 관계가 존재할수록 좋은 관계가 형성된다.

② 과업 구조(task-Structure)

과업의 목표, 절차, 성과가 명확하게 프로그램화되고 구조화되어 있는 정도다. 과업 구조의 측정은 상황통제(situational control)를 위해 구성원들에게 과업 요건들이 알려져 있는 정도를 나타내는 목표 명료성(goal clarity), 과업 달성 절차의 다양성을 측정하는 목표-경로 다양성(goal-path multiplicity) 그리고 의사 결정의 특정성(decision specificity)이라는 4가지 차원에서 이루어진다.

③ 리더의 직위 권한(leader' s position power)

집단 구성원들의 행동에 영향을 줄 수 있는 능력으로서 공식적, 합법적, 강압적 권력을 포함한다. 특히 승진, 승급, 해임 등의 상벌 권력이 중요하다.

이상의 세 가지 요소의 결합 방법은 상황이 리더에게 가장 호의적인 데서부터 가장 비호의적인 데까지 여덟 가지의 결합이 나올 수 있다. 즉 리더와 부하의 관계가 좋은 것과 그렇지 못한 것의 2가지, 과업구조가 높을 때와 낮을 때의 2가지, 직위 권한이 강할 때와 약할 때의 2가지가 있을 수 있으므로 전체 2×2×2=8가지가 나올 수 있다. 이 여덟 가지 중 리더에게 가장 호의적인 상황은 그 집단의 성원들이 모두 그 리더를 좋아하며(좋은 지도자와 부하 관계), 명확하게 정의된 직무를 지시할 수 있고(높은 과업구조), 또 리더가 강력한 직위를 차지하고 있는 (강력한 직위권한) 상황이다.

〈표 3-8〉 컨틴전시 모델의 상황 분류[49]

	리더와 부하의 관계	좋 음				나 쁨			
상황 요소	과업구조	고		저		고		저	
	직위권력	강	약	강	약	강	약	강	약
	분면	1	2	3	4	5	6	7	8

매우 호의적 ◀———————▶ 매우 비호의적

3) 피들러의 연구결과

피들러의 리더십 연구결과는 〈그림 3-7〉과 같이 나타난다. 리더십의 행동은 리더십 상황에 따라서 그 효과가 모두 다르다는 결론을 얻게 된다. 즉 LPC 점수가 낮은 리더십(과업 지향적 리더)은 Ⅰ, Ⅱ, Ⅲ과 같은 대단히 호의적인 상황과, Ⅷ과 같이 대단히 비호의적인 상황 모두에서 효율적이고, LPC 점수가 높은 리더는 Ⅳ, Ⅴ와 같이 상황이 중간 정도인 상황에서 효율적이었다. 상황호의성이 중간정도라는 것은 ① 과업이 구조화되어 있지만 집단 구성원어 리더를 싫어하므로 성원의 감정을 중시해야 할 상황이나, ② 집단 구성원이 리더를 좋아하지만 과업이 구조화되어 있지 않으므로 구성원의 창의성과 참여를 구해야만 하는 상황을 말한다.

이상에서 살펴본 바에 의하면 피들러가 제창하는 리더십의 효율향상책은 리더의 퍼스낼리티와 욕구 구조를 변화시키기보다 리더십의 경험증대, 로테이션, 훈련 및 특성에 적합한 부하의 선발, 배치, 상황특성에 적합한 과업구조화의 조작, 리더십의 직위 권력 강화를 위한 승진, 상벌 권한의 부여, 리더의 의사결정 전면적인 지지, 리더 아래의 정보집중 등에 따라 상황호의성을 수정하는 것이다.

〈그림 3-7〉 상황별 효과적인 리더[50]

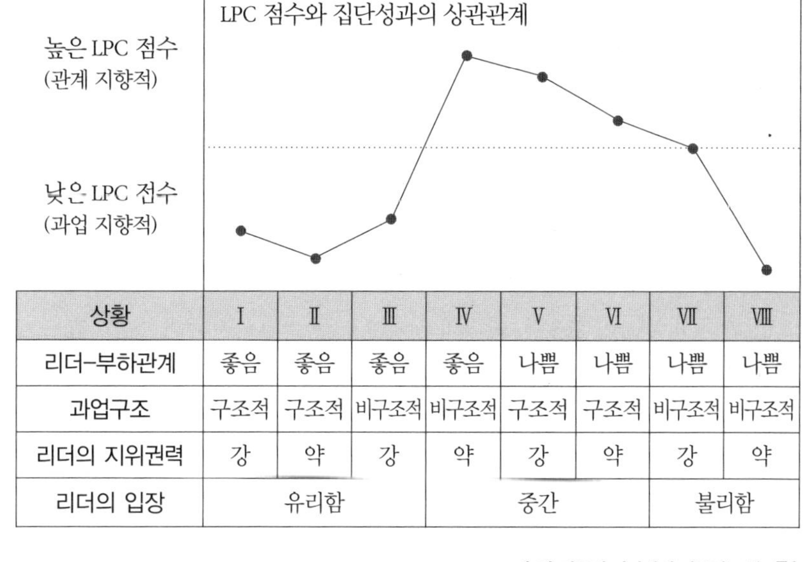

상황	Ⅰ	Ⅱ	Ⅲ	Ⅳ	Ⅴ	Ⅵ	Ⅶ	Ⅷ
리더-부하관계	좋음	좋음	좋음	좋음	나쁨	나쁨	나쁨	나쁨
과업구조	구조적	구조적	비구조적	비구조적	구조적	구조적	비구조적	비구조적
리더의 지위권력	강	약	강	약	강	약	강	약
리더의 입장	유리함			중간			불리함	

과거 20년간 이 모델을 검증하기 위한 연구들이 많이 발표되었다. 많은 학자들 - 주로 스트루브(Strube)와 가르시아(Garcia), 피터스(Peters), 하르트케(Hartke), 폴만(Pohlmann) 등이 연구를 했는데 실험실 연구만큼 강력한 결과가 나오지 않았고, 8가지 상황 모두에서 지지된 것은 아니지만 이들의 연구결과는 이 모델이 지지되는 것으로 나타났다.

그러나 피들러의 모형에 대한 비판점을 제시하는 연구들도 적지 않은데 그 비판점은 다음과 같다.

첫째, LPC 측정방법에 관한 문제로, 실제로 LPC 질문지가 무엇을 측정하고 있고 리더의 성격이나 동기를 측정하고 있는지, LPC 점수가 리더의 행동스타일과 연관성을 지니고 있는지에 대해 논란이 되고 있다.

둘째, 이 모델은 하나의 이론이라기보다는 리더의 LPC 점수가 집단 성과에 어떤 방식으로 영향을 미치는가를 설명한 모델에 불과하다.

셋째, 이 모델에 대한 경험적 지지 증거가 약하다. 대부분의 연구에서 나온 상관계수의 값이 통계적으로 유의하지 못하였다.

넷째, 상황호의성에서 측정치가 리더의 LPC 점수와 상호 독립적이라는 것을 보장할 수 없다. 이 모델을 검증한 대부분의 연구에서 LPC 점수와 리더-추종자 간의 점수가 모두 리더로부터 나왔는데, 따라서 그 두 측정치가 서로 상관이 될 가능성이 크다.

다섯째, LPC 점수 분포대를 보면, 중간 점수대의 리더가 높은 점수대와 낮은 점수대의 리더들을 모두 합한 수보다 많을 것이다. 그럼에도 불구하고 대부분의 연구와 모델에서는 점수대가 중간인 리더들에 대하여 별로 다루지 않았다. 연구결과는 LPC 점수가 중간인 리더가 더 성공적임을 보여주고 있다. 이것은 아마도 중간대의 점수를 갖는 리더들이 친애 욕구와 성취 욕구를 적절히 균형 있게 갖추었기 때문일 수 있음을 시사한다.

그러나 피들러의 모형은 리더의 상황요소를 리더십 연구에 포함시킴으로써 리더를 이해하는 데 중요한 공헌을 하였다.

2. 하우스(House)의 경로-목표 이론(House's Path-Goal Theory)

경로-목표 이론은 하우스(R. J. House)가 개발한 이론으로, 모티베이션 이론의 하나인 기대 이론(expectancy Theory)에 기반을 두고 있다. 이 이론에 의하면 지도자의 유효성은 부하의 만족과 동기에 긍정적으로 영향을 주는 지도력의 결과라고 주장한다. 이 이론은 두 가지 명제에 따라 구성된다.

첫째, 리더의 기능은 도구적이며, 보충적이다. 리더는 부하에게 코치(coaching), 길잡이 역할, 지원, 보상을 하고 부하의 목표 달성 환경을 정비해 주는 정도에 있어 효율적이다. 리더의 동기부여 기능은 과업목표를 달성하기 위해 추종자의 개인적인 만족을 크게 하면서 목표에 도달할 수 있는 방법을 명확하게 하고 장애물이나 함정을 제거하여 개인적 만족의 기회를 증가시킴으로써 부하직원이 만족에 용이하게 도달될 수 있도록 하는 것이다.

둘째, 특정 리더 행동의 동기부여 영향은 리더가 행동하는 상황에 따라 결정된다. 상황을 구성하는 요인은 ① 부하의 특성(characteristics of subordinates) ② 부하가 과업목표(task demand)를 달성하고, 자기의 욕구를 충족시키기 위해 대처해야만 하는 환경의 압력이다.(〈표 3-9〉 참조)

이 이론이 피들러의 컨틴전시 이론과 다른 점은 같은 리더가 상이한 상황에서 실제로 이용할 수 있는 4가지 스타일이 있다는 것을 지적한 점이다.

〈표 3-9〉 하우스의 경로-목표 이론의 개요[51]

상황	바람직한 리더행위	추종자 영향	결과
추종자의 자신감 결여 →	후원적 리더십 →	목표달성을 위한 자신감 증가 →	노력, 만족도, 성과 상승
직무가 모호한 상태	지시적 리더십	보상에 이르는 경로 명확히 이해	노력, 만족도, 성과 상승
직무가 도전적이지 않음	성취지향적 리더십	높은 목표 설정	노력, 만족도, 성과 상승
부적절한 보상	참여적 리더십	추종자의 욕구에 맞도록 보상 재설계	노력, 만족도, 성과 상승

1) 지도력 유형

① 지시적 리더십(directive leadership): 도구적 리더십(instrumental leadership)이라고도 하며 전제적 지도자와 비슷한 유형이다. 부하들은 자신들이 기대하는 것이 무엇인지 정확히 안다. 리더는 구체적인 지침과 기준, 작업계획을 제공하고 규정을 마련한다.

② 후원적 리더십(supportive leadership): 부하직원의 욕구에 관심을 갖고 생활향상과 복지에 관심을 가지며 좋은 작업환경을 만드는 데 간여한다.

③ 참여적 리더십(particpative leadership): 부하직원과 정보를 교환하고 의사 결정에 부하의 의견을 반영한다.

④ 성취지향적 리더십(achivement oriented leadership): 부하를 위한 도전적인 목표설정과 부하직원이 이러한 목표를 잘 수행할 것이라는 확신을 보여준다.

2) 상황요인

① 부하의 특성

가. 통제의 위치(Locus of Control): 자신이 당면한 상황에 대한 통제의 원천이 자기에게 있다고 믿는 내재론은 참여적 지도에 만족감을 보이고 있는 반면에, 통제원천이 외부에 있다고 믿는 외재론자는 지시적 지도력에 만족감을 보인다.[52]

나. 부하의 능력: 자신의 능력을 높게 지각하는 부하직원들은 지시적 지도에 대해 거부할 가능성이 많고 성취지향적 리더십을 선호하게 될 것이다.

② 환경적 요인

가. 과업: 과업이 구조화되어 있을수록 후원적 또는 참여적 지도에 만족할 것이고 과업성격이 비구조화되어 있을수록 지시적 지도를 받아들일 것이다.

나. 공식적 권한관계: 방침, 규율, 절차가 명백하고 이에 따라 과업이 수행될 경우 지시적 상호간의 신분서열도 안착된 상태에서는 집단의 규범에 따라 후원적이고 참여적인 리더십이 필요하다.

이상에서 살펴본 바와 같이 이 이론은, 부하의 동기부여와 직무만족에 영향을 주는 리더의 행동은 상황에 의존된다고 주장한다. 즉 리더는 부하의 특성 및 과업의 환경적 요소들과 상호작용하면서 적절한 리더의 행동을 통하여 부하들의 목표에 대한 유의성과 기대감에 영향을 줌으로써 이들이 동기수준과 노력 그리고 성과의 만족감을 높일 수 있다.[53]

즉 경로-목표 모델은 다음과 같은 사실을 제시한다. 첫째, 배려행동은 비구조화된 상황에 있는 부하들보다는 구조화된 상황에 있는 부하들에게 더 유용하다. 또한 업무주도의 행동은 과업이 고도로 구조화되어 있고 잘 계획되어 있는 경우보다 과업이 모호하고 스트레스가 많은 경우에 부하에게 만족을 가져다준다.

둘째, 부하들이 구조화되어 있고 일방적인 과업을 수행하고 있을 경우 높은 배려행동은 높은 종업원의 만족을 낳게 한다.

경로-목표 이론이 갖는 한계점은 이론모형의 복잡성으로 인하여 완전한 이론의 검증이 어렵다는 것이다. 반면에 이 이론의 중요한 공헌은 지도자의 행동을 주어진 상황에서 분류할 뿐만 아니라 왜 그러한 행동이 효과적인지에 관한 이유를 밝혀 주고 있다는 점이다.[54] 이와 관련하여 조직행동론의 중심적 두 주제인 리더십과 동기부여 이론을 결합시켰다는 평가도 받고 있다.

3. 브룸과 이튼의 규범 이론(Vroom and Yetton Model)

지금까지 살펴본 리더십 행동 이론들은 경영자가 직면한 상황에서 어떻게 행동해야 하는지 무슨 결정을 내려야 하는지에 관하여 설명하지 않는다. 브룸(V.H. Vroom)과 이튼(P.W. Yetton)은 리더가 실제로 효율적인 의사결정을 하는 데 이용할 수 있는 규범적인 모델(normative model)을 제시했다. 리더십 연구에서 일관된 문제는 부하의 의사결정의 참가로서, 리더의 본질적 역할은 독재적, 협의적, 집단의사결정 등 부하의 참가에 따라 몇 가지 유형을 생각해 볼 수 있다. 하지만 그 의사결정 유형의 최종 효율은 ① 의사결정의 질 내지 합리성 ② 의사결정을 수행하는 부하의 수용 및 이행심(commitment) ③ 의사결정에 필요한 시간의 양이라는 상황요인에 의존한다.[55]

브룸과 이튼의 규범모델은 〈그림 3-8〉에서와 같이 5가지 리더십의 유형,

7가지 상황 차원, 17가지 문제 유형, 7가지의 의사결정 규칙을 포함한다.

1) 리더십 유형

① AI : 리더는 혼자서 문제를 해결하고 의사결정을 한다.

② AII : 리더는 부하에게 필요한 정보를 얻지만 문제해결은 혼자서 한다.

③ CI : 리더는 부하의 문제를 함께 공유하며 개인적으로 그들의 아이디어나 제안을 받는다. 리더가 하는 의사결정에 부하의 영향력은 반영될 수도 있고 반영되지 않을 수도 있다.

④ CII: 리더와 부하는 집단으로 모여서 그들의 아이디어나 제안을 듣는다. 그리고 의사결정은 리더 혼자서 한다.

⑤ GII: 리더와 부하는 집단으로 모여서 문제를 토론한다. 그리고 지도자와 부하가 함께 대안을 평가하여 집단으로 의사결정을 내린다.[56]

이상의 다섯 가지 유형 중에서 AI 와 AII 는 전제적인(autocratic) 리더십 유형에 해당되고 CI 와 CII 는 협의적(consultative) 리더십 유형에 해당되며, GII는 집단의사결정(group) 리더십 유형에 해당된다.[57]

① 리더의 정보 규칙(leader information rule): 만일 의사결정의 질이 중요한데 지도자가 혼자 문제를 해결할 수 있을 정도의 충분한 정보를 가지고 있지 못하면 가능한 전략 중에서 AI를 제외시켜야 한다. 왜냐하면 AI를 사용할 경우 질 낮은 결정이 이루어질 위험이 있기 때문이다.

② 목표 일치 규칙(goal congruence rule): 만일 의사결정의 질이 중요한데 하급자들이 조직목표에 합치되게 문제를 해결할 것을 확신하지 못한다면 GII 유형을 제외시켜야 한다. 즉 집단의사 결정을 할 수가 없다.

③ 비구조화된 문제 규칙(unstructured problem rule): 만일 의사결정의 질이 중요하고 지도자가 충분한 정보를 갖고 있지 못한 경우 문제도 구조화되어 있지 않았다면 고려대상에서 AI, AII, CI을 제외시켜야 한다. 이런 상황에서는 지도자와 부하 간에 문제와 해결안을 찾으려는 상호작용이 필요하다.

④ 수용 규칙(acceptance rule): 부하들이 의사결정을 수용하는 것이 일하는데 꼭 필요한 경우, 지도자의 전제적 결정이 부하들의 수용을 확신할 수 없다

면 AI 과 AII 를 제외시켜야 한다.

⑤ 갈등 규칙(conflict rule): 의사결정에 대한 수용이 중요하고 전제적인 결정이 수용될지가 불분명한데 부하들 간에 해결안에 대해 갈등 가능성이 있는 경우에는 가능한 전략들 중에서 AI, AII, 그리고 CI을 제외시켜야 한다. 구성원들 간의 상호교환과 보다 큰 참가를 통해 갈등이 해결될 수 있다.

⑥ 공평성 규칙(fairness rule): 의사결정의 질은 중요하지 않으나 수용이 중요할 때 전제적 결정을 가지고는 안 될 때 AI, AII, CI, CII 를 제외시켜야 한다. 여기서는 집단의 수용만 고려하면 되므로 GII 유형이 가장 효과적일 것이다.

⑦ 수용 우선 규칙(acceptance priority rule): 만일 수용이 중요한데 전제적 결정으로는 안 되고 부하가 조직목표를 추구하도록 동기부여 될 때 결정과정에 모든 부하들을 동등하게 참가시키는 방법이 결정의 질을 훼손하지 않으면서 보다 큰 수용을 낳게 할 수 있을 것이다. 이 때문에 고려대상에서 AI, AII, CI 그리고 CII 를 제거해야 한다.

이상의 7가지 규칙 중에서 3가지는 결정의 질을 확보하려는 규칙들이고 나머지 4가지는 결정의 수용도를 보호하려는 규칙들이다. 이러한 규칙들을 이용하여 상황을 진단하고 적절한 전략을 선택하는 과정을 〈그림 3-8〉의 '의사결정 나무(Decision tree)'의 형태로 제시하고 있다. 그림의 윗부분은 7가지의 상황특성을 나타내는데, 여기에서의 상황특성은 일반적인 지도자의 역할특성이 아니고 해결해야 할 문제 내지 행동해야 할 의사결정의 특성이라는 점에 주목해야 한다.

〈그림 3-8〉 브룸과 이튼의 규범적 리더십 모델[58]

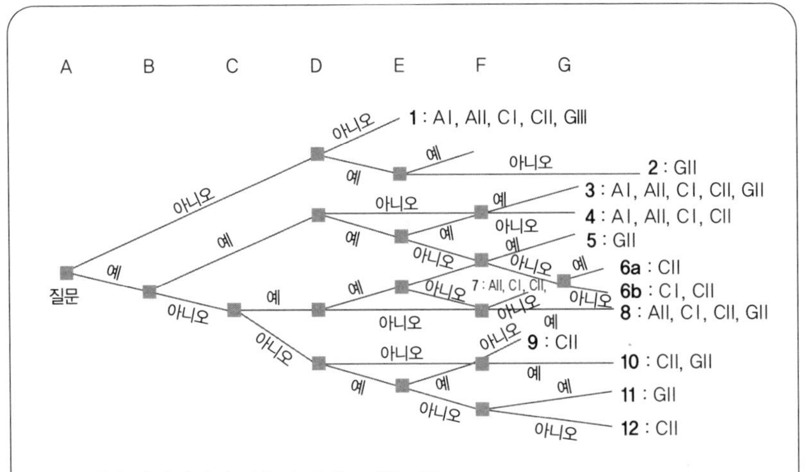

A. 문제가 의사결정의 질을 요구하고 있는가?

B. 우수한 의사결정을 위해 충분한 정보를 가지고 있는가?

C. 해결해야 할 문제가 구조화되어 있는가?

D. 의사결정에 결과에 대한 부하의 수용여부가 의사결정 실천에 있어 중요한가?

E. 만약 나 혼자서 결정한다면 그 결정이 부하에게 수용되리라고 확신할 수 있는가?

F. 문제해결을 통해 달성될 수 있는 조직목표를 부하들도 공유하려고 하는가?

G. 선호한 해결책에 대하여 부하들 간에 갈등이 있을 가능성이 있는가?

의사결정에 이르기까지 왼쪽에서부터 7가지의 질문항목에 답함에 따라, 처음에 리더는 실제로는 의사결정의 질, 부하의 수용요건을 만족한 한 가지 이상의 실행가능한 의사결정 스타일을 가질 수 있지만, 이 경우에는 시간의 양(최소량의 시간투자)의 기준에 따라 최종적으로 하나의 최적 의사결정 스타일을 찾아내는 것이다. 브룸은 모든 리더에게 필요하다고 생각되는 기능은 스스로의 행동을 상황의 요구에 맞추는 것이고, 이 기능의 하나는 당면한 문제 혹은 결정에 관하여 타당한 의사결정 과정을 선택하는 것이라고 본다.

조사결과 리더는 이 규범모델과 완전하게 일치된 행동을 하는 것으로 나타나지 않지만 리더는 상황에 적응하여 모든 스타일의 의사결정을 하는 것으로 나타나고, 피들러와는 달리 리더 스스로의 행동을 상황에 적극적으로 적합하게 하려는 노력을 하는 것으로 나타난다.

4. 허시(Hersey)와 블랜차드(Blanchard)의 수명주기이론

허시와 블랜차드의 수명주기 이론(life cycle theory)은 부하들의 성숙 수준에 맞추어 이에 적합한 리더십 행동을 함으로써 부하들로 하여금 성숙한 개인으로서의 자아실현 욕구를 충족시킬 수 있고 성원의 만족감과 조직의 성과도 극대화되어 개인과 조직의 통합(congruence)이 가능하다는 전제를 가지고 있다. 이 이론은 리더와 부하 사이의 상호조화 관계를 중시하고 부하들의 성숙도에 따른 효과적인 리더십 행위를 분석하여 수명주기 이론(life cycle theory)을 주장했다.[59]

이 이론은 아지리스의 성숙 이론과 맥클랜드의 성취동기 이론을 기초로 개인은 미성숙 상태에서 성숙 상태로 성장해 나가고 있다고 가정하고, 리더십을 업무주도와 배려주도의 2분면에 성원의 성숙도를 상황요인으로 추가하여 4분면으로 분류하였다. 여기서 성숙도(maturity)란 성취동기의 수준, 책임을 맡기 위한 의지와 능력, 직무에 관련된 교육과 경험을 말한다. 그들은 성숙도를 4가지 수준으로 분류하고 부하의 성숙도에 따라 이에 적합한 리더십 형태를 분석했다.

그들은 리더 유효성 및 적응성기술서(leader effectiveness and adaptability description: LEAD)라는 리더의 유효성 측정 설문지를 사용하여 리더의 행위 유형을 분류했다. LEAD는 21개의 리더십 상황을 서술한 설문지로, 각 항목마다 리더의 과업 지향성과 관계 지향성을 포함한 4개의 응답을 선택하도록 되어 있다. 이 설문지를 통하여 리더의 행위스타일, 리더십의 범위, 스타일의 적용성 등 리더의 성숙도를 측정했으며 4개의 리더 행동유형으로 분류했다. 이 모형을 일, 인간, 성숙도의 3차원 모델이라고 한다.

〈그림 3-9〉 허시와 블랜차드의 리더십 모델[60]

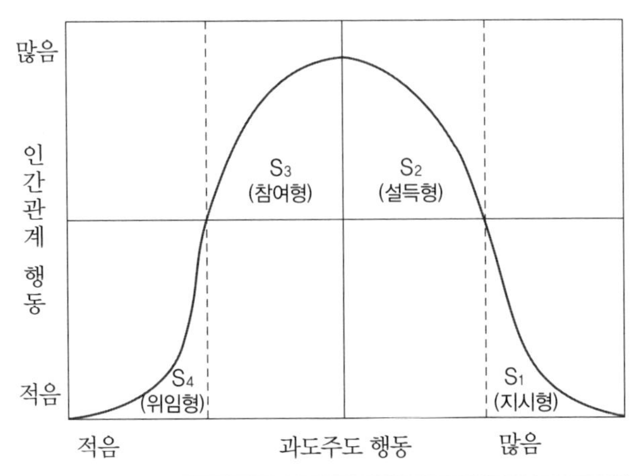

부하의 성숙도	M4 (높음)	M3 (약간높음)	M2 (약간낮음)	M1 (낮음)
부하의 욕구	자아실현욕구	사회적욕구	안전욕구	생리적욕구
주도권	부하 주도		리더 주도	
리더십 행동	책임위임 결정위임	정보공유 공동결정	지도 · 설득	구체적 지시 밀착감독

첫째, 설득적(selling) 리더십이다. 이 리더는 관계 지향성 및 과업 지향성이 아울러 높은 후원적 지도형이다. 부하와의 쌍방적 커뮤니케이션과 공동 의사결정을 강조한다.

둘째, 참여적(participating) 리더십이다. 관계 지향성은 높지만 과업 지향성은 낮다. 부하와 원만한 관계를 유지하고 부하의 의견을 의사결정에 크게 반영하는 리더다.

셋째, 위임적(delegating) 리더십이다. 관계 지향성과 과업 지향성 모두 낮다. 부하들의 자율적 행동을 강조하고 부하의 자기 통제 및 자기 책임에 의존하는 리더십이다.

넷째, 지시적(directing) 리더십이다. 과업 지향성은 높으나 관계 지향성은 낮다. 리더가 일방적인 커뮤니케이션과 의사결정권을 가지고 있는 리더십이다.

이러한 리더십의 발휘는 부하들의 성숙도에 따라 그 효과가 다르게 나타나게 된다. 즉 부하의 성숙도가 아주 낮은 경우는 지시적 리더십의 발휘가 유효성이 높으며, 성숙도가 높은 부하는 참여적 리더십을 발휘할 때에 효과적이다. 그리고 부하의 성숙도가 가장 높은 경우는 위임적 리더십이 가장 유효성이 높다고 하였다. 그러나 대부분의 리더십 이론에서 암묵적으로 주장하고 있듯이 참여적 리더십이 우월하다고 여겨지지만, 실제로 참여적 리더십을 비롯한 부하 중심적 리더십이 다른 리더십보다 조직성과에 더 공헌한다는 실증적 증거는 그다지 명확하지 않다. 다만 다음과 같은 상황에서 참여적 리더십이 효과성을 가져오는 것으로 알려지고 있다.[61]

① 리더가 내리는 결정이 비일상적인(non-routine) 성격을 지닐 때 참여적 리더십이 효과적이다.

② 비표준화된 정보가 유입되고 이러한 정보를 부하들이 수집해야 할 때 참여적 리더십이 보다 효과적이다.

③ 행동이 심각한 시간적 압력을 받지 않을 때, 참여적 리더십이 보다 효과적이다.

④ 부하들이 독립성의 필요를 느끼고, 내생적인 동기를 갖고 있으며, 유능하고, 참여를 정당시하며, 필요한 전문성을 갖고 있고, 엄격한 감독 없이도 일하며, 조직목표를 고려하고, 결정의 집행에 영향을 미치며, 결정에 대한 몰입을 필요로 할 때는 참여적 리더십이 보다 효과적이다.

5. 리더십의 통합모델

리더십 이론과 모티베이션 이론을 통합, 보다 효율적인 조직관리 이론을 전개하면 다음과 같다.

1) 마슬로우(Maslow)와 허즈버그(Hersberg)의 모델과 리더십 상황이론

마슬로우의 욕구계층 이론과 허즈버그의 동기 부여에 관한 요인모델을 리더십의 상황이론에 결합시켜보면 다음과 같다.

〈그림 3-10〉을 살펴보면, 예를 들어 조직 구성원이 미성숙인인 경우 생리

적 · 안정적 욕구와 위생요인에 더 큰 관심을 갖게 되어 의존성과 타인통제를 면치 못함으로써 높은 과업과 낮은 관계성 행동을 추구하게 됨을 볼 수 있다. 또 중간 정도의 성숙인은 사회적 욕구에 관심을 갖게 됨을 이해할 수 있다. 또 중간성숙인은 사회적 욕구에 관심을 갖게 됨을 알 수 있다. 그러나 고성숙인이 됨에 따라서 그는 자기실현욕이나 존경욕, 또는 동기부여요인을 더 많이 추구하게 되어 자기 통제를 할 수 있게 됨으로써 낮은 과업-낮은 관계성 행동을 필요로 하게 된다는 것을 알 수 있다.

〈그림 3-10〉 마슬로우와 허즈버그의 통합 리더십 모델

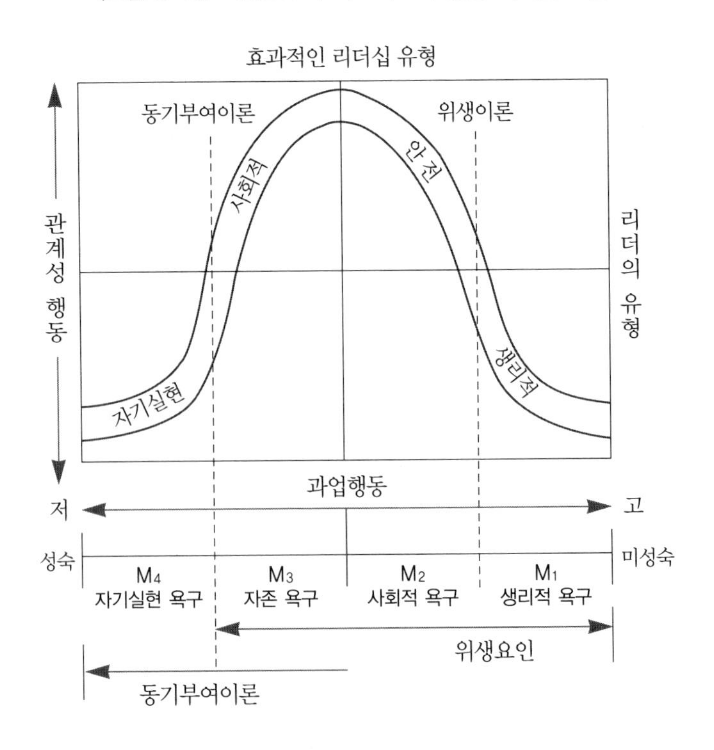

2) 맥그리거 리커트 아지리스의 모델과 리더십의 상황이론

맥그리거의 X Y 이론 모델, 리커트의 관리시스템 모델 그리고 아지리스의 성숙 미성숙 모델을 리더십의 상황모델과 결합하면 다음과 같다.[62]

그림 〈3-12〉를 보면 추종자가 미성숙일 때 그들을 다루는 관리의 모델은 X 모델과 시스템 1 모델이 된다. 따라서 이 경우에 있어서는 과업 지향적이고 고도로 구조화된 권위주의적 관리 스타일이 채택된다. 그리고 성숙에 지향할수록 관리의 시스템은 Y 이론 지향 또는 시스템 2,3,4 지향이 된다. 그리고 추종자가 고성숙일 때 관리의 패턴은 완전한 Y 모델과 시스템 4 모델을 채택하게 된다. 이 경우 팀워크나 상호신뢰 및 신임이 관리과정에서 중시됨은 물론이다.

리더십의 상황이 인간관에 따라서 달라질 수도 있는데, 이는 샤인(Schein)의 인간관에 의해 다음과 같이 설명할 수 있다.[63] 예컨대 〈그림 3-10〉에서 보듯이 합리적 경제인인 경우에 있어서는 경제적 인센티브나 조직의 힘에 의한 강제나 통제가 더욱 효과적일 것으로 보인다. 이들에게는 높은 과업과 낮은 관계성을 요구하는 관리 패턴이 효율적일 것으로 생각되며,[64] 이 경우에 있어서 리더십의 목표는 능률적인 과업성취로 달성될 수 있기 때문이다.

그러나 사회인은 사회적 욕구 중심의 사회관계에 보다 큰 관심을 갖기 때문에 경영자들은 이들을 관리할 때 수행될 과업보다는 그들이 가진 인간으로서의 욕구에 보다 큰 관심을 두어야 한다. 왜냐하면 자아실현인은 어떤 욕구보다도 자신이 맡은 작업의 의의나 성취에 대해 큰 관심을 가지기 때문이다. 그는 직무에 대한 성숙된 능력도 가지고 있으며 자신의 동기부여를 스스로 통제할 수도 있다. 뿐만 아니라 그는 조직의 목표와 자신의 목표를 즐겨서 통합하려고 한다.[65]

이 경우 자기실현인을 다루어나갈 때 경영자는 종업원 배려에 대해서는 덜 걱정해도 되며, 오히려 종업원이 맡을 직무에 충실하고 도전적이며 의미있는 것으로 만드는 일에 대하여 더 큰 관심을 갖는다. 그리고 경영자는 보다 많은 책임의 위양을 해 주려 하게 된다. 따라서 자기실현인에게 이상적인 관리의 패턴은 평균성숙 이상의 사람들과 일하는 데 적합하도록 하는 낮은 과업 - 낮은 관계성이다.[66]

결국 허시와 블랜차드의 리더십의 통합모델은 첫째, 리더십 과정의 개발양상을 강조하고, 둘째, 하위자의 행동이 리더의 행동에 영향을 미칠 수 있고 그 반대의 사실도 배려하며, 셋째, 리더의 특성은 환경분석에 영향을 미치며, 넷째, 리더는 하위자의 성숙도와 직무의 특성에 따라 리더십을 변화시켜야 함을 강조하고 있다.[67]

이상에서 리더십의 상황이론으로 피들러의 컨틴전시 이론과 하우스의 경로-목표 이론 그리고 브룸과 이튼의 규범 이론 그리고 허시와 블랜차드의 통합 이론을 살펴보았다. 이 이론들은 리더십 과정에 적용하는 부하 및 조직의 상황적 요소들을 중요시하고 지도자와 이들 상황과의 상호관계를 연구함으로써 리더십에 관한 총괄적인 분석을 제공해 준다. 이상에서 설명한 리더십 상황이론은 〈표 3-10〉과 같이 요약 비교할 수 있다.

〈표 3-10〉 상황적합적 이론의 비교

상황이론	리더 스타일	상황적 요소	연구 관심
피들러의 이론 (Contingency theory)	과업 지향적 관계 지향적 (단일연속선개념)	리더-부하관계 과업구조 리더의 지휘권한	리더: 유리한 또는 불리한 상황에 따른 효과적인 리더십 유형
경로-목표 이론 (Path-Goal Theory)	지시적 후원적 참여적 성취지향적 (복수측면 개념)	부하특성: 능력 내·외재론적 성향, 욕구, 동기 환경적 요인: 과업, 공식적 권한체계 작업집단	동기행동에 관련된 상황에 대한 인지과정: 유의성, 기대감을 높이기 위한 적절한 리더십 행동
규범 이론 (Normative theory)	전제적 협의적 집단적	부하의 의사결정 참여 정도	상황에 적합한 리더십 스타일 결정
통합 이론 (life cycle theory)	설득적 참여적 위임적 지시적	부하의 성숙도	부하의 성숙 수준에 맞춘 리더십

주

1) G. Yukl, op.cit., pp.11~15.

2) G. A. Yukl. p.7.

3) 이학종, 「조직행위론」, 서울: 세경사, 1985. pp.240~241.

4) 백기복, 「이슈리더십」, 서울: 창민사, 2000.

5) 이상호, 「조직과 리더십」, 서울: 북넷, 2010.

6) J. C. Barrow, "The Variables of Leadership, A Review and Conceptual Framework", *Academy of Management Review,* 1977, 2. pp.231~251.

7) R. M. Stogdill, "Personal Factors Associated of Leadership: A Survey of The Literature", *Journal of Psychology,* Vol.25., 1948, pp.35~71.

8) F. Luthans, *Organizational Behavior*, 5th(ed). N.Y.: McGraw-Hill Co, 1989, pp. 456~457.

9) F. Taylor, *Scientific Management: Comprising Shop Management,* N.Y.: Harpar & Brothers, 1930, p.96.

10) O. Tead, *The Art of leadership,* N.Y.: Mcgraw-Hill Book Co. Inc, 1935, p.83.

11) C. I. Barnard. *The Functions of Executive,* Mass. Cambridge: Harvard University Press, 1938, p.260.

12) C. I. Barnarnard, *Organization and Management,* Mass.: Harvard University Press, 1969, p.93.

13) B. M. Bass, *Stogdill' s Handbook of Leadership: A Survey of Theory and Research,* Revised and Expanded Edition, N.Y.: The Free Press, 1981, pp.75~76.

14) R. E, Boyatzis, *The Competent Manager*, N.Y.: John Wiley, 1982.

15) D. C. McClelland, *Human Motivation*, Glenview, IL.: Irvington, 1985.

16) M. Patch, "The Locus and Basis of Influence on Organizational Decisions", *Organizational Behavior H P,* Vol. 11, 1974, p. 195.

17) D. C. McClelland and D. H. Burnham, "Power is Greatest Motivator", *Harvard Business Review,* March-April, 1976. pp.100~110.

18) G. A. Yukl, *Leadership in Organization*, 2nd(ed). Englewood Cliffs, N.J.: Prentice-Hill, 1989, p.202.

19) 박우순, 「조직관리론」, 서울: 법문사, 1996, pp.52~53.

20) D.W. Ewing, *The Managerial Mind,* N.Y.: Free Press, 1964.

21) Rotter, J.B.(1966), Generalized expectancies for internal versus external control of reinforcement, *Psychological Monographs*, 80(1), 1~28.

22) Anderson, C.R. & Schneider, C.E.(1978), Locus of control, leader behavior and leader performance among management students. *Academy of Management Journal*, 21, 690~698.

23) Haley, U. & Stumpf, S.A.(1989), Cognitive trails in strategic decision-making: Linking theories of personality and cognition, *Journal of Management Studies*, 26, 467~477., Henderson, J. & Nutt, P.(1980), The influence of decision style on decision-making behavior, *Management Science*, 26, 371~386.

24) 이상호, 「조직과 리더십」, 서울: 북넷, 2010.

25) P. Hersey and K. H. Blanchard, *Management of Organizational Behavior: Utilizing resources,* Englewood cliff, N.J.: Prentice-Hall, Inc., 1982, p.83.

26) 백기복, 「이슈리더십」, 서울: 창민사, 2000.

27) R. M. Stogdill, "Personal Factor Associated With Leadership: A Survey of The Literature", *Journal of Psychology*, 25. pp.35~71.

28) R. K. White and R. Lippitt, "Leader Behavior and Member Reaction in the Three Social Climates.", in R.M. Cartwright and A. Zander, eds., *Group Dynamics: Research and Theory*. N.Y.: Harper and Row, 1968.

29) K. Lewin, R. Lippitt and R.K. White, "Patterns of Aggressive Behavior in Experimentally Created social climates", *Journal of Social Psychology,* May 1939, pp.271~276.

30) R. Tannenbaum and W.H. Schmidt, "How to Choose a Leadership Patterns", *Harvard Business Review*, Vol. 51, No. 3 (May-June 1973), pp. 162~180.

31) 신유근, 「조직행위론」 (서울: 다산출판사, 1984), p. 555.

32) A.W. Halpin and B.J. Winer, "A Factorial Study of the Leader Behavior Descriptions", in R.M. Stogdill and A. E. Coons (Eds.), *Leader Behavior: Its Descriptions and Measurement*, (Columbus: Ohio State University, Bureau of Business Research, 1957).

33) 박우순, 「조직관리론」, 서울: 법문사, p.63.

34) E. A. Fleishman and E. F. Harris, "Patterns of Leadership Belated to Employee Grievances and Turnover", *Personnel Psychology*, Vol.15, 1962, pp.43~56.

35) A. D. Szilagyi and M. J. Wallace, *Organizational Behavior and Performance*, 3rd(ed.), Glenview, Illinois: Scott, Foresman and Co., 1983, P.272.

36) J. Misumi and M. F. Perterson, "The Performance-Maintenance(PM) Theory of Leadership: Review of a Japanese Research Program." *Administrative Scienced Quarterly*, 1985, 30. pp.98~223.

37) 박우순, 「조직관리론」, 서울: 법문사. 1996. pp.73~74

38) R. Likert, *New Patterns of Management* (N.Y.: McGraw-Hill Book Co., 1961).

39) 이학종, 「조직행동: 이론과 사례」, 서울: 세경사, 1984, p.247.

40) H. Weihrich and H. Koontz, *Management: A Global Perspective*, N.Y.: McGraw-Hill, pp.499~500.

41) R. Blake & J. S. Mouton, *Building a Dynamic Corporation Through Grid Organizational Development*. Reading, Mass.: Addison-Wesley, 1969.

42) H. Weihrich & H. Koontz, *Management: A Global Perspective*, N.Y.: McGraw-Hill, p.500.

43) R. Blake & J.S. Mouton, "A Comparative Analysis of Situationalism and 9.9 Management by Principle." *Organizational Dynamics*, 1982, 10(4), pp. 20~42.

44) R.M. Stogdill, "Personal Factors Associated Leadership," *Journal of Applied Psychology,* Vol. 25 (Jan. 1948), pp. 35~71.

45) F.E Fiedler, *A Theory of Leadership Effectiveness*. N.Y.: McGrow-Hill, 1967.

46) F.E. Fiedler, *A Theory of leadership Effectiveness,* (Mcgraw-Hill, 1967), pp. 22~32.

47) G.A. Yukl, *Leadership in Organizations*, 2nd(ed.), Englewood Cliffs, N.J.: Prentice-Hall, Inc, 1989, p. 196.

48) F.E. Fieedler, "Personality, Motional Systems and Behavior of High and Low LOC Persons", *Human Relations*, Vol. 25, 1972, pp. 391~412.

49) F. E. Fiedler and J. E. Garcia, *New Approaches to Effective leadership: Cognitive Resources and Organizational Performance*, N.Y.: Wiley, 1987, p.65.

50) F. E. Fiedler, *Leadership*, Morristown, N.J.: Genering Press, 1971, p.14.

51) Yukl, G.A.(1998), *Leadership in organizations*, Engltwood Ciiffs, NJ: Prentice-Hall., 재인용, 백기복(2000), 「이슈리더십」, 서울: 창민사,

52) R. J. House and T. R. Mitchell, "Path-Goal Theory of Leadership," In J. Richard Hackman, Edward E. Lawler Ⅲ. & Lyman W. Porter (eds.) *Perspectives on Behavior in Organizations,* N.Y.: McGraw-Hill Book Co., 1983, p.496.

53) 이학종, op.cit., p. 264.

54) House and Mitchell, op. cit., p. 500.

55) Yukl, op.cit., pp.112~119.

56) L. W. Porter, E. E. LawlerⅢ and J. R. Hackman, *Behavior In Organization*, 4th(ed). N.Y.: McGraW-Hill, Inc., 1987, p.426.

57) V. H. Vroom, "Can Leaders Learn to Lead?" in Hackman, Lawler Ⅲ, and Proter, p.502.

58) G. A. Yukl, *Leadership in Organizations*, 2nd. Englewood Cliffs, N.J.,: Prentice Hall, Inc, 1989, p.116.

59) P. A. Hersey & K. H. Blanchard, *Management of Organizational Behavior,* Englewood Cliffs, N.J.: Prentice-Hall, 1982.

60) P. A. Hersey & K. H. Blanchard, *Management of Organizational Behavior,* Englewood Cliffs, N.J.: Prentice-Hall, 1982. p.152에서 수정함.

61) A. R. Cohen, S. L. Fnk, H. Gadon, and R. D. Willits, *Effective Behavior in Organizations: Cases, Concepts, and Student Experiences* 6th ed., Chicago, III. : Irwin, 1995 p.335

62) 유기현, 「경영조직론」, (서울: 무역경영사, 1996), pp. 466~469 참고.

63) E. H. Schein, *Organizational Psychology,* Englewood Cliffs, N.J.: Prentice-Hall, 1965. pp.47~63.

64) p.171.

65) p.177.

66) P. Hersey & H. Blanchard, p.177.

67) 유기현, 「조직행동론」, 서울: 무역경영사, 1996, p.369.

제4장

현대 리더십 이론(I)

관리적 리더십 유형

맥코비(Maccoby)는 프롬(E. Fromm)의 사회적 성격의 개념을 이용하여 리더십의 사회적 성격에 따라 리더십 스타일을 제시한다. 그는 1976년 게임즈맨(Gamesman)에서 250명의 최고관리자들을 대상으로 연구한 결과, 관리적인 리더십을 장인(journey man), 정글파이터(jungle fighter), 조직인(organization man), 놀이인(games man) 등 네 가지 스타일로 분류한다.[1] 현실적으로 성공적인 리더는 이러한 스타일의 혼합된 형태로 나타난다. 네 가지 스타일의 리더십은 각각 긍정적인 측면과 부정적인 측면을 동시에 가지고 있을 뿐만 아니라, 상황에 따라 효과적일 수도 있고, 비효과적일 수도 있다.

① 장인: 장인은 가장 전통적인 리더십 스타일로서 최고를 이룩하려는 욕구와 동기를 가지고 있다. 장인은 자급자족적이며 엄격하다. 장인은 또한 다른 사람들이 자신을 무시하는 것으로 지각하면, 비협조적이고 비신축적으로 변화한다. 리더로서의 장인은 도제에 있어서 온정주의적 마스터(master)이다. 일에 흥미를 가지고 완전을 향해 목표를 추구하며 보다 나은 것을 이루

려고 하기 때문에 그의 단점은 자급자족적인 완벽주의(perfectionism)다. 따라서 그는 협조적인 팀워크에 필요한 조직적 기술을 개발하지 않는다. 그는 자신이 결정한 것을 가장 최선의 기술적 결정으로 여기며 모든 부하들에게 강요한다.

② 정글파이터: 정글파이터는 권력에 탐욕을 나타낸다. 그는 삶과 일을 승자가 패자를 파멸시키는 투쟁의 장소로 간주한다. 리더로서의 밀림의 전사는 굶주린 사자와 같이 용감하고 자신의 가족에 대해서는 보호적이며, 경쟁자에 대해서는 잔인하다. 따라서 그는 권력추구와 방어매카니즘을 가진다. 독립적이고 창의적인 부하들을 배척하는 태도를 취한다. 그의 단점은 권력에 탐닉함으로써 적을 양산하고 결국에 가서는 적으로 둘러싸이고 마는 것이다.

③ 조직인: 조직인은 올라가느냐 떨어지느냐 하는 지위확보에 가치의 비중을 둔다. 그는 균형 있는 판단을 강조하며, 서비스와 기관형성(institution building)에 관심을 둔다. 그는 조직의 인간적 측면에 주의를 기울이며, 조직이 일체성을 유지하며, 무모한 부하들을 통제한다. 그의 단점은 강력하고 보호적인 조직의 일부가 됨으로써 정체감을 유지하려는 중심성이 없는 경력주의자(careerist)라는 것이다. 리더로서의 조직인은 협조분위기와 서비스정신을 유지하나, 외부압력이 있을 때는 지나치게 공포에 질리거나 보수적으로 변한다. 그는 고도로 경쟁적이고 혁신적인 조직을 리드해 나가는 데 필요한 담력과 탐구심이 결여되었다.

④ 놀이인: 놀이인은 계산된 위험을 선호하며, 새로운 기법과 방법에 몰입한다. 그는 도전적이며 경쟁적이며 모험적인 승리자형이다. 경쟁에 몰입하며, 자신의 열정을 전달하고, 동료와 부하들에게 활력을 불러일으킨다. 그는 공정한 팀 플레이어다. 정글파이터와는 달리 놀이인은 제국을 형성하기 위하여 경쟁하는 것이 아니라, 명성과 명예, 그리고 승리의 환희를 맛보기 위해 경쟁한다. 그의 단점은 환상의 세계를 창조하려는 경향으로 인해 감정적 현실로부터 유리되고 마는 것이다. 치열한 경쟁과 혁신, 상호의존적 팀, 환경변화에 신속하고 신축성 있는 대처가 필요한 후기 산업사회에서는 놀이인이

적합하다고 인정되고 있다.[2]

이러한 네 가지 유형의 리더십 스타일을 요약해 보면 〈표 4-1〉과 같다.

〈표 4-1〉 맥코비의 리더십 스타일

리더십 스타일 (핵심단어)	긍정적 자질 (장점)	부정적 자질 (단점)
장인(품질)	독립성, 엄격성	비협조, 비신축성
정글파이터(권력)	용기, 보호	무모함, 지배
조직인(서비스)	충성, 배려, 관심	예속, 공포, 나약
놀이인(경쟁)	위험부담, 영감, 공평, 신축성	투기, 조작, 무감정, 유혹, 무절제

맥코비는 1981년에 와서는 1970년대의 성공적인 리더십 스타일(놀이인)이 미국의 사회적 성격의 변화로 인하여 다르게 적용되어야 한다고 주장한다.[3] 그는 미국의 사회적 성격을 변화시킨 요인들로서 기술의 변동, 조직사회의; 출현, 온정주의적 권위의 도전 등을 들고 있다.[4]

① 생산, 커뮤니케이션, 소비 등의 기술이 통제의 집권화, 육체적 업무의 대치, 새로운 오락욕구의 자극 등의 결과를 가져오고 있다. 이러한 기술은 적응적인 자질과 능력을 요구하는 동시에 대규모의 상호의존적인 조직을 가능하게 하고, 정보의 동시적인 유통을 가능하게 만들어 놓고 있다.

② 전원적이고 수공업 중심의 사회로부터 일에 대한 새로운 개념을 가진 도시적이고 조직적인 사회로 이동하고 있다. 자신과 가족에 근거한 자아개념은 사라지고 조직의 이방인들과 보다 자율적이고 협조적인 관계를 유지할 수 있도록 신축적이라야 한다. 자아에 대한 정체감은 누가 부여하는 것이 아니라 스스로 창조하는 것이다.

③ 조직의 온정적인 권위에 대한 도전이 발생하고 있다. 조직의 구성원들은 더 이상 조직의 온정주의적 보호를 신뢰할 수 없기 때문에 노동조합을 통하여 권리를 요구하고 있다. 노조의 정치적 활동으로 인하여 정부는 최저임금제, 고용보험, 보건 및 안전기준을 지지하고 있다.

맥코비는 새로운 사회적 성격에 따라 현대사회의 리더를 십장(foreman), 조직리더(union leader), 공장관리자(plant manager), 최고관리자(chief executive officer), 차관(assistant secretary), 의원(congressman) 등의 여섯 가지 리더십 스타일로 분류하고, 이들의 역할에 대하여 이미 언급한 네 가지 리더십 스타일을 적용하고 있다.

① 십장: 십장은 조직의 최하위 수준에서 가장 일상적인 업무를 수행한다. 즉 상품을 생산하고, 전화에 응답하며, 음식을 공급하고, 기계를 작동하는 사람들을 직접 감독한다. 전통적으로 십장은 거인에 해당하며, 엄격하고 비신축적이며, 근로자들이 자신의 요구를 어기지 않도록 감찰한다. 정글파이터적인 기질을 가진 십장은 가부적인 행태를 보인다. 조직인의 성향을 지닌 장인은 규칙을 보다 엄격하게 적용하고, 상관이 자신에게 불만족할 것이라는 두려움을 나타낸다. 반면에 십장의 업무에 대한 놀이인의 관점은 상위층의 눈에 띌 수 있는 실질적 기회로 간주하는 동시에, 자신이 다른 집단에 비하여 훨씬 뛰어난 팀을 이끌 수 있다는 것을 보여 주려고 한다.

② 노조리더: 노조리더의 역할은 전통적으로 강인하고 지배적인 산업주의자(industrialist)를 반영하고 있다. 이것은 노조리더가 관리층과 투쟁하고, 근로자들을 착취자로부터 보호하며, 협상을 통하여 가능한 한 많은 것을 얻어내려는 목적으로 선출되기 때문이다. 노조리더에는 조직인과 심리적으로 동일한 충성주의자들이 있다. 이들은 흔히 노조정치가(union statesman)로 불리며, 집합적 협상의 이득을 옹호하면서도 근로자들과 기업의 공동이익의 영역을 찾고자 하는 의지를 가진 중재자들이다.

③ 공장관리자: 공장을 운영하는 것은 중간관리자의 역할과 유사하다. 공장관리자는 일선 근로자들을 감독하는 하위 관리자들과 기술자들을 지휘한다. 공장관리자의 역할을 수행하는 데 있어서 장인은 공장을 유연하게 움직이는 기계로 만들어 인간판단의 위험을 최소화하려고 한다. 또한 정글파이터는 위협으로 통치하며 공포에 의존하여 사람들을 제자리에 묶어 두고 충성스러운 추종자들을 보상해 준다. 놀이인은 공장관리자의 역할을 최상위에 이르는 중간단계로 간주하며, 새로운 기술의 도입, 비용절감, 예산감축 등에

의해 자신의 능력을 과시하는 기회로 삼는다. 끝으로 조직인은 전형적으로 사람들에 대한 관심을 나타내는 중재인의 역할로 여기는 경향이 있다. 그러면서도 오류를 범하고, 상위관리층의 노여움을 사며, 통제력을 상실하고 잘못 내린 결정에 대한 비난을 두려워한다.

④ 최고관리자: 일반적으로 온정주의적 제국형성자가 후퇴하면 대규모 조직(기업)의 최고관리자는 조직인이나 놀이인으로 대치된다. 계산된 판단 아래 유능한 조직인은 전형적으로 강한 재정적 배경을 가지고 이익의 균형을 유지하며 보수적인 성향을 따른다. 시장의 환경이 혁신을 요하는 상황에서 이러한 리더십 스타일은 부적절하다. 이와는 대조적으로 놀이인은 새로운 상품과 새로운 협상을 위한 기회를 추구한다. 여기에서 놀이인이 승리하면 조직의 원동력을 제공하는 성공과 번영을 창조할 수 있다. 그러나 실패하면 놀이인은 물론 조직에게도 커다란 파멸을 초래할 수 있다. 놀이인은 일반적으로 사회적, 인간적 요인을 고려하지 않을 뿐만 아니라 무능한 부하들을 대치해 버린다.

⑤ 차관: 대부분의 연방고위관리자는 정글파이터이거나 놀이인이다. 정글파이터는 영토를 정복하고 추종자들을 거느리는 제국을 형성한다. 여기에서 경쟁자들은 주도면밀한 모함에 의해 제거된다. 상관은 아첨에 둘러싸이고 조작되며, 부하들은 위협을 받는다. 놀이인은 무대의 강렬한 조명을 받고 신문의 머리기사를 차지하기 위해 노력한다. 놀이인은 젊고 야심 있는 젊은 사람들을 기업가적 팀에 끌어들인다. 대부분의 연방공무원들은 제도적 충성주의자인 동시에 장인으로서 경력체계의 상위로 이동한다. 이들은 규칙을 공정하게 적용하고 의회가 제시하는 모호한 정책지침을 실현가능하게 잘 다듬어 나간다. 이들은 정글파이터와 놀이인으로 둘러싸여 있으나, 체제를 움직이게 하는 동시에 불필요한 위험을 회피한다.

⑥ 의원: 시간적 제약과 경제적 불확실성 하에서 성공적인 정치가는 전형적인 놀이인과 정글파이터인 경향이 있다. 이러한 상황에서 놀이인은 여론을 변화시키고 모든 사람들에게 더 많은 것을 약속하는 반면에, 정글파이터는 자신을 지지해 준 선거구민의 특별한 이익을 옹호하려 든다. 양자 모두

사람들의 최선을 유도하는 비전을 제시하지 않을 뿐만 아니라 국가적인 문제의 논의에 필요한 합의를 창출하지도 않는다.

조직 주기에 따른 리더십 형태

밀러(Miller)는 1989년 「야만인과 관료」(Barbarians to Bureaucrats: Corporate Life Cycle Strategies)에서 조직의 생활주기(life cycles)에 따라 요구되는 리더십 스타일을 제시한다.[5] 그는 모든 생물체, 즉 지구, 동물, 사람 또는 집단은 일정한 발전의 순환 또는 양식을 나타내며, 생명력과 성장기로부터 쇠퇴와 소멸기로 이동한다는 가정을 도입하고 있다. 마찬가지로 조직과 리더의 행태 역시 이러한 성장과 소멸의 주기를 따른다고 한다. 그는 정부와 사회에 있어서 리더십의 관료제화와 소외가 시너지의 법칙(law of synergy)에 의하여 중지될 수 있으며, 조직과 사회의 정신적 및 물질적 자산을 보존할 수 있는 희망을 줄 수 있는 것으로 주장하고 있다.[6] 즉 성장과 소멸의 순환적인 양식을 단절시킴으로써 리더는 보다 생동적인 성장과 발전으로 조직과 사회를 이끌어 갈 수 있다는 말이다.

밀러는 조직의 생활주기에 의한 각 단계에 따라 지배적인 리더십 스타일을 예언가(prophet), 야만인(barbarian), 건설자와 탐험가(builder and explorer), 행정가(administrator), 관료(bureaucrat), 귀족(aristocrat), 시너지주의자(synergist) 등의 일곱 가지로 분류한다.

① 예언가: 예언가는 돌파구를 마련하여 조직이 앞으로 나아갈 수 있도록 인간의 에너지를 창출하고 비전을 제시하는 리더십 스타일이다. 예언가는 다음과 같은 조건을 충족시킬 때 리더십을 발휘할 수 있다. ⓐ리더의 아이디어가 장기적인 비전을 제시한다. ⓑ리더가 자신의 아이디어를 실현시키기 위하여 시간과 에너지의 커다란 희생을 치를 의지가 있다. ⓒ자신의 아이디어를 관철하기 위하여 오랜 기간 인내할 수 있어야 한다. ⓓ다른 사람들이 자신을 약간 다르게 본다. 별로 짜임새가 없고 세부사항에 대하여 인내하지

못한다.

② 야만인: 야만인은 조직을 급속한 성장으로 통솔하는 위기와 정복의 리더십 스타일이다. 야만인의 퍼스낼러티는 단순하고 때로는 강렬한 사명감에 탐닉한다. 그의 행동은 자신의 목표를 위한 감정적 몰입에서 비롯된다. 야만인은 새로운 아이디어, 상품, 서비스 등의 유용성과 성공에 대한 잠재력을 강조한다. 예언가가 초기의 비전 리더라면 야만인은 최초의 리더 겸 관리자다. 그는 다른 사람들을 조직에 끌어들이고 역할과 책임을 할당하며, 목표를 향한 행동을 지휘하고, 보상을 제공하며, 시정조치를 내린다. 야만인은 다른 사람에게 상담하거나 위임하지 않고 혼자서 결정을 내린다. 따라서 야만인은 다음과 같은 특징을 나타낸다. ⓐ사명이 분명하고 긴급하며 생존을 최우선시 한다. ⓑ모든 책임을 지니고 결정을 내리는 데 익숙하다. ⓒ다른 사람이 권위주의적이고 결정에 필요한 상담을 하지 않는다고 비난한다. ⓓ대단히 행동지향적이며, 계획과 집행에 대한 인내심이 약하다.

③ 건설자와 탐험가: 건설자와 탐험가는 조직의 성장에 필요한 전문적인 기술과 구조를 개발하여 명령에서 협력으로 이동시키는 리더십 스타일이다. 조직의 역사에 있어서 예언인과 야만인의 시기는 비교적 짧은 편이다. 조직이 야만인의 리더십에 머물러 있게 되면 조직의 성장은 정지되고 만다. 따라서 조직은 전문화의 단계에 진입하여 체제와 구조를 형성하여 성장하게 된다. 조직이 성장단계에 접어들면 고용, 위임, 협력 등의 성격을 가진 리더십을 필요로 한다. 이 단계에서 리더는 여전히 창의성과 이동성을 가져야 하지만, 특히 생산; 서비스, 영업 등에 있어서 전문화된 능력을 개발해야 한다. 이 단계에서 요구되는 리더가 바로 건설자와 탐험가다. 건설자는 능률적인 생산을 위한 내적 수단을 구축하고, 탐험가는 계속적으로 조직의 영역을 확장하는 데 노력을 기울인다.

건설자는 다음과 같은 특성을 지닌다. ⓐ생산하고 서비스를 공급하는 조직의 실제적인 업무를 즐긴다. ⓑ자신의 업무결과를 측정하기를 좋아한다. ⓒ결정을 신속히 내리고, 행동을 취하며, 결과를 확인한다. ⓓ자신이 비전 리더가 아니라는 사실을 인지하기 때문에 미래에 대한 꿈을 꾸는데 시간을 낭비하지 않는다. ⓔ위원회를 싫어하고 앉아서 잡담하면서 시간을 허비하지 않는다. 반면에 탐험가는 다음과 같은 특성을 지니고 있다. ⓕ단호하고 열성적인 의사전달자다. ⓖ때때로 자신이 고객을 위해 일하고, 조직의 다른 구성원들이 고객에 대한 서비스를 제공하는 데 장애가 된다는 느낌이 있다. ⓗ업적을 유지하고 본질적으로 경쟁적인 성향을 지닌다. ⓘ조직의 확장(expansion)에 우선순위를 두어야 한다고 믿는다. ⓙ조직이 문서업무의 처리에 시간을 낭비하고 있다고 느낀다.

④ 행정가: 행정가는 체제와 구조를 통합하여 조직이 확장에서 안정으로 이동하도록 만드는 리더다. 영토와 시장을 확보하고, 생산이 진행되면 조직은 행정가를 요구한다. 초기의 발전단계에서 야만인은 성과를 검토하고 확보한 영토를 점검하는 단순한 형태의 행정을 고안하는 데 그친다. 물론 이것은 복잡한 행정체제의 필요성이 없기 때문이다. 건설자와 탐험가의 시기에 기능의 전문화가 이루어지고 조직이 발전함에 따라 행정의 필요성이 나타난다. 이 단계에서 조직은 질서를 확립하고 유지해야 한다. 여기에서 이전에 성공적인 리더는 중대한 시련을 맞게 된다. 즉 과연 전문적 능력을 유지하면서 이미 확보한 영역을 보존할 수 있는가를 검증받게 된다. 여기에서 성공하면 조직의 지속적인 건강을 유지할 수 있는 반면에 실패하면 행정가의 시대가 오게 된다. 따라서 성장의 창조력과 질서유지의 필요성 간에 내생적인 갈등이 나타난다.

조직이 이러한 과정에서 생존하기 위해서 리더는 리더십과 관리의 차이를 인식해야 한다. 즉 리더십은 비전, 가치, 목적 등을 창출하고 관리는 리더십이 창조한 에너지를 전달한다. 리더십은 필연적으로 정의적이며, 행정은 비정의적이다. 추종자들에게 영감을 불러일으키고, 그들의 충성심을 확보하기 위하여 리더십은 직관과 감정에 호소한다. 행정은 사실(facts)과 숫자(numbers)로 무장한 합리성에 의존한다.

이러한 행정가는 다음과 같은 특성을 나타낸다. 조직의 참모직을 차지한다. 자신의 절차, 과정, 체제관리에 관한 전문가로 간주한다. 질서, 일관성, 일상적 활동을 우선시한다. 상품, 서비스, 고객 등에 관한 미래성장보다는 재정보고서 등에 나타난 업적을 검토하는 데 더 많은 시간을 들인다.

⑤ 관료: 관료는 예언가와 야만인을 추방하고 엄격히 통제함으로써 창의성과 확장을 철저히 봉쇄한다. 조직이 이 단계에 이르면 통일성을 상실하기 때문에 사회적 목적을 잃고 만다. 계층화된 구조는 상호간의 몰이해로 인하여 자신의 이익추구에만 몰입한다. 리더는 추종자들과 유리된다. 그 결과 근로자집단은 무책임한 리더십으로부터 자신을 보호하기 위하여 스스로 관료제를 형성한다. 이러한 구조는 불가피하게 의심을 불러일으킨다. 이러한 조직의 직원들은 리더가 조직의 미래에 대한 분명한 비전을 갖고 있지 못하다는 의심을 하게 된다. 따라서 직원들은 조직의 경력체계에 헌신할 만한 가치를 상실하게 된다. 리더는 조직의 주요활동에 대한 신뢰를 점차 상실하고 만다.

다음과 같은 특징이 관료제적인 리더십 스타일을 지배한다. 무엇이 일어났고, 무엇이 일어나야 하는가를 검토하는 모임에 대부분의 시간을 들인다. 새로운 상품과 서비스를 개발하는 모임에 참여하는 것이 자신의 업무가 아니라고 생각한다. 고객보다는 조직의 평판에 더 관심을 기울인다. 엄격한 통제에 의하여 조직의 많은 문제를 해결할 수 있다고 생각한다. 계선의 영업관리자나 생산관리자보다 중앙의 참모관리자들과 접촉하는 데 더 많은 시간을 보낸다.

⑥ 귀족: 귀족형은 저항과 분열의 원인으로 작용하는 생산업무를 담당하는 근로자들과 유리되어 부를 물려받은 리더십 스타일이다. 일반적으로 관리층의 권력은 정당성으로부터 나온다. 그러나 귀족형이 지배하는 단계가 되면 조직의 정당성을 상실하게 된다. 이것은 리더가 지휘하고, 비전, 사회적 목적, 통일성 등을 창출하는 자신의 업무를 수행하지 않기 때문에 권력을 상실하게 되는 것이다. 정당성은 지각, 특히 고객을 포함한 이해관계자들의 지각의 문제다. 조직 내의 모든 관계는 권력의 균형, 상호관심과 이해 등에 기초한다. 그러나 이러한 메커니즘이 붕괴하면 추종자들의 이익보다는 자신의 이익에 따라 행동하게 되며, 이는 필연적으로 저항을 수반한다. 조직문화의 분열은 내부혁명이나 경쟁적인 야만적 리더에 의한 공격을 초래한다. 경쟁

적인 환경에서 귀족형 리더는 오래가지 못한다. 경쟁은 창의성, 고객에 대한 반응성, 인적 자원을 둘러싼 경쟁 등을 요구하기 때문이다.

귀족형 리더는 다음과 같은 특성을 나타낸다. 수년 동안 성공을 거두지 못한 상품과 서비스를 가진 조직을 관리하거나, 합병만을 통한 성장을 기대하고 있다. 상품과 서비스를 생산하고 판매하는 일보다는 재정적 문제, 전략적 계획, 조직의 개편 등에 관하여 더 많은 시간을 들인다.

사무실은 고가의 예술품으로 장식되고, 번드레한 사교모임에 많은 시간을 보낸다. 또한 자신과 소수의 참모만이 조직의 전략을 이해하고 있는 것으로 생각한다.

⑦ 시너지주의자: 시너지주의자는 예언가, 야만인, 건설자, 탐험가, 행정가 등의 다양한 성과를 통합함으로써 대규모의 복잡한 구조를 앞으로 진행하게 만들며, 균형을 유지하는 리더십 스타일이다. 그는 한 가지 리더십 스타일에 조건화된 경향을 벗어나서, 상이한 스타일을 통합함으로써 조직의 성장을 지속시키는 리더다. 구체적으로 보면 시너지주의자는 예언가, 야만인, 건설자, 탐험가, 행정가 등이 지니고 있는 특징을 공유하고 균형을 유지하는 리더다. 요컨대 그는 사회적 통일성(social unity)을 창조하는 리더다.

이상에서 논의한 리더십 스타일의 특성과 각각의 도전과 과업을 요약하면 〈표 4-2〉와 같다.

일곱 가지 리더십 스타일과 조직의 생활주기의 관계를 보면 〈그림 4-1〉과 같다. 그림에는 생활주기의 각 단계마다 적합한 리더십 스타일이 제시되어 있다. 또한 각 단계마다 리더에게는 도전이 따른다. 성장단계에서 리더는 도전에 대하여 창의적으로 반응하고, 쇠퇴단계에서 리더는 과거의 성공에 의존하여 기계적으로 반응한다. 리더가 도전을 인식하고 창조적으로 반응하는 한 조직은 계속하여 발전한다. 따라서 도전에 대한 창조적 반응(creative response)은 리더의 필수적인 기능이다. 리더가 오늘의 도전을 인식하지 못하고 어제의 성공에 안주하는 순간에 쇠퇴는 시작된다.[7]

〈표 4-2〉 조직주기에 따른 리더십 스타일

리더십 스타일	특성	도전과 과업
예언가	영감과 혁신	ⓐ개인적 위기에 대한 반응 ⓑ관료제의 회피 ⓒ불공정한 보상에 대한 반동 ⓓ새로운 기술의 요청 ⓔ창조성으로부터 관리로 이동
야만인	위기와 정복	ⓐ영토와 평판의 확보 ⓑ규율과 신축성 ⓒ개념을 행동으로 전환 ⓓ성과지향적인 문화의 확립 ⓔ명령에 대한 민감성 회복 ⓕ새로운 도전-비동조성
건설자 탐험가	전문화와 팽창	ⓐ시장의 재정의 및 시장지위의 확보 ⓑ단위조직의 비용절감, 품질개선 ⓒ능력의 도전 ⓓ직원 및 행정의 발전 ⓔ기대의 관리
시너지주의자	통합과 균형	시너지법칙 ⓐ정신 ⓑ목적 ⓒ창의성 ⓓ도전과 반응 ⓔ신속한 행동의 계획 ⓕ통일성과 다양성 ⓖ전문화된 능력 ⓗ능률적인 행정 ⓘ현장결정
행정가	체제, 구조, 안정	ⓐ고품질과 저비용의 경쟁이점 확보 ⓑ매수, 합병을 통한 성장 ⓒ도전-창의성의 자극, 기업사회주의(corporate socialism)의 출현과 조직의 중년위기(midlife crisis) ⓓ고객중심 행정의 확립
관료	엄격한 통제	ⓐ새로운 리더십을 통한 혁신 ⓑ조직 내부의 창의성 활성화 ⓒ새로운 도전-새로운 반응 ⓓ안도감의 극복 ⓔ조직의 경직성 파괴 ⓕ사회적 통일성의 혁신
귀족	소외와 혁명	ⓐ직원의 반역 ⓑ고객의 반역 ⓒ이해관계자의 반역

〈그림 4-1〉 조직의 생활주기와 리더십 스타일[8]

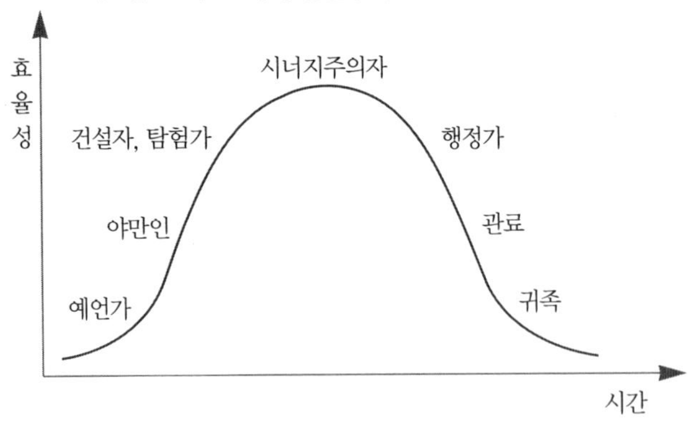

〈그림 4-1〉에서 수직축은 조직문화의 건강을 나타내며, 수평축은 시간에 따른 조직의 성숙을 나타낸다. 조직문화의 건강은 새로운 부를 창출하고 현재의 부를 유지하는 조직의 능력을 말한다. 여기에서 부는 투입에 대하여 생산된 상품과 서비스의 총합을 의미한다. 밀러는 조직의 생활주기에 의해 조직이 과거에 가졌던 창의성과 성공, 현재의 리더십 스타일, 현재의 조직, 그리고 미래의 실패에 대한 예측 등이 가능하다고 한다. 뿐만 아니라 조직이 직면한 도전을 이해하고, 각 단계에서 극복해야 하는 함정을 탐지할 수 있다고 한다. 그는 또한 이러한 생활주기에 따른 리더십 스타일을 조직 내의 단위조직에도 적용하여 상이한 관리 스타일을 요구하는 단위조직의 요구에 대응할 수 있다고 주장한다. 예컨대 엄격한 통제와 명령이 필요한 때가 있는가 하면, 구성원들 간의 합의를 필요한 때도 있다. 또한 전문화, 창의성, 위험부담, 안정 등을 필요로 하는 경우도 있다. 따라서 유능한 리더는 직면한 상황에 따라 여러 가지 방법으로 행동할 수 있어야 한다. 요컨대 특정시점에 알맞은 리더십 스타일을 예언가, 야만인, 건설자, 탐험가, 행정가, 관료, 귀족, 시너지주의자 등에서 선택해야 할 것이다.

새로운 관리자 유형

두마네(Dumaine)는 관리자, 특히 중간관리자들의 업무는 감독과 정보처리라고 한다. 그런데 이러한 중간관리자의 업무가 다양한 관리기법과 컴퓨터기술의 도입으로 점차 희석되어가고 있다는 주장을 한다. 예컨대 자율관리팀이 일상적인 감독업무를 차지하고, 컴퓨터가 정보의 수집, 처리, 전달기능을 수행하고 있다.

두마네는 이러한 변화에 따라 여러 가지 형태의 새로운 관리자(new manager)가 출현하고 있다고 한다.[9] 그가 말하는 과거의 관리자와 새로운 관리자의 차이를 보면 〈표 4-3〉과 같다.

〈표 4-3〉 과거의 관리자와 새로운 관리자[10]

과거의 관리자	새로운 관리자
1. 자신을 관리자 또는 상관이라고 생각한다. 2. 명령의 연쇄를 따른다. 3. 조직구조의 틀 내에서 활동한다. 4. 대부분의 결정을 혼자서 내린다. 5. 정보를 저장한다. 6. 주요한 한 가지 분야(예컨대 마케팅 또는 재정)를 전문화하려고 한다. 7. 많은 시간을 요구한다.	1. 자신을 지원자, 팀리더, 또는 내부 컨설턴트라고 생각한다. 2. 누구든지 일을 완성할 수 있는 사람을 찾는다. 3. 시장변동에 대응하는 조직구조로 변화시킨다. 4. 의사결정에 다른 사람을 참여시킨다. 5. 정보를 공유한다. 6. 여러 관리 분야를 숙달하려고 한다. 7. 결과를 요구한다.

두마네는 이러한 새로운 관리자를 교육관리자, 개방관리자, 부흥관리자, 급진관리자, 무전관리자, 인간관리자 등 여섯 가지 스타일로 분류한다.

1. 교육관리자

새로운 교육관리자(socratic manager)는 사람들이 스스로 문제를 해결하고 결정을 내리도록 요구한다. 교육관리자는 사람들이 업무에 자신감을 가지도록 교육, 훈련, 고무, 확신시킨다. 교육관리자가 겪는 가장 큰 어려움은 사람들로 하여금 스스로 길을 찾아가도록 만드는 데 있다. 이것은 업무를 실제적으로 학습할 수 있는 길이기 때문에 효과적인 관리자의 한 스타일이다.

교육관리자는 또한 가능한 한 많은 사람들을 의사결정에 참여시킨다. 예컨대 예산결정에 있어서 과거의 관리자가 비공개적인 결정에 많은 시간을 소비하는 데 반하여, 새로운 관리자는 많은 사람들에게 예산을 공개하고 예산절약을 위한 그들의 의견을 청취한다. 이것은 균형예산을 실현하기 위하여 직원들의 불필요한 예산지출을 자율적으로 규제할 수 있는 장점이 있다.

2. 개방관리자

새로운 관리자는 개방적이다. 특히 개방관리자(open manager)는 모든 정보를 모든 사람들이 공유할 수 있게 한다. 예컨대 모든 직원들은 다른 사람의 월급, 주식소유 등에 관해 단순히 물어 보기만 해도 알 수 있다. 특히 보수에 관한 정보의 공유는 사기를 진작시키는데 도움을 준다. 이것은 직원 상호간의 보수를 알 수 있게 되면 대부분의 불공평(inequities)이 해결될 수 있기 때문이다. 보수의 공개는 어떤 사람이 정치적 협상을 통하여 보수를 더 많이 받는 비밀 협상을 사전에 예방할 수도 있다.

심지어는 게시판에 보수를 공개하여 모든 사람이 이를 볼 수 있게 만드는 방법이 있다. 어떤 직원은 자신의 보수를 다른 사람과 비교하여 불공평을 지각하고 상관에게 그 이유를 따질 수도 있다. 겉으로 보기에는 이러한 방법이 사기의 진작은커녕 오히려 떨어뜨리는 결과를 가져올 것이라고 예상할 수 있다. 그러나 실제로 개방관리자는 직원들의 불공평에 대한 지각을 솔직히 시인하는 동시에 그들에게 차이를 가져오는 원인에 대하여 생각해 볼 것을 권유한다. 불공평에 불만을 표시하는 직원은 보통 열심히 노력하여 원하는 보수의 인상을 통하여 결과적으로 불공평을 해소한다. 이러한 결과는 모두 개방관리자의 정보공유에 대한 절대적인 확신에서 비롯되는 조직효과성의 향상이다.

3. 부흥관리자

전통적으로 훌륭한 관리자(good manager)는 모든 것을 관리할 수 있다고 여긴다. 그러나 새로운 관리자는 전통적 관리자와 마찬가지로 폭넓은 지식과 기술을 가지는 동시에, 마이크로칩, 의약품, 금융서비스 등과 같은 산업 또는 핵심기술에 집중해야 한다. 다시 말해서 새로운 관리자의 지식의 폭은 자신이 종사하는 산업 또는 기술의 여러 가지 기능, 예컨대 영업, 마케팅, 제조, 재정 등에 국한해야 한다. 이러한 관리자를 부흥관리자(Renaissance manager)라고 한다.

부흥관리자는 특히 직원들에 대한 직접적인 권한이 없을 때 그들의 존경을 얻을 수 있다. 이러한 존경은 직원들의 업무, 기술, 욕구 등에 관한 철저한 이해가 선행되어야 한다.

4. 급진관리자

다수의 컨설턴트는 새로운 관리자가 급격하게 변동하는 시장 환경에 대응하기 위해 새로운 사업을 신속하게 창출하는 방법을 학습해야 한다고 한다. 이러한 의미에서 새로운 관리자는 급진관리자(radical manager)이다. 조직의 안정 속에서 안주하는 관리자가 아니라 변화하는 환경에 신속하게 대응하는 방법을 창출하여 환경을 이끌어 나가는 관리자가 새로운 관리자다. 이들은 끊임없이 실험하고 신속히 움직이며 창의적인 아이디어가 작용하는지를 확인하고, 작용하지 않으면 다음으로 재빨리 이동한다. 급진관리자에게는 변동이 생명이다. 이들은 쉬지 않고 무엇인가를 창조하고 조작함으로써 결국에는 조직의 환경의 수요에 따라 파괴한다. 급진관리자는 변동을 위하여 기존의 틀을 거부한다. 이들의 논리는 사람들이 자동차의 모양에 따라 맞추어 가지만 자동차의 모양을 변화시킬 수 있다는 것이다. 이들의 새로운 기술과 아이디어를 찾아 돌아다니는 사람들로부터 사업의 끊임없는 변동의 원동력을 구한다.

5. 무전관리자

무전관리자(scavenger manager)는 조직의 자원이 희소하게 된 오늘날에 요구되는 새로운 관리자다. 풍부한 자원을 갖고 있을 때 새로운 상품을 생산하기 위해서는 단순히 사람, 기술, 자금 등의 자원을 요구하기만 하면 언제나 손쉽게 공급받을 수 있었다. 그러나 오늘날과 같은 긴축예산의 상황에서 새로운 관리자는 무엇이든지 구걸하다시피 해서 얻어내야 한다. 인력도 자금도 없고 심지어는 권한까지도 부족한 새로운 관리자는 무에서 유를 창조해야 한다. 새로운 관리자는 좋은 아이디어를 탐색하고 기술적 노하우(know-how)를 배우기 위하여 동분서주해야 한다. 이들 관리자에게는 불확실성을 가능성으로 바꾸는 도전의식이 절대적으로 필요하다.

6. 인간관리자

끊임없는 변동의 세계에서 새로운 관리자는 자신의 업무에서 오는 엄청난 압력과 개인생활의 수요 간의 균형을 유지해야 하는 동시에 직원들에게도 이와 같은 균형을 유지하도록 도와주어야 한다. 즉 새로운 관리자는 인간적이어야 한다는 말이다. 인간적 관리자(humane manager)는 직원들이 엄청난 스트레스에 압력을 받고 있다는 사실을 인식하고, 그들이 탈진상태에 이르지 않도록 관심을 기울여야 한다. 그러기 위해서 관리자는 가능한 한 직원들과 가까이 지내고, 점심을 같이 하며, 그들의 생활의 어려움을 찾아내려고 노력해야 한다.

인간적 관리자는 직원들이 스스로 도전하여 일을 성취할 수 있도록 도와줌으로써 동기를 유발한다. 따라서 경험이 부족하다는 이유로 직원들을 특정한 업무에서 제외시키는 것은 금물이다. 잠재력을 가지고 있는 사람들에게는 언제나 손을 뻗어 도움을 준다. 인간적 관리자는 또한 누구든지 자신의 업무를 이어 받을 야심찬 사람을 찾으려고 노력한다. 기술자라 할지라도 나아가서 고객과 접촉하여 성장할 수 있도록 자극한다.

두마네가 말하는 새로운 관리자가 되는 것은 결코 쉬운 일이 아니다. 현실적으로 어느 누구도 새로운 관리자로 훈련받은 일이 없기 때문이다. 그러나 새로운 세대의 총명하고, 공격적이며, 기업가적인 새로운 관리자만이 미래의 성공을 약속받을 수 있는 열쇠다. 새로운 관리자는 관리자이면서도 관리자가 아닌 관리자(non-manager manager)다.[11]

주

1) M. Maccoby, *The Gamesman: The New Corporate Leaders*, N.Y.: Simon and Schuster, 1976. pp.46~49.
2) 양참삼, 「조직행동론」, 서울: 민영사, 1991, p.297.
3) M. Maccoby, *The Leader: A New Face for American Management*. N.Y.: Simon and Schuster, 1981.
4) pp.39~40.
5) L. W. Miller, *Barbarians to Bureaucrats: Corporate Life Cycle Strategies*. N.Y.: Clarkson N. Porter, 1989.
6) pp.1~2
7) 박우순, pp.370~375.

8) L. W. Miller, *Barbarians to Bureaucrats: Corporate Life Cycle Strategies*, N.Y.: Clarkon N. Porter, 1989, p. 6

9) B. Dumaine, "The New Non-manager Managers." *Fortune*, February 22, 1993, pp.80~84.

10) 박우순,「조직 관리론」, 서울: 법문사, 1996. p.375.

11) 박우순, 375~379.

제5장

현대 리더십 이론(II)

카리스마적 리더십

카리스마적 리더십의 심리학적 연구는 프로이드의 초기 연구에서 시작되었다. 즉 한 개인이 다른 개체에 영향을 미칠 수 있는 히스테리와 성격을 가지고 있다는 것에서 시작하였다. 특히 한 방면에 대한 매우 깊은 감정적 집착이 일어날 때에 대한 연구와 관련된다. 히스테리적 징후의 근본은 타인에 대한 개인의 무의식적 사랑으로서 사랑은 그 대상에 대한 환상에서 이상화로 발전할 수 있는데, 그런 과정에서 대상과 강한 감정적 유대감을 갖게 된다.[1] 이러한 유대감이 리더십에 적용된다.

독일의 사회학자 베버(Weber)는 1920년대 후반에 카리스마적 리더십에 대한 이론을 세웠고, 1947년 그의 저서가 번역된 후 사회학자와 정치학자들의 관심이 되었다. 초기에는 사회학과 정치학 분야에서 거시적이고 추상적인 접근이어서 조직 내에서 이루어지는 리더십 과정을 설명하기에는 부족했다.

1970년대 중반부터는 베버의 이론을 조직 내의 리더십 현상에 적용시켜 설명하려는 시도가 이루어지기 시작했다. 이에 따라 거시적 관점에서 한 사회체제의 변화와 유지를 설명하는 데 적용되었던 카리스마 이론이 보다 일상적이고 미시적인 관점에서 조직 내의 리더십 과정을 설명하는 데 적용되기 시작했다. 이러한 이론을 신베버주의적 시각의 이론이라고 불린다.[2] 또한 1980년 이후 미국의 기업들이 외국 기업들과의 경쟁에서 생존하기 위하여 조직변환의 관점에서 카리스마적 리더의 필요성을 인식하면서 경영학 분야에서 본격적인 연구가 시작되었다.

그동안 실생활에서 카리스마적 인물을 빈번히 발견할 수 있었고 그들의 행동을 볼 수 있었음에도 불구하고 카리스마적 리더십의 학문적인 연구가 느리게 진행되고 부족했던 몇 가지 이유는 다음과 같다.[3]

첫째, 카리스마는 신비로운 것을 내포한 것 같은 착각을 일으키게 한다.

둘째, 연구의 지속적인 진행을 위한 시스템적, 개념적, 이론적 기틀이 마련되어 있지 못하다.

셋째, 카리스마적 리더에 접근하기 어려운 점이 있다.

스펜서(Spencer)에 의하면 카리스마는 지금까지 주로 세 가지의 의미에서 사용되어 왔다.[4]

첫째, 리더의 초자연적인 능력을 의미하며, 카리스마적 리더는 그의 부하들에게 어떤 증표로서 천부의 능력을 예시하고 그를 따르는 부하들은 리더에 대한 믿음에 의해 리더에게 복종한다.

둘째, 카리스마는 집단이나 역할, 또는 사물들의 신성한 속성을 의미하기도 한다.

셋째, 카리스마는 일상적이고 세속적인 의미에서 리더의 개성적 자질을 의미하기도 한다. 이러한 의미는 본래의 초자연적인 속성이라는 의미에서 완전히 벗어나 매력적이고 정치적인 자질로서 세속화되어 통용되어 왔다.

그는 카리스마의 개념이 계속 사용되고 있는 것은 이러한 여러 표현들의 이면에 사회적인 중요한 실재가 존재하기 때문이라고 하였다. 이러한 사회적으로 실재하는 카리스마의 본질은 경외의 태도(an attitude of awe)에 있으며, 카리스마는 개인적인 인격 속에서 존재하는 것으로부터 사회계층 속에

분산되어 있는 형태에 이르기까지 여러 형태가 단계적으로 존재한다.

그러나 카리스마적 리더십은 종종 잘못 정의되거나 연구되어서 나쁜 선입관을 주게 되었으며, 때때로 지나치게 강조되어서 악용되기도 했다.[5] 종교적 영역 이외에서도 카리스마 개념 사용에 대한 저항이 있었는데, 종종 카리스마적 리더로 표현되는 인물 중 인류의 발전에 있어서 상당히 나쁜 영향을 주었던 히틀러나 무솔리니, 스탈린 등과 같은 리더를 인정함으로 해서 신성모독의 잘못을 범할 수 있다는 우려 때문이었다.[6]

카리스마란 "한 개인이 보통 사람들과 구별되는 어떤 자질, 또 초자연적이거나 초인간적인, 아니면 어떤 예외적인 힘이나 능력을 부여받았다고 인정되는 개인 퍼스낼리티의 어떤 자질"[7]이라고 정의되나, 많은 사회학자, 정치학자들은 이 용어와 정의에 대해 일치된 견해를 갖지 못하였다.

그러나 학자들이 주장하는 카리스마에 대한 공통점을 포괄적으로 종합해 보면 다음과 같다.

즉 카리스마란 리더의 특성과 행동에 대한 부하들의 지각에 의해 결정되며, 부하들의 지각은 리더십이 발휘되는 상황과 부하들 개인의 욕구 및 전체의 욕구에 의해 영향을 받는다는 것이다. 요약하자면, 카리스마적 리더십은 리더 또는 리더의 개인적 자질에만 의존하기보다는 리더의 속성과 필요, 신념, 가치관, 부하들의 지각간의 상호작용에 근거한다는 것이다.[8]

이런 관점에서 윌너(Willner)는 카리스마 리더십이 퍼스낼리티를 바탕으로 하는 것이 아니며, 상황적으로 결정되는 것도 아니고, 그 현상이 주로 리더 · 부하 · 상황의 관계성(relationship) 속에 있고[9] 지각적인 것[10]이라고 하였다.

즉 리더가 무엇을 하기 때문에 카리스마적 리더십이 발휘되는 것이 아니라, 사람들이 리더를 카리스마적 관계를 발생시키는 것으로 본다는 것이다. 조직 리더십에서는 카리스마 리더십의 관계적 근거를 널리 수용하고 있다.

카리스마 리더십을 발생하게 하는 세 가지 요인의 특성은 다음과 같다.

〈표 5-1〉 카리스마 리더십의 3가지 요인

비전	비전
	과장하는 기능
	이미지와 신뢰의 형성
	개인화된 리더십
추종자의 특성	리더와 비전에의 일체감
	높은 감정 수준
	리더에 대한 복종의 의지
	자격인정의 느낌
상황의 특성	위기
	과업의 상호의존성

1. 베버(Weber)와 전통적 카리스마적 리더십

베버는 카리스마적 리더십의 비조다. 그는 사회 권위의 형태를 설명하기 위하여 처음으로 카리스마라는 용어를 사용했다.

카리스마란 용어의 어원은 '선물(gift)' 이라는 뜻을 가진 그리스어로서 성경과 교회에서는 종교적인 의미로서 '은총의 선물(gift of grace)' 또는 '성령(holy sprit)' 이라는 신학적 개념으로 쓰여 왔다.[11]그러나 베버는 이 카리스마를 권한의 이념형 중의 하나로 보았다. 베버는 권위와 지배의 근거가 전통적 권위(authority based on traditional grounds), 합법적-합리적 권위(authority based rational grounds), 카리스마적 권위(authority based on charismatic grounds)에 있다고 보았다. 그가 말하는 카리스마적 권위란 어떠한 개인이 모범적인 성격, 예외적인 신성, 영웅적인 자질에 대한 헌신으로서 이러한 카리스마적 리더는 위기의 시기에 사람을 구원할 수 있는 해결책을 지닌 신비스럽고, 자아도취적이며, 사람을 끌어들이는 흡인력을 지닌 사람으로 보인다.

베버에 의하면 카리스마적 리더십은 다음과 같은 특징이 있다.[12]

① 카리스마적 리더는 그의 추종자들에 의하여 만들어진다.

② 카리스마적 리더십은 기회나 고난의 상황에서 만들어진다.

③ 카리스마적 리더십은 반관료제적이며, 공식적 규칙이나 일상적인 행정

이 결여되었다.

④ 카리스마적 리더십은 합리적인 경제 행동을 거부한다.

⑤ 카리스마적 리더와 그를 따르는 추종자들은 가족적 생활이나 유대 관계에서 이탈한다.

⑥ 카리스마적 리더십이 계속 유지되기 위하여 리더가 자신의 카리스마적 능력을 계속 입증해야 하며, 또한 그것을 통하여 그에 대한 추종자들의 믿음이 계속 유지되도록 해야 한다.

⑦ 카리스마적 리더십은 사회를 변혁시키는 혁명적 변화를 수반한다.

⑧ 카리스마적 관계는 불안정하고 일시적이다.

이러한 카리스마적 리더십은 카리스마적 리더와 추종자 사이의 관계에 기초하고 있으며, 다른 리더십과는 구별되게 리더와 추종자 사이에 형성되는 고도의 심리적 차원, 정서적 차원의 관계에 그 본질적 특징이 있다. 만약 이러한 사실을 분명히 이해하지 못하면 때로 카리스마적 리더십과 다른 범주들과 혼동하거나 동일시하는 오류를 저지르게 된다.[13]

카리스마적 리더와 추종자 관계의 핵심은 지도자 및 그의 서술적, 규범적, 처방적 성향에 대한 추종자의 정서적 및 인지적인 절대적 동일시, 즉 지도자와 그의 사명에 대한 무조건적인 믿음에 있고, 이러한 믿음 위에서 정서적 차원과 인지적 차원의 행동을 하게 된다.

정서적 차원이란 어떤 형태의 리더십에서도 추종자들은 리더에게 존경(Respect), 애정(affection), 신뢰(trust)를 갖지만, 특별히 카리스마적 리더십에 있어서는 그 추종자들이 존경이나 애정, 신뢰의 정도를 넘어서서 헌신(devotion)의 상태에까지 이르는 것을 말한다.

인지적 차원이란 대개 대중적 지지를 받는 리더는 추종자들에게 실수나 잘못을 저지르지 않는 것으로 인식되지만, 특별히 카리스마적 리더십에 있어서 추종자들은 카리스마적 리더가 오류를 범하지 않을 뿐 아니라, 자신들의 선택과 판단, 결정을 포기하고 리더의 지시에 따르는 것을 의무로 여기고 행동하는 것을 말한다.[14]

카리스마적 리더와 추종자들과의 관계는 감정적인 측면에 초점을 맞추고 있기 때문에 근본적으로 불안하다고 보았다. 따라서 카리스마적 리더십의 효과를 지속시키기 위해서는 제도화된 유형으로 변경시켜야 하며 이러한 과정을 카리스마의 관례화(routinization)라고 부른다. 한 개인이 카리스마적 직위를 가정함으로써 생기는 의식의 부산물인 '직위의 카리스마'[15]의 개발은 관례화에 의해 변형된 카리스마의 성격을 잘 보여 준다.

다운톤(Downton)도 프로이드(Freud)와 에릭슨(Erikson)의 이론에 기초하여 카리스마적 리더와 추종자 사이의 심리적 교환 관계를 설명하고 있다. 즉 추종자들은 그들의 퍼스낼리티 내에서 본능(Id)과 초자아(Superego) 사이의 갈등을 해결하지 못하여 리더를 이상적 자아로서 받아들이고, 또 그럼으로써 현실 세계에 대해서도 자신감을 갖는다[16]는 것이다.

2. 하우스(House)의 카리스마적 리더십

하우스(House)는 카리스마 리더십을 민간전승이나 신비적인 설명에서 벗어나 관찰 가능한 과정을 포함하는 측정 가능한 일련의 가설들로 설명해 주는 이론을 제시했다. 이러한 이론은 많은 사회과학 분야의 연구 결과를 바탕으로 하여 카리스마 리더가 어떻게 행동하는지, 어떻게 다른 사람과 구별되는지, 또한 카리스마 리더가 가장 활성화될 수 있는 조건들이 무엇인가를 확인하고 있다. 그의 이론은 리더의 특성, 행동, 영향력, 상황 조건을 포함함으로써 다른 초기의 이론에 비하여 그 범위가 포괄적이다.

하우스에 따르면 리더가 카리스마 리더로 인정받는 척도는 다음의 지표들에 의하여 결정된다.[17]

① 리더의 믿음이 옳다는 추종자들의 신뢰

② 리더의 믿음과 부하의 믿음의 유사성

③ 부하의 리더에 대한 수용

④ 리더에 대한 부하의 애정

⑤ 리더에 대한 부하의 복종 의지

⑥ 조직의 사명을 달성하기 위한 부하의 감정적인 몰입

⑦ 부하의 높아진 성과 목표

⑧ 집단사명의 성공에 기여할 수 있다는 부하의 믿음

〈그림 5-1〉 하우스의 카리스마적 리더십 모델[18]

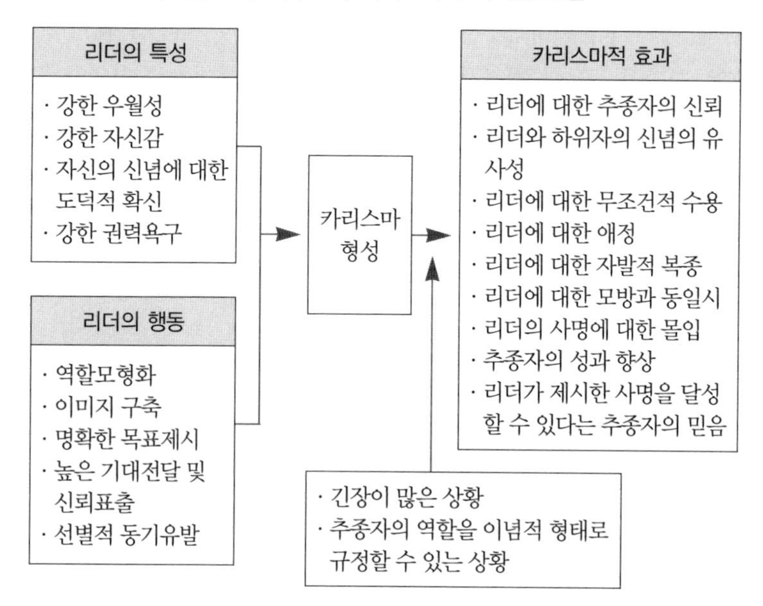

이 이론에 의하면 카리스마 리더는 권력에 강한 욕구, 강한 자신감, 자신의 믿음과 이상에 있어 강한 확신을 가진다. 리더가 가진 권력에 대한 강한 욕구는 추종자에게 영향력을 행사하도록 동기화시키며, 강한 자신감과 투철한 신념은 부하가 리더를 판단함에 있어 부하의 신뢰를 증가시킨다. 이런 특성이 없는 리더는 추종자에게 영향력을 행사할 가능성이 적고, 영향력을 발휘했을 때 성공할 기능성이 적다. 카리스마적 리더의 일반적인 행동은 다음과 같다.[19]

첫째, 카리스마적 리더들은 완벽(competent)하다는 인상을 심어 주려고 계산된 행동을 한다. 이런 인상 관리(impression management)는 리더의 결정에 대한 추종자의 신뢰를 증대시키고 추종자가 자진하여 복종하도록 한다. 이런 행동이 없이 생기는 문제와 실패는 추종자의 확신을 감소시키고 리더의 영향력을 감소시킨다. 인상 관리로 성공한 대표적인 인물은 존 들로리언(John Delorean)이다. 그는 천부적인 설득력과 인상 관리로 실패한 자동차 사업에서 수백만 달러의 이익을 얻게 했다고 한다.[20]

둘째, 카리스마적 리더들은 미래에 대한 매력 있는 비전을 제시하고, 이 비전을 집단의 목표와 결부시켜 명확히 함으로써 부하들로 하여금 집단의 과업에 보다 많은 의미를 부여하게 하고 목표에 몰입을 증대시킨다. 카리스마적 리더는 추종자의 공유된 열정과 이상, 뿌리 깊은 가치에 집단사명과 이데올로기적 목표를 강조한다. 또한 미래의 비전을 제시함으로써 집단의 과업에 의미를 부여하고 과업을 고무하며, 흥분시킨다.

셋째, 카리스마적 리더들은 주로 추종자들의 희망과 이상에 호소하기 위해서 추종자가 해야 할 과업을 호소력 있는 이념적 용어로 정의한다. 예를 들어 두 명의 벽돌공에게 무엇을 하느냐고 물었을 때 한 사람은 단지 급료를 벌기 위하여 벽을 쌓고 있다고 말했지만, 다른 벽돌공은 교회를 짓는 성스러운 일에 참여한다고 대답하였다. 이 두 벽돌공의 이야기는 틀에 박힌 따분한 일도 아주 의미 있는 헌신이 될 수 있음을 보여 주는 것이다. 이렇게 사회적으로 의미가 없는 단순하고 반복적인 작업으로 호소력이 낮을 때 카리스마적 리더는 호소력 있는 이념적인 용어로 정의하게 된다.

넷째, 카리스마적 리더들은 추종자들에게 그들 자신의 행동을 모방할 만한 모델이 되도록 한다. 이런 역할 모델링(role modeling)은 리더 행동을 모방하는 것 이상이다. 만약 추종자들이 리더를 존경하고 동일시하려고 한다면 그들은 리더의 신념과 가치를 본받으려 하고 동일시한다. 이런 과정을 통하여 리더는 추종자에게 만족감과 동기부여를 통하여 상당한 영향력을 미친다.

다섯째, 카리스마적 리더들은 추종자들에게 추종자들의 과업에 대한 높은 기대를 말하고, 동시에 추종자가 그렇게 할 수 있을 것이라는 확신을 표현한다. 강한 준거 권력을 가진 리더는 추종자로 하여금 높은 성과 목표를 정하게 하고 그 목표에 몰입하도록 한다. 그러나 이런 몰입은 목표가 현실적이고 성취 가능할 때에 일어난다. 그러나 목표가 현실적이고 달성 가능한 것으로 자각되지 않는다면 그러한 참여는 일어나지 않는다. 만약 추종자들이 리더의 높은 기대에 부응하는데 자신이 없다면, 그들은 리더의 영향력 행사의 시도에 저항하게 될 것이고, 힘들여 노력하지도 않을 것이다. 추종자가 숭배하는 리더의 신뢰감의 표현은 추종자들에게 긍지와 성공가능성에 대한 확신을 심어주게 된다. '피그말리온(Pygmalion) 효과'와 '자아실현 예언'에 관한 연구는 리더가 추종자들에게 신뢰감을 줄 때 추종자들의 업무수행이 더 좋아짐을 보여 준다.[21]

여섯째, 카리스마적 리더들은 집단 사명과 관계있는 것을 동기를 유발하는 방향으로 행동한다. 성취동기의 유발은 주로 복잡하고 창의력이 요구되고, 도전적인 과업, 계산된 위험부담, 개인적인 책임감, 지속적인 노력이 요구되는 과업에 적당하다. 권력동기의 유발은 추종자들에게 경쟁적이고 설득적이고 공격적인 과업에 적합하다. 친화동기 유발은 추종자들 간의 협동, 팀워크, 구성원 상호간 지원이 요구되는 과업에 적당하다. 동기는 '충성', '최선을 다하자' 등을 강조하면서 추종자들의 가치에 정서적으로 호소하는 영감 있는 대화를 함으로써 유발된다.

3. 샤미르(Shamir)의 카리스마 자아개념 이론

샤미르(Shamir)는 카리스마적 리더가 추종자들에게 영향을 미쳐 성과를 내는 데 작용하는 심리적 과정을 밝히는 데 초점을 맞추었다. 샤미르의 카리스마 이론은 1993년 샤미르와 그녀의 동료들에 의해 정교화되었는데(Shamir et al., 1993), 이들이 제시한 카리스마 리더십 모형은 기존의 카리스마 리더십 및 변혁적 리더십에서 제시된 것보다 더 포괄적인 리더 행동범주, 추종자의 자아개념에 입각한 카리스마 리더의 영향력 행사과정, 그리고 추종자들의 동기를 유발시키는 기제 간의 관계를 설명해 준다.(〈그림 5-2〉 참조)

〈그림 5-2〉 카리스마 자아개념 이론

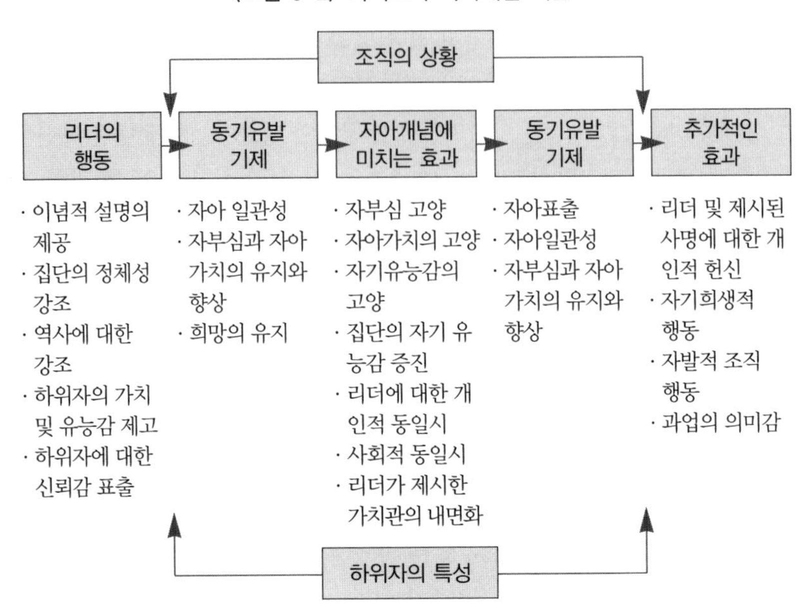

자료 : B.R. Shamir, R.J. House, & M. Arthur(1993), The motivational effects of charismatic leadership: A self-concept based theory, *Organization Science*, 4(4), 581.

샤미르((Shamir, 1993) 등은 다양한 범주의 카리스마 리더 행동을 제시하고 있다. 카리스마 리더는 비전을 창출하고 비전을 명확히 제시해 주며, 추종자에 대한 높은 기대감과 추종자들이 성과를 달성할 수 있는 능력을 지니고 있다는 확신을 표출하여 이들의 자기 권능감(self-efficacy)을 증진시킨다. 또한 역할모형화를 통해 새로운 가치관을 상징화하고 추종자들이 따라야 할 모범적 행동을 보여 주고, 자기희생 및 비인습적인 이념적 행동을 실행함으로써 자신이 제시한 비전에 대한 용기와 자신감을 표출한다. 그리고 리더에 대한 추종자의 신뢰감을 구축하고 능력 있는 리더의 모습을 보여 주어 자신에 대한 긍정적 이미지를 심어 주며, 상징 · 구호 · 과거의 이야기 등을 활용하여 집단적 정체성을 강조함으로써 추종자의 사회적 정체성과 집단 권능감을 강화시킨다. 더불어 하위자를 지적으로 자극시켜 새로운 시각으로 생각하고 행동하도록 독려한다.

샤미르(Shamir) 등은 왜 추종자들이 카리스마 리더에게 충성과 헌신을 보여 주는가에 대한 해답을 추종자의 자아개념 증대로 보고 있다. 이들은 자아개념을 네 가지 핵심요소로 파악하고 있는데 개인적 동일화(personal identification), 사회적 동일화(social identification), 내면화(internalization), 자기권능감(self-efficacy) 등이 그것이다. 개인적 동일화는 추종자가 자신과 리더를 동일시하여 리더를 모방하고 리더와 같은 태도를 갖게 되는 것을 뜻한다. 리더와 추종자가 동일시되면 추종자는 훌륭한 리더와 함께한다는 긍지를 지니게 되고, 리더의 추종자에 대한 영향력은 매우 강해진다. 샤미르(1993) 등은 리더와 추종자 모두가 이런 동일화 관계를 발전시키는 것은 아니며 자부심, 정체성, 권위적 인물에 대한 복종심이 높은 부하에게서 발생할 가능성이 크다고 하였다.[22]

사회적 동일화는 개인이 자신의 특성과 집단의 특성을 동일시하는 것을 의미한다. 카리스마 리더는 자신의 조직을 다른 조직과 현격히 차별화시켜 매력적인 정체성을 확립함으로써 다른 사람들로 하여금 참여하고 싶도록 만든다. 그리고 이러한 차별화는 추종자의 자아개념과 집단의 정체성을 연결시키는 방향으로 이루어진다. 사회적 동일시가 강하면 개인의 욕구보다 집단의 욕구를 중시하며, 집단을 위해 희생을 감수하고, 나아가 집단 구성원의 공유 가치관과 신념 그리고 행동규범을 강화시키는 작용을 한다. 리더십이 근본적으로 집단현상인 점을 감안하면 사회적 동일화는 매우 중요한 요소다.

내면화는 다른 사람의 가치관이나 행위가 내재적으로 보상되어 자신의 가치체계에 부합될 때 발생한다. 카리스마 리더는 추종자들이 가지고 있는 가치관을 과업 목표와 연관시킴으로써 과업목표 달성이 추종자의 가치관을 표현하는 일이 되도록 만든다. 특히 카리스마 리더는 목표달성에 수반되는 보상과 관련하여 외재적 보상(물질적 보상)보다는 내재적 보상(심리적 보상)을 중요시한다. 즉 일과 내재적 보상을 연관시킴으로써 추종자들이 과업과 비전의 성취는 내재적 보상을 수반하게 되고, 이러한 내재적 보상은 일 자체의 상징적이고 의미적인 측면을 부각시킴으로써 일에 대해 의미 있고, 도덕적으로 옳다는 사명을 갖게 만든다.

자기 권능감은 자신이 능력이 있으며 주어진 과업을 잘 수행할 수 있다는 신념이다. 자기 권능감이 강한 사람은 과업목표 달성을 위해 더 많은 노력을 기울이고, 장애를 극복해 나가는 능력과 인내도 강하다. 카리스마 리더는 추종자들의 자아 권능감을 향상시키는 효과를 가져온다.

샤미르((Shamir, 1993) 등은 카리스마 리더는 추종자들의 동기를 유발시키기 위해 몇 가지 기제들을 활용한다고 하였다. 첫째, 추종자들이 노력을 기울이는 것 자체에서 의미를 찾을 수 있도록 노력자체의 유인가를 제고시킨다. 둘째, 추종자의 자부심과 자아가치를 고양시켜 추종자들이 노력하면 성과를 달성할 수 있다는 기대감을 높여 준다. 셋째, 과업 및 집단목표가 일관성이 있다는 것을 보여주고 이러한 목표를 달성함으로써 조직이 과거에서 미래로 지속적으로 발전할 수 있다는 의미감을 심어 주어 목표달성에 대한 내재적 유인가를 제고시킨다. 넷째, 추종자의 보다 나은 미래에 대한 확신을 심어준다.[23]

한편 샤미르(1993) 등은 카리스마적 리더십의 효과에 영향을 미치는 상황요인으로 추종자의 특성 및 조직적 상황을 제시하였다. 추종자들이 일관된 가치관과 정체성을 지니고 있을 때 카리스마적 리더십의 효과는 더 커질 가능성이 있으며, 특히 조직의 비전과 사명이 추종자의 가치관 및 정체성과 연결되어 있는 상황에서 더욱 그러하다. 또한 카리스마적 리더십은 업무의 구조화 정도가 낮고, 성과목표가 구체적으로 제시되지 않거나 측정이 어렵고, 성과를 달성할 전략이 구체적이지 않은 상황에서 효과를 거둘 가능성이 높다. 또한 조직이 위기상황에서 효과를 거둘 가능성이 높다.

샤미르(Shamir, 1993) 등의 카리스마 자아개념 모델은 카리스마 리더십이 추종자들에게 미치는 심리적 영향과정을 구체적으로 제시하여 기존의 카리스마 리더십 이론의 취약점으로 보완해 주고 있다는 점에서 의의가 있다. 하지만 이 이론의 조직상황과 하위자의 특성 등과 같은 상황조절변수에 대한 충분한 설명을 하지 못하고 있다는 점에서 한계를 지니고 있다. 이 이론은 최근에 정립되어 아직까지 실증적 검증이 이루어지지 않고 있으며 어떠한 상황에서 보다 효과적인지를 밝히는 연구가 보완되어야 할 것으로 여겨진다.

4. 콩거(Conger)와 카능고(Kanungo)의 카리스마적 리더십

콩거(Conger)와 카능고(Kanungo)는 카리스마가 귀인현상(attribution phenomenon)의 하나라는 가정을 바탕으로 카리스마적 리더십을 주장했다.[24] 이들에 따르면 카리스마 리더십은 추종자들이 리더의 행동을 관찰하여 리더에게는 어떤 카리스마적 자질이 있다고 여겨진다. 즉 조직 내에서 관찰된 리더의 행동은 추종자에 의해 카리스마적 자질의 표현으로 해석된다. 콩거와 카능고는 카리스마적 리더와 비카리스마적 리더들을 비교한 연구로부터, 카리스마적 특질에 관계된 리더의 행동 측면들을 확인하였다.

이들은 리더에 대한 카리스마 속성은 다음의 4가지 변수에 의하여 추종자들에게 카리스마적 리더로 판단된다고 하였다.

첫째, 비전.

둘째, 높은 개인적 모험성.

셋째, 그런 변화를 가져오는 환경 자원의 평가와 규제 정도의 평가.

넷째, 비전을 추구함에 있어서 추종자들을 동기 부여시키기 위하여 이용되는 인상 관리의 분명한 표현 등이다.

카리스마적 리더가 조직을 현 상태에서 바람직한 상태로 변화시키는 카리스마적 리더십의 과정은 4단계이다.

첫째 단계에서는 리더는 끊임없이 환경을 평가하고 미래에 대한 비전을 적용하고 공식화한다. 여기서 리더의 목표는 확립된다.

둘째 단계에서는 리더는 수단이 필요하다면 무엇이든지 사용하면서 부하들과 비전을 공유한다.

셋째 단계에서는 기대되지 않는 일을 하고, 위험을 감수하고, 전문적으로 숙달되는 것이 중요하다. 이 부분은 신뢰와 위임에 바탕을 둔 관리다.

넷째 단계에서는 카리스마적 리더는 역할모델과 동인으로서 봉사한다.

즉 카리스마적 리더는 부하들에게 목표를 성취할 수 있다는 믿음을 심어주기 위하여 칭찬과 표창을 아끼지 않는다.

이를 그림으로 나타내면 〈그림 5-3〉과 같다.

〈그림 5-3〉 카리스마적 리더십의 단계

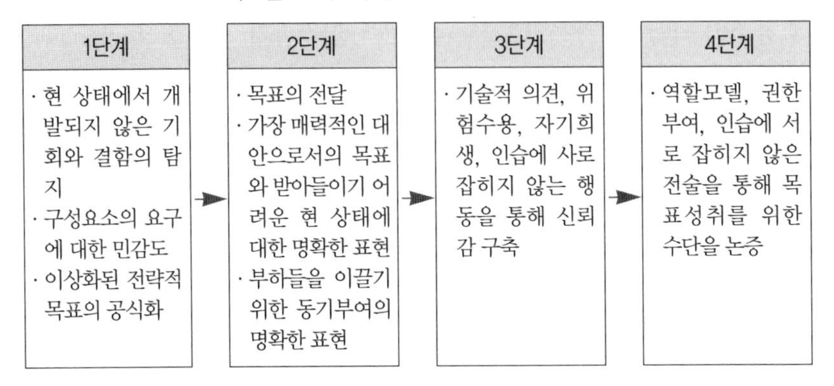

카리스마적 리더는 다음과 같은 속성이 있다.

① 비전의 극단성

카리스마는 현재 상태와 명백하게 구별되지만 추종자들이 수용할 수 있는 한도 내에서 제시하는 비전을 제공하는 리더를 카리스마적 리더라고 여긴다. 비카리스마적 리더들은 대개 현상유지를 지지하거나 또는 약간의 변화만을 주장한다. 그런데 현재의 가정이나 전략으로부터 약간의 변화만을 추가한 비전은 그 리더를 타인들과 분명하게 차별화시키지 못한다. 반대로 추종자들은 너무 급진적인 비전도 받아들이지 않으며 그런 리더는 무능하거나 미친 사람으로 보일 수 있다.

② 높은 개인적인 모험성

추종자들은 리더가 공유한 비전을 성취하기 위하여 자기희생을 하고 개인적 위험과 비용을 많이 부담할 때 카리스마적 리더로 인정한다. 신뢰는 카리스마의 가장 중요한 요소이며, 추종자들은 자신의 이익보다는 그들의 관심을 반영하는 전략을 제시하는 리더에게 더 많은 신뢰감을 갖는다. 가장 감

동적인 리더는 직위, 돈, 리더십의 직책 또는 그 조직 멤버십상의 개인적인 손해를 감수하는 리더다.[25]

③ 비관습적인 전략을 사용

카리스마적 리더는 관습적인 틀에 얽매이지 않고 비범한 방법을 사용함으로써 현재의 질서를 뛰어 넘는 전문지식을 보여 준다.

④ 상황에 대한 정확한 평가

카리스마적 리더는 환경 자원의 현실적 평가를 하고 비전의 실현에 영향을 미치는 여러 가지 규제를 평가한다. 또한 환경 자원-규제 비율이 유리할 때 혁신적인 전략을 수행한다.

⑤ 명확한 표현

카리스마적 리더는 현재 상태를 부정적이고 인내가 불가능한 것으로 규정하고 미래의 비전은 가장 매력적이고 달성 가능한 대안으로 설명한다. 카리스마적 리더는 단호한 행동과 자신감, 추종자의 욕구에 대한 관심의 표현을 통하여 동기 부여하기 위하여 명확하게 표현한다. 리더가 공유 목적을 달성하는 방법을 분명히 인식하고 있다고 믿는 추종자는 리더의 전략을 수행하기 위하여 열심히 일할 것이며 목표의 달성도 용이하게 될 것이다.

⑥ 개인적 권력의 이용

추종자에게 영향을 주는 카리스마적 리더의 영향력은 조직 내 직위 권력의 이용보다는 개인적인 전문적 권위를 이용한다. 또한 카리스마적 리더는 여론 수집이나 지시적 행동을 하기보다는 모범적인 행동, 정예주의, 기업가적 행동을 통해 추종자들에게 개인적 권력을 행사한다. 따라서 카리스마적 리더는 개혁자, 변화의 담당자로서 행동한다.

〈표 5-2〉 카리스마적 리더와 비카리스마적 리더[26]

	비카리스마적 리더	카리스마적 리더
현 상태와의 관계	현 상태에 찬성, 현 상태를 유지하기 위해 노력함	현 상태에 반대, 현 상태를 변화시키기 위하여 노력함
미래 목표	목표는 현 상태와 모순되지 않음	이상적인 비전은 현 상태와 아주 모순됨
호감 (Likeableness)	공유된 시각은 리더를 좋아하게 함	공유된 시각과 이상적인 비전은 리더를 좋아하게 하고, 모방과 일체감을 느낄 가치가 있는 존경할 만한 영웅으로 만든다.
믿음직스러움	설득에 있어 사심 없는 주장	큰 개인적 위험과 손해가 수반되는 사심 없는 주장
전문적인 지식	현재의 질서 내에서 목적 달성을 위한 유용한 수단을 이용하는 데 전문가	현재의 질서를 초월하여 기존 관념에 얽매이지 않는 수단을 이용하는 전문가
행동	보편적 현존 규범에 순종	기존 관념에 얽매이지 않는 반규범적임
환경민감도	현상유지를 위하여 환경적 민감도에 대한 필요성이 낮음	현 상태를 변화시키기 위해 환경적인 민감도에 대한 필요성이 높음
분명한 표현 (articulation)	목표와 동기 부여에 대한 표현이 약함	미래 비전과 동기 부여에 대한 표현이 강함
권력 기반	직위 권력과 개인적 권력(보상, 전문지식, 자신과 동질적인 친구를 좋아하는 것에 기반을 둠)	개인적 권력(전문지식, 존경, 유일한 영웅에 대한 칭찬)
리더-부하의 관계	평등주의, 동의를 구하거나 지시적 리더 의견과 공유하도록 명령	소수정예주의 기업가적 그리고 모범적 급진적인 변화를 공유하도록 부하를 변환시킴

5. 카리스마적 리더의 특성 및 행동유형

카리스마적 리더의 공통적인 특징들은 무엇인가? 지금까지의 연구에 의하면 카리스마적 리더의 부모들은 계층, 인종, 종교, 교육 정도, 출신 지역 등에 있어서 서로 신분이 상이한 부부인 경우가 많았고, 또 사회적, 심리적으로 지배집단이 아니었으며, 주변 집단에 속해 있는 경우가 많았다. 이러한 배경에서 성장한 카리스마적 리더들은 그 덕분에 사회의 다양한 집단이나 각계각층과의 복수적 동일시가 가능하였고, 심리적, 사회적으로 어느 한 계층에 고정되지 않을 수 있었다.

윌너는 카리스마적 리더는 아주 활기 있고 비상할 정도로 생명력이 넘쳐흘러서 오랫동안 일할 수 있는 능력이 있고, 스트레스의 상황에서도 마음의 평정을 잃지 않고 침착하게 대처할 수 있으며 머리가 비상하고 경제적이나 재정적인 문제에는 거의 관심이 없으며 여성들로 하여금 예외적인 헌신을 할 수 있도록 하며 비상하게 사람을 끄는 힘이 있는 눈이나 기타 신체적인 용모에서의 특징을 가지고 있다고 했다.[27]

카리스마적 리더의 특징적 용모 중에서 눈동자는 현저한 빈도로 언급되는데, 특히 짐 존스(Jim Jones, 인민사원의 교주 - 편집자 주)의 눈동자는 특별한 자질로 언급되며, 잘 생긴 용모로는 아프리카 가나를 독립시킨 엔크루마(Kwame Nkrumah)를 손꼽으며, 'Vietnam Millenarian'의 리더인 후인푸소(Huynh Phu So)와 부르키나파소의 대통령 산카라(Sankara) 등이 언급된다.[28]

하우스에 의하면 카리스마적 리더에게는 자신의 도덕적인 신념과 정당성에 대하여 ① 자기 확신 ② 자기 우월 ③ 자신감 ④ 지배 욕구 등이 상당하게 높다고 했다. 여러 학자들에 의해 종합된 카리스마적 리더십의 특성은 다음과 같다.[29]

① 자신감

② 비전

③ 비전을 분명히 할 수 있는 능력

④ 비전에 대한 강력한 확신

⑤ 평범하지 않은 행동

⑥ 변혁의 주체

⑦ 환경의 감수성

⑧ 정력과 행동지향성

트라이스(Trice)와 베이어(Beyer)는 카리스마적 리더의 행동특성을 다음과 같이 설명한다.

① 카리스마적 리더는 반드시 비범한 개인적 특성을 소유해야 한다.

② 그는 급진적인 메시지와 사명을 보여 주어야 한다.

③ 그러한 메시지와 사명은 널리 인식된 위험, 사회적 동요의 근원과 관련이 있다.

④ 리더의 개인적 특성이 부하들을 유인하고 그들을 흥분, 경외, 존경의 상태로 야기해서 리더의 급진적인 사명을 따르기 위해서라면 기꺼이 전통적인 규범들을 어길 수 있도록 하여야 한다.

⑤ 카리스마의 유효성을 위해 사명의 명백한 성공을 보여 주어야 한다.

네들러(Nedler)와 투시맨(Tushman)은 카리스마가 광대한 조직의 혁신에 영향을 미치기 위해서는 다음과 같은 행동이 필수적이라고 하였다.[30)]

① 영상화(envisioning)

바람직한 미래의 비전을 창조하는 것이다. 비전은 도전적이고 추구할 가치가 있으며, 신뢰할 만한 것이어야 한다.

② 에너지 주입(energizing)

리더의 개인적인 흥분과 에너지를 표현하고 성공을 위한 자신의 능력에 대한 자신감을 나타냄으로써 조직 구성원을 동기 부여시킨다.

③ 가능성의 부여(enabling)

조직 구성원들이 과업을 수행하는 과정에서 필요한 심리적인, 감정적인 도움을 주는 것으로 리더는 감정이입의 방법을 사용한다.

카리스마적 리더의 행동에 관한 연구는 단편적으로 흩어져 있어 체계적인 개념정립이 미숙한 단계이기는 하지만 여러 논자들의 연구 중 공통된 부분을 요약하면 다음과 같다.[31)]

① 역할의 모형화를 통해 부하가 수락, 찬성하기를 바라는 가치와 신념을

표명한다.

② 능력을 가지고 있고 성공할 수 있다는 인상형성(image building)이 조직의 바람직한 인상적인 목표를 표명한다.

③ 부하에 대한 높은 기대와 그에게 높은 목표달성을 위한 능력이 있다는 믿음을 나타냄으로써 결과적으로 부하가 리더의 목표달성에 더욱 정진하고 기대에 어긋나지 않도록 노력하게 한다.

④ 사명의 수행에 관련된 동인(motives)을 자극하려 한다.

6. 카리스마적 리더십과 위기관리

리더십의 상황은 잠재적인 리더나 부하들이 그 속에서 생활하고 활동하는 환경을 말한다. 처리해야 할 과제, 이용 가능한 자원, 사회구조와 제 규칙, 물리적 환경, 역사, 문화 등이 광범위하게 포함된다. 어떠한 원인으로 하여 이런 환경에 변화가 일어나 사람들이 무엇을 하고 어떻게 하여야 할 것인가에 대한 불확실성이 커질 때 그 환경은 문제 상황으로 변하게 되고 리더의 리더십, 상황규정과 방향제시에 대한 요구가 절실해진다.

카리스마적 리더십이 가장 효과적으로 발휘될 수 있는 상황은 흔히 위기상황이라고 지적한다. 위기상황이란 물질적 조건이 보통 이상으로 악화되고 무엇을 어떻게 해야 할 것인가에 대한 불안감과 불확실성이 보통 이상으로 커진 상황을 의미한다. 이러한 위기에 기초한 카리스마적 리더들은 시스템이 적절하지 않은 상황 - 예를 들어 지식, 자원, 진행 등 - 을 조정해야 할 때 더 큰 영향력을 갖는다.[32]

7. 카리스마적 리더십의 한계와 문제점

현대 사회에 있어서의 카리스마는 몇 가지 문제점을 안고 있다. 그 중 대표적인 지적은 카리스마를 날조된 형식으로 보려는 경향이 있다는 것이다. 벤스맨(Bensman)과 지반트(Givant)는 현대의 카리스마란 리더의 이미지를 카리스마적 리더로서 의식적으로 창조한 대량정보의 산물이라고 했다. 이러한 추세는 베버의 리더와 부하 간의 대인관계를 허용하지 않는 현대의 도회적,

관료제적 사회의 속성 때문에 필연적이다. TV, 라디오 등의 매개체는 그들이 고안한 정치적 리더를 카리스마적인 인물로 창조한다. 즉 카리스마적 리더는 비상한 인물을 창조하기 위하여 의식적으로 훈련시키는 광고요소와 숙련된 광고요소와 숙련된 매개체의 산물이다.

따라서 현대적 카리스마는 베버의 초점인 개인과 임의라기보다는 단계관리와 광고와 더 많은 관계가 있다. 그들은 현대적 형식을 묘사하기 위하여 유사카리스마(pseudo-charisma)라는 용어를 사용한다. 이는 어떠한 특별한 의미를 통하여 개인을 인공적으로 개조하는 것일지도 모른다. 그들의 견해는 조직 내의 리더십과 종교적인 종파, 분파는 최소한 그들의 고유한 영역이 있다는 것이다. 이미지 창출은 아마도 이러한 상황에서 생겨난다.

콩거는 카리스마의 어두운 측면들을 체계적으로 정리하여 제시한다.33)

첫째, 카리스마 리더들은 자신의 야망을 채우는 데 추종자들을 이용할 수 있다. 즉 카리스마적 리더가 윤리적 기준을 넘어서 리더의 영향력을 악용하게 되면 리더를 추종하는 부하들을 개인적 야망이나 목적을 달성하는 데 이용할 수 있기 때문에 이에 대한 모니터는 필수적이다.

둘째, 카리스마 리더십들은 하나의 최선책이 존재한다는 시각을 가지고 있고, 전통적인 상황요인들을 등한시하고 있다. 물론 위기상황에 직면했을 때 필요한 것은 명백하다. 그러나 상황유지나 상황 고착화가 필요한 경우, 그러한 리더십이 얼마나 효과가 있는지는 명확하지 않다. 조직이나 추종자의 특성을 고려한 상황론적 시각은 부분적으로 연구되고 있으나 아직까지 카리스마적 리더십 이론에 정식으로 초대받지 못하고 있다.

셋째, 카리스마 리더들은 자신의 능력에 대한 과신으로 인해 실패를 초래하기도 한다. 자신의 비전이나 아이디어에 대한 객관적 평가를 도외시한 채 초기의 작은 성과나 추종자들의 맹목적 지지로 인해 판단력이 흐려짐으로써 실패에 이를 가능성도 있다.

넷째, 카리스마 리더들은 새로운 일 처리 방식을 도입하고 기대 이상의 성과를 냄으로써 추종자들에게 보통 사람이 아니라는 인상을 형성하는데, 이 과정에서 다른 사람의 기여를 인정하지 않거나 특정 사람을 소외시키는 결과를 초래하기도 한다. 즉 철저히 자신을 따르는 사람과 그렇지 않은 사람을 양극화하는 현상이 나타나기도 한다.

이러한 문제점은 실증적으로 검증된 것이 아니라 개념적으로 도출된 것이기 때문에 아직까지 카리스마적 리더십 이론의 한계로 정립하기는 어렵다. 그러나 향후 카리스마적 리더십의 연구에서 고려해야 할 사항이다.

변혁적 리더십

1. 거래적 리더십과 변혁적 리더십

리더십의 유형은 리더십의 이론적 변환과정에 따라 각종의 유형이나 스타일로 분류되어 왔으며, 리더십의 모형도 1차원에서, 2차원, 3차원 등의 모형으로 연구 발전되어 왔다고 볼 수 있다. 그러나 기존의 리더십 이론은 일반적으로 어떻게 하면 리더가 조직 구성원을 복종하게 하고 그들의 협력을 얻을 수 있을 것인가에 초점이 맞추어져 있었다. 지금까지 리더십 이론이 모두 리더의 최적 행동에 직 · 간접으로 시사함으로써 결국 리더의 행동 및 리더십 유형에 집중되었다고 할 수 있다. 이러한 모든 전통적인 리더십은 접근방법의 다양성에도 불구하고 리더와 추종자 간의 거래관계를 중요시하는 거래적 리더십이라고 규정할 수 있을 것이다. 그 이유는 전통적인 리더십은 리더가 조직의 개인이 가지고 있는 가치 있는 어떤 것을 교환할 목적으로 다른 사람과의 계약에 의하여 주도권(initiative)을 취할 때 발생하기 때문이다. 그러므로 기존의 많은 연구자들이 연구한 리더십은 한 개인이 어떤 행위나 보상, 인센티브를 사용해서 다른 사람들로부터 바람직한 행동을 일으키는 과정이었고 이러한 접근 방법은 동기부여와 경제적 비용–효과, 보상–벌의 기반 위에서 이루어지는 것이라고 할 수 있다. 결국 이런 접근 방법의 핵심은 리더와 부하 사이의 교환(exchange)이나 거래(transaction)가 일어나게 된다는 것이다. 이러한 리더와 조직 구성원의 교환 대상은 일반적으로 가시적이고 수량화가 가능한 특정물이고, 이러한 거래적 관계는 리더와 조직 구성원이 모두 교환 과정에 만족할 때까지 지속된다. 이때의 리더의 거래적인 역할을 거래적 리더십(transactional leadership)[34]이라고 한다.

번스는 거래적 리더십이란 "전통적인 리더십으로 리더와 부하 간에 교환 관계를 수반하는 것"[35]이라고 했으며, 거래적 리더십을 발휘하는 리더는 부하들의 바람직한 결과를 산출하기 위하여 해야 할 일을 명확하게 해 주어야 하며, 성과의 양 혹은 질을 개선할 수 있는 방향, 집단이나 조직의 목표를 달성하는 방법, 조직 구성원의 저항 감소 방안, 목표 달성을 위한 특정 행위의 이행 방향에 초점을 맞춘다.[36] 그리고 리더는 개인의 자아 개념과 존경의 욕구를 고려하여 행동하고, 부하들은 그들이 추구하는 목표에 도움을 주는 리더의 영향력을 더 호의적으로 받아들인다는 경로-목표 이론을 개념적인 틀로 사용한다. 이와 같은 거래적 리더십은 리더가 조건적 보상, 예외에 의한 관리 방법을 사용하며, 〈그림 5-4〉는 거래적 리더십에 의한 관리를 모형으로 보여 준다.

〈그림 5-4〉 거래적 리더십에 의한 관리[37]

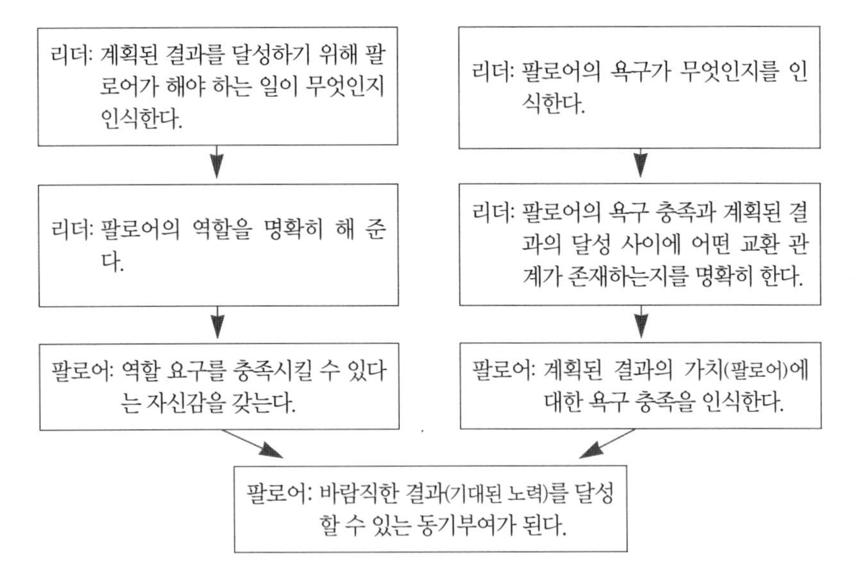

1) 상황적 보상(contingent reward)

베스에 의하면 조직화된 환경에서 관리자가 종업원 성과에 영향을 미치기 위해 거래적 리더십에서 주로 사용하는 두 가지 방법 관리 방법에는 긍정적 조건 강화(positive contingent reinforcement)와 회피적 조건 강화(negative contingent reinforcement)가 있다. 이러한 조건 강화는 리더와 조직 구성원 간의 합의에 의하여 이루어지는데 조직 구성원이 보상을 받기 위하여 해야 할 것과 징계를 피하기 위하여 해야 할 것에 대한 합의다.

일반적으로 긍정적 조건 강화는 조직 구성원이 과업을 잘 달성한 것에 대한 칭찬, 보수, 승진, 인정, 경의, 보너스 승진에 대한 추천 등이며, 그 밖에도 이런 종류의 보상은 노력에 대한 칭찬, 공식적인 인정, 뛰어난 근무 태도에 대한 경의 표함 등의 형태로도 나타낼 수 있다. 긍정적 조건 강화를 발휘하려는 리더는 조직 구성원에게 노력에 대한 보상을 설명해 주어야 하며, 보상을 받기 위해 요구되는 과업을 명시해야 한다. 이러한 긍정적인 보상은 성과와 보상의 사이클이 개인 행동의 책임을 증가시키는 방향으로 인도되는 것으로 조직 구성원이 개인의 발전에 관심이 있을 때 효과가 있으며, 조직 구성원 개인은 시간이 지남에 따라 자기 강화를 하게 된다.

조건적 벌은 기대되는 결과에 미치지 못할 때의 부정적인 반대급부다. 예를 들어 생산성이 표준 이하의 수준이거나 주어진 과업을 달성하지 못할 때에 받는 실패한 원인에 대한 언급, 꾸중, 벌금, 징계, 유급, 해고 등이다. 이러한 부정적인 반대급부 중 실패한 원인에 대한 언급은 경험이 부족한 미숙련자에게 효과적이다. 그러나 벌금, 유급, 해고 등의 심한 부정적 강화는 자주 사용되지 않으며 오히려 조직 유효성에 효과적이지 못하다.

2) 예외에 의한 관리(management by exception)

이것은 조직 구성원이 자기 의무를 불이행하거나 기준 성과에 미달했을 때에만 리더가 개입하여 관리하는 것을 말한다. 예외적 관리의 목적은 거래적 핵심인 통제력, 합리적, 그리고 공정한 시스템을 유지하는 데 있다. 이 관리를 사용하는 리더는 실패라는 부정적인 결과를 피하기 위하여 분명한 기준을 따르도록 부하의 노력을 조장한다. 이 관리의 논리는 "고장 나지 않으면 고치지 말라(If isn't break, don't fix it)"라고 할 수 있다.

예외적 관리를 사용하는 리더는 실패라는 부정적인 결과를 회피하기 위하여 분명한 기준을 따르도록 조직원의 노력을 조장한다. 만약 조직원이 목표를 달성한다면 자존심과 자기 강화를 증가시킨다. 만약 그들이 실패하였다면 리더는 실패의 원인을 파악하여 강화의 방법을 찾을 것이다. 즉 조직원의 실패가 구성원의 능력 부족이나 이해력의 부족이라고 판단되면 리더는 훈련을 통하여 조직원의 능력을 개발시킬 것이고, 목표를 명백하게 할 것이다. 만약 조직 구성원의 실패가 동기 부여의 실패에 의한 것이라고 판단되면 리더는 위협과 질책을 하게 될 것이고 어떤 경우에는 조직인의 불안감, 자존심 상실 등의 역효과를 가져오는 경우도 있을 것이다. 이런 경우는 자기 강화 노력은 감소하게 되어 조직 구성원의 노력에 장애가 될 것이다. 이런 경우 예외에 의한 관리(management by exception)는 효과적이지 못할 것이다.[38]

베스의 연구에 의하면 과업 지향적 조직 구성원과 경험이 많은 구성원은 일반적으로 자기 강화를 하고 있고, 상호작용적 조직 구성원과 자기 지향적 조직 구성원은 긍정적 부정적 강화, 두 요소에 모두 민감하다고 하였다.

거래적 리더십이 조건적 보상과 예외에 의한 관리를 그 방법으로 한다면, 변형적 리더십은 카리스마, 개인적 요소, 지적 자극으로 구성된다. 베스에 의하면 카리스마는 변형적 리더십의 필수 조건이지만 그 자체로는 변형적 리더십을 충분히 설명하지는 못한다. 그래서 그는 카리스마 외에 개인화된 고려와 지적 자극을 포함시켰다.[39] 변형적 리더십과 카리스마 리더십은 모두 조직의 사명(mission) 또는 이행심 증대, 조직 구성원의 가정과 태도에 있어 중요한 변화를 일으키는 과정이라고 할 수 있다. 변형적 리더십은 카리스마 리더십보다 넓은 의미로 해석된다. 그러나 카리스마 리더십이 변형적 리더십의 모태가 되며, 카리스마적인 요소가 변혁적 리더십의 중요한 일부분이 된다.

여기서는 변형적 리더십 요소 중 가장 중요한 카리스마적 리더십에 대한 고전적 연구를 정리해 보고, 나머지는 베스의 변형적 리더십의 구성 요소에서 정리하기로 한다.

리더와 관리자의 차이를 상황을 극복한 사람과 상황에 굴복해 버린 사람 간의 차이라고 설명한다. 리더와 관리자의 중요한 차이는 다음과 같다.[40]

· 관리자는 임무 그대로 경영하고, 리더는 새롭게 혁신한다.
· 관리자는 복사본이며, 리더는 원본이다.
· 관리자는 현상을 유지시키고, 리더는 발전시킨다.
· 관리자는 시스템과 구조에 역점을 두고, 리더는 사람에게 역점을 둔다.
· 관리자는 지배하려 하고, 리더는 신뢰로 이끌어 간다.
· 관리자는 좁은 시야를 갖고, 리더는 장기적인 전망을 갖는다.
· 관리자는 '언제 어떻게' 라고 묻지만, 리더는 '무엇을 왜' 라고 묻는다.
· 관리자는 항상 눈앞의 이익에 관심을 두지만, 리더는 미래의 전망을 내다본다.
· 관리자는 모방하나, 리더는 독창적으로 만들어 낸다.
· 관리자는 현재 상황을 있는 그대로 받아들이나, 리더는 그것에 도전한다.
· 관리자는 군주의 명령에 따르는 고전적인 군인이지만, 리더는 자기 본연의 개체다.
· 관리자는 일을 바르게 하지만, 리더는 바른 일만 한다.

2. 변혁적 리더십(transformational leadership)

1) 변혁적 리더십의 이론적 배경

1970년대 말 리더십의 새로운 패러다임이 등장했다. 새로운 패러다임은 부하들을 더 넓은 목적을 추구하게 하여 관심을 넓힘으로써 자신의 이해관계를 집단의 이해관계에 종속시키는 리더-부하의 관계로 형성되었는데, 이 관계를 변혁적 리더십(transformational leadership)[41]이라고 한다. 번스는 이런 변혁적 리더십을 "부하의 욕구, 믿음, 가치를 변화시키는 리더십"이라고 했다.

특히 1980년대 이후 경영 연구자들은 카리스마적 리더십, 조직문화, 조직변신, 조직변환 등에 관심을 갖기 시작했다. 이러한 주제가 대두된 것은 급변하는 세계 속의 무한 경쟁에서 생존하기 위한 방법의 일환으로 조직변화의 필요성을 절감한 시기였기 때문이었으며, 리더십의 문제도 이런 환경변화에 적응하고자 제기되었다.

기존의 리더십 이론은 주로 동기 부여의 관점에서 접근하여 보상의 자극 강도가 조직 구성원의 노력 행위를 증대시킬 수 있을 것이라는 사고에 기인한 것이었다. 그러나 슈나이더(Scheider) 등의 연구에 의하면 조직 구성원의 행위에 영향을 미치는 것은 보상의 자극 강도가 아니라, 리더 행위의 빈도였으며, 때로 보상의 자극보다 조직 구성원을 방임해 두는 것이 효과적인 리더의 행위가 될 수도 있으며, 이러한 리더십이 창조적이고 위험을 감수하는 조직 구성원을 만든다[42]고 하였다.

따라서 거래적 리더십으로는 금전적 유인 등과 같은 것으로 동기 부여되지 않는 조직 구성원들을 효과적으로 지휘할 수 없게 되었으며, 조직 구성원들의 가치와 태도를 변화시키지도 못하게 되었다. 이런 시대적 배경에서 변혁적 리더십이 등장하게 되었다. 변혁적 리더십에 대한 주요 학자들의 주장은 〈표 5-3〉과 같다.

〈표 5-3〉 기존의 리더십과 새로운 리더십의 이론적 차이점[43]

기존의 리더십	새로운 리더십	대표적인 학자
비(非)카리스마적 리더십	카리스마적 리더십	Conger(1989);Conger & Kanungo(1988);House(1977);Nadler & Tushman(1990)
거래적 리더십	변혁적 리더십	Bass(1985);Bennis & Nanus(1985); Bennis(1989), Nannus(1992), Peter & Waterman(1982), Tichy & Devanna(1986)
경영/경영자	리더십/리더	Bennis & Nannus(1985);Peter & Austin(1985);Zaleznik(1990)
비(非)비전적 리더십	비전적 리더십	Nannus(1992);Sashkin(1988);Westley & Minzberg(1989)
비(非)신비적 리더십	신비적 리더십	Nadler & Tushaman(1990)
영감 없는 리더십	영감을 주는 리더십	Yukl & VanFleet(1982,1992)

변혁적 리더십 연구의 기초가 되는 것은 최초의 거래적 리더십과 변혁적 리더십을 구분한 번스의 리더십 이론이었으며, 그 후 베스가 카리스마적 리더십과 번스의 리더십 이론을 바탕으로 한 리더십 이론을 체계적으로 정리하고 분석하여 포괄적인 변혁적 리더십을 주장했다. 이 외에도 유클은 티키와 데반나(Tichy and Devanna)의 리더십 연구와 베니스와 나누스의 리더십 연구도 변혁적 리더십에 포함시켰다. 여기서는 유클의 접근 방법에 따라 중요한 학자들의 변혁적 리더십을 살펴보고자 한다.[44] 또한 번스와 베스의 변혁적 리더십론도 다루고자 한다.

3. 피터스(T. Peters)의 변혁적 리더십

피터스는 "*A passion for Excellence*"와 "*Thriving on Chaos*"에서 성공적인 조직은 혁신적인 리더가 조직 목적과 공유 가치를 불러일으키고 모두에게 공감하게 주입시키고 흥분을 유발시켜 보다 높은 차원의 조직 목적과 개인의 동기부여를 일으킨다는 것을 주장하였다.

피터스의 변혁적 리더십의 전략을 살펴보면 다음과 같다.[45]

① 역설을 터득하라

기존의 전통적인 관리 방법, 인간관계 등의 방법이나 이론들을 의문을 갖고 적용시켜 보는 경 험주의자들이 되라는 것이다. 또한 그 경험을 서로 이야기하고 역설을 터득하라.

② 고무적인 비전을 개발하라

조직 내면의 상태와 외부 상황의 평가, 조직의 목표 등을 통해서 도전적인, 그러나 간결한 비전을 개발하라. 그 비전을 열심히 조직인들에게 전달하여 비전을 공유하도록 하라. 뛰어난 리더의 비결은 자신이 이 조직을 어떻게 끌고 가고 싶은가를 매일 조직인들에게 설명하는 것이다.

③ 본보기에 의하여 관리하라

리더는 자신 스스로가 새로운 비전을 이루기 위한 시간표를 만들어 모범을 보여라. 가장 중요한 것을 스스로 보여 주어라. 또한 승진 수단을 통해서 조직의 새로운 관심과 목표를 강화하라. 인사이동은 경영자가 무엇을 염두에 두고 무엇을 중요하게 여기고 있는가를 보여 주는 솔직한 표현이다. 가장 사소하지만 일상적인 것, 그래서 가장 영향력이 있는 행동의 위력을 이해하고 적용하라. 결국 경영자가 무엇에 관심을 기울이고 있는지가 중요하다.

④ 가시적인 관리를 실시하라

리더는 가시적인 관리를 실행해야 한다. 작은 성공을 축제로 축하해 주어라. 성공적인 조직은 조직원의 결점을 들추어내는 것이 아니라, 잘 할 수 있는 측면을 드러내어 격려하는 방식을 취하고 있다.[46] 또한 직접 리더가 눈으로 확인하는 현장 배회 관리(MBWA: Management by wandering around)를 실시하라. 이렇게 될 때 정보 왜곡의 문제를 극복할 수 있다.

⑤ 관심을 기울여라

리더는 끊임없이 경청하는 사람이 되어야 한다. 1980년대의 관리는 명령하고 지시하는 것이 아니라, 현장에 직접 부딪치는 최전선 조직원의 말을 경청하는 것이다. 그들의 불만을 듣고 해결하는 과정에서 변화가 일어난다.

⑥ 일선에 맡겨라

가장 가까이 현장에서 고객을 만나는 조직원들이 스스로를 영웅으로 생각하도록 확신시키고, 영웅으로 대해 주어라.

⑦ 권한을 위양하라

급변하는 사회에서 현장이나 관리자들에게 그들의 책임 하에 신속하게 결정할 수 있도록 권한을 위양하라.

⑧ 수평적 조직으로 관리하라

신속한 의사 결정과 구성원의 참여 의식과 주인 의식을 갖게 하는 수평적 조직(flat Organization)으로 조직을 재편하고, 조직의 단순화를 지향하라. 그러나 수평적 조직은 톱 경영자에게로 모든 의사 결정이 몰린다. 그 때 의사 결정권을 위양하면 수평화는 정착한다.

⑨ 변화에 대한 사랑을 기초로 조직원을 평가하라

조직원들이 최근에 무엇을 변화시켰는지, 어떤 변화가 일어났는지 평가하고 그 변화를 기초로 평가한다. 또한 모든 조직의 미디어로 변화를 지속적으로 강조하라.

⑩ 긴박감을 조성하라

조직 전체에 긴박감을 조성하고 민첩한 행동을 유발시켜라. 실패에 대한 두려움을 극복하게 하고, 항상 긴장 속에서 조직이 움직이도록 하라.

4. 베니스(Bennis)의 변혁적 리더십

"*Leaders*"에서 나누스와 함께 리더란 무엇인가를 다룬 베니스는 "*On Becoming a leader*"에서 지도자가 되는 법을 다루었다.

변혁적 리더들이 어떻게 변화에 대처하고 새로운 미래를 창출하며 끊임없이 배우는 조직을 만들 수 있는가?

① 리더는 실수를 포용한다

리더는 실수를 두려워하지 않고, 실수를 하면 그것을 솔직히 인정한다. 또 리더는 실수와 모험을 장려하는 분위기를 만든다.

② 리더는 사려 깊은 조언을 장려한다

모든 리더는 자신의 생애에 있어서 진실을 말해 주는 사람을 갖는 것이 대단히 중요함을 알고 있다. 리더는 믿는 사람으로부터의 조언을 통하여 배우며, 자신에 관한 것을 더 많이 발견할 수 있다.

③ 리더는 반대 의견을 장려한다

리더는 자기 주변에 상반되는 견해를 가지고 있고 일부러 반대를 해 보고, 또 기대했던 것과 실제 행하고 있는 것과의 차이점을 말해 줄 수 있는 사람을 두어야 한다.

④ 리더는 노벨의 요소를 소유하고 있다. 즉 낙관적 인성, 신념, 희망 등을 가지고 있다. 리더는 무엇이든지 해낼 수 있다는 확신을 가지고 있으며, 이러한 인성을 자기 주위의 사람들에게 긍정적으로 전염시키고 느끼게 한다.

⑤ 리더는 일종의 감을 가지고 있다

리더들은 문화가 어디로 흘러갈 것인지, 또 조직체가 성장하면 어느 위치에 있어야 할 것인지에 대해 감을 가진다. 또한 진정한 리더십은 온 인류가 어떻게 서로 연관되어 있고, 사회의 모든 부분이 어떻게 연결되어 있으며, 모든 것이 어떻게 똑같은 방향으로 움직이는지를 통찰할 수 있는 능력에 기초한다.

⑥ 리더는 긴 안목을 가지고 있다

리더는 참을성을 가지고 장기적인 계획을 세운다. 이런 장기적인 목표는 비전에 근거해서 세워진다.

⑦ 리더는 이해 집단의 요구를 균형 있게 조정할 줄을 안다

리더는 그 조직이 처해 있는 이해 집단의 요구를 균형 있게 조정, 해결할 수 있어야 한다. 세계의 현실, 인접 지역 환경의 복잡성, 이해 집단의 균형에 대한 필요성 등은 만화경적인 비전의 화려한 영광을 꿈꾸면서도 결코 잊어서는 안 될 문제다.

⑧ 리더들은 전략적인 동맹과 협력관계를 만든다

장래의 유능한 리더들은 자신들의 운명과 서로 관련되어 있는 다른 조직체들과 동맹을 맺는 중요성을 인식한다.

5. 티키(Tichy)와 데반나(Devanna)의 연구

티키와 데반나는 대기업의 최고 경영자 12명을 대상으로 리더십을 연구하였다.[47] 자료 수집 방법은 리더의 인터뷰와 때때로 조직 내 다른 구성원과의 면담으로 이루어졌다. 연구 초점은 타 국가와의 상호 의존성 증대, 외국기업으로부터의 극심한 경쟁, 광범위한 사회적 문화적 변화, 급속한 기술적 변화 등과 같은 경쟁적 환경과 변화에 성공적으로 적응하기 위해서는 조직을 새롭게 하거나 변환시켜야 하는 대기업 리더의 행동이었다. 인터뷰를 통하여 리더가 조직을 개혁하거나 활성화할 때 전형적인 과정을 분석하여 이 과정을 촉진시키는 변형적 리더의 특질, 기술, 행동을 연구하였다. 이 연구에서 그들은 현대 기업의 리더는 혁신과 앙트러프러십을 추구해야 하고 격심한 변화에 대응하기 위해서는 변혁적 리더십이 필요하다고 했다. 그들은 TPC라는 독특한 분석 방법으로 리더십을 분석했는데, TPC에서 T는 기술적 요소(technical factor), P는 정치적 요소(political factor), C는 문화적 요소(cultural factor)로서, 경영은 이 세 가지 요소의 결합물로 간주된다고 보고, 리더가 조직을 변혁했을 때 일어나는 과정을 다음의 〈그림 5-5〉와 같이 설명

하였다. 이 과정은 변화의 필요를 인정함으로써 시작되고 새로운 비전의 창조가 일어나고 변화의 제도화를 이루는 일련의 단계로 이루어진다.[48]

① 변화의 필요성을 인식(realizing the need for change)

변형적 리더가 되기 위한 첫 번째 조건은 변화의 필요성을 인식하는 것이다. 환경의 변화가 점증할 때 많은 리더는 조직의 위협을 인식하지 못한다. 리더의 중요한 역할은 점진적인 적응보다는 오히려 중요 변화를 위한 욕구와 위협의 심각성을 조직의 중요 사람들에게 설득하는 것이다. 조직을 변화하려는 과업은 환경 변화가 증대될 때, 조직이 갑작스러운 위기가 존재할 때보다 조직이 순조로울 때 더욱 어렵다. 조직을 변화하려는 과업은 전략 내 필수적인 변화가 현재의 문화와 양립할 수 없을 때, 현재 가치를 의지할 수 있고 가정이 적당할 때 더 어렵다. 변형적 리더가 환경의 변화와 위협에 대응하여 조직의 중요 구성원의 민감성을 증대시키기 위한 4가지 접근 방법은 다음과 같다.[49] 첫째, 리더에 대한 도전-제안이나 의견을 달리하거나 객관적인 비평을 조장함으로써 현재의 가정에 도전한다. 둘째, 외부 네트워크 육성-조직의 강점과 약점의 객관적인 평가를 제공해 줄 수 있는 사람을 포함하여 외부 네트워크를 개발함으로써 환경의 모니터링을 발전시킨다. 셋째, 다른 조직의 방문-조직 구성원이 다른 조직을 방문하도록 장려한다. 다른 조직은 문제를 어떻게 운영하는지를 발견하도록 다른 조직의 방문을 장려한다. 넷째, 관리 절차-지난해의 성과와 비교하여 평가하지 말고 경쟁자의 성과와 비교한다는 것 등이다.

추종자들이 과거의 방식으로는 더 이상 효과적이지 않다는 것과 변화가 필요하다는 것을 깨닫게 된 후 변혁적 리더의 다음 임무는 과도기 과정을 관리하는 것이다. 이 과정은 변화가 필요하다는 것을 결정하기 위한 문제의 진단을 포함한다. 변혁적 리더의 중요한 위험은 중요한 변화를 원치 않고 빠른 안정을 원하고 바라는 구성원들의 욕구를 거부하는 것이다. 이 단계에서 리더의 중요한 기능은 오래된 믿음과 가치를 거부하는 데 있어서 감정적 혼란을 처리하는 것이다. 과거의 결정과 정책의 실패를 인정하기는 힘든 일이다. 변화는 조직 내 지위와 권력의 분배에 변화를 가져오고 경력 기회를 위협하

〈그림 5-5〉 변혁적 리더십(조직 변환)[50]

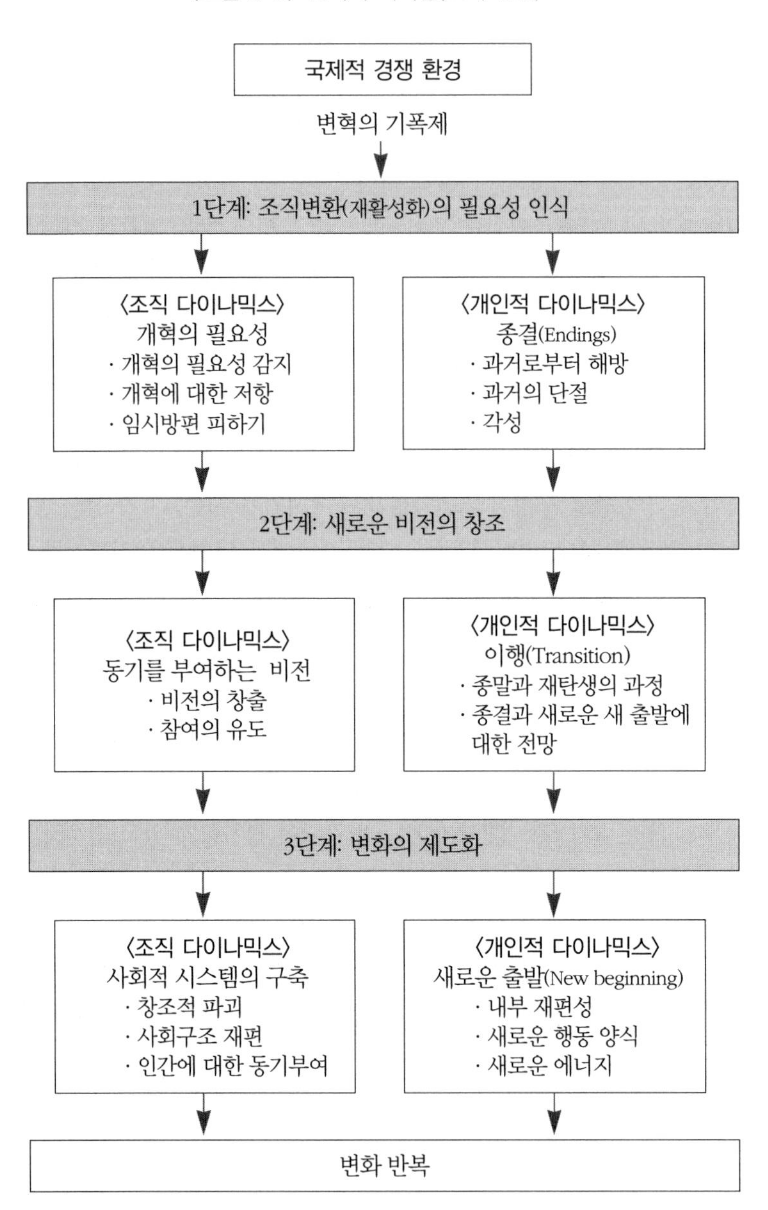

기도 하며, 새로운 행동 패턴을 학습하도록 요구할 것이다. 변혁적 리더는 실패에 대한 개인적인 책임을 느끼지 않게 하고 변화의 욕구를 받아들이도록 돕는다.

② 새로운 비전의 창조(creating a new vision)

리더가 조직의 중요 변신을 위한 필요성을 발견했을 때 익숙해진 방식의 변화 비용을 정당화하기 위하여 매력 있고 더 나은 미래의 비전으로 조직원을 고무할 방법이 필요하다. 그들은 새로운 조직에서는 비전 있는 기업가 개인이 비전을 제시하지만, 대규모의 성숙한 조직에서의 성공적인 비전은 한 개인의 산물이 아니라는 것을 발견했다. 비전은 오랜 기간 경과함으로써 진전되고 성공적이기 위해 비전을 이용해야만 하는 조직 내의 중요한 사람을 포함하는 첨가적 과정의 산물이다. 비전에는 2가지 기본 요소가 있다. 첫째는 조직의 목적을 이해하기 위한 개념적 틀로서 패러다임을 제공하는 것이며, 둘째는 감정적 호소력이 있어야 한다는 것이다.

비전은 동기부여를 시키기 위해 구성원의 공동 목표와 자부심의 원천이 되어야 한다. 비전은 조직이 미래에 될 수 있는 것의 직관적으로 어필하는 영상을 전달해야만 한다. 비전의 핵심은 조직의 사명감을 표현하는 것이다. 티키와 데반나는 조직이 원하는 공유 비전을 개발하는 것이 성공의 관건이 된다고 주장했다.

③ 변혁의 제도화

대규모의 복잡한 조직에서 중요한 변화를 수행하기 위해서는 리더가 최고 경영자와 조직 내의 중요한 구성원의 협조와 지원이 필요하다. 전략계획을 수립하는 데 참가하는 것은 그 계획에 몰입하게 하는 데 도움을 준다. 변혁적 리더는 비전을 실현하게 되는 조직의 내-외부의 중요 구성원들의 연합을 이루어야 한다. 분석은 구조나 정책 또는 전략 변화의 수행자에 의하여 이루어져야 한다. 그들은 자기 혁신적 조직의 통제 방법은 주로 자기 제어라고 했다. 자기 제어를 하는 조직들은 패러독스를 내포하고 있는데 그 조직들은 심지어 상호 배타적인 많은 특성들을 보유하고 있다. 유기적인 조직의 역설적인 특성들의 체계는 다음과 같다. 첫째, 느슨하고 단단한 결합, 둘째, 역할에 대한 고도의 전문화와 종합화, 셋째, 리더십의 연속성과 비연속성, 넷째, 생산적 대립, 다섯째, 정보수집의 확대와 제한, 여섯째, 참여의 패러독스 등이다.[51]

④ 변혁적 리더의 특성

효율적인 변혁적 리더는 다음과 같은 특성을 갖는다. 첫째, 자신을 변화의 담당자로 여긴다. 둘째, 변혁적 리더는 신중한 위험부담자다. 셋째, 그들은 추종자를 신뢰하며, 추종자의 욕구에 민감하다. 넷째, 변혁적 리더는 가치 지향적이다. 다섯째, 변혁적 리더는 평생 학습자다. 여섯째, 변혁적 리더는 불확실성, 모호성, 복잡함을 다룰 능력을 가진다. 일곱째, 변혁적 리더는 비전을 추구하는 비전가다.[52]

6. 쿠즈(Kouzes)와 포스너(Posner)의 연구

이들은 사례 분석(case study)과 설문지 조사(survey questionnaires) 방법으로 리더가 동료들로 하여금 열심히 일하도록 하는 5가지 행동 덕목을 발견하였다. 이러한 행동 덕목은 리더의 개인적 특성은 아니며, 리더십 도전을 받아들이고자 하는 모든 사람에게 적용 가능한 것이다.[53]

① 과정에 도전한다

리더십은 수동적인 과정(passive process)이 아니라, 적극적인 과정(active process)이다. 리더는 조직 구성원들을 더 나은 방향으로 이끄는 도전을 추구한다. 리더는 도전을 추구하며 리더에게 도전은 현 상태(the status quo)로부터의 변화를 뜻한다. 즉 현재 진행되는 과정에 도전하는 것이다. 그러므로 리더는 보통 사람보다 빨리 혁신(innovation)을 수용하는 사람이다.

② 서로 공유하는 비전을 심어 준다

리더가 할 일은 간단히 말해서 비전을 창조하는 일이다. 모든 조직이나 사회 운동은 하나의 꿈을 가지고 시작한다. 꿈이나 비전은 미래를 만들어 가는 힘이다. 리더는 조직 구성원들에게 공동의 비전을 불어넣는다. 리더는 동료들에게 꿈을 불어넣고, 미래에 펼쳐질 가능성을 인식할 수 있도록 한다. 리더는 동료들에게 모든 일이 공동의 비전에 의해서 움직이는가를 보여 주고 꿈을 가지게 한다.

③ 조직 구성원들을 행동하게 한다

리더는 혼자서 성공을 이룩할 수는 없다. 따라서 사람들을 다룰 수 있어야 한다. 모범적인 리더는 나 혼자가 아니라, 우리를 만들어 이끄는 자다. 사람을 움직이게 하는 힘은 그들 스스로 실천할 수 있는 기분을 갖게 하는 것이다. 조직에서 이런 일을 수행하는 사람들은 대개 주인 의식(a sense of ownership)을 가지고 있다. 그들은 다른 사람들을 움직이게 할 수 있다고 믿으며, 실제로 그러한 믿음을 갖게 되는 경우에 새로운 결과를 창출하기 위하여 정열적으로 일한다.

④ 방법을 모델화한다

리더는 수행 방식에 대한 모델을 설정하여야 한다. 리더 자신이 스스로 모범을 보여 주고 계획해서 수행 방식을 모델화한다. 리더는 역할 모델(Role Model)이 되어 리더가 가장 중요하다고 믿고 있는 것에 관심을 표명해야 한다. 그것은 리더가 목표를 이루기 위한 가치관에 따라 살고 있다는 것을 보여 준다.

⑤ 리더는 용기를 북돋아 주어야 한다

리더는 자신이나 동료들에게 높은 기대감을 가지고 있다. 이러한 기대는 영향력을 행사하고, 그것은 사람들이 현실에 적응하는 프레임(frame)이 된다. 리더는 사람들을 개발하는 데 피그말리온과 같은 역할을 한다. 리더는 동료들에게 용기를 북돋아 주어야 한다. 사람들은 매일 패배 의식에 젖어 일하는 것이 아니다.

7. 샤인(Schein)의 변혁적 리더십 연구

변혁적 리더십에 통찰력을 제공하는 것은 조직문화에 관한 이론과 연구다. 조직의 문화를 바꾸는 리더십을 발휘하게 하는 것이다. 샤인의 조직문화와 리더십에 관한 이론은 가장 포괄적인 통합과 검토를 제공해 준다.

지금까지 여러 학자들이 사용한 조직문화에 대한 정의를 정리하면 다음과 같다.[54]

① 사람들이 상호작용할 때 관찰되는 행동규칙성(observed behavioral regularities), 즉 사용되는 언어, 경의와 복종을 표현하는 방식을 말한다.

② 작업집단 내에서 자연발생적으로 생기는 규범이다.

③ 조직이 주로 강조하는 지배적인 가치관이다.

④ 조직 구성원과 고객에 대한 정책수립의 지침이 되는 철학이다.

⑤ 조직에 적응하는 데 필요한 게임규칙으로 조직진입자가 조직 구성원의 일원으로서 인정받기 위해서 배워야 하는 요령 같은 것 등이다.

⑥ 조직에 흐르고 있는 분위기로 이것은 사무실의 물리적인 배치와 조직 구성원이 고객이나 외부인사와 접촉하는 방식 등에 의해 전달된다.

그러나 위의 정의들은 모두 표면적인 조직문화를 설명하고 있고 조직문화의 핵심을 표현한 것은 아니다. 한 조직의 조직문화를 올바로 이해하기 위해서는 더 심층적인 수준에서 조직 구성원이 오랫동안 공유하여 온 기본 믿음이 무엇인지 살펴보아야 한다. 이 기본 믿음은 조직이 첫째, 외부환경에 어떻게 대응하여 살아남을 것인가 하는 생존의 문제와 둘째, 조직 내부 요소들의 통합문제를 해결하는 과정에서 터득하게 되며, 이것이 반복적이면서도 만족할 만하게 문제를 해결해줌에 따라 구성원들이 타당하게 여기고 의심 없이 받아들여질 때 되는 것이다.[55] 이러한 관점을 가지고 조직문화를 정의하고 있는 학자가 샤인인데 그의 정의는 다음과 같다. 조직문화란 외부 환경에 적응하고 조직 내부를 통합하는 문제를 해결하는 과정에서 특정 집단이 고안, 발견, 개발하는 기본 믿음들로, 이것은 오랜 기간 동안 조직 구성원이 타당한 것으로 여겨져 의심 없이 받아들여지고 새로운 구성원에게는 조직의 대내외적 문제를 해결하는 올바른 방법으로 학습되는 것[56]이다.

샤인에 의하면 리더는 5가지 주요한 메커니즘에 의하여 문화를 변화시키거나 강화하거나 정착시킬 수 있는 가능성을 가진다.

① 집중(attention)을 통한 리더십

리더는 우선순위와 가치 그리고 관심표명, 비난, 칭찬, 평가, 질문을 통한 관심사를 보여 줌으로써 의사소통을 한다. 이러한 커뮤니케이션은 대부분 모니터링과 현장 활동(MBWA)을 하는 동안 일어난다. 리더에 의한 감정표현은 특히 리더의 가치와 관심을 보여 주는 데 강한 효과가 있다.

② 위기에 대한 반응(reactions to crises)

위기는 중요하다. 왜냐하면 리더를 둘러싼 감정적인 것은 가치와 가정에 관한 학습의 가능성을 증가시키기 때문이다.

③ 역할모델링(role modeling)

리더는 자신의 행동으로 기대와 가치를 조직 구성원에게 표현한다. 즉 언어로만 자신의 주장을 말하지 말고 자기 스스로가 특별한 충성, 자기희생, 직무상 방문 등을 초월한 행동을 보여 줌으로써 가능하다.

④ 보상의 배분(allocation of reward)

리더나 조직이 가치 있는 것을 전달하는 수단으로 임금인상이나 승진 또는 칭찬, 인정 등의 보상이 있다. 공식행사에서 공식적인 인정과 비공식적인 칭찬은 리더의 관심과 우선순위를 문화로 전달하는 것이다.

⑤ 선발과 해고의 기준(criteria for selection and dismissal)

리더는 특별한 가치, 기술, 특질을 가진 사람을 선발함으로써 문화에 영향을 줄 수 있고 권한이 있는 지위에 올려놓음으로써 문화에 영향을 줄 수 있다.

8. 번스의 변혁적 리더십 연구

번스는 변혁적 리더십이 리더와 추종자가 서로 동기 부여와 도덕성(morality)을 높은 차원으로 끌어올릴 수 있도록 서로 협력할 때 발생한다고 하였다. 그는 리더십을 불연속적인 행위의 합이 아닌 하나의 과정으로 보았다. 번스는 주로 정치적 리더를 기술적인 연구로부터 변혁적 리더십을 시작하였으며, 마슬로우의 욕구 계층 차원에서 보자면 변혁적 리더십은 추종자의 고차원적인 자아실현의 욕구-예를 들면, 자유, 정의, 평등, 평화, 인도주의 등에 호소함으로써 추종자들의 의식을 고양시켜 추종자들로 하여금 '일상적인 자아'에서 '보다 나은 자아'로 상승하도록 하는 것이다.[57] 변형적 리더십은 리더가 직접 추종자 속으로 뛰어 들어가 추종자로 하여금 고양되고 스스로 보다 적극적이 되게 함으로써 새로운 리더를 창조해 낸다는 점에서 매우 역동적인 리더십이다. 업무상의 리더십에서는 서로 관련이 있기는 해도 분리된 상태에서 시작된 그들의 목적의식은, 변환의 리더십에서 비로소 하나로 융합된다.[58]

리더십이란 리더가 끊임없이 부하의 동기적인 반응을 불러일으키고 그들의 반응 또는 저항을 만남으로써 계속해서 그들의 행동을 수정하여 발전시키는 시냇물과 같다고 설명하였다. 특히 변혁적 리더십은 지도하는 사람과 지도 받는 사람이 모두의 행동과 도덕심의 수준을 높이고 양쪽 모두에 대해 변환의 효과를 미친다는 의미에서 궁극적으로 도덕적이게 된다.

변혁적 리더는 가치를 형성시키고 모범을 보이며 의미를 부여하기 위해 교육자, 훌륭한 지도자, 언어학자의 모습을 지녀야 한다. 변혁적 리더는 그의 추종자들로 하여금 일상적인 일을 초월할 수 있도록 해 줄 수 있어야 한다. 한편 프리드맨 디마테오와 타르나타(Friedman Dimatteo & Tarnata)의 연구에 의하면 카리스마적 리더는 다른 사람에게 감동을 주고 고무시키며 또 마음을 사로잡기 위해서 비언어적인 감정 표현을 자주 나타낸다고 한다.[59] 번스에 있어서 리더십이란 적나라한 권력의 행사와는 달리 추종자의 욕구와 목표로부터 분리할 수 없는 것이다. 오히려 추종자의 욕구를 고양시켜 보다 높은 수준의 가치관을 갖게 하고 행동하게 하는 리더십이다. 이런 변혁적 리더십은 조직의 모든 직위에 있는 사람에게 나타날 수 있다. 추종자뿐만 아니라, 상사와 동료에게 영향을 주는 사람도 포함된다. 보통 사람의 일상생활 속에서도 발생할 수 있으나 그것은 평범하거나 공통적인 것은 아니다.

변혁적 리더십은 개인간의 미시적 수준의 영향력 과정으로나, 사회 시스템 변화와 제도를 개혁하기 위하여 권력을 동원하는 거시적 수준의 과정, 둘 다로 볼 수 있다. 거시적 수준에서 변형적 리더십은 개인의 동기부여 외에도 많은 집단 간의 갈등 중재, 갈등 노출, 구체화를 포함하는 것이다.[60]

9. 베스의 변혁적 리더십 연구

변혁적 리더십은 베스의 연구에 의하여 심화, 발전되어 왔다. 베스에 의하면 변혁적 리더십은 다른 사람으로 하여금 그들 자신의 능력을 뛰어넘도록 고무시키고 미래에 대한 공유된 비전에 그들을 몰입시킴으로써 그들이 원래 가능하다고 생각했던 것보다 더 많은 것을 만드는 사람이다.[61] 따라서 변혁적 리더는 추종자의 단순한 순종 이상의 것을 포함한다. 즉 추종자의 가치와 욕구, 믿음에 변화를 수반하는 것이다.

그러나 변혁적 리더십은 거래적 리더십의 특수한 경우라고 할 수 있고, 거래적 접근법이 변혁적 리더십론과 모델로 합쳐질 수 있다. 토시(Tosi)에 의하면 대다수의 성공적 카리스마적-변혁적 리더는 매일의 일상적 요구와 조치를 부하들과 거래하는 능력이 있다고 한다. 그러므로 변혁적 리더는 거래적 리더 기술도 가지고 있어야 한다. 베스도 변혁적 리더십의 요소로 5가지를 들고 있다. 즉 조건적 보상, 예외에 의한 관리뿐만 아니라, 카리스마, 개인화된 관심, 지적 자극 등인데 앞의 두 가지는 이미 거래적 리더의 요소다. 이것은 변혁적 리더에게는 이미 거래적 리더십의 요소가 있다는 것을 의미하며, 거래적 요소 이외에 다른 요소가 더 있다는 것을 뜻한다.

① 카리스마

베스의 카리스마적 리더십은 다른 학자들과 다른 개념이다. 리더를 신뢰하고 존경하는 것뿐만 아니라, 초인간적인 영웅이나 영적 대상으로 우상화되고 절대적인 경배의 대상으로 대하는 것을 말한다.[62]

카리스마란 "한 개인이 보통 사람들과 구별되는 어떤 자질, 또 초자연적이거나 초인간적인, 아니면 어떤 예외적인 힘이나 능력을 부여받았다고 인정되는 개인 퍼스낼리티의 어떤 자질"[63]이라고 정의되나 많은 사회학자, 정치학자들은 이 용어와 정의에 대해 일치된 견해를 갖지 못하였다. 오히려 윌너(Willner)는 카리스마 리더십이 퍼스낼리티를 바탕으로 하는 것이 아니며, 상황적으로 결정되는 것도 아니고, 그 현상이 주로 관계적이고 지각적인 것[64]이라고 하였다. 즉 리더가 무엇을 하는지가 아니고 사람들이 리더를 카리스마적 관계를 발생시키는 것으로 본다는 것이다. 조직 리더십에서는 카리스마 리더십의 관계적 근거를 널리 수용하고 있다. 스펜서(Spencer)에 의하면, 이러한 카리스마는 지금까지 3가지 의미로 사용되어 왔다. 첫째, 리더의 초자연적 능력을 의미한다. 둘째, 집단이나 역할, 사물에 대한 속성, 경외적

인 속성을 의미하기도 한다. 셋째, 카리스마는 세속적인 리더의 자질을 의미하기도 한다.[65]

그는 카리스마의 개념이 계속 사용되고 있는 것은 이러한 여러 표현들의 이면에 사회적인 중요한 실재가 존재하기 때문이라고 하였다. 이러한 사회적으로 실재하는 카리스마의 본질은 경외의 태도(an attitude of awe)에 있으며, 카리스마는 개인적인 인격 속에서 존재하는 것으로부터 사회계층 속에 분산되어 있는 형태에 이르기까지 여러 형태가 단계적으로 존재한다.

베스에 의하면 카리스마는 변혁적 리더십의 필수 조건이지만 그 자체로는 변혁적 리더십을 충분히 설명하지는 못한다. 그래서 그는 카리스마 외에 개인화된 고려와 지적 자극을 포함시켰다.[66] 변혁적 리더십과 카리스마 리더십은 모두 조직의 사명(mission) 또는 이행심 증대, 조직 구성원의 가정과 태도에 있어 중요한 변화를 일으키는 과정이라고 할 수 있다. 변혁적 리더십은 카리스마 리더십보다 넓은 의미로 해석된다. 그러나 카리스마 리더십이 변혁적 리더십의 모태가 되며, 카리스마적인 요소가 변혁적 리더십의 중요한 일부분이 된다.

베니스와 나누스는 "변혁적 리더는 카리스마가 아니다"라고 주장하지만, 베스는 카리스마는 변형적 리더십의 중요한 요소라고 주장한다. 변혁적 리더의 요소인 카리스마는 부하로부터 긍지, 신뢰, 존경을 받는 것을 수반한다. 즉 진정하게 중요한 것이 무엇인지 이해하는 능력, 기업의 사명을 효과적으로 표현할 수 있는 감각, 그리고 부하에게 제시할 비전을 가지고 있어야 한다는 것이다.

카리스마는 조직 환경에서 진정한 리더, 일상적인 리더를 구분하는 기준이다. 베스의 연구에서 많은 변혁적 리더들은 리더를 다음과 같이 설명했는데[67], 이것은 그들 스스로 이런 리더십을 염두에 두고 실행한다는 뜻이 된다. 즉 ① 모든 사람들로 하여금 충성심을 고취시키는 사람 ② 조직에 대한 충성심을 고취시키는 사람 ③ 모든 사람으로부터 존경을 받는 사람 ④ 정말 중요한 것이 무엇인지를 아는 능력이 있는 사람 ⑤ 반응을 불러일으키겠다는 의무감을 가진 사람 등이 변혁적 리더라고 하였다.

피터(Peter)와 워터맨(Waterman)은 우수한 기술과 능률을 가지고 중요한 변화를 이루었던 20개 기업에 대해 연구한 결과 조직의 변화는 대개 카리스마적인 경영과 관계가 있었다고 주장하였다.[68]

카리스마의 중요한 요소 중의 하나가 고무적 능력이다. 고무적 리더십이란 카리스마적 리더십에서 우선적으로 일어나는 것으로 부하들 간의 동기부여의 증대와 자극으로 정의된다. 리더의 이성적이고, 계산적이며 지적인 강연, 돌파구를 찾는 능력, 격한 논쟁 등으로 부하들의 감정을 환기시키고, 생기를 불어넣으며 기운을 돋우며, 심지어 찬양까지 하게 하는 것이다.

카리스마적 리더는 지적 자극의 분석과 논리, 고무적 리더십의 직관과 센세이션 어필의 결합이다. 그리하여 전체를 위한 자신의 이익을 초월하도록 동기 유발을 하게 한다. 성숙한 카리스마 리더는 추종자들이 직면한 심각한 위협을 정확하게 평가, 표현하고 일체화한다. 그 위협에 관한 관심과 인식을 의식적으로 증가시키고 탈출할 수 있는 방법을 추구하도록 지적인 자극을 한다. 이러한 카리스마적 행동은 선천적인 자질이 아니다. 카리스마적 리더는 감정적 어필보다는 주로 지적인 설득에 더 의존한다.[69] 또한 변형적인 리더는 그의 지식, 경험, 학식, 지위를 이용해서 교사(teacher), 멘토(mentor), 코치(coach), 개혁가(revolutionary)의 역할을 할 수 있다. 유클도 다양한 유형의 과업에 대한 부하의 노력은 집단 사명을 성취하고 자기 이익을 초월하도록 동기 부여 증진을 위한 어필에 의해 자극된다고 하였다.

② 개인적인 고려(individualized consideration)

개인적인 고려는 리더가 부하의 욕구와 능력에 따라 다르게 다루는 것이다. 리더는 부하에게 의미 있는 어떤 사건의 이해와 감정이입이 나타내는 집중적인 관계를 끊거나 그 관계를 개발하거나 설정한다. 변혁적 리더는 추종자에 대하여 개발적 성향을 갖는다. 리더는 무의식적으로 추종자들에게 역할 모델을 제시한다. 리더는 모델을 제시하고 추종자들의 능력과 동기부여를 의미 있게 변화시키는 데 도움을 주며 즉각적인 조직의 목표를 달성하기 위해 추종자들에게 개별적으로 과업을 할당한다. 또한 도전적인 과업도 제시하고 권한을 이양하여 추종자의 책임 역할을 증가시킨다. 업무 학습을 위한 기회를 제공하게 되고, 뒤처진 집단 구성원은 개인적인 배려를 받게 되고, 모든 부하는 한 개인으로 다루어진다.

잘제닉은 개인적 영향력과 1:1의 관계, 리더-부하의 관계는 리더 발전에 중요성을 가진다고 결론 내렸다[70]. 이런 목표를 위하여 개인주의, 심지어 엘리트주의 같은 조직 문화가 고무될 필요가 있으며, 조직은 조직 구성원들에게 발전적인 리더를 동일시하도록 하는 데 주력해야 한다고 하였다.

개인적인 고려는 리더가 일대일의 대면 접촉을 유지하거나 적어도 부하들과 잦은 전화통화로 접촉하는 것 등을 통하여 이루어진다. 일반 조직에서는 동료 사이에서는 일대일의 접촉이 많으나, 리더와 추종자 사이에서는 메모가 주로 사용된다. 그러나 개인화된 고려는 각자가 무슨 일이 일어났는지에 대해 메모보다는 양자 간의 직접 대화를 통해 이루어진다.

개인적인 고려의 한 형태로 멘토링(Mentoring)이 있다. 멘토(Mentor)는 경험이 적거나 젊은 조직 구성원에게 안내 역할을 하는 믿음직한 카운슬러다. 멘토(Mentor)는 그의 지식, 경험, 지위를 이용하여 멘티(Mentee)를 개발하는 단순한 경력 개발 지도 외에도 아버지나 어머니의 역할 모델이 되기도 한다.[71] 공식적인 멘토 프로그램은 개인적인 리더-부하의 관계에 초점을 맞출 수 있다. 리더-부하 멘토 관계 연구에 의하면 자존심이 강한 멘티는 그들의 멘토링에 적극적이며, 멘토가 유능하다고 생각되고, 멘토가 조직 발전과 가치 있는 보상의 경로를 통제한다고 믿는다면 유능한 멘토로서 그들 자신이 직접 모델이 된다. 반대로 자존심이 낮은 멘티는 멘토가 멘티와 일체감을 느끼게 하고 개인적으로 멘티에게 매력을 준다면 멘토의 리더십 스타일을 그들의 모델로 삼게 된다.[72] 부하를 멘토링하는 것은 경영자에게 의미 있고 가치 있는 중요한 일이다. 따라서 멘토링은 부하가 조직 성원에 기여하도록 그들의 지식을 완전히 이용하는 정도에 따라 효과가 달라질 것이다.

③ 지적 자극

지적 자극은 직접적인 변화와 자극보다는 오히려 믿음과 가치, 상상력과 사고, 문제 해결과 문제 인식에 있어서 부하를 변화시키고 자극하는 리더 능력이다. 지적 자극은 부하의 개념화와 이해를 증진시키고 그들이 신중하게 당면한 문제와 해답의 성질을 식별하는 능력을 고양시키는 것이다.

지적 자극의 다른 주요 요소는 조직의 목적에 관하여 주요 아이디어를 반영하는 이미지와 새로운 상징의 창출을 통하여 관계와 가치, 믿음의 안정적 시스템의 지속과 새로운 시스템의 구축에 있다. 리더의 지적 자극은 특히 구조화된 문제보다 구조화되지 못한 문제에 직면했을 때 중요시된다.

지적인 분야에서 거래적 리더와 변혁적 리더의 체계적인 차이가 발견된다. 변혁적 리더는 가장 큰 이점을 갖는 기회를 취하지만 현상을 덜 수용하며, 어떤 일을 하는 새로운 방법을 찾으려 할 가능성이 높다. 그러나 거래적 리더는 일의 명확화에 중점을 두고 빠른 시간에 가장 높은 효율성이 있는 위험이 적은 일만을 할 것이다. 또 변혁적 리더는 사고에 있어서 반응적(reactive)이라기보다는 예방적(proactive)일 가능성이 높고, 새롭고 창조적이며, 혁신적인 아이디어를 가지고 있으며, 이데올로기 면에서 보면 보수적이고 급진적이며, 문제 해결을 위한 과정보다 아이디어에 더 관심을 갖는다. 그러나 거래적 리더는 지적이지만 그들이 중요시하는 것은 그들이 책임을 맡고 있는 시스템을 어떻게 하면 잘 운영할 수 있을 것인가에 있고, 관찰된 행위가 목표에 이탈한 경우에만 발생한 문제에 반응하고, 필요할 때에만 수정을 가하는 '예외에 의한 관리'를 주로 한다.[73]

리더는 자신의 개인적인 선호에 따라 네 가지 다른 방법의 지적 자극을 제공할 수 있다. 리더의 이런 형태는 그들의 지적 노력이 변혁적인 정도와 거래적인 정도에 따라 다르다. 첫째, 합리성을 향한 지적 자극: 지적 자극에 있어서 구조주도에 강하게 의존하고 지시적, 목표적이다. 둘째, 실존 지향적 지적 자극: 실존적 리더는 팀 구축, 신뢰, 안전 증가에 관심을 갖는다. 셋째, 경험 지향적 지적 자극: 경험적 리더는 안전 보호, 안정, 연속성의 증진에 관심을 갖는다. 넷째, 이상 지향적 리더: 이상주의적 지도자는 성장, 적응 학습, 인지적 목표, 다양성, 창의성에 관심을 갖는다.

〈표 5-4〉는 거래적 리더와 변혁적 리더의 차이를 정리한 것이다.

〈표 5-4〉 거래적 리더와 변혁적 리더의 비교[74]

	거래적 리더	변혁적 리더
현상	본질적으로 현상에 맞추거나 현상을 유지하려고 노력한다.	본질적으로 현상에 반대하거나 현상을 변화시키려고 노력한다.
목표지향성	목표가 현상에 크게 어긋나지 않는다.	이상화된 목표는 항상 현상과 크게 다르다.
시간관	단기전망을 가지고 있다. 주로 즉각적인 결과에 관심이 있다.	장기전망을 가지고 있다. 장기 목표를 위해 부하들이 노력하도록 동기 부여한다.
동기부여	즉각적이고 유형의 보상을 얻도록 부하들을 동기 부여한다.	보다 높은 단계의 개인적 목표(자아실현)를 추구하도록 고무시킴으로 부하들을 동기 부여한다.
행동의 표준화	부하들이 규칙과 관습을 따르는 것을 좋아한다.	부하들로 하여금 혁신과 실험을 하도록 격려한다.
문제해결	부하들의 문제를 해결해 주거나 해답이 있는 곳을 알려 준다.	문제를 제기한다. 함께 문제를 해결하거나 부하 스스로 문제를 해결하도록 격려한다.

이상에서 살펴본 변혁적 리더십을 주요 학자인 번스와 베스의 주장과 비교해 보면 다음과 같이 정리할 수 있다.

첫째, 번스는 변혁적 리더십과 거래적 리더십을 동일선상의 양극단에 위치한 두 가지 유형의 리더십으로 보았다. 그러나 베스는 두 유형의 리더십을 명확하게 독립적인 차원으로 구별하기는 하지만 상호배타적인 것으로 보지 않고 동일한 리더일지라도 다른 상황과 다른 시간일 경우에는 두 가지 유형의 리더십을 모두 발휘할 수 있는 상호보완적인 리더십으로 보았다.[75]

둘째, 번스는 거래적 리더십을 리더의 명령에 대한 복종의 보상으로 받는 일종의 교환행위로 보았다. 그러나 베스는 더 포괄적인 의미에서 거래적 리더십을 규정하고 있다.[76]

셋째, 번스는 변혁적 리더를 긍정적이고 적극적인 의미로, 윤리적인 가치와 부하들의 고차원적인 욕구와 가치에 호소하는 도덕적인 리더(moral leadership)로 국한하였으나 베스는 변혁적 리더십을 그 영향력이 부하에게 유익하든 불리하든 간에 부하에게 동기를 부여하고 부하의 몰입을 증가시키는 리더십이면 안정이나 경제적 욕구 등과 같은 저차원적 욕구에 호소하는 리더도 변혁적 리더라고 인정하였다. 따라서 번스에게 히틀러는 그가 부하들의 고차원적인 욕구나 가치에 반응하지 않았으므로 변혁적 리더가 아니지만, 베스에게는 히틀러는 사람을 변화시켰으므로 변혁적 리더가 된다. 결국 이러한 베스의 견해는 변혁적 리더십이 변화라는 결과에 의하여 결정되는 것임을 보여 주는 것이다.

번스와 베스의 변혁적 리더십과 거래적 리더십에 대한 구별과 주장은 많은 학자들에게 큰 반향을 일으켰고, 후속 연구가 이루어지게 되었다.

변혁적 리더십과 거래적 리더십에 대한 베스의 견해를 바탕으로 외국에서 실시된 일련의 연구들은 일관성 있는 결과를 보여 주고 있다. 즉 후속 연구들의 결론은 변혁적 리더십 리더십이 거래적 리더십보다 조직의 유효성에 대단히 중요한 역할을 한다는 것이며, 특히 그 중에서도 카리스마 리더십이 가장 중요한 역할을 한다는 점이다.

위에서 제시된 여러 연구결과는 다음과 같은 시사점을 보여 준다.

첫째, 일반적으로 카리스마 리더십이 조직 유효성에 가장 영향을 주는 것으로 나타났다.

둘째, 개인적 배려와 지적 자극이 카리스마 리더십 다음으로 조직 유효성과 높은 관계를 맺고 있으며, 특히 개인 배려가 더 높은 영향을 보여 주는 것으로 나타났다. 그러나 조직 유효성 중에서 추가적 노력인 경우에는 지적 자극이 더 높은 관련성을 보이고 있다.

셋째, 거래적 리더십 요소인 상황적 보상은 리더 만족, 조직 효과성, 추가적 노력과 높은 상관관계를 가지고 있다.

넷째, 예외 관리는 일관성 있는 결과를 나타내지 못하고 있다. 때때로 조직 유효성과 상당한 상관관계를 보이는 것도 있지만, 이러한 관련성은 긍정적인 관계와 부정적인 관계로 나누어진다는 점이다.

변혁적 리더십은 몇 가지 측면의 중요한 의의를 찾아볼 수 있다.[77]

첫째, 전통적 리더십 이론들은 부하들이 목표를 달성하면 보상을 제공하는 교환 관계에 초점을 맞춘 반면, 변혁적 리더십 이론은 구성원의 흥분과 열정을 불러일으키는 정서적 고양을 중요시하며, 리더십 과정에서 부하의 성장을 포함시켜 전통적 리더십을 넘어 실제적이며 실천적이고 강력한 영향을 강조한다.

둘째, 조직이 궁극적으로 지향해야 할 비전을 창출하고 이를 구성원들에게 구체화하여 이들의 변화와 혁신을 추구하고 있다.

셋째, 변혁적 리더십은 리더십을 리더와 조직 구성원 간의 상호 욕구를 결합한 상호작용과정으로 간주하고 있다. 따라서 조직 구성원의 욕구는 리더에게 중요한 관심 대상이 되며, 그 결과 리더십 과정에서 조직 구성원에 대한 의미부여 기능을 중요시하고 또한 이를 설명하는 데 많은 노력을 기울이고 있다.

넷째, 변혁적 리더십은 번스가 주장한 대로 부하의 욕구와 가치관뿐만 아니라 도덕성을 강조한다. 변혁적 리더십은 조직 구성원들로 하여금 높은 수준의 도덕적 책임감을 갖도록 하기 위한 리더의 노력을 수반한다. 즉 자기 자신의 이익을 초월하여 팀과 조직의 이익을 위해 노력하도록 동기를 부여하는 것을 중요시하고 있다.

그러나 많은 연구들은 몇 가지 측면에서 변혁적 리더십의 취약점을 지적하고 있다.

첫째, 실증적으로 검증에 활용되고 있는 MLQ는 지속적인 발전에도 불구하고 여전히 세부적 수정을 필요로 하고 있다. 트레이시와 힌킨(Tracey & Hinkin, 1998)의 연구에 의하면 MLQ에 포함된 변혁적 리더십의 4가지 하위요인들은 상당한 중복을 보이는 것으로 나타났다. 이는 MLQ의 요인구조가 불안정함을 의미하는 것이다.

둘째, 베스는 변혁적 리더십을 조직의 CEO뿐만 아니라 중간 경영층에도 활용할 수 있다고 주장하고 있지만, 상당수의 연구들이 CEO를 대상으로 하고 있으며, 변혁적 리더십을 구성하는 요인들에는 현실적으로 중간 경영층에서 보여 줄 수 없는 것들을 포함하고 있다. 즉 조직의 고위층을 대상으로 얻은 자료들을 근거로 만들어진 리더십 모델을 중간경영층의 적합한 리더십으로 활용할 수 있는가 하는 문제에 직면하게 된다. 물론 최근에 조직의 모든 계층을 포괄한 연구성과들이 보고되고 있기는 하지만 더 많은 연구 성과들이 축적될 때까지 이에 대한 의문은 여전히 남아 있다.

셋째, 변혁적 리더십의 하위 구성요인에 카리스마가 포함되어 있어 변혁적 리더십과 카리스마적 리더십은 어떠한 차이가 있는가 하는 문제다. 많은 학자들은 베스의 강력한 부인에도 불구하고 카리스마적 리더십과 변혁적 리더십을 같은 리더십 이론으로 취급하고 있다.

10. 변혁적 리더를 위한 지침

유클은 변혁적 리더십을 주장하는 여러 학자들의 연구를 종합하여 변혁적 리더가 취할 수 있는 지침을 제시했는데, 다음과 같다.[78]

① 명확하고 적용 가능한 비전을 개발하라.
② 비전을 달성할 수 있는 전략을 개발하라.
③ 비전을 명료하게 전달하고 촉진시켜라.
④ 확신 있고 긍정적으로 행동하라.
⑤ 추종자에게 확신을 표명하라.
⑥ 작은 성공을 이용하여 확신을 이루어라.
⑦ 성공을 축하해 주어라.
⑧ 중요한 가치를 강조하기 위하여 드라마틱하고 상징적인 행동을 취하라.
⑨ 모범을 보여 인도하라.
⑩ 조직 문화를 창조, 변형, 제거하라.
⑪ 성원들을 과도기의 의식(rites)을 통하여 변화시켜라.

따라서 일을 해낼 수 있다는 것을 보여 주는 것이 바로 리더가 해야 할 일이다. 성과와 보상을 연계시키되 다양한 보상 방법을 이용한다.[79]

이상에서 살펴본 변혁적 리더십의 구성 요소는 다양하나 다음 〈표 5-5〉와 같이 정리할 수 있다.

〈표 5-5〉 변혁적 리더십의 구성요소[80]

	포드사코프 (1990)	베스 (1985)	콩거와 카눙고 (1987)	티키와 데반나 (1986)	쿠즈와 포스너 (1987)
리더십 요소	비전의 확인 및 제시 적절한 모형의 제공 집단목표의 수용 권장 높은 성과 기대 개별 지원 업적의 인정 지적 자극	카리스마 영감을 줌 개별 배려 지적 자극	비전의 주창 비전 지원을 위한 위험 감수 신뢰와 열정을 보여줌 구성원의 욕구에 민감함	새로운 비전의 창출 변화의 필요성 인정 새로운 비전에 대한 지원을 얻기 위한 팀 구축	과정에의 혁신 공유 비전의 고취 구성원을 동기부여 방법을 모델화 용기를 북돋아 줌

서번트 리더십

1. 서번트 리더십의 의의

최근 리더십의 개념은 그 패러다임이 완전히 변화하고 있다. 원론적 입장에서 볼 때 리더십은 사람과 사람과의 관계에서 나타나는 행위이며, 이 인간관계의 질이나 수직적 수평적 관계 설정이 리더십의 요체가 된다.

이미 20세기 후반에 포춘(Fortune) 지는 21세기의 변화를 예측하면서 기업이 시장에서 경쟁력을 갖추려면 무엇보다도 리더십의 변화가 일어나야 한다고 강조하였다. '일하기에 가장 훌륭한 포춘 100대 기업' 에서 공통적으로 나타나는 현상은 바로 기업의 최고 경영자나 각 계층의 리더들이 조직 구성원들에게 영향력을 미치는 리더십 행위가 다른 일반 기업들과는 많은 차이를 보이고 있다는 점이다. 우선 이 기업들은 한결같이 기업의 가장 중요한 자산을 사람으로 보고 있으며, 이 중요한 자산을 보존하고 또 성장시키기 위하여 남다른 리더십 철학을 구현하고 있다.

포춘 100대 기업의 리더들은 지시와 명령보다는 지원과 대화를 더욱 중요한 관리도구로 사용한다. 이러한 리더십 행위의 바탕에는 리더의 서비스 정신이 강하게 뿌리내려져 있다. 리더의 서비스 정신은 21세기 초우량 기업들이 추구하고 있는 새로운 형태의 리더십이다. 리더가 서비스 정신을 바탕으로 사람들에게 영향력을 발휘하는 서번트 리더십은 전통적인 리더십의 정의를 거꾸로 뒤집어 놓는다. 서비스란 다른 사람들의 기대와 욕구를 충족시키는 행위로 리더십에서 서비스 개념은 지시-통제 중심의 기존 리더십 개념과 그 의미가 전혀 다르다. 이것은 바로 리더십 패러다임의 코페르니쿠스적 전환을 의미한다.[81]

2. 서번트 리더십의 정의

서번트 리더십은 1970년 그린리프(R. K. Greenleaf)가 「리더로서의 서번트」(The Servant as Leader)라는 에세이집에서 만들어 낸 개념이다. 그 이후 그린리프의 서번트 리더십(servant-leadership) 개념은 리더십의 새로운 세계를 열어 주는 철학으로 이해되었다.

로버트 그린리프는 서번트 리더십을 다음과 같이 정의한다. "서번트 리더는 가장 먼저 자신이 서번트라는 생각에서 출발한다. 이것은 사람이란 누구나 다른 사람에게 봉사하고자 하는 인간 본연의 감정을 가지고 있다는 전제에서 비롯된다. 진정한 리더는 먼저 다른 사람에게 봉사하면서 그들을 이끌어 나간다. 현재의 리더가 서번트 리더인지를 검증하려면 먼저 리더의 지원을 받고 있는 부하들이 인격적으로 성숙해 가는지, 보다 건전하고 현명해지며 자유로워지는지, 보다 자율적인 의사결정을 내리게 되는지, 그리고 부하가 스스로 서번트 리더로 성장해 가는지를 분석해 보아야 한다."

이처럼 서번트 리더십은 먼저 다른 사람을 섬김(serving) 가운데 그들에게 영향력을 발휘하는 리더십으로 정의할 수 있다

서번트 리더십은 전통적 리더십 스타일의 대안으로, 직원들의 개인적 성장을 신장시키는 동시에 조직의 질적인 개선을 시도한 새로운 리더십 스타일이다.[82] 서번트 리더십에서는 팀워크, 지역공동체, 의사결정 참여, 윤리적 행태 등을 강조한다. 스피어스(L. Spears)는 이러한 서번트 리더십을 인간개발의 새로운 시대에 알맞은 진정한 희망과 방향을 제시하는 것으로 주장하

고 있다.[83]

그린리프는 헤르만 헤세의 「동방기행」(Journey to the East)에 등장하는 여행단의 하인(servant)인 레오(Leo)로부터 아이디어를 얻어서 서번트 리더십을 고안하게 되었다.[84]

이 소설은 영적인 진리탐구를 위해 일단의 순례자 집단이 신비스러운 여행을 하는 과정에서 생기는 이야기를 그린 단편소설이다. 소설의 주인공인 레오(Leo)는 순례자 집단의 하인(servant)으로, 그들과 함께 여행을 한다. 레오는 여행길에서 순례자들의 모든 일을 보살핀다. 그는 하찮은 일을 도맡아 할 뿐만 아니라 순례자들의 지친 영혼을 위로하기도 한다. 그들의 불평이나 하소연을 깊이 경청하여 순례자들이 이상을 잃지 않도록 격려해 준다. 레오는 드높은 영혼의 소유자였고 순례자들이 여행에 차질이 없도록 헌신적으로 봉사한다. 그러던 어느 날 주인공 레오가 순례집단에서 갑자기 사라지는 사건이 발생한다. 그동안 레오는 한낱 서번트에 불과했기 때문에 순례자들은 그의 존재를 거의 느끼지 못했다. 그러나 레오가 사라진 순간부터 순례자들은 큰 혼란에 휩싸이게 된다. 동방으로 가는 여행은 엉망이 되어 버렸으며, 순례자들은 방향을 잃고 헤매게 된다. 레오는 순례자들의 여행 과정에서 필요한 욕구를 채워 주었고 그들의 지친 영혼이 쉴 수 있는 쉼터가 되어 주었고 방향을 안내하는 역할을 했다. 그런 까닭에 순례자들은 레오가 없이는 아무것도 할 수 없었다. 그때 순례자들 중의 한 사람이 레오를 찾아 나선다. 그는 몇 년을 헤매던 끝에 드디어 레오를 찾아냈다. 그리고 수색작업을 후원했던 교단으로 인도된다. 그런데 그는 그 교단에서 순례집단의 서번트였던 레오가 실제로는 교단의 최고 책임자이자 정신적 지도자라는 사실을 알게 된다. 하인으로만 여겼던 레오가 실제로는 여행을 가능하게 하는 질서의 주인이자 영적인 리더라는 사실을 깨닫게 된다는 것이 이 소설의 주제다.

그린리프는 이 소설의 레오를 통하여 위대한 리더는 가장 먼저 다른 사람들에게 봉사해야 하고, 진정한 리더십은 다른 사람들을 돕고자 하는 욕구와 동기를 가진 사람들이라고 규정한다.

그린리프에 의하면 서번트 리더란 헤르만 헤세의 레오에게서 보듯이 먼저 서번트를 의미한다. 현대적 의미로 해석하면 조직의 리더, 관리자는 그 자신이 훌륭한 리더이기 위하여 먼저 서번트여야 함을 의미한다. 즉 추종자들을 섬기는 과정을 통하여 부하들이 조직의 목표를 향하여 나아갈 수 있도록 도와야 한다. 이것은 먼저 다른 사람들을 특정한 목표를 향하여 이끌어야(leading) 한다는 생각과는 커다란 차이가 있다. 왜냐하면 나는 리더이기 때문에 다른 사람들을 이끌어야 한다고 생각하면 리더는 자신도 모르게 이를 위하여 힘을 사용하기 때문이다. 이러한 리더는 구성원들이 잘 안 따라 온다고 생각하면 자신의 지위에서 비롯되는 강제력을 사용하는 것을 당연하게 받아들인다.

이런 리더는 항상 자신은 리더라는 생각이 앞서고 그 다음에 다른 사람들을 도와야 한다는 생각을 한다. 이들에게 리더는 이끄는 일이 앞서고, 돕는 것이 두 번째(leader first, servant second)라는 생각이 지배적이다. 이러한 리더는 부하들을 배려하기에 앞서 먼저 리더십을 확립해야 한다고 생각한다. 그런데 대개의 경우 이들에게 리더십의 확립이란 부하들이 상사의 권위에 절대적으로 복종하도록 하는 것을 뜻한다. 이런 리더는 다른 사람들을 배려하거나 돕기 전에 먼저 리더로서의 권위를 확보해야 한다고 생각한다. 여기서 리더 우선(leader-first)의 사고와 서번트 우선(servant-first)의 사고는 서로 상반된 패러다임을 보여 준다. 대부분의 리더는 이 양극단 사이에서 어떤 특성을 더 많이 보여 주느냐에 따라 부하들에게 서번트 리더 내지는 지시-통제형의 리더로 비쳐진다.

그린리프에 의하면 서번트 리더가 부하를 받들고 섬길 때, 섬기는 기준이 명확하다. 서번트 리더는 다른 사람의 성공과 성장을 먼저 도와주면서 그들을 이끌어 간다. 서번트 리더에게는 부하의 성공과 성장이 리더십 발휘를 가능하게 하는 원동력이다. 기업 조직에서 서번트 리더십은 부하들의 업무 관련 성장욕구를 찾아 이를 먼저 해결해 주기 위하여 노력하며 필요한 지원을 강화하면서 이들을 전체 조직의 목적을 향해 이끌어 가는 리더십 행위로 정의할 수 있다. 이 경우 서번트 리더의 최우선 관심사항은 리더로서 자신이 어떻게 부하들을 서빙(serving)할 때 그들의 효율이 가장 높을 것인가에 있다.

그래서 서번트 리더는 먼저 다른 사람들의 성장욕구가 무엇인지를 살피고 그들이 업무현장에서 그 욕구를 최대한 실현할 수 있도록 환경을 조성해 간다. 이러한 과정을 통해 서번트 리더는 부하의 목표달성을 촉진한다. 서번트 리더는 조직의 목표달성에만 만족하지 않는다. 조직의 목표달성과 함께 이에 동참하는 부하들의 개인적 성장에도 많은 관심을 보이며 지원한다. 왜냐하면 부하들이 성장할 때, 보다 탁월하게 목표를 달성할 수 있기 때문이다.

이러한 서번트 리더십의 관점은 기존의 과업달성과 관계유지라는 이원론적인 시각을 배격하고 과업과 관계를 하나의 틀 안에서 통합하고 있다. 서번트 리더는 부하들의 성공과 성장을 지원하는 활동을 통하여 리더십을 발휘해야 한다. 여기서 성공은 과업의 달성을 의미하며, 성장은 한 인간으로서의 성숙과 역량의 강화를 의미한다. 따라서 서번트 리더는 부하들이 자신의 잠재적 가능성과 가치를 자유롭게 발휘할 수 있도록 격려하면서 코칭과 지원을 강화한다. 리더의 이러한 서비스는 부하들의 개인적 성장을 촉진하는 원동력이 된다. 이런 면에서 서번트 리더는 조직 구성원들의 성장과 발전을 지원하면서 조직의 목표를 달성해 간다.

한편 그린리프가 주창한 서번트 리더십의 철학은 피터 드러커, 피터 셍게, 켄 브랜차드, 스티븐 코비 등의 리더십 이론에 토대가 되기도 하였다. 이처럼 점점 더 많은 리더십 책들이 서번트 리더십을 다루고 있고, 21세기의 리더십의 새로운 대안으로 떠오르고 있다.

3. 목회에서 서번트 리더십의 중요성

1) 서번트 리더십이 신뢰목회의 기본이 되기 때문이다

조직으로서 교회의 생명은 신뢰에 있다. 우리나라는 불신의 늪이 깊고 넓게 퍼져 있다. 정부와 기업에 대한 불신뿐만 아니라, 경영자와 노동자에 대한 불신, 교육계에 대한 불신이 지나치리만큼 팽배해 있다. 더구나 교회와 교계에 대한 신뢰도 상당히 낮은 수준이다. 이런 불신을 해결하는 방법은 서로가 신뢰를 이루어가는 길뿐이다.

서번트 리더십은 리더와 팔로어들이 서로가 신뢰하며 섬기며 지원하는 리더십이다. 따라서 목회와 교회경영의 투명성이 요구되는 우리나라에 서번트 리더십의 중요성이 더 강조되는 것이다.

2) 서번트 리더십은 아날로그 시대와 디지털 시대를 연결하는 건널목 역할을 할 수 있다

현재 우리 사회는 산업화의 주역인 아날로그 세대가 지식정보사회의 주역인 디지털 세대를 관리함으로써 리더십 지체 현상이 나타나고 있다. 이제 아날로그시대의 리더들도 과거의 사고방식을 버리고 서번트 리더십을 발휘해야 한다. 즉 지시와 통제를 통한 관리가 아니라, 섬김과 비전 제시와 같은 서번트 리더십이 절대적으로 필요하다.

3) 서번트 리더십은 공자의 유교사상과도 맥을 같이 한다

서번트 리더십이 실천과 모범을 강조한다면 이미 우리나라의 문화적 배경이 되는 군자의 삶과도 맥이 통한다. 서양에서는 '노블리스 오블리제(Noblesse oblige)'의 전통이 있어서 예부터 솔선수범과 섬김의 기초가 되어 있었으나, 현재 우리나라는 군자적 정신이 많이 퇴색되어 있다. 따라서 서번트 리더십의 개념은 회복시켜야 할 덕목이다.[85]

4. 서번트 리더의 특성

스피어스 등 여러 학자들과 그린리프가 제시하는 서번트 리더의 특성을 정리하면 다음과 같다.[86] 서번트 리더십은 결코 응급처치에 의한 접근방법이 아닐 뿐만 아니라 조직에 손쉽게 적용할 수 있는 임시방편도 아니다. 서번트 리더십의 핵심은 삶과 일에 대한 장기적이고 변혁적(transformational)인 접근방법이다.

1) 서번트 리더는 자신을 서번트(servant) 또는 지원자(supporter)로 인식한다

자신이 봉사자라는 자각(self-awareness)은 서번트 리더를 강하시켜 준다.

서번트 리더는 가장 먼저 자신이 서번트라는 생각에서 출발한다. 이것은 사람이란 누구나 다른 사람에게 봉사하고자 하는 인간 본연의 감정을 가지고 있다는 전제에서 출발한다. 이러한 자각은 윤리와 가치가 개입되는 문제를 이해할 수 있게 만들어 준다. 자각은 또한 모든 상황을 보다 통합적인 관점으로 볼 수 있게 해 준다.

전통적인 리더는 자기 존재를 다른 사람을 이끌어(leading) 조직의 목적을 달성하는 사람으로 인식한다. 그러나 서번트 리더는 다른 사람을 이끄는 사람이 아니라, 다른 사람들이 업무를 잘 추진할 수 있도록 서비스를 제공하거나 지원하는 사람으로 자신의 존재를 인식한다. 기본적으로 리더는 자신을 서번트로 인식하고 있기 때문에 부하들이 성공할 수 있도록 돕는 사람이 되어야 한다고 생각한다. 따라서 서번트 리더는 목표와 과제를 주는 데 그치지 않고, 추종자들이 과제를 수행하면서 성공하고 성장할 수 있도록 자신의 능력과 권한을 사용하고 필요한 모든 조치를 취한다. 서번트 리더는 지위가 높기 때문에 부하에게 지시하고 결과를 평가하는 것이 아니라, 추종자들에게 목표를 제시한 다음, 부하들이 그 목표를 성취할 수 있도록 함께 노력하고 지원한다. 즉 자신의 어떤 점이 부하에게 도움이 될 수 있는지를 먼저 고민한다. 또한 추종자들이 업무추진 과정에서 문제가 발생할 경우, 장애요인을 파악하여 이를 제거해 주기 위하여 노력한다. 부하에게 맡겨 놓은 일이 제대로 진행이 되지 않을 때에는 코칭을 통해 추종자의 능력을 향상시키며, 필요한 경우 스스로 시범을 보이면서 추종자들의 성장을 돕는다. 서번트 리더는 리더십을 스킬로 보는 것이 아니라 생활철학으로 삼고 이를 실천한다. 서번트 리더는 자신이 무엇을 도와줄 때, 추종자들이 스스로 업무에 몰입할 수 있는지를 고민한다. 이러한 리더는 상하간의 열린 커뮤니케이션을 위하여 진실성을 일관되게 보임으로써 부하들로부터 신뢰를 획득해 나간다. 따라서 서번트 리더의 경우 능력 있는 리더란 바로 추종자들이 자신의 능력을 최대한 발휘할 수 있도록 도우면서 조직의 목적을 달성해 가는 사람이다.

2) 서번트 리더는 팔로어를 성장하도록 몰입(commitment to the growth of people)하게 한다

서번트 리더는 사람들이 조직에 대한 유형적인 공헌을 초월한 내생적 가치를 소유한 것으로 믿는다. 즉 서번트 리더는 조직 내 모든 개인의 사적이고, 전문적이며, 영적인 성장에 깊이 몰입한다. 서번트 리더십은 이러한 봉사정신과 마찬가지로 다른 사람들의 욕구에 대한 몰입을 가장 우선시 한다. 그러므로 서번트 리더는 통제보다는 개방성과 설득을 강조한다.

전통적인 리더의 경우, 추종자는 관리의 대상이다. 이들은 조직의 목적을 달성하기 위하여 활용할 수 있는 다양한 자원 중의 하나가 바로 추종자라는 생각을 한다. 따라서 추종자가 자신의 생각대로 움직이고 행동해 줄 것을 요구한다. 전통적인 리더는 이러한 욕구 때문에 팔로어들의 능력을 개발하는 일보다 지금 수행하고 있는 일을 점검하는 데 더 많은 관심을 쏟는다.

서번트 리더는 사람의 가치를 가장 우선시하기 때문에 추종자들이 성공할 수 있도록 모든 노력을 기울인다. 서번트 리더는 추종자들의 미래 가치를 보면서 투자하는 것이 아니라, 지금 이 순간에 그 개인을 소중하고 가치 있는 존재로 인식하기 때문에 이들이 성공하고 성장할 수 있도록 자신의 시간과 노력을 이들에게 투자한다. 그래서 부하들의 성과가 미흡할 때에는 포기하기 않고 애정과 인내를 가지고 지속적으로 지원하고 코칭한다. 서번트 리더는 추종자들이 가장 가치 있는 자원이기 때문에 그들이 자신의 능력을 발휘할 수 있도록 격려하고 그들의 다양성을 존중하며 수용한다. 따라서 부하의 실수에 대해 질책하기보다는 피드백을 통해 부하 스스로 교정해 나갈 수 있도록 한다. 서번트 리더는 이러한 가치를 부하들과 공유하며, 부하 개개인이 서번트 리더로 성장할 수 있도록 필요한 도움을 제공한다.

3) 서번트 리더는 늘 학습하는 태도를 갖는다

서번트 리더는 조직에서 직위나 직급에 관계없이 누구나 실수할 수 있다는 점을 잘 알고 있다. 그리고 실수는 질책의 단서가 아니라 배움의 기회로 활용할 수 있어야 한다고 생각한다. 그래서 서번트 리더는 자신이 실수를 한

경우, 그것을 인정하며 그 실수를 통해 스스로 학습하는 모습을 조직 구성원들에게 보인다. 또한 서번트 리더는 지식과 정보가 빠른 속도로 변해 가기 때문에 리더와 조직 구성원 모두 서로에게서 무엇을 배울 수 있는지를 주의 깊게 관찰한다. 서번트 리더는 부하를 포함한 주변의 모든 사람들이 자산의 스승이 될 수 있다고 본다. 따라서 어떤 모임에서건, 서번트 리더는 무엇을 제안하기 전에 기꺼이 다른 사람의 의견을 수렴하며 많은 질문을 한다. 즉 다른 사람들에게 보다 많은 기회를 주기 위하여 노력한다. 업무추진 과정에서 자신의 경험과 지식의 틀에 조직 구성원들을 가두려 하지 않는다. 그런 까닭에 새로운 생각이나, 새로운 업무 방식에 도전하는 것을 두려워하지 않으며 그러한 것을 오히려 배움의 기회로 활용한다.

서번트 리더는 추종자들의 성과가 미흡하면, 그것을 질책하기보다 왜 그런 결과가 나왔으며 자신이 무엇을 소홀히 하였기에 부하들의 성과가 부족했는지를 고민하기 때문에 항상 배우는 자세를 유지한다. 즉 서번트 리더는 부하의 성공을 통하여 배우기도 하지만, 부하의 부족한 점에 대한 고민을 통해서도 깨달음의 깊이를 더해 간다. 그래서 서번트 리더는 인간으로서의 내면적 성숙을 끊임없이 추구한다. 바로 이러한 자세가 학습에 대한 깊이를 더하는 원동력이 된다. 그래서 권위주의적인 조직에서 이러한 서번트 리더의 특성은 지나친 겸손으로 비추어지거나, 나약한 모습으로 비추어지기도 한다. 그러나 서번트 리더는 자신을 낮출 때, 자신은 물론 부하들이 더욱 강하게 성장할 수 있음을 믿고 이를 실천한다.

4) 서번트 리더는 먼저 경청(listening)한다

서번트 리더의 특성 중에서 가장 핵심이 되는 것이 경청이다. 전통적으로 리더는 커뮤니케이션과 의사결정 기술에 가치를 부여한다. 서번트 리더는 다른 사람들의 의견에 깊이 몰입함으로써 이러한 기술을 더욱 강화한다. 서번트 리더는 집단의 의지를 구체화하고 명료하게 만든다. 이러한 표현된 것을 호의적으로 경청한다. 경청은 자신의 몸과 마음의 내면적인 소리를 이해할 수 있게 만들어 준다. 따라서 서번트 리더에게 주기적인 성찰과 더불어 경청은 필수적인 요소다.

경청은 단순히 다른 사람의 이야기를 듣는 것과는 의미가 매우 다르다. 서번트 리더는 다른 사람의 이야기를 들을 때, 그냥 듣지 않는다. 상대방이 무엇을 말하려 하는지 그 사람의 입장에 서서 이해하려고 노력한다. 상대방이 왜 그런 생각을 할까 고민하면서 그 사람의 욕구가 무엇인지를 파악한다. 그리고 상대방의 욕구를 해결해 주기 위하여 노력한다. 따라서 서번트 리더는 상대방의 입장에 서서 들으려 애쓰기 때문에, 안 되는 이유보다 명확하게 알기 위해서 듣는 것은 매우 중요하다. 대부분 조직의 문제점들은 다수 구성원들의 이야기를 많이 들을 때 문제의 핵심과 대안을 명확하게 파악할 수 있다.

그러나 진정한 경청은 매우 어렵다. 전통적인 리더들 중에서도 리더 자신이 경청을 잘 한다고 착각하는 경우가 많다. 즉 부하들과 회의를 하거나 대화를 할 때, 부하의 이야기를 충분히 듣는다고 생각한다. 하지만 대부분의 리더는 부하들의 이야기를 듣기는 듣되, 다 들은 후 바로 자신의 다른 입장을 설명하거나, 현재의 문제점을 지적하거나, 자신이 처해 있는 상황을 이해해 달라고 부하들에게 주문한다. 이러한 경청을 '유사경청' 이라고 말한다. 유사경청을 하는 리더는 부하들의 이야기를 많이 들어 주는 것 같지만, 결론적으로 업무를 지시하거나 문제를 해결할 때에는 자신의 생각대로 추진하면서 밀고 나간다. 이러한 사람은 상대방의 입장에서 들었던 것이 아니라, 단지 자기의 입장에서 부하의 문제점을 바라보면서 듣고 있었을 뿐이다. 실제로 이러한 일이 지속되면 부하는 상사가 무슨 말을 할지 미리 예측할 수 있기 때문에, 또 상사의 대답이 뻔하다는 것을 알고 있기 때문에 자신의 깊은 생각을 이야기하지 않는다.

그러나 진정한 경청은 조용히 마음을 열고 기다리는 마음으로 상대방의 이야기에 귀를 기울이는 것이다. 리더는 상대방의 말을 한마디도 놓치지 않고, 초조하게 기다리는 기색도 없이 상대방이 편안한 마음이 들도록 한다. 칭찬이나 비판도 덧붙이지 않고 열심히 듣기만 한다. 이러한 리더는 상대방의 이야기 자체를 상대방의 입장에서 듣기 위하여 노력할 뿐만 아니라, 다 들은 후에도 상대방의 입장에서 문제에 접근하려고 노력한다. 그렇기 때문에 경청이란 결코 쉬운 일이 아니다. 경청은 상대방의 가치를 인정하는 최선의 방법이다. 따라서 경청은 듣는 습관을 기르는 스킬의 문제가 아니라 듣는 사람이 상대방을 어떤 시각에서 보는가 하는 인식의 문제다. 경청이 제대로 이루어질 때, 비로소 듣는 사람과 말하는 사람은 서로 심적 교류를 느낀다. 상하간에 서로 공감이 높아질 때, 조직은 생동감이 넘쳐난다.

서번트 리더는 감정이입(empathy)적 청취자다. 서번트 리더는 다른 사람들의 입장을 강조한다. 사람들은 자신의 특별한 정신이 수용되고 인정받기를 원한다. 따라서 리더는 동료의 선량한 의도를 수용하고, 행태나 성과를 부정해야 하는 경우에도 사람들을 인간적으로 거부하지 말아야 한다.

5) 서번트 리더는 설득(persuasion)과 대화로 과업을 수행한다

서번트 리더는 조직의 의사결정을 위하여 지위의 권한보다는 설득에 의존한다. 서번트 리더는 복종을 강요하기보다는 다른 사람들에게 확신을 주려고 노력한다. 서번트 리더의 이러한 특징이 전통적인 권위적 리더십과 구별시켜 준다. 서번트 리더는 집단 내에서 효과적으로 합의를 형성한다. 리더가 실제로 업무를 수행하는 사람과 비전이나 목적을 공유하지 않아도, 단기적인 성과는 쉽게 거둘 수 있다. 하지만 리더의 이러한 자세는 장기적으로 업무를 수행하는 사람들을 수동적으로 만든다.

서번트 리더는 조직 구성원들의 공감을 이끌어 내어 그들 스스로 움직일 수 있게 하기 위하여, 강압적인 지시보다는 설득과 대화를 통해 업무를 추진한다. 설득과 대화는 권위주의적인 리더십과 서번트 리더십의 차이를 명확하게 보여주는 요소이다. 즉 조직 내의 경쟁과 우열을 조장하기보다는 모든 구성원들이 동참할 수 있도록 설득함으로써 공감대를 확장시켜 나간다. 설득과 대화는 매우 건강한 업무 프로세스다. 로버트 그린리프(1970)에 의하면 리더는 조직 구성원들이 조직생활에서 보다 높은 이상을 가질 수 있도록 위험부담(risk-taking)을 할 수 있어야 한다. 이때 리더는 조직 구성원들에게 새로운 방향을 일방적으로 제시하기보다 설득할 수 있어야 한다. 설득은 상대방에 대한 인내와 애정을 필요로 한다. 한편 평소에 리더에 대한 구성원들의

신뢰가 낮다면, 리더는 부하들을 설득하는 데 많은 노력과 인내를 가져야 한다. 그래서 많은 리더들이 설득이라고 하는 힘든 과정을 택하기보다 지시와 설명이라는 쉬운 길에 안주하고 만다.

리더가 제시하는 방향이 설득력이 있을 때, 구성원들은 비로소 자발적으로 그 길을 따라간다. 리더가 자신이 나아가고자 하는 방향을 조직 구성원들에게 충분히 이해시키지 못한 채, 따라오도록 강요한다면 조직 내에 갈등과 혼란만 커진다. 심한 경우에는 구성원들 간에 험담과 아부가 많아져 조직 분위기가 무겁게 된다. 이러한 현상은 조직 구성원들의 배타적인 이기심을 자극시켜 리더와 부하 그리고 부하들 상호간의 관계에 신뢰를 고갈시킨다. 리더가 설득과 대화를 통해 업무를 추진하려면, 무엇보다도 구성원 개개인을 조직에서 가치 있는 존재로 존중해야 한다. 그리고 서번트 리더는 자신이 설득하고자 하는 방향이 명확한지, 또 구성원들에게 가치 있는 것이 무엇인지를 깊이 성찰해야 한다. 또한 리더 스스로 그 방향에 대해 신념을 가지고 있어야 하겠지만 구성원들의 이견에도 귀를 기울일 수 있어야 한다.

6) 서번트 리더는 조직이 커뮤니티(community)를 형성하도록 한다

커뮤니티란 개인의 목적과 공동의 목적을 달성하기 위하여 구성원들이 상호작용하며 공통적인 관심을 가지고 있는 집단을 의미한다. 학습조직의 개념을 정립한 피터 셍게(Peter Seng)에 의하면 커뮤니티란 모든 사람들에 의해 공유되는 변화 또는 교환이라는 의미를 가지고 있다. 조직에서 커뮤니티는 함께 일하는 조직 구성원들이 공동의 목표를 달성하기 위하여 서로 배려하고 협력하는 팀을 의미한다. 서번트 리더는 이러한 커뮤니티를 만들기 위하여 노력한다. 서번트 리더는 조직 구성원들이 자기에게 주어진 일만 완수하면 조직에서의 임무가 끝났다고 생각하는 이기심을 갖지 않도록 조직 풍토를 가꾸어 간다. 즉 개인적인 성과보다는 팀의 성과를 더 중요하게 평가한다.

따라서 서번트 리더는 조직 구성원들이 서로 관심사항을 공유하며, 공동의 목표를 서로 공유하도록 격려한다. 일반적으로 조직 구성원들은 상시의

지시보다 관계의 질(quality of relationship)에 의해 보다 큰 영향을 받는다. 그렇기 때문에 서번트 리더는 공동의 목표를 수행하기 위하여 구성원들 간에 배려와 협력을 바탕으로 관계의 질을 높이기 위하여 노력한다. 여기서 상호 간의 배려와 협력은 다시 구성원들 간의 공동체 의식을 강화하는 역할을 한다. 따라서 서번트 리더가 형성한 커뮤니티의 구성원들은 개인 간의 지나친 경쟁보다는 팀워크를 통해 목표를 달성하는 데 보다 큰 비중을 두기 때문에 구성원들 간의 시너지 효과가 높게 나타난다.

7) 서번트 리더는 권한위임과 공동체 의식(building community)으로 리더십을 공유한다

서번트 리더는 협소한 지역사회로부터 대규모 조직으로의 이동을 인식한다. 따라서 서번트 리더는 조직에서 일하는 사람들 간에 공동체를 형성하기 위한 수단을 모색한다. 서번트 리더십은 조직과 다른 제도적 환경에서 일하는 모든 사람들을 통하여 진정한 공동체가 형성될 수 있다고 믿는다.

리더는 특정 지위와 그에 준하는 권력 또는 힘을 가지고 있다. 그리고 자신에게 부여된 지위와 권력을 선택적으로 사용함으로써 조직의 목적을 달성해 나간다. 이때 리더의 선택이 때로는 사회와 조직의 보편적 규범을 벗어나기도 한다. 리더가 자신의 이익을 위하여 지위와 권력을 사용하는 경우가 종종 있는데, 이런 현상은 수직적인 상하관계가 뚜렷한 전통적인 조직에서 더 많이 나타난다. 하지만 서번트 리더(Polleys, 2000)는 지위와 권력의 윤리적인 사용을 중요하게 생각한다.

서번트 리더는 자신의 지위와 권력은 조직의 목적을 달성하기 위한 도구이기 때문에 그것을 부하들과 공유할 의무가 있다고 생각한다. 서번트 리더는 권한을 위임함으로써 부하들과 자신의 리더십을 공유한다. 서번트 리더는 자신의 지위로 인해 얻게 되는 특혜나 특정 권한을 향유하는 것에 저항한다. 왜냐하면 서번트 리더는 먼저 부하들의 욕구를 해결해 주는 서번트의 위치에 서야 하기 때문이다. 리더로서의 지위와 권한은 조직의 목적을 달성하는 데 활용하기 위하여 조직으로부터 잠시 위임받은 것이다. 그렇기 때문에 서번트 리더는 자신을 포함하여 모든 구성원들이 성과에 대한 인정과 보상을 같이 받아야 한다고 느낀다. 서번트 리더는 이를 위해 조직의 비전과 가치를 공유하고, 구성원들이 업무의 효율을 최대로 높일 수 있도록 권한을 위임한다. 조직에서 리더가 공은 자신에게로 돌리면서 책임은 부하에게 전가시킨다면, 그러한 리더는 서번트 리더십을 발휘할 수 없다.

서번트 리더십의 특성이 잘 발휘되고 있는 조직일수록 구성원들이 보다 생산적으로 일한다. 서번트 리더는 자신이 갖고 있는 많은 권한을 위임하고 구성원들이 스스로 의사결정을 할 수 있도록 필요한 지원과 코칭을 강화하기 때문에, 일에 대한 구성원들의 책임 의식이 높다. 여기서 일에 대한 구성원들의 책임의식은 생산성으로 이어진다. 한편 리더의 봉사와 지원으로 인해 구성원들은 일을 통해 성장하는 자신들의 모습을 발견하기 때문에 조직생활이 즐겁다. 또한 개개인의 경쟁을 조장하기보다는 팀워크를 강화시켜 가는 서번트 리더십 덕분에 구성원들은 서로에 대한 배려와 협력이 높다.

8) 서번트 리더는 신뢰의 관계를 중요하게 생각한다

스피어스(L. Spears)는 서번트 리더십의 특징 중의 하나를 청지기 정신(stewardship)으로 설명한다. 청지기 정신은 다른 사람들을 신뢰하고 존중하는 것이다. 신뢰의 중요성을 강조하는 이런 변화는 1990년대 후반에 접어들면서 조직 구성원들 간의 신뢰, 구성원 개인과 조직과의 신뢰는 일터 자체에 활력을 불어넣으면서 우수인재를 지속적으로 유치하고 유지할 수 있는 중요한 요인으로 등장하였다. 특히 1990년대 이후 많은 학자들(후쿠야마, 노나카)은 조직의 지속적인 생존과 번영의 원동력으로 신뢰를 지적하고 있을 뿐만 아니라, 지식경영의 효과적인 촉진에도 신뢰는 필수적임을 지적하고 있다. 즉 구성원들 간의 신뢰가 높을수록 커뮤니케이션이 활발해지고 그에 따라 정보공유의 질이 높아지면서 상호간의 협력의 질이 높아진다고 지적한다.

리더십의 핵심을 신뢰구축으로 보는 견해가 점차 늘어나고 있다. 웨이틀리(Waitley)는 상하 간에 신뢰가 없다면 리더십은 껍데기에 지나지 않는다고 지적하면서, 신뢰에 영향을 주는 정직성, 도덕성, 윤리의식 등을 리더의 필수적 자질로 지적한다. 즉 리더의 행위 자체가 부하와의 관계에서 신뢰를 증진하는 행위로 인식되면서, 무엇보다도 리더는 자기 자신에 대하여 엄격한 규범과 기준을 적용할 수 있어야 한다. 쿠즈와 포스너는 리더십의 기초는 신뢰라고 지적한다. 리더가 전문적인 역량이 뛰어나고, 사람을 관리하는 스킬을 갖추었다고 하여도 상하 간에 신뢰가 축적되지 않으면 그러한 역량은 리더십으로 발휘될 수 없다. 리더들이 정직해지 못할 때 사람들은 리더가 의지할 수 없고 믿을 수 없는 사람이라고 생각하게 된다. 사람들이 리더가 말하고 주장하는 것에 대한 신뢰를 잃는다는 것은 그들의 리더에 대한 존경이 사라진다는 것을 의미한다. 결과적으로 한 리더의 영향력은 다른 사람들이 그를 더 이상 신뢰하거나 믿지 못하기 때문에 손상될 수밖에 없다.

달라 코스타(Dalla Costa, 1998)는 그의 저서 「윤리적 책무」(The ethical imperative)에서 정직한 것은 속이지 않는 것 이상을 의미한다고 지적하였다. 조직의 리더들에게 정직함은 "이행할 수 없는 것을 약속하지 않으며, 잘못 대변하지 않으며, 발뺌하고 둘러대면서 숨기지 않으며, 책임을 은폐하지 않으며, 의무를 회피하지 않으며, 경영에서 적자생존의 압력이 다른 사람의 존엄성과 인간성을 존경할 의무로부터 우리를 해방시켜 준다는 그들의 주장에 현혹되지 말 것"을 요구한다.[87]

9) 서번트 리더십은 용기 있는 행동을 한다

리더에게는 영감 이상의 것이 있어야 한다. 리더라면 불확실하고 위험한 길이라는 것을 알고 있더라도 "나는 이 길을 택할 것이다. 나를 따르라."고 과감히 말할 수 있어야 한다. 지도자는 결단성 있게 일의 실마리를 푸는 모습을 보여 주고, 이상과 그 이상을 실천할 구조를 제시하며, 성공의 행운뿐만 아니라, 실패의 위험도 감수할 수 있어야 한다. 그래야 그의 리더십을 믿을 수 있다. 서번트 리더는 진리의 길을 인도하는 개척자이기도 하기 때문이다.

10) 서번트 리더는 자신의 꿈을 개념화(conceptualization)하여 비전을 제시한다

서번트 리더는 위대한 이상을 꿈꿀 수 있는 자신의 능력을 배양하는 데 힘쓴다. 개념적인 관점에서 조직과 문제를 보는 능력은 일상적인 현실을 초월하여 사고하는 것을 의미한다. 또한 규율과 실천을 요구하는 것이 특징이다. 전통적인 관리자가 단기적인 운영목표를 성취하는 데 전념한다면, 서번트 리더는 자신의 사고를 확장하여 광범위한 개념적 사고를 가능하게 만든다.

리더의 특징, 곧 다른 사람들에게 앞으로 나아갈 길을 제시한다는 것은, 적어도 방향이 제시하는 데에서 리더가 추종자보다 낫다는 단적인 증거다. 이때 리더는 확신을 갖고 의심하는 사람들에게 목표를 분명하게 제시할 수 있어야 한다. 이처럼 리더는 목표를 분명하게 제시하고 밝힘으로써 혼자서는 그 목표를 힘겨워하는 사람들에게 확신과 목표의식을 심어 줄 수 있다.

11) 서번트 리더는 직관력을 가지고 있다

리더에게는 학문적으로 평가할 수 없는 두 가지 지적 능력이 필요하다. 하나는 미지의 것을 감지할 수 있는 능력이고, 다른 하나는 예측할 수 없는 것을 예측하는 능력이다.

이러한 예견(foresight) 능력, 상황의 가능한 결과를 예상하는 능력은 서번트 리더의 한 특성이다. 이것은 서번트 리더가 과거로부터의 교훈, 현재의 세계, 미래의 결과를 이해할 수 있게 만들어 준다. 예견능력은 직시에 기초한다. 따라서 다른 특징이 의식적으로 개발될 수 있는 반면에 예견 능력은 서번트 리더의 타고난 능력이라고 볼 수 있다.

올바른 결정을 내리기 위해 필요한 정보를 완벽하게 모을 수도 없고, 모을 수 있더라도 그때까지 기다린다면 어떤 결정도 내릴 수 없을 것이다. 항상 정보는 부족하며, 리더는 확보한 정보와 필요한 정보 사이에 필연적으로 발생하는 간격을 메우는 능력이 필요하다. 이때 직관력이 필요한 것이다. 직관은 전형을 향한 느낌, 곧 과거에 있었던 일을 근거로 하여 일반화시키는 능력이다.

12) 서번트 리더는 치유와 섬김의 양면성을 가지고 있다

서번트 리더는 영적인 치유(healing) 능력을 가지고 있다. 변혁(transformational)

과 통합에 있어서 영적인 치유방법의 학습은 강력한 힘을 발휘한다. 서번트 리더의 강점은 자신은 물론 다른 사람들을 치료할 수 있는 잠재력을 가진 것이다. 많은 사람들은 정신적인 결함과 감정적 상처로 인해 어려움을 겪고 있다. 이러한 고뇌는 삶의 일부이긴 하나 서번트 리더는 자신과 접촉하는 사람들을 도와줄 기회를 인정한다.

서번트 리더도 자신의 치유를 동기로 인정할 수 있다. 치유와 섬김에는 양면성이 있다. 서번트 리더가 남을 치유하는 일은 결국 자신을 치유하는 것이 된다.

이러한 서번트 리더의 특성이 모든 것을 포괄하는 것은 아니다. 그러나 적어도 이러한 특징이 서번트 리더십이 갖는 개념적 의미를 전달할 수는 있을 것이다. 이러한 특성은 또한 서번트 리더십을 조직에 도입하고 서번트 리더가 되려는 사람들에게 하나의 도전을 의미하기도 한다.[88] 이것은 그 자체가 손쉽게 얻게 되는 특징이나 자질이 아니라 리더가 되고자 하는 사람들의 절대적인 노력이 필요하기 때문이다.

5. 전통적 리더십과 서번트 리더십의 차이점

그린리프는 서번트 리더십은 조직 구조와 리더십에서 전통적인 접근방법과 다른 새로운 영역(territory)이라고 강조하고 있다. 전통적인 리더십의 영역은 기계적 모형(mechanical model)으로서 고도로 기계적이며, 많은 피라미드(계층제)를 포함하고 있다. 반면에 서번트 리더십의 영역은 개인을 중요시 여기며 많은 영역(circles)을 포함하고 있다. 역설적이긴 하나 조직의 성장과 발전을 위해서는 전통적 리더십의 영역과 서번트 리더십의 영역이 상호의존성을 띠어야 한다. 이것은 양자가 상호 배타적이 아니라는 의미다.

스미스(R. W. Smith)는 이론가, 가치, 신념, 복잡한 문제 해결(puzzle solutions), 리더십 스타일, 부하의 스타일 등의 기준을 가지고 전통적 리더십과 서번트 리더십과의 차이를 제시한다.[89]

① 이론가: 전통적 리더십의 이론적 기초를 제공하는 이론가들로서는 플라톤, 뉴턴, 테일러(과학적 관리론) 등을 들 수 있다. 반면에 새로운 리더십 모

형은 새로운 과학(new sciences)이라고 일컫는 양자물리학(quantam physics), 자율 조직체제(self-organizing systems), 혼돈이론(chaos theory) 등과 학습조직, 시스템 사고 등에 이론적 기초를 두고 있다.

② 가치: 전통적 리더십 모형에서는 흑백논리(right-wrong), 객관주의 균형 등에 가치를 부여한다. 여기에서 흑백논리는 하나가 옳으면 다른 하나는 그르다는 것을 말하며, 객관주의는 옳은 해답을 객관적인 방법으로 발견하는 것을 말하고, 균형은 일단 균형이 달성되면 모든 것이 자동적으로 잘 움직이는 것을 말한다. 반면에 서번트 리더십을 포함한 새로운 리더십 모형에서는 발전적인 학습과정을 강조한다. 이러한 과정은 언제나 개인으로부터 출발하기 때문에 개인이 가진 내생적 잠재력은 조직의 성장, 발전, 복지에 중요한 가치를 지닌다.

③ 신념: 전통적 리더십 모형의 핵심적인 신념은 통제와 의존성이다. 이러한 신념은 사람들에게 통제를 행사함으로써 그들이 복종하고 업무를 수행하게 된다고 믿는 것을 말한다. 또한 사람들이 최선을 다하게 만들기 위해서는 그들이 조직에 의존해야 한다는 신념을 나타내고 있다. 그러나 새로운 서번트 리더십 모형에서는 개인, 관계, 조직 등이 보다 능동적이고 지속적으로 재창조(regeneration)하는 방법을 강조한다. 여기에서 재창조는 개인, 관계, 조직이 모두 성장에 몰입하고 적극적인 학습자가 되는 것을 의미하며, 단편적인 진화가 아니라 전체체제의 진화를 경험하는 것이다. 따라서 시스템적 사고(systems thinking)가 절대적인 요소다.[90]

④ 문제해결 방법: 전통적인 문제해결 방법은 전체를 부분으로 분할하고 문제를 해결한 다음, 다시 전체로 재구성하는 과정을 택한다. 반면에 새로운 리더십 모형은 수수께끼는 전체적으로(holistically), 그리고 다수의 방법에 의해 해결을 모색한다. 특히 합의적 의사결정과 홀로그램적 탐구방법(holographic inquiry)이 수수께끼 풀이에 동원되는 가장 중요한 방법이다. 여기에서 홀로그램적 탐구방법은 간단히 말해서 문제를 모든 관점에서 볼 수 있는 기술을 말한다. 이것은 곧 다fms 사람들의 지혜가 모든 의견을 타당한 것으로 수용하는 것을 의미한다.

⑤ 리더십 스타일: 전통적 리더십 모형에 이용하는 리더십 스타일은 주로 하향적이거나 상담적이다. 반면에 새로운 리더십 스타일은 정해진 역할 영역을 초월하여 사실상 모든 영역으로 확대될 수 있다. 이것은 조직의 어느 누구나 리더십을 발휘할 수 있는 것을 의미한다. 모든 조직 구성원의 리더십을 인정한다는 점에서 자율 리더십 또는 슈퍼 리더십과 유사하다. 따라서 새로운 리더십 모형에서는 참여적 리더십 스타일을 택하고 있으며, 자율관리팀이 하나의 예다.

⑥ 부하 스타일: 전통적인 기계적 모형에서는 부하의 복종적이고, 충성스러우며, 의존적인 성격을 강조한다. 부하들은 구체적인 업무를 수행하고, 과업 외의 영역에 대한 사고를 하지 못하도록 훈련된다. 반면에 새로운 리더십 모형에서 부하들은 효과적인 리더십을 요구하며, 복종과 의존을 탈피하여 권한위임(empowerment)을 추구하고, 의사결정에 대한 책임과 주인의식을 수용한다. 그들은 상호의존성을 추구하고 위험을 부담하려는 의지를 가진다.

진정한 리더는 먼저 다른 사람에게 봉사하면서 그들을 이끌어 간다. 현재의 리더가 서번트 리더인지 검증하려면 먼저 리더의 지원을 받고 있는 부하들이 인격적으로 성숙하는지, 보다 건전하고 현명해지며 자유로워지는지, 보다 자율적인 의사결정을 내리게 되는지, 그리고 부하들이 스스로 서번트 리더로 성장해 가는지를 분석해 보아야 한다.

6. 서번트 리더십의 장점, 문제점[91]

1) 서번트 리더십의 장점

첫째, 서번트 리더십은 리더십의 윤리적 이슈들에 대한 시의적절한 연구의 체계를 제공하고 있다. 오늘날 사회는 보다 높은 수준의 도덕적 리더십을 요구하고 있기 때문이다. 윤리적 리더십이 부재한 시기에 이 연구는 우리에게 윤리적 리더십에 대해서 어떻게 생각해야 하고 어떻게 그것을 실행해야 할 것인가에 대한 방향을 제시하고 있다.

둘째, 서번트 리더십은 리더와 추종자의 윤리가 리더십의 광범한 범위 속에서 빠뜨릴 수 없는 필수적인 구성요소가 되어야 한다는 것을 제시한다는 점이다. 번스의 변혁적 리더십을 제외하고는 어떤 이론도 리더십 과정의 한 차원으로서 윤리를 포함시키는 이론은 없다. 리더십은 다른 사람들에게 영향을 미치는 과정이다. 그것이 다른 형태의 영향력, 즉 강압이나 독재적인 포악한 통제와 구별되는 중요한 특징이 바로 이 도덕적 차원이다. 리더십은 가치가 실린 개념이다. 추종자들에 대한 존중, 그들에 대한 공정, 공동체의 확립 등을 포함하는 개념이다. 이것들은 우리의 가치관이 없이는 나타내 보일 수 없는 과정이다. 우리가 영향력을 행사할 때 다른 사람들에게 영향을 미치게 되는데, 그것은 곧 우리의 가치와 윤리에 주의를 기울일 필요가 있다는 것을 의미한다.

2) 서번트 리더십의 비판점

첫째, 서번트 리더십에 대한 연구는 발전의 초기단계에 있으며, 따라서 그것을 실증할 수 있는 전통적인 연구방법에 의한 연구의 결과가 매우 부족하다. 본장의 서두에서 지적한 바와 같이 리더십 윤리에 대해 이론적 토대를 제시하는 연구결과가 거의 출판되지 않고 있다. 경영윤리에 대한 많은 연구결과들이 출판되어 있기는 하지만, 이 같은 연구들은 윤리적 리더십과 직접적으로 관련이 없는 것들이다. 이같이 리더십 윤리에 대한 연구의 결핍은 윤리적인 리더십의 본질에 대한 심사숙고를 어렵게 한다. 따라서 리더십의 윤리적 리더십과정에 대한 이론형성은 시안적(임시적)인 상태로 남아 있게 될 것이다.

둘째, 오늘날의 리더십 윤리는 주로 몇몇 학자들의 논평이나 리더십 윤리의 본질에 대한 그들의 개인적 의견, 그리고 그들의 세계관에 의해 상당히 영향을 받은 문헌 등에 의존하는 형편이다. 그린리프나 번스 등의 저술들이 검증을 받고 있기는 하지만 그 이론들은 전통적인 정량적 또는 정성적 연구방법에 의해 검증되지 않고 있다. 또한 그 저술들은 본질적으로 서술적이고 일화적인 수준에 그치고 있다. 이처럼 리더십 윤리는 인간의 행동에 관한 이론들(광범한 인정을 받고 있는 이론들)이 수반하는 전통적인 실증적 검증(지지)이 결여되었다.

슈퍼 리더십

슈퍼 리더십은 추종자들이 스스로 자신들의 능력을 발견하고 이용하여 극대화할 수 있도록 도와주는 리더십이다.[92] 슈퍼 리더십은 추종자들이 스스로 자율적으로 관리하는 자율 리더십(self-leadership)에서 출발했으며, 자율 리더십은 자율 관리(self-management)에서 출발하였다. 맨츠와 심스(C. C. Mantz H. P. Sims)에 의하면 슈퍼 리더는 추종자들이 조직에 충분히 기여할 수 있도록 권한과 동기를 부여하고 추종자들이 자율적으로 리드할 수 있도록 만드는 것이다.[93]

1. 슈퍼 리더십의 조직문화

슈퍼 리더십은 자율 관리 문화에서 이루어진다. 즉 외부에서의 통제가 아니라, 추종자들이 자율적으로 내부에서 통제할 수 있도록 자율관리문화를 촉진해 주는 조직문화가 필요하다. 이러한 자율문화를 촉진하기 위한 방법에는 다음과 같은 것들이 있다.

첫째, 정보를 공유해야 한다. 모든 조직 구성원이 정보를 공유하며, 조직 구성원들이 존경과 신뢰를 받는다는 개방적인 커뮤니케이션이 가능한 조직문화가 있어야 한다.

둘째, 리더와 추종자의 자율관리 훈련이 필요하다. 리더는 물론, 추종자들 역시 자율관리의 이용에 관한 적절한 훈련을 받아야 한다.

셋째, 자율관리의 이용을 강화할 수 있는 목표, 보상, 모델이 있어야 한다.

2. 리더의 유형

맨츠와 심스는 역사적인 리더들을 살펴보고 미국의 지배적인 리더십의 유형을 강력한 리더, 계약 리더, 비전 리더, 슈퍼 리더 등 네 가지로 분류했다. 이러한 리더십의 유형은 시대적인 순서에 따라서 출현했다고 하였다. 즉 1920~1930년대에는 강력한 리더가, 2차 세계 대전 후에는 계약 리더가, 그리고 현재는 비전 리더가 대표적인 리더십의 유형이라고 하였다. 그러나 미래의 리더는 자율관리에 의한 슈퍼 리더가 지배적인 리더가 될 것이라고 하였다.

① 강력한 리더(strong man): 강력한 리더는 신체적, 합법적, 강제적 권력을 기초로 하여 자신의 말이 곧 법이라는 가정 하에서 리더십을 발휘한다. 전문성도 리더의 배타적인 영역이다. 20세기 초반에 지배적인 리더십의 영역이며, 특히 군대조직에서 많이 나타난다. 그러나 강력한 리더가 지니는 속성은 현대조직의 리더십 과정에서도 잘 나타나고 있다.

② 계약 리더(transactor): 계약 리더는 강력한 리더에 대한 불만에서 비롯된다. 여기서 리더는 여러 가지 긍정적이거나 부정적인 강화를 통하여 추종자들의 성과를 높인다. 계약형 리더는 추종자와 합리적인 계약 혹은 거래에 의존한다. 즉 추종자는 노동과 지식을 제공하는 대가로 조직에서 여러 가지 유인과 물질적 보상을 받는다. 또한 계약 리더는 목표를 설정하고 그 목표를 달성하는 경우에 유인을 제공한다. 리더와 추종자는 과업수행을 유인-기여(inducement-contribution) 관계로 보기 때문에 조직의 업무수행에 있어서 계산된 몰입에 치중한다. 그러나 리더십은 여전히 상의하달형식이며, 목표와 보상의 분배에 대하여 리더가 직접적으로 통제한다.

③ 비전 리더(visionary hero): 비전 리더는 영감과 비전을 통하여 추종자들의 신념과 행동을 바꾸어서 사람들에게 영향력을 행사한다. 비전의 창출은 도식의 창출과 유사하다. 먼저 리더는 조직전체에 대한 비전, 즉 도식을 설정하고 사람들이 그 비전을 수용하도록 요구한다. 따라서 이 리더십 역시 하향적이다. 대부분의 리더는 자신의 자기도식을 통하여 다른 사람들에게 영향을 주고자 한다. 따라서 비전 리더는 전체적인 비전에 일치하는 추종자들의 자기도식을 창출하도록 한다. 비전 리더의 가치는 추종자들의 극적인 변동에 영향을 미칠 수 있는 능력 여하에 달려 있다. 즉, 비전 리더는 조직의 활동영역에 특별한 주의를 유발하고 전략적 선택을 수립하는 데 중요한 역할을 한다. 그러나 비전 리더는 조직을 지나치게 리더에게 의존하게 하는 경향이

있기 때문에 리더가 떠나면 조직은 다시 극도의 혼란에 빠지게 된다.

④ 슈퍼 리더(super leader): 슈퍼 리더십은 다른 사람들이 스스로 리더십을 발휘하도록 하는 기술이다. 슈퍼 리더는 자율 리더의 기술을 가진 슈퍼추종자를 창조하는 리더십이다. 슈퍼 리더는 조직 환경의 변동에 반응하는 주도권, 창의성, 책임감 등을 가진 자율 리더로서의 추종자들을 창출하려고 시도한다. 그러므로 슈퍼 리더는 추종자들에게 자기확신감을 강조한다. 슈퍼 리더는 자신을 추종자들에게 자율관리의 모델로 행동한다.

이 4가지 유형의 리더십은 통제의 정도를 기준으로 하여 연속선상에 나타낼 수 있다고 하였다. 즉 양극단에 외부적인 통제중심의 강력한 리더와 내부적 통제 중심의 슈퍼 리더가 존재하고, 비전 리더와 계약 리더는 중간위치에 존재할 것이다. 이 네 가지 유형의 리더십의 차이점을 요약하면 〈표 5-6〉과 같다.

〈표 5-6〉 맨츠와 심스의 리더의 유형

	강력 리더	계약 리더	비전 리더	슈퍼 리더
초점	명령	보상	비전	자율 리더
권력유형	직위, 권위, 강제	보상	관계, 영감의 공유	
리더십 방향	리더	리더	리더	추종자에서 리더로
리더 행태	지시 명령 위협 비상황적 처벌	목표설정 상황적 개인보상 상황적 물질보상 상황적 처벌	리더 비전 전달 현상의 변동 충고 영감적 설득	자율 리더 모델링 목표의 자율설정 긍정적 사고방식 자율보상 학습기회 자율관리팀 자율 슈퍼 리더십 문화
추종자 반응	두려움에 근거한 복종	계산적 복종	비전에 기초한 감정적 몰입	주인의식에 기초한 몰입

3. 슈퍼 리더십의 전략

자율적 리더십을 촉진하는 슈퍼 리더십의 전략에는 행태전략과 인지전략이 있다. 먼저 행태전략에는 다음과 같은 것이 있다.

① 자율관찰(self-observation): 변동의 표적으로 삼은 구체적인 행태에 관한 정보를 관찰하고 수집한다.

② 자율적인 목표설정(self-set goal): 자신의 업무노력을 위한 목표를 설정한다.

③ 단서의 관리(management of cues): 자신이 원하는 사적인 행태를 촉진하기 위한 작업환경의 여러 가지 단서를 배열하고 변경한다.

④ 연습(rehearsal): 업무를 실제로 수행하기 전에 업무활동을 육체적으로 또는 정신적으로 연습한다.

⑤ 자율보상(self-reward): 바람직한 형태를 성취한 데 대하여 개인적으로 가치 있는 보상을 자신에게 제공한다.

⑥ 자율제재 및 비판(self-punishment and criticism): 바람직하지 못한 방식의 행태에 관하여 자신에게 제재를 가한다.

또한 슈퍼 리더십의 리더 인지전략은 다음과 같다.

① 과업의 내생적 보상 확립: 자신의 업무에 내생적인 보상수준을 증가시키기 위하여 업무의 장소 및 방법을 자율적으로 재설계한다. 내생적 보상은 업무로부터 분리된 것이 아니라, 자신이 자신감, 자율통제, 목적의식 등을 느낄 수 있는 활동 결과다.

② 내생적 보상에 초점: 의식적으로 자신의 업무에서 얻을 수 있는 내생적 보상의 측면을 주로 생각한다.

③ 효과적인 사고방식의 확립: 건설적이고 효과적인 사고방식과 습관을 확립한다. 이를 위하여 자신의 신념과 가정, 정신적 상상, 내적인 독백 등을 관리한다.

슈퍼 리더십은 다음의 몇 가지 단계에 걸쳐 발휘된다.(맨츠와 심스, 1991).

1) 셀프 리더가 된다. 슈퍼 리더가 되기 위해서는 자신이 먼저 자신이 셀프 리더가 되어야 한다. 셀프 리더가 되기 위한 전략은 〈표 5-7〉에 요약되어 있다.

〈표 5-7〉 셀프 리더십 발휘 전략

구분	행위	전략
행위적 접근	· 목표 자율결정 · 환경 단서관리 · 연습 · 자기 관찰 · 자기보상 · 자기벌칙 시행	· 업무 목표를 자신의 노력으로 직접 결정한다. · 자신에게 바람직스러운 행위를 촉진하기 위한 업무환경을 조성하고 변화를 준다. · 실제 업무에 들어가기에 앞서 연습을 해 본다. · 변화가 요구되는 자신의 특정한 행위에 대한 관찰과 정보수집에 노력한다. · 자신이 기대한 행위가 완수되었을 경우 자기 자신에 대해 보상을 실시한다. · 바람직하지 않은 행위가 나타날 경우 자신에게 벌을 가한다.
직무설계적 접근	· 직무내용에 자연적 보상 설계	· 취미를 즐기는 것처럼 일 자체로부터 오는 자연스러운 보상(예: 성취감, 자기통제감, 목표의식)이 더 커질 수 있도록 직무 내용, 방법 및 환경을 재설계한다.
인지적 접근	· 자연적 보상에 대한 생각 · 건설적 사고 패턴의 확립	· 자신의 일로부터 자연스럽게 얻어지는 보상에 대해 의도적으로 사고를 집중시킨다. · 평소 일이 잘 안 되는 쪽보다 가능성이 있는 방향으로 자신에 대한 믿음, 정신적 이미지 및 자신과의 대화 등을 건설적 방향으로 관리하는 사고방식을 확립한다.

자료 : Manz, C.C, & Sims, H.P., Jr.(1989), *Super-leadership*, New York: Berkeley Books, p. 45.

2) 셀프 리더십의 역할 모델(modeling)이 된다. 슈퍼 리더십에서 가장 중요한 단계다. 자신이 셀프 리더가 되어 역할 모델이 됨으로써 하급자들 또한 셀프 리더가 되도록 하는 길을 열어놓는다.

3) 개개인의 목표 설정(setting goals)을 격려한다. 조직 구성원 각자가 목표를 세우도록 한다. 링컨 일레트릭(Lincoln Electric)의 종업원 평가기준 중 중요한 하나는 감독을 받지 않고 일할 수 있는 능력이다. 이 회사의 종업원 100명에 감독자는 1명뿐이다.

4) 부하에 대한 격려(encouragement)와 지도(guidance)를 한다. 종업원들이 설정한 목표에 따라 셀프 리더십을 개발해 나가도록 적절한 격려를 한다. 또한 단계에 따라 종업원 자신이 제대로 하고 있는지에 대한 적절한 질문을 던져 지도한다.

5) 보상과 질책을 적절히 활용한다. 하급자를 셀프 리더로 육성하기 위해서는 직무 성과 자체보다도 스스로 주도적으로 직무를 수행할 때 적절한 보상을 해야 한다. 바람직하지 못한 행위가 나타날 경우 건설적 비판과 질책을 적절히 활용한다.

6) 셀프 리더십 문화를 확립한다. 먼저 팀 조직구조를 통해 팀원 각자가 셀프 리더십을 발휘하여 팀워크를 이루도록 한다. 셀프 리더를 육성하기 위해 슈퍼 리더는 팀조직, 사회-기술 시스템을 이에 걸맞게 설계해야 한다. 또한 셀프 리더십을 육성하기 위해 슈퍼 리더는 분권적 조직문화를 조성해야 한다.

조직에서 슈퍼 리더십이 효과적으로 발휘되면 조직에 긍정적 결과가 나타나는데, 이는 3단계로 요약된다.

① 먼저 조직 구성원의 조직몰입과 동기 부여 수준이 높아지고 각자의 역량이 배가된다.

② 그 결과 조직성과가 향상되고 혁신이 활성화된다.

③ 조직 구성원의 셀프 리더 육성과 슈퍼 리더 탄생이 가능해진다.

〈그림 5-6〉은 셀프리더십의 과정을 소개하였다.

〈그림 5-6〉 셀프리더십의 과정

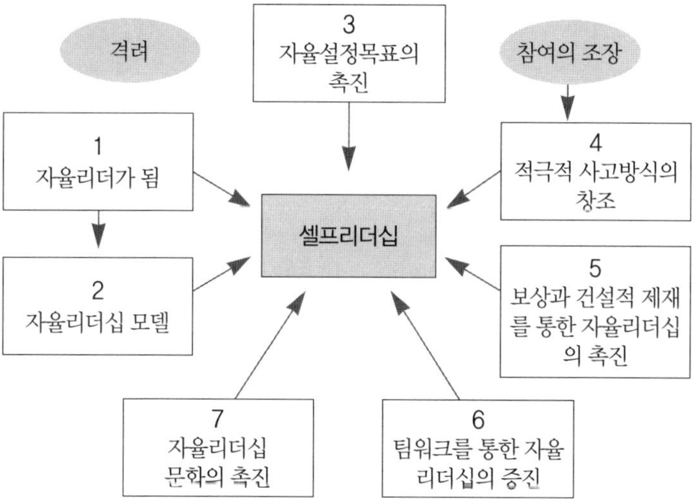

주

1) W. E. Rosenbach & R. L. Taylor, *Contemporary Issues in Leadership*, Westview Press, 1984, p.256.
2) J. M. Jermier, "Introduction: Charismatic Leadership: Neo-Weberian Perspectives," *Leadership Quarterly*, Vol. 4., pp.217~233.
3) A. D. Szilagyi & M. J. Wallace, *Organizational Behavior and Performance*, Harper Collins, 1990, 5th, p.31.
4) M. E. Spencer, "What is Charisma?", *British Journal of Sociology,* 24(3), sep., 1973, pp.341~342.
5) A. D. Szilagyi & M. J. Wallace, *Organizational Behavior and Performance*, Harper Collins, 1990, 5th, p.385.
6) p.31.
7) M. Weber, pp.358~359.
8) J. A. Coger & R. N. Kanungo, "Toward Behavioral Theory of Charismatic Leadership in Organizational Settings", *Academy of Management Review*, Vol 13., 1987, p.638.
9) R. H. House et als., "Personality and Charisma in the U.S. Presidency: A Psychological Theory of Leader Effectiveness", *Academy of Science Quarterly,* Vol.36. 1991.
10) A. R. Willner, *The Spellbinders: Charismatic Political Leadership,* New Haven, CT: Yale university Press, 1984, p.14.
11) A. Bryman, *Charismatic Leadership in Organizations*, SAGE Publications, 1992, p.24.
12) M. Weber, pp.358~340.
13) A. R. Willner, p.10.
14) pp.5~7.
15) A. Bryman, p.26.
16) J. V. Jr. Downton, *Real Leadership: Commitment and Charisma in the Revolutionary process,* N.Y.: The Free Press.
17) G. Yukl, 1989. p.318.
18) House, R.J.(1977). A 1976 theory of charismatic leadership. In Hunt, J.G. & Larson, L.L.(Eds.) *Leadership: The Cutting Edge*, Carbondale: Southern Illinois University Press.
19) pp.318~319.
20) J. M. Ivancevich & M. T. Matteson, *Organizational Behavior and Management*, Irwin, 1993. p.4.
21) Eden, D., Self-fulfilling prophecy as a management tool: Harnessing Pygmalion. Academy of Management Review, 9. 1984., pp.64~73;. Livingstone, J. S., Pygmalion in Management. *Harvard Business Review*, July-August, 1969. pp.81~89.
22) Shamir, B, House, R.J., & Arthur, M.B.(1993), The motivational effects of charismatic leadership: A self-concept based theory. *Organization Sciences*, 4(4), 577~594.
23) 이상호, 「조직과 리더십」, 서울: 2010.
24) J. A. Conger & R. N. Kanungo, *Charismatic Leadership: The Exclusive Factor in Organizational Effectiveness*, Jossey-Bass, 1989. p.105.
25) W. H., Friedland, "For A Sociological Concept of Charisma". *Social Forces*, 43(1). 1964.

pp.18~26.

26) J. A. Conger & R. N. Kanungo, "Toward Behavioral Theory of Charismatic Leadership in Organizational Settings", *Academy of Management Review*, 1987, p.641 참고; J. M .Ivancevich & M. T. Matteson, *Organizational Behavior and Management*, Irwin, 1993. P.464. 참고.

27) A. R. Willner, *The Spellbinders: Charismatic Political Leadership*, New Haven, CT: Yale university Press, 1984, p.14.

28) A. Bryman, *Charismatic Leadership in Organizations*, SAGE Publications, 1992, P.44.

29) 이한검,「인간행동론」서울: 형설출판사, 1994, pp.468~469

30) D. A Nadler, & Tushman, "Beyond the charismatic leader: Leadership and Organizational Change", *California Management Review*, Vol.32. 1990. p. 94.

31) 이한검, pp.470~471.

32) J. M. Ivancevich & M. T. Matteson, 1993. pp.463~455.

33) Conger, J.A.(1989), *The Charismatic Leader: Behind the Mystique of Exceptional Leadership*, Cal.: Jossey-Bass..

34) B. M. Bass, *Leadership and Performance Beyond Expectations*, N.Y.: Free Press, 1981, pp.3~4.

35) J. M. Burns, p.4.

36) B. M. Bass, pp.10~12.

37) B. M. Bass, *Leadership and Performance Beyond Expectations*, N.Y.: Free Press, 1981, p.12.

38) B. M. Bass, "Leadership: Good, Better, Best", *Organizational Dynamics*, Vol. 13, pp.26~40.

39) B. M. Bass, p.31.

40) W. Bennis,「뉴리더의 조건」, 김경섭 역, 서울:김영사, 1994. pp.84~85.

41) 'Transformational Leadership' 은 우리말 용어가 일치되어 있지 못하다. 학자에 따라 '변혁적 리더', '변환적 리더십', '변형적 리더십' 이라고 쓰인다. 본서에서는 '변혁적 리더십' 으로 통일했다.

42) B. Schneider & A. E. Reichers, "On The Ethology of Climates", *Personnel Psychology*, 1983, pp. 19~39.

43) A. Bryman, *Charisma and Leadership in Organizations*, London: Sage, 1992, p.107.

44) G. Yukl, 1995. pp.360~366.

45) T. Peters, Thring on Chaos, (N.Y.:Random house,1988); T. Peter & N. Austin, *A Passion for Excellence: The leader Difference*,「엑설런트 리더십」, 조영호 역, 서울: 21세기북스, 1994.

46) T. Peter, and N. Austin, pp.345~360.

47) pp.362~366.

48) N. E. Tichy and M. A. Devanna, *The Transmational Leadership,* 박영종 역,「개혁을 추구하는 리더십」, 서울: 21세기북스, 1995, p.8.

49) Ibid., pp. 79~83.

50) M. M. Tichy and M. A. Devanna, "The Transformational Leader", Training and Development Journal, July, 1986, p.31.

51) pp.328~333.

52) pp.333~346.

53) J. Kouzes & B. Posner, *The Leadership Challenge,* 권기성 · 최진석 역,「비전, 전략 그리고 리더십」, 서울: 도서출판 한샘, 1994, pp.15~23.

54) E.H. Schein, *Organizational Culture and Leadership,* (San Francisco, CF: Jossey-Bass Publishers, 1985), p. 6.
55) 김인수, 「거시조직이론」, 서울: 무역경영사, 1991, p.581.
56) E. H. Schein, p.9.
57) J. M. Burns, pp.20~25.
58) T.J. Peter and R.H. Waterman, *In Search of Excellence,* 박노윤 역, 「초유량기업의 조건」서울: 삼성출판사, 1991, p.26.
59) B. M. Bass & N. Yokochi, "Charisma Among Senior Executives and The Special Case of Japanese CEO' s Consulting", *Psychology Bulletin*, Winter · Spring, 1991, pp.31~38.
60) J .M. Burns, p.440.
61) D. D. White and D. A. Bednar, *Organizational Behavior: Understanding and Managing People at Work*, 2nd(ed), Boston: Allyn & Bacon, 1991, p.409.
62) G. Yukl, p.353.
63) M. Weber, pp.358~359.
64) A. R. Willner, *The Spellbinders: Charismatic Political Leadership,* New Haven, CT: Yale University Press, 1984, p.14.
65) M .E. Spencer, "What Is Charisma?", *British Journal of Sociology,* 24(3), Sep., 1973, pp.341~342.
66) B. M. Bass, p.31.
67) B.M. Bass, op.cit., p. 34.
68) T. Peters and R.H. Waterman, op.cit., pp. 46~108.
69) B.M. Bass, 1985, op.cit., pp. 49~52.
70) A. Zalenik, "Managers and Leaders: Are They Different?", Harvard Business Review, Vol. 5, pp. 67~80.
71) B.M. Bass, op.cit., p. 90.
72) A.K. Korman, "A Hypothesis of Work Behavior Revisited and An Extension", *Academy of Management Review,* Vol. 1, 1976, pp. 50~63.
73) B.M. Bass, op.cit., p. 105~106.
74) D. D. White and D.A. Bednar, *Organizational Behavior Understanding and Managing People at Work*, 2nd(ed.), Boston: Allyn & Bacon, 1991, p.409.
75) B. M. Bass, 1985, pp.97~98.
76) G. A. Yukl, D. D. V. Fleet, *Handbook of Industrial & Organizational Psychology*, Consulting Psychologists Press, 1992. p.176.
77) 이상호, 「조직과 리더십」, 서울: 북넷, 2010.
78) G. Yukl, 1994. pp.368~376.
79) pp.238~267.
80) P. M. Podsakoff et al., "Transformational Leader Behaviors and Their Effects on Followers' Thrust in Leader", *Satisfaction and Organizational Citizenship Behaviors*, Vol. 1(2). 1990, p.114.
81) 이관용, 「신뢰경영과 서번트 리더십」, 서울: 엘테크, 200., pp.149~173.
82) 박우순, 「조직관리론」, 서울: 법문사, 1996. pp.361~366.
83) L. Spears, "Introduction: Servant-Leadership and the Greenleaf Legacy." In L. C. Spears, ed.,

Reflections on Leadership: How Robert K. Greenleaf's Theory of Servant-Leadership Influenced Today's Top Management Thinkers. N.Y.: Wiley, 1995, p.2:

84) R. K. Greenleaf, "Life's Choices and Markets." In Spears(1995), p.17~21.

85) R. Greenleaf, *Servant Leadership*, Indianapolis: R. K. Greenleaf Center 1991, 「리더는 머슴이다」. 강주현 옮김, 참솔출판사, pp. 10~13.

86) L. Spears, pp.4~7, R. Greenleaf, *Servant Leadership*, 1991, 「리더는 머슴이다」. 강주현 옮김, 참솔출판사, pp. 24~81.

87) Peter G. Northhouse, *Leadership*, Sage Publications Inc., 「리더십」, 김남현, 김정원 역, 경문사, 2001, pp.394~395.

88) D. L. Tarr, "The Strategic Toughness of Servant-Leadership." In Spears(1995), p.81

89) pp.199~212.

90) P. Senge, *The Fifth Discipline: The Art and Practice of the Learning Organization*. N.Y.: Doubleday, 1990. 참조.

91) Peter G. Northhouse, pp.398~400.

92) 박우순, 「조직관리론」, 서울: 법문사, 1996. pp.251~256.

93) C. C. Manz and H. P. Sims, "Super leadership: Beyond the Myth of Heroic Leadership", *Organizational Dynamics*, 1991. 19(4), pp.18~35.

제2부
리더십과 사회과학

제6장

리더십과 팔로어십

효과적인 리더십을 발휘하기 위해서는 리더를 따르는 추종자나 팔로어가 반드시 존재해야 한다. 이런 의미에서 리더십의 세 요소는 리더(Leader), 팔로어(follower), 목표(purpose)다. 그런데 리더십 이론에서 거의 관심을 두지 않는 부분이 이 팔로어에 대한 것이다. 리더는 가시적인 모습으로 존재하고 있으나, 상대적으로 추종자(팔로어)는 동질적인 하나의 집단으로 간주하는 경향이 있기 때문이다. 그러나 리더십 과정을 리더, 추종자, 상황 등의 복잡한 상호작용으로 보는 상황적 리더십 이론에서는 특히 추종자의 중요성이 강조되고 있으며, 리더십의 효과성을 결정하는 가장 결정적인 요인의 하나이기 때문에 추종자(팔로어)에 대한 연구는 필수적이다.

이 장에서는 리더를 따르는 팔로어를 연구하여 해 보려고 한다. 교회 조직에서도 목사인 리더와 성도로 표현되는 팔로어들이 있다. 효과적인 목회 리더십을 발휘하기 위해서는 성도에 대한 깊은 연구가 진행되어야 한다.

여기서는 리더십과 성도(팔로어십)의 관계를 살펴보고 일반 조직의 팔로어십의 형태와 유형에 대하여 고찰해 보면서 목회자가 교회에서 성도를 어떻게 관리하고 리더십을 발휘할 것인가를 고찰해 보고자 한다.

리더십과 팔로어십의 관계

목회자 리더십에 대한 이해를 위해서는 성도(팔로어십)에 대한 이해가 필연적으로 요구된다.[1] 왜냐하면 리더십이란 리더와 추종자가 만들어내는 하나의 작품이기 때문이다. 그러나 현재까지 많은 리더십을 연구하는 학자들이 팔로어들이 조직의 성공과 실패의 가장 중요한 이유가 될 수 있음에도 불구하고 종종 리더에게만 실패와 성공의 책임을 귀속시키는 편향적인 연구를 해 온 경향이 있다.[2]

번스(burns)는 리더십과 팔로어십의 상호관련성에 대하여 리더십이란 "리더가 리더 자신과 추종자 모두의 동기와 가치를 담고 있는 특정한 목표를 실행에 옮기도록 추종자들을 유도하는 과정"이라고 정의하면서, 리더십의 진정한 의미는 리더 자신과 추종자 모두의 동기와 가치를 파악하고 이를 실현하는 데 있다고 본다. 즉 리더십은 추종자의 욕구와 목적과 분리되어 생각할 수 없고, 리더-추종자의 관계성의 본질적인 측면은 공동의 혹은 최소한의 공유된 목적을 추구함에 있어서 기술이나 서로 다른 동기수준 혹은 잠재적인 파워를 가진 사람들의 상호작용인 것이다. 켈리(1994)도 "조직목표달성에 리더가 기여하는 정도는 10~20%에 불과하고 나머지 80~90%는 팔로어(follower)에 의해 결정된다."고 주장하며 팔로어십의 중요성을 강조하였다.[3] 이는 팔로어가 단순히 리더와의 종속관계에 있는 인물이 아니라 주체적 행동을 수행하는 조직 내 중요한 인물임을 부각시키는 것이며 지금까지 리더 입장에서 다루던 리더십을 추종자의 입장에서도 전개할 수 있음을 의미하는 것이다. 이는 리더십의 성공적 결과를 도출해 내기 위해서는 리더십의 발휘 대상이 되는 팔로어들의 심리적 동의가 필수적이기 때문이다.

헬러와 반틸(Heller & Van Til)은 리더십과 팔로어십을 리더-추종자 상호간의 역동성, 참여적 리더십, 훈련과 학습, 변화하는 환경 등의 5가지 측면에 비추어 리더십과 팔로어십을 다음과 같이 정리했다.[4]

첫째, 리더십과 팔로어십의 개념적인 측면에 있어서 리더십과 팔로어십은 상호 관련된 개념으로서 어느 한 쪽에 대한 이해 없이는 다른 한쪽에 대한 적절한 이해를 할 수 없게 된다.

둘째, 리더-추종자 간의 역동성 측면에서 리더는 추종자를 잘 인도해야 하며, 추종자들은 잘 따라야 한다. 훌륭한 리더십은 추종자들을 고취시키고, 훌륭한 팔로어십은 리더십을 고취시킨다. 많은 경우에 있어서 추종자들은 주어진 상황에서 표면화되지 않은 잠재적인 리더들이다.

셋째, 참여적 리더십의 측면에서 리더와 추종자 간의 역할 구분은 필요하다.

넷째, 훈련과 학습의 측면에서 리더십과 팔로어십은 계속적으로 숙련 가능한 기술이다.

다섯째, 변화하는 환경의 측면에서 급변하는 환경은 리더와 추종자 모두에게 새로운 요구사항을 부가하게 되는데 규모가 작은 조직에서 리더는 프로그램 촉진자 역할보다는 추종자들의 조언자 역할을 더 많이 수행한다. 또한 사회적 환경이 급변하는 변혁의 시기에는 리더십과 팔로어십이 방향감각을 잃을 수 있다.

이렇게 보면 리더십과 팔로어십은 상호배타적이거나 완전히 독립된 것이 아니며, 오히려 상호보완적인 관계에 있다.

팔로어가 되는 이유

켈리는 사람들이 리더의 명예와 지위를 거부한 채 팔로어의 길을 선택하는 이유를 팔로어십으로 설명하고 있다. 즉 팔로어의 길이 어떤 매력을 가지고 있을 것이라고 하면서 팔로어를 도제(apprentice), 신봉자(discipline), 멘티(mentee), 동지(comrade), 충성파(loyalist), 드리머(dreamer), 삶의 방식(lifeway) 등의 일곱 가지 형태로 구분하였다.[5]

일반적으로 관찰되는 이러한 일곱 가지 팔로어의 형태는 두 가지 차원의 다른 동기의 조합에 의해 특징지어진다. 즉 첫 번째 차원이 자기표현 대 자기개혁이고, 두 번째 차원이 인간관계 대 개인적 목표이다.

팔로어 중에는 팔로어십 속에서의 인간관계를 중요시하는 사람이 있는데 이들은 목표나 꿈을 추구하기보다는 사람을 따른다. 인간관계와 상반되는 동기는 개인적 목표인데, 이들은 개인의 내면에 중점을 두는 사람이다. 이들에게 팔로어십은 다른 사람과의 관계가 아니라, 개인적 꿈을 달성하는 수단이 된다. 이러한 두 가지 차원의 욕구는 복합적으로 작용하는데, 일곱 가지 형태의 팔로어를 구체적으로 살펴보면 다음과 같다.

〈그림 6-1〉 팔로어십의 형태[6]

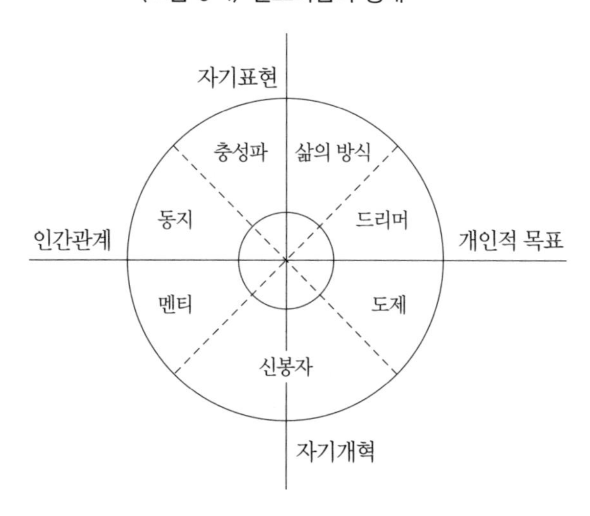

1) 도제(apprentice)

도제는 팔로어 형태 중에서 가장 쉽게 확인할 수 있는 형태인데, 한마디로 "리더가 되고 싶어서 애태우는 사람"들이 선택하는 길이다. 왜냐하면 개인적으로 팔로어십을 경험해 봐야 리더가 될 수 있기 때문이다. 그러므로 이들은 일에 관해 완벽하게 배워야 하고, 의무를 충실히 수행하는 것이 필수불가결한 일임을 잘 알고 있으며, 팔로어의 위치에서 자신의 일을 제대로 처리하는 것이 매우 가치 있는 일이라는 것을 이해하고 있다. 이들은 팔로어의 위치에서 자신을 입증해 보임으로써 동료와 리더의 신임을 얻으려고 노력한다. 이들에게 있어서 팔로어의 기능이란 자기 자신을 언제든지 일에 착수할 수 있도록 유지하는 것을 의미한다.

도제로서의 팔로어십은 현재 군대조직과 대부분의 관료기구나 일본의 실업계에서 활용되고 있다. 이 도제 제도는 고대 중국의 관리등용체계가 그 초기의 형태라고 할 수 있으며, 이 관료체계는 영국과 로마 가톨릭에 이르기까지 광범위한 영향을 미쳤다.

2) 신봉자(discipliner)

원래 신봉자라는 영어는 그리스어에서 파생된 말로 그 본래 의미는 "스승에게서 배우는 사람"이라는 뜻이다.

신봉자 혹은 추종자는 단지 종교적 의미로서만이 아니라, 일련의 지식을 한 사람의 스승이 일단의 제자에게 전수하는 것을 말한다. 멘토관계와 구별되는 것은, 멘토는 1:1의 훈육방법으로 개인의 성숙까지도 포함되는 것임에 비해 신봉자는 지적인 부분만 전달되고 감성적인 내용은 전달되지 않는 것이 다르다.

본 회퍼(Dietrich Bonhoffer)는 디사이플십(discipleship)에는 믿음과 복종이라는 두 가지 요소가 있으며 약속된 새 삶을 위해 이제까지의 존재양식을 버려야 한다고 하였다. 팔로어의 마음속에는 리더와 동일시되고자 하는 마음이 존재한다.

조직과 리더는 신봉자로서 따르는 사람들에게 주의를 기울여야 한다. 왜냐하면 그들은 조직 내에서 문화와 지식의 통로로서 아주 유용하며, 다른 사람들에게 메시지를 전하는 전령사로서 리더보다 더 효과적이기 때문이다.

3) 멘티(mentee)

멘티는 스승과 제자, 1대 1의 관계라는 점에서 도제식 수업과는 다르며, 팔로어의 인간적 성숙을 돕는다는 점에서 신봉자와도 다르다. 또한 도제 수업의 목표가 기능의 습득인데 비하여 멘토링의 목표는 인간적 성숙이다.

멘토링(mentoring) 관계에서 이끌어주는 리더를 멘토(mentor)라고 하고 추종자를 멘티(mentee)라고 한다. 개인이 어떤 형태의 팔로어십의 혜택을 얻기 위하여 심리적으로 얼마나 준비되어 있느냐의 여부는 멘티가 멘토의 영향에 얼마나 완전히 의탁하느냐에 달려 있다. 일반적으로 사람들은 자신의 이익을 위해 추종하지만 멘티의 경우에는 언제나 리더가 되기 위해 멘토링의 관계를 형성하는 것은 아니며, 단지 자신을 향상시키는 하나의 방법으로 간주되기도 한다. 도제와 마찬가지로 멘티도 자기의 개혁을 위하여 팔로어의 길을 택한 사람들이다. 따라서 조직은 적절한 멘토를 연결시켜 주어야 한다. 멘토는 인간관계기술이 있어야 하며, 동시에 자신을 희생할 수 있는 마음도 있어야 한다.

4) 동지(comrado)

동지는 추종의 이유가 개인적인 성장, 승진, 또는 지적 발전이 아니며, 대신 서로 굳게 맺어지면서 생겨나는 친밀감이나 사회적 지지가 추종의 이유가 된다.

이러한 동지의 형태는 두 사람 이상의 노력과 재능이 필요한 활동 속에서 발견된다. 즉 운동 팀이라든가 오케스트라, 또는 프로젝트팀에서 흔히 나타나며 강한 친밀감과 애정을 공유한다. 이들은 개인적 영예의 추구보다도 조직과 동료의 성공을 위해 팔로어가 되는 경향이 있다.

이런 유형의 팔로어들은 훌륭한 팀 플레이어가 될 수 있다. 그러므로 응집력과 사기가 중요한 요소가 되는 일에 참여시켜야 한다.

5) 충성파(loyalist)

충성파는 개인적인 충성심에서 리더를 따르는 유형인데, 이들에게는 충성심이 존재의 의의가 되기도 한다. 충성심이라는 팔로어의 길은 동지의 길과 마찬가지로 다른 사람에 대한 감정의 몰두에서 생겨나는데, 동지의 관계와는 다르게 리더 1대 1 관계를 형성한다. 또한 멘토링의 관계와는 달리 추종자의 인간적인 성숙은 이 관계의 주목적이 되지 못한다. 대신 완전히 몰입하여 외부의 충격에도 흔들림 없이 기꺼이 희생한다. 이런 충성심을 확보할 수 있는 리더와 조직은 행운이며 엄청난 자산을 가지고 있는 것이다.

조직과 리더는 그들의 신뢰를 배신해서는 안 된다. 끊임없이 팔로어에게 열정을 불어넣어 주어야 하며 충성의 대가를 확인시켜 주어야 한다.

6) 드리머(dreamer)

여섯 번째 형태는 드리머인데, 최고의 팔로어 가운데는 어떤 특정의 리더보다는 자신의 꿈에 빠져 있는 사람이 많다. 이들은 꿈을 실현하는 것이 최대의 관심사이기 때문에 자신이 리더냐 팔로어냐 하는 것에 별로 개의치 않는다.

이들이 리더를 따르는 이유는 리더가 누구냐가 아니라, 그 리더를 통해 구현되고 있는 이상이나 대의명분 때문이다. 따라서 리더나 조직의 목표가 개인의 꿈과 같은 한, 심리적인 내면화에 의한 강력한 추종을 하게 된다. 그러나 이러한 꿈에 의해 유대가 깨질 때 그들은 팔로어의 역할을 거절하며 리더는 지배력을 잃게 된다.

이런 팔로어를 활용하기 위해서 리더나 조직은 목표와 사명을 분명히 해야 한다. 또한 어떤 명령을 내릴 때도 그것이 목표와 어떤 관계가 있는지 설명해야 한다.

7) 팔로어의 삶의 방식(lifeway)

팔로어 자신의 삶의 철학이 팔로어가 되게 만든다. 이 경우는 팔로어의 역할을 자신의 인생관으로 내면화시킨 경우다. 즉 추종하는 것이 나름대로 자신이 가장 중요하게 생각하는 보상을 가져온다고 생각하기 때문에 자신의 내적 성장이나 외적 성장을 위하기보다는 남에게 봉사하기 위한 수단으로 추종하게 되는 경우다. 이 부류에 속한 사람들의 전반적인 가치관은 필요충분 상태에 대한 추구라고 요약될 수 있는데, 다다익선을 최선의 가치로 추구하는 부류와는 대치되는 부류다. 또한 이런 사람들은 팔로어로 일하는 것이 자신이 원하는 것이라는 이성적 판단에 기초하여 팔로어의 길을 선택한다. 리더와 경쟁하는 것보다는 보완하는 입장에서 일하는 것이 더 행복하고 더 많은 시너지 효과를 얻을 수 있다고 생각하기 때문이다.

조직과 리더의 입장에서는 이들 부류에 대한 적절한 평가를 통하여 설령 재능이 있다고 하더라도 자신의 본 모습과 상충되는 자리를 강요해서는 안 된다.

켈리가 앞에서 서술한 일곱 가지의 팔로어 형태는 팔로어가 왜 팔로어의 역할과 위치를 선택하는가 하는 팔로어의 동기를 설명해 주고 있다. 이러한 팔로어의 동기는 조직과 리더에게 매우 중요한 시사점을 제시해 주고 있다. 즉 팔로어가 리더를 추종하는 이유를 알아야 조직에 필요한 추종자를 모집하고 배치하고 유지할 수 있는 조직 환경과 조직문화를 만들 수 있기 때문이다.

켈리는 대부분의 사람들이 자신이 어떤 리더십의 유형에 속하는지를 알고 있으며, 그들은 자신이 어떤 지도자인지, 리더로서의 자신의 장점과 약점은 무엇인지를, 그리고 자신이 팔로어들에게 어떤 영향력을 미치는지 이해하고 있지만, 자신의 팔로어십 유형에 대하여는 거의 인식하지 못하고 있다고 지적하면서 이러한 인식의 불균형은 대단히 위험한 일을 초래할 수 있다고 경고한다.

팔로어의 유형

켈리(1994)는 팔로어들을 대상으로 면접을 실시한 뒤 〈그림 6-2〉에 나타난 바와 같이 팔로어의 사고 성향과 행동 성향을 기준으로 5가지 팔로어십 유형을 제시하였다. 독립적이고 비판적 사고(independent, critical thinking)의 여부와 활동의 수준이 적극적이냐 소극적이냐(active or passive)의 차원에 의해 추종자의 형태를 소외형(alienated), 순응형(conformist), 수동형(passive), 모범형(effective), 실무형(pragmatist) 팔로어로 구분하였다.

〈그림 6-2〉 팔로어십 유형[7]

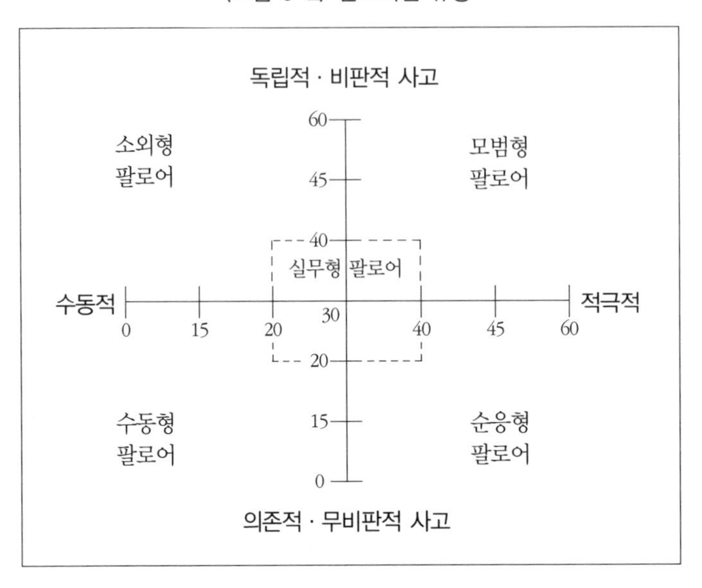

켈리는 모범형 팔로어가 가장 좋은 팔로어라고 하면서 모든 형태의 팔로어를 모범형으로 만들 수 있는 대안을 제시했다. 각 팔로어의 특징과 리더가 모범형 팔로어로 만들 수 있는 전략을 생각해 본다.

1) 소외형 팔로어(alienated followers)

소외형 팔로어는 독립적이고 비판적인 사고는 견지하고 있지만, 역할 수행은 그다지 적극적이지 않다. 또한 유능하지만 냉소적이어서 리더의 노력은 빈정거리고 비난하면서도 스스로는 노력을 하지 않거나 서서히 불만스러운 침묵을 하고 있는 것이 보통이다. 대부분의 소외형 팔로어들은 처음에는 모범적인 팔로어였으나 어떤 계기로 인하여 조직과 관계에 흥미를 잃고 결국 자신 속에 파묻히게 되었다. 그래서 그들은 자신이 부당한 대우를 받고 있으며, 희생자라고 평가한다. 이러한 불만을 조직 내부에서 그들이 싫어하는 부분들과 대립하는 데로 돌려 버린다. 이들은 조직 목표, 정책, 절차 등의 긍정적인 측면을 무시하고 부정적인 측면만을 들추어내는 데 즐거워하는 무리다.

팔로어의 약 15~20%를 소외형 팔로어가 차지하고 있다. 소외형 팔로어가 되는 원인은 대부분 그들이 리더나 조직에서 기대가 충족되지 않은 때나 신뢰관계가 깨어졌을 때 이루어진다. 신뢰의 결여는 팔로어에게 중대한 문제다. 한 조사에서 팔로어들이 조직 내에서 만난 다섯 명의 관리자 가운데 두 명만이 신뢰와 자신감을 심어줄 수 있는 사람으로 인정하는 결과가 나왔다.

이런 소외형 팔로어가 리더에 대한 적의를 극복하고 적극적인 팔로어가 되도록 인도하는 최선의 방법은 리더가 팔로어와의 관계에서 신뢰를 심어주고 좀 더 긍정적인 태도로 변화시키는 것이다.

리더는 소외형 팔로어를 다시 모범형 팔로어로 변화시켜야 한다. 왜냐하면 소외형 팔로어들은 모범형 팔로어가 가지고 있는 중요한 특징을 가지고 있기 때문이다. 그들은 독립적이고 비판적인 사고력을 가지고 있다. 그러므로 부정적인 면을 극복하고 적극적으로 참여하는 사람으로 만들 수 있는 것이다.

2) 순응형 팔로어(yes man followers)

소외형 팔로어의 반대인 순응형 팔로어는 적극적인 참여는 높이 살만 하지만, 독립적인 사고라는 측면에서는 그렇지 못하다. 팔로어의 20~30%가 자기 역할을 불편해하지 않는다는 것이 연상되는 점이다. 불편해하지 않는 것은 좋지만 문제는 이들 팔로어가 리더의 판단에 지나치게 의존한다는 것이다.

순응형은 명령을 받고 리더의 권위에 순종하며 리더의 견해나 판단을 따르는 데 지나치게 열중한다. 그들은 추종자가 권한을 가진 리더에게 복종하고 순응하는 것을 의무라고 생각한다. 그들은 자기 분수를 알고 사회질서에 의문을 품지 않는다. 그들은 조직에 속한 것에서, 자기 위에 누군가 있는 것에서 위안을 찾는다. 그들은 완벽하게 착한 어린이지만 상사나 부모의 마음에 들려고 하는 열의가 너무 지나치다.

이러한 순응형 팔로어가 되는 원인은 정신분석학적인 접근으로 도출될 수 있는데, 저명한 정신분석학자인 에리히 프롬(E. Fromm)은 「자유로부터의 도피」를 통해 독일과 이탈리아 시민들이 어렵게 얻은 짧은 역사의 민주주의를 포기하고 파시즘을 신봉한 이유를 설명하면서, 자유를 두려워하는 사람이 있다는 것을 지적한다. 그에 따르면, 자유는 너무 많은 선택과 너무 많은 불확실성을 초래하고, 자유를 두려워하는 사람들은 책임을 지고 선택을 하면서 살아가는 것을 어렵게 여긴다고 한다. 그들은 이런 느낌을 없애기 위해서 도피의 대상을 찾고 그 도피의 대상에 전적으로 의존하려고 한다는 것이다.[8]

그러나 의존적인 성격만이 순응주의를 야기하는 원인의 전부는 아니다. 대부분의 사회가 순응을 장려한다. 권위에 대한 복종은 가정과 학교, 교회, 운동팀, 군대, 직장 등에서 강화되고 있다. 또한 다른 사람들을 좌지우지하는 권력을 추구하는 전횡적인 리더들은 순응형 인간을 장려한다. 이런 리더는 불복에 대해서 비싼 대가를 강요하기도 한다. 그것에 순응적인 처신을 더욱 조장하며 동화되지 않는 사람에 대하여는 즉시 징벌과 질책이 뒤따른다. 그 때문에 사람들은 보신을 위해서 진실을 왜곡하는 법을 배우게 된다. 마찬가지로 정부든, 자선단체든, 종교든, 기업이든, 관료주의적 규범과 경직된 절차는 순응형 인간을 유인하고 양산한다.

그러나 급속하게 변화하는 오늘의 세계에서 순응주의적 가치관은 인정받고 있지 못하다. 안정되고 지속적인 사회에서는 인정되는 가치관도 혁신과 변화의 시대에서는 다른 가치관을 요구하기 때문이다.

소외형 인간과 마찬가지로 순응형 또한 모범형으로 이동하는 데 유리한 위치에 있다. 순응형 팔로어들은 이미 헌신적인 공헌자나 적극적으로 참여하는 사람으로 평가받고 있기 때문이다. 완전한 공헌자가 되기 위해서는 독립적이고 비판적인 사고를 기르고 그것을 실행할 용기를 키워야 한다.

순응형 팔로어가 모범형 팔로어로 변화되기 위해서는 타인의 아이디어에 대한 평가, 타인의 성취 욕구에 대한 이해, 선선한 평가와 대안 제시 등과 같은 보다 적극적인 삶의 방법이 요구된다.

3) 실무형 팔로어(sheep followers)

실무형 팔로어(pragnatist)는 전체 팔로어의 25~35%를 차지하는 유형으로 리더의 결정에 의문을 갖기는 하지만 비판적이지는 않다. 명령받은 일은 수행하지만 그 이상은 하려 하지 않으며, "후회보다는 안전"이라는 모토로 행동하며, 모험을 하려고 하지 않는다.

실무형 팔로어는 운영방침 등에 민감하고 자신의 이익을 위해 다른 사람과 조직을 교묘히 조종하는 모사꾼이라는 말을 듣기도 한다. 실무형 팔로어는 유력인사와 강력한 주장을 가지고 대립하지 않는다. 의견 대립은 최소한으로 억제하고, 어떤 실패에 대하여도 언제나 변명할 수 있는 자료를 주도면밀하게 마련해 놓고 있다.

이러한 실무형 팔로어가 되는 이유는 각 개인의 성격 탓도 있지만 리더와 조직의 영향도 크게 작용한다. 즉 실무형 태도는 조직적으로나 정치적으로 불안정한 상황에 대처하는 경향이 많다. 또한 리더 자신이 팔로어에게 실무형을 조장하는 경우도 있다. 인간관계가 사무적이고, 모든 면에서 원칙적인 리더십에는 팔로어들도 똑같은 태도를 유발시키게 된다. 이러한 실무형 팔로어십이 합리적이고 안정적인 선택이라고 여기게 되기 때문이다.

모범형 팔로어로 변화를 이루기 위해서는 실무형 팔로어는 일단 목표를 정하고 사람들이 그들에 관해 부정적인 인식을 불식할 수 있는 신뢰와 신용을 쌓아야 한다. 자기를 먼저 생각하는 것이 아니라, 언제나 다른 사람들의 목표 달성을 돕는 것도 하나의 방법이 될 것이다. 자신의 재능을 충분히 발휘하고 개인적인 이익 이상을 위해서 쓸 때 진실로 유익이 있다는 것을 기억해야 한다.

4) 수동형 팔로어(passive followers)

수동형 팔로어는 전체 팔로어의 약 5~10%를 차지하고 있으며, 그 숫자가 가장 적다. 수동형 팔로어는 모범형 팔로어와 정반대인 경우인데, 극단적인 경우 그들은 생각하는 일이나 노력하는 일 따위는 가능한 하지 않으며, 리더에게 맡기고 임무를 열성적으로 수행하지 않는다. 책임감이 결여되어 있고 솔선하지 않으며 지시 없이는 주어진 임무를 수행하지 못한다. 수동형 팔로어는 맡겨진 일 이상은 절대 하지 않는다.

켈리에 의하면 이러한 수동형 팔로어가 되는 원인이 팔로어의 성격 탓이라기보다는 단지 팔로어십 기능을 발전시키지 못한 사람들이라고 한다. 그래서 그들은 기본적으로는 아무것도 하지 않으며 팔로어의 역할을 싫어한다. 그들은 자신이 팔로어라는 것을 깨닫는 즉시 손을 놓아 버린다.

수동형 팔로어는 대부분의 경우, 리더의 기대에 대한 반영으로 나타난다. 즉 리더가 팔로어를 양처럼 대하면 팔로어는 대개 양처럼 처신한다. 리더가 모든 상황을 통제하고 팔로어에게 규정을 지키게 하기 위해서 위협수단을 사용할 필요가 있다고 생각할 때에 수동형 팔로어가 많이 생긴다. 모든 목표를 설정하고 모든 결정을 내리며 감시의 눈을 떼지 않는 리더십의 발휘는 필연적으로 팔로어를 수동형 팔로어가 되도록 조장한다.

수동형 팔로어가 모범형 팔로어로 변화되기 위해서는 팔로어십의 재능의 범위를 배울 필요가 있다. 즉 리더를 따르는 것이 아무 생각 없는 수동적인 행동이나 제3자적인 관망이 아니라는 것을 이해시켜야 한다. 모범형 팔로어가 되기 위해서는 자신을 희생하며 모든 일에 적극적으로 참여해야 한다.

5) 모범형 팔로어(exemplary followers)

모범형 팔로어는 팔로어십의 두 가지 기본적인 특성을 잘 소화하고 있다는 점에서 다른 팔로어와 구별된다. 모범형 팔로어는 리더나 그룹으로부터 독립해 자주적이고 비판적으로 사고를 한다. 리더와 동료들의 눈에는 "스스로 생각하는 사람"으로 비쳐진다. 모범형 팔로어는 독립심이 강하고 혁신적이고 독창적이며 건설적인 비판을 내놓으며 리더와 용감하게 맞서는 사람이다. 다른 한편으로 관료적인 우둔함이나 비능률적인 동료들로 인해 장애를 받더라도 조직의 이익을 위해서 자신의 재능을 유감없이 발휘하여 적극적으로 맞선다. 그들은 솔선수범하고 주인의식을 가지고 있으며, 팀과 리더를 도와주고 자기가 맡은 일보다 훨씬 많은 일을 한다는 평가를 받는다. 이러한 팔로어는 적극적인 참여를 통해 리더의 힘을 강화시켜 준다.

모범형 팔로어에게는 다른 유형의 팔로어와는 다른 기능과 가치관이 있는데, 크게 두 범주로 나눌 수 있다. 첫 번째는 직무상의 기능으로서 모범형 팔로어가 조직 내에서 부가가치를 창출하는 방법이다. 모범형 팔로어는 조직 내에서 직무에 대한 헌신과 집중을 통해 조직에 대한 자신의 가치를 적극적으로 높임으로써 이 기능을 수행한다.

두 번째는 조직상의 기능인데, 모범형 팔로어는 조직에서 넓은 인간관계를 형성하고 이를 활성화시키는 데 노력하고 이러한 방법을 통해 리더십 발휘를 강화시켜 준다.

모범형 팔로어에게 필수적인 능력은 부가가치를 창출하는 것이다. 모범형 팔로어는 부가가치를 다음의 방법으로 창출해 낸다.

첫째, 목표에 몰두한다.

둘째, 목표를 이루기 위해 활동능력을 효율성 있게 한다.

셋째, 적극적으로 조직 내에서 자신의 가치를 높인다.

넷째, 맹목적으로 일을 하는 것이 아니라 자신의 이상과 꿈을 부가가치와 일에 연관시켜 의식하면서 활동한다.

목회자 리더십과 팔로어십

팔로어는 리더가 제공하는 리더십의 질을 사는 고객과 같다. 팔로어는 리더를 따르기 전에 어떤 리더가 더 나은 대안과 이상을 제시하는지를 비교해 보고서 따른다.

다프트(1999)는 리더와 균형 있는 관계를 발전시키기 위한 팔로어의 전략을 제시하고 있는데 이를 요약하면 다음과 같다.[9]

첫째, 리더를 지원해 주어야 한다. 리더가 필요로 하는 것이 무엇인가를 간파하여 그것을 해결해 줄 수 있는 사람이 되어야 한다. 팔로어 자신이 팀의 비전이나 목표를 달성하는 데 긴요하게 쓰일 수 있도록 해야 한다. 그러기 위해서 리더와 빈번한 커뮤니케이션을 통해 리더가 자신의 능력을 명확히 판단할 수 있도록 해야 한다.

둘째, 리더가 훌륭한 리더가 될 수 있도록 도와주어야 한다. 리더가 잘하는 것에 찬사를 보내고 감사하는 자세를 보여야 한다. 더불어 리더가 훌륭한 리더가 되기 위해서 무엇을 해야 하는지를 효과적으로 알릴 필요가 있다. 그러기 위해서는 팔로어로서 리더에게 먼저 조언을 구하는 자세가 필요하다. 조언을 구하는 자세를 먼저 보이면 리더가 어떻게 바뀌어야 하는지를 말하기도 쉬워진다.

셋째, 리더와 좋은 관계를 유지하여야 한다. 그러기 위해서는 신뢰가 중요하다. 리더와 팔로어 간 신뢰를 바탕으로 한 균형관계가 성립되면 리더와의 교류가 보다 의미 있게 되고 목표달성에도 도움이 된다.

넷째, 리더를 현실적으로 바라보아야 한다. 리더를 완벽한 이상형으로 바라보아서는 균형 있는 관계정립이 어려워진다. 그러기 위해서는 팔로어들은 자신의 리더를 올바로 인식하고 있는지를 수시로 점검해 볼 필요가 있다. 또한 팔로어들도 자신의 솔직한 모습을 리더에게 알려야 한다. 추종한다는 것이 곧 자신의 약점과 실수를 숨기는 것이 아니다.

특히 최근에 와서 교회와 사회의 전반적인 구조가 급격한 환경변화에 직면하면서 팔로어의 창의적이고 혁신적인 행동을 요구하게 되고, 이러한 행동을 유도할 수 있는 리더십으로 카리스마적 리더십, 변혁적 리더십, 서번트 리더십 등의 새로운 리더십 이론들이 활발히 연구되고 있다. 이러한 리더십의 공통적 특징은 팔로어의 정서적 수용을 통한 혁신행동을 강조하고 있다는 점이다.

리더는 팔로어와 함께 일하는 파트너다. 모범적인 리더십의 목표는 단순히 팔로어를 자기 쪽으로 끌어들이는 것을 의미하지는 않는다. 모범적인 리더는 함께 모험을 하고 이상을 창출해 내는 가치 있는 여행의 동반자적 관계 속에서 모든 팔로어를 모범적인 팔로어를 만들어 낸다.

주

1) T. Heller and J. Van til, Leadership and followership: Some summary propositions, *Journal of applied Behavioral Science*, 1983.
2) J. R. Mindle and S. B. Erlich, "The Romance of Leadership and the Evaluation of Organizational Performance", *Academy of Management Journal*, Vol. 30, 1987. pp.90~109.
3) Kelley, R.E.(1994), The power of followership, NY: Doubleday Dell.
4) T. Heller and Van Til, ibid.
5) R.E. Kelly, *The Power of Followership*, Batam Doubleday Publishing Inc., 1994, pp. 62~63.
6) R. E. Kelly, *The Power of Followership*, Batam Doubleday Publishing Inc., 1994, p.61.
7) R.E. Kelly, *The Power of Followership*, Batam Doubleday Publishing Inc., 1994, p. 114.
8) E. Fromm, 「자유로부터의 도피」, 이극찬 역, 서울: 전망사, 1979.
9) 백기복, 「이슈리더십」, 서울. 창민사. 2000.

제7장

리더십과 멘토링

멘토의 정의

인간은 조직인으로서나 개인으로서 사회생활과 조직생활을 하면서 타인과 인간관계를 맺고 산다. 인간은 어려운 난관에 직면했을 때 도움을 청하게 되며, 일상적인 행동에서 자신의 행동에 대한 준거기준(frame of reference)이 되는 인생의 선배가 한두 사람씩 있게 되는데 이들과의 관계를 멘토(mentor)라고 한다. 또한 멘토에게 조언을 받고 도움을 받는 사람을 멘티(mentee)라고 한다.

멘토라는 말은 그리스 신화 호머(Homer)의 "오디세이(The Odyssey)"에서 유래를 찾아볼 수 있다. 멘토란 B.C 1200년경 오디세우스가 트로이와 10년간의 전쟁을 위해 떠나면서 자신이 없는 동안 자신의 왕자 텔리마커스(Telemachus)를 도와 그의 왕국을 잘 보호하고 왕자를 장차 통치자로서 인도해 줄 것을 부탁한 자신의 친구 이름이었다. 이 후 멘토는 왕자를 도와서 텔리마커스의 친구와 아버지로서 왕국을 잘 통치하도록 필요한 지식과 충고를 하였다. 이런 이야기를 바탕으로 그리스에서는 아버지의 친구나 친척 중에서 인생의 선배로서 경험 많은 사람을 택하여 아들과 짝 지어 주어 경험과 가치관을 배우게 하는 준거인 멘토를 세우는 풍습이 생겼다고 한다.

멘토의 정의는 학자에 따라 다르게 정의되는데, "조직에 진입하는 사람들에게 그들의 경력 계획과 대인관계 개발에 관한 지원, 후원, 지시, 피드백을 제공해 주는 경험이 풍부한 연장자(senior)로서 경력기회에 가능성을 부여해 주는 사람"이라는 면에는 개념상 일치하고 있다.[1] 본 연구에서는 클람과 필드맨(Kram & Feldman)의 정의를 바탕으로 교회 조직에서의 멘토를 "교회에 진입하려고 하거나 이미 진입한 사람들에게 조언을 해 주고 후원을 해 주어 그 조직에 적응하도록 도와주며, 조직에 진입 후에도 지속적으로 멘토관계를 유지하는 사람"으로 정의하려고 한다.

멘토링의 발전과정

멘토와 멘티의 관계는 일방적이 아니라, 쌍방적인 상호작용을 하는 관계다. 따라서 상호작용을 통한 질적인 면과 양적인 면에서 변화하는 동태적인 과정을 겪게 된다. 최근에 이르러 멘토링을 동태적인 과정으로 보는 개념적인 접근방법이 연구되었다. 즉, 훈트와 미첼(Hunt & Michael)은 멘토관계(mentor relation)의 발전과정을 멘토관계에 영향을 미칠 수 있는 변수들을 포괄적으로 포함하고 멘토와 멘티의 상호작용을 다루어 〈그림 7-1〉과 같이 개념적인 틀로 나타냈다.

클람(Kram)은 18쌍의 멘토관계에 대한 심층면접을 통하여 멘토관계의 발전단계[2]는 ① 시작단계 → ② 발전단계 → ③ 분리단계 → ④ 재정립단계의 4단계를 거친다고 주장하였다. 특히 클람의 연구는 멘토관계의 양 당사자 모두 연구하고, 연구 당시의 멘토관계를 살펴봄으로써 정보의 왜곡 가능성을 최소화하였으며, 각 단계로의 변화요인을 설명한 것이다. 본 연구에서는 클람의 주장을 기본으로 두 학자의 연구를 포괄적으로 정리하였다. 이 단계는 〈그림 7-1〉의 '멘토의 개념적 모델'에 나타나 있다.

〈그림 7-1〉 멘토링의 개념적 모델

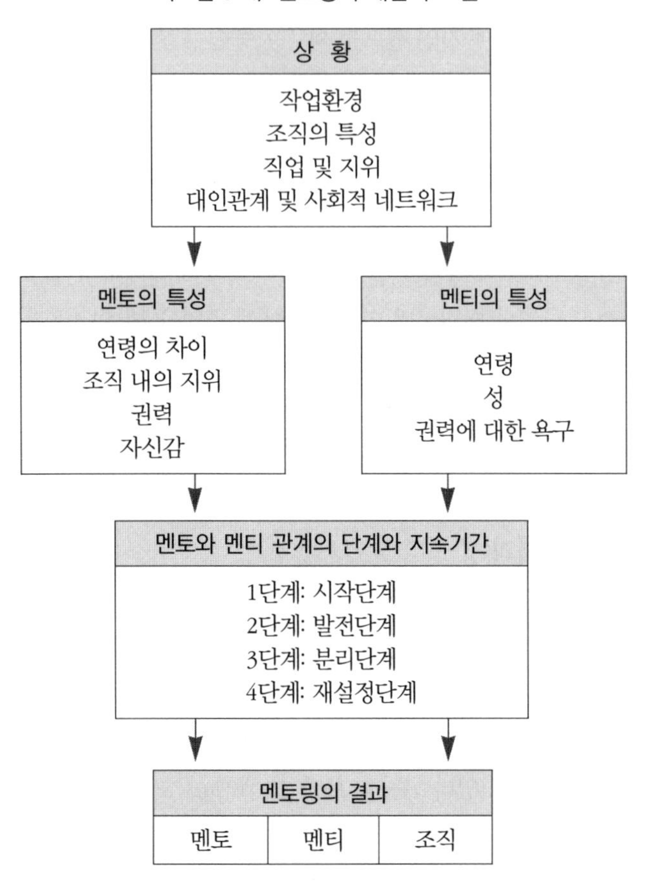

자료 : D.M. Hunt and C. Michael, "Mentorship: A Career Training and Development Tool", Academy of Management Review, Vol. 8, 1983, p. 478.

1. 시작단계

멘토관계가 시작된 첫 6개월부터 12개월 정도의 기간을 말하며, 멘토와 멘티 서로가 서로를 인식하며 관계를 맺어가는 단계이며, 다음과 같은 특징이 있다.

첫째, 멘티는 멘토를 존경하며 멘토가 자기에게 어떤 지원이나 조언을 해주어 그가 자신이 조직 내에서 성공적으로 생활할 수 있도록 도와줄 것이라

는 환상(fantasies)으로 그 관계를 시작한다.[3]

둘째, 멘토는 멘티에게 자신의 경험이나 가치관을 전해 줌으로써 멘티의 성장과 성공에 도움을 주고, 충성스러운 능력 있는 동료를 얻고자 하는 동기에서 시작한다.

교회에서의 멘토관계는 주로 교회로 이끈 전도자가 멘토가 되거나, 그렇지 않으면 교회 조직에서 공식적으로 멘티의 지도자로 임명받은 사람이 멘토가 되기도 하며, 개인적으로 존경할 만한 사람을 찾아 멘토관계를 맺게 되기도 한다. 따라서 멘토관계의 시작이 멘티가 멘토를 개인적으로 존경하는지의 여부와는 별개의 문제가 될 수도 있다.

2. 발전단계

이 단계는 일반적으로 2년에서 5년 동안 지속되는데, 이 시기에 멘토의 여러 기능이 잘 나타나는 멘토관계의 절정기다. 이 단계에서 멘토의 경력관계 기능과 사회 · 심리기능들이 가장 강하게 나타난다. 또한 멘토관계의 시작단계에서는 멘토가 일방적인 도움을 주었던 반면, 이 단계에서는 서로가 도움을 주는 관계로 변화하게 된다.[4]

3. 분리단계

멘토관계 시작된 후 약 5년 정도가 되면 분리단계에 들어간다. 이 단계에서는 전 단계까지 이루어졌던 기능들과 심리적 상태에 대한 변화가 일어나게 된다. 멘토와 멘티 양 당사자는 그들의 관계에 대한 재평가를 하게 된다. 또한 이 시기에는 각 개인이 작업생활에서 멘토관계에 대한 비중이 줄어들게 된다.[5] 이 단계는 양 당사자의 발전에 있어 중요한 역할을 하는데, 멘토는 멘티를 개발시켜 주었다는 만족감과 관리적 재능을 확인하게 되며, 멘티는 독립할 수 있게 되기 때문이다.

4. 재정립단계

분리 상태가 몇 년간 지속되면 멘토관계는 새로운 단계로 전환된다. 과거의 멘토관계가 현재에 새로운 의미로 발전해 가면서 그들의 관계는 오랜 친구와 같은 사이가 된다. 이때는 멘토관계에서의 여러 기능들은 나타나지 않지만 서로에게 지속적인 관심을 갖고 도움을 주게 된다. 멘토와 멘티는 그동안 형성해 왔던 상호간의 후원을 지속하기 위하여 비공식적으로 접촉한다. 멘토는 지속적인 멘티의 후원자로서 멘티의 성취에서 자부심을 느낀다. 또한 멘토와 독립적으로 일하는 멘티는 더욱 동등한 동료 같은 형태로 멘토관계에 돌입한다.[6]

이러한 멘토관계의 단계와 조직사회화의 단계를 비교해 보면 〈표 7-1〉과 같다. 이 표에서 보듯이 조직사회화의 정착단계 속에 멘토관계의 분리단계와 재정립단계가 포함되고 있음을 알 수 있다.

〈표 7-1〉 조직사회화 단계와 멘토관계 단계의 비교

구분 \ 기간	진입의도~1년	2~5년	5년 이상	
멘토관계 단계	시작단계	발전단계	분리단계	재정립단계
본 연구의 기간설정	조직진입~1년	2~5년	5~9년	10년 이상

멘토링의 기능

멘토관계에 대한 기존의 연구들은 멘토의 기능에는 몇 개의 다른 기능들이 있음을 밝혀냈다. 멘토에 관한 많은 연구 중 먼저 클라우스(Klauss)는 면접방법을 통하여 멘토가 수행하는 기능을 다섯 가지로 분류하였다. 그 기능은 경력전략에 관한 충고(career strategy advising), 개인개발계획에 관한 상담기능(individual development plan counseling), 후원 및 조정기능(sponsorship and mediating), 피드백 제공기능(monitering and giving feedback), 역할모형(role modeling) 등이다.[7]

많은 연구자들 - 버크(Burke)[8], 스캔두라(Scandura)[9], 이진규와 김한얼[10]

- 의 연구에서 조직 내의 경력자로서 멘티가 당면한 역할을 수행하는 과정에서 필요한 지식이나 기술 등을 전수해 주고 조직 내의 적절한 행동양식과 태도 등을 가르쳐 주는 '역할 모형 기능'이 있음을 발견하였다. 이러한 멘티의 세 가지 기능을 표로 나타내면 〈표 7-2〉와 같다.

〈표 7-2〉 멘토의 기능

경력관계기능	사회 · 심리적 기능	역할모형기능
후원 노출 및 소개 지도 · 보호 도전적인 업무수행	수용 및 지원 상담 우정	역할모형

1. 경력관계기능

경력관계기능이란 멘토가 멘티의 경력개발을 위해 필요한 능력을 개발시켜 주는 훈련개발(training)역할을 하는 것이다.[11] 멘토가 수행하는 경력관계기능은 세 가지 공통점이 있다. 첫째, 이러한 기능들은 멘토의 직위, 경험, 조직에서의 영향력으로 인해 가능하게 된다.[12] 둘째, 멘토는 멘티가 조직의 요령을 습득하고, 조직에 노출되어 승진하도록 도와줌으로써 멘티의 경력과 관련된 목표로서 역할을 한다. 셋째, 경력기능은 멘토가 젊은 멘티의 능력을 개발시킴으로 멘티로 하여금 그 자신에 대한 존경심을 갖게 하고, 멘토의 책임 하에 있는 부하들과 상호 지원해 주는 직위에 있는 사람들로부터 지지 기반을 넓히게 한다. 이러한 점이 멘토의 경력과 관련된 목표를 달성하게 한다. 이러한 경력관계기능은 멘토가 다음의 다섯 가지 기능을 수행함으로써 이루어진다.

① 후원기능

후원기능은 멘티가 조직 내에서 바람직한 역할로 수평적 이동이나 승진을 할 수 있도록 멘토가 멘티에게 여러 가지 지무기회를 제공해 주거나 추천 등과 같은 영향력을 행사하여 다른 사람과의 관계를 넓혀 줌으로써 가능하다. 조직에서 멘티가 초기 경력단계에 있는 동안 후원기능은 조직진입자가 좋은 평판을 얻고 널리 알려지며, 더 높은 수준의 직위를 준비하도록 하는 여러 직무기회(job opportunity)에 접할 수 있도록 도와준다. 또한 후원기능은 경력단계 중기나 말기의 승진에도 결정적인 요인으로 작용한다.

이러한 후원기능은 멘티에게도 이익을 가져다주는데, 멘티가 업무성과가 우수하다면 그를 후원한 멘토의 판단력과 지원이 올바르다고 인정됨으로써 조직에서 신뢰도가 높아지게 되기 때문이다. 또한 멘토도 멘티를 후원함으로써 스스로 만족감과 자부심을 갖게 된다. 결국 장기적으로 후원기능은 개인적인 발전은 물론, 멘토와 멘티 모두가 조직에서 인정받는 상호유익의 결과를 가져온다.

② 노출 및 소개기능

노출 및 소개기능은 멘토가 멘티의 경력발전에 영향을 미칠 가능성이 있는 다른 관리자들과 문서상, 또는 직접적인 접촉을 필요로 하는 업무를 멘티에게 부여하여 그들과의 관계를 갖도록 하는 등 멘티의 능력과 업무를 다른 관리자들에게 보임으로 경력발전 기회를 증대시켜 주는 기능이다.[13] 그러한 기회를 통하여 멘티가 진입하고자 하는 조직 부분에 대한 학습기회를 얻게 되며, 이를 통하여 더 높은 수준의(관리자 수준과 같은) 조직운영에 대하여 학습기회도 갖게 된다.

③ 지도기능

지도기능은 멘티가 부여된 업무를 성공적으로 수행하고 다른 사람들로부터 인정받으며 경력목표를 달성하는 데 필요한 지식 및 기술을 전해 주는 기능을 말한다.[14] 경력기능 초기에는 주로 조직에서 요구하는 역할, 행동, 규범, 비공식적인 업무수행, 기술 등을 전해 주고 멘티의 운영 스타일에 대한 피드백을 제시한다. 경력기능 중기 이후에도 이 지도기능은 중요하게 작용하는데, 이 단계에서 필요로 하는 정보(누구를 믿을 수 있고, 누가 권력을 쥐고 있으며, 누가 특별한 상황에서 후원자나 경계의 대상이 되는가)를 공개적으로 얻을 수 있는 것은 제한적이며, 이러한 정보는 더 상위의 관리자와 개인적인 관계를 통하여만 획득할 수 있기 때문이다.

멘토의 지도기능을 통하여 멘티는 조직 내의 비공식적이고 정치적인 관계에 대해 충분한 지식과 정보기능을 갖게 되고 이러한 정보는 경력향상에 결정적인 역할을 한다.

④ 보호기능

이 기능은 노출 · 소개기능과 반대로 멘티와 다른 관리자들과의 접촉이 시기가 적절하지 않거나 멘티에게 좋은 영향을 미칠 가능성이 있는 경우에 멘티를 그로부터 보호하여 주는 것을 말한다.[15] 즉 멘티가 스스로 주어진 업무에서 만족할 만한 성과를 올리기까지 멘토가 멘티의 노출 및 소개를 유보시키고 멘티의 평판을 위협하는 불필요한 위험을 줄여주는 등 멘티에게 좋지 않은 영향을 미칠 가능성이 있는 경우에 멘티를 보호해 주고, 경력발전의 저해요인이 될 가능성을 줄여 줌으로써 멘티의 경력향상을 후원한다. 그러나 지나친 보호는 멘티의 안일함을 초래하거나 조직생활의 어려움을 알지 못하게 하여 멘티의 진정한 발전에 방해요소가 될 수도 있다.

⑤ 도전적 업무부여 기능

이 기능은 부서의 직접적인 업무와 관련된다. 즉 멘토가 멘티에게 새로운 기술을 습득할 수 있는 도전적인 업무를 부여하고, 그에 필요한 기술지원과 계속적인 성과에 대한 피드백을 제공함으로써 멘티의 업무 수행 능력을 개발시키고, 성취감과 자신감을 갖고 더 나아가 경력개발을 할 수 있도록 도와주는 기능이다.[16]

한편 멘토가 멘티에게 이러한 역할을 수행하기 위해서는 멘토 자신이 멘티의 업무에 숙달되어 있어야 하며, 이를 통해 멘티가 기술을 습득하게 되면 멘토는 그 업무에 대해서는 멘티로부터 많은 도움을 받을 수 있기 때문에 그로부터 생기는 여유를 통하여 다른 책임분야에 더 집중할 수 있게 된다. 다른 경력기능이 업무와 승진에 대한 가능성을 열어 주는 기능이었다면, 도전적 업무부여 기능은 직접적인 업무처리를 위한 능력을 신장시켜 준다는 점에서 차이가 있다.

2. 사회 · 심리적 기능

사회 · 심리적 기능은 멘티가 조직생활을 하는 데 심리적인 안정감을 갖게 하고, 멘티의 개인적인 고민을 상담해 주며 비공식 관계로서 서로 호의적인 관계를 형성하여 멘티가 자신감을 갖게 하고, 자아에 대한 명확성을 확립하도록 도와주는 기능이다. 이런 사회 · 심리기능은 멘토와 멘티의 관계가 조직 내 · 외부에서 친밀감과 신뢰감이 바탕이 된 인간적인 관계가 맺어질 때에 가능하다. 심리 · 사회적 기능의 각각의 기능은 다음과 같다.

① 수용 및 지원기능

이 기능은 멘토와 멘티가 서로 공유하는 긍정적인 신뢰를 바탕으로 상호간의 호의와 상호존중을 통하여 양자의 자아의식을 높여 주는 기능이다.[17]

멘토가 멘티를 하나의 인격체로 대하고 존중해 주며, 인정해 주며, 업무상 실수까지도 용납하여 해결 방법을 제시해 주는 등 멘티가 조직생활을 할 때 안정감을 가질 수 있도록 지원해 줌으로써 멘티가 자신감 있게 새로운 해결방식을 개발해 나가게 된다.

멘토도 이를 통해 심리적인 만족을 얻게 된다. 즉 멘토가 후반경력기간 동안 과거보다 승진이나 자기발전의 기회가 제한되어 불안감을 갖게 될 때 멘티로부터 받는 존경과 지원은 자존심의 손상을 줄여 준다. 즉 멘티는 멘토가 여전히 조직의 후배들에게 가치 있는 역할을 하고 있음을 느낌으로써 멘토 자신의 가치를 재확인하도록 해 주는 후원과 평가의 기능을 제공한다.

② 상담기능

이는 멘티가 자신에 대해 부정적인 생각이나 기능을 할 수 있는 개인적인 문제들에 대해 멘토와 멘티가 서로 생각과 관심을 나눔으로써 심리적인 안정과 만족을 고양시키는 것이다. 즉 멘티가 가지고 있는 고민, 두려움, 혼란, 불안 등과 같은 내적 갈등(internal conflict)을 멘토에게 상의하고, 멘토는 자신의 경험에 비추어서 해결방법을 제시하거나, 함께 고민함으로써 효과적으로 대처할 수 있도록 도와주는 것이다.[18]

조직 진입 초기단계에서 멘티의 개인적인 관심은 세 가지 영역에서 살펴볼 수 있다. 첫째, 멘티가 새롭게 선택된 경력에서 생산적이고 만족함을 느끼는 동시에 자신감과 잠재능력을 어떻게 개발시킬 수 있는가, 둘째, 개인이 어떻게 개인적인 가치와 개성을 유지하면서 동료나 상사들과 지낼 수 있는가, 셋째, 어떻게 직업생활과 그 외 삶의 다른 영역들과의 증가하는 책임과 몰입을 조화시킬 것인가.

대다수 조직의 문제가 상담을 통해서 해결되지는 않지만 그 과정을 통하여 수용과 지원, 감정이입이 이루어져 심리적인 일치를 얻게 되며, 조직에 효과적으로 잔류하게 된다.

③ 우정기능

우정기능은 멘토와 멘티가 호의적인 관계를 갖고, 서로를 이해하며, 업무와 업무경험들 이외의 사항에 대해 즐거운 비공식적인 교환의 결과를 낳는 사회적 상호작용이다. 즉 멘토와 멘티가 업무상 또는 업무 이외의 사적인 비공식 관계를 맺음으로써 서로를 이해하고 호의적인 관계를 유지하는 기능이다. 이는 취미생활, 식사 등을 같이 하면서 업무로부터의 압박을 해소하고 이를 통하여 초기와 중기의 어려운 과업수행을 향상시킨다.[19]

3. 역할모형기능(role model)

역할모형기능은 멘토가 기존의 조직 구성원으로서 조직에 진입하는 멘티들에게 조직 내에서 업무를 수행하거나 역할을 이행할 때 역할 전수자로서 적절한 행동방식과 태도, 가치관 등을 전해 주고, 멘티는 이러한 멘토를 바람직한 역할모형이나 준거의 틀(frame of reference)로 설정하고 닮아가는 것으로, 조직 내 멘티의 역할수행의 효율성을 고양시켜 주는 기능이다.[20]

즉 멘토가 멘티의 성공적인 역할모형이 됨으로써 중요한 기술, 태도, 가치관 등을 배울 수 있기 때문이다. 멘토관계는 직접적인 강화(reinforcement)를 통해서만이 아니라, 멘토에 대한 관찰과 모방을 통하여 특정한 행동방식과 바람직한 가치관, 태도 등을 습득함으로써 조직사회화를 촉진시킨다.[21]

멘티는 권위와 책임이 높게 수반되는 지위를 열망할수록 멘토를 상상하고 닮으려고 노력한다. 멘티가 멘토를 닮아가는 정체성 과정(identity process)은 매우 복잡하다. 멘티는 어떤 경우에는 멘토의 스타일의 특정적인 면만을 닮으려 하고 다른 면을 거부하는 반면, 멘토를 전적으로 받아들여 모든 면을 닮으려고 하는 경우도 있다. 이러한 측면은 시간의 경과에 따라 변화하기도 하며 점차 차별화적인 모방과정에서 멘티는 더욱 자신에게 맞는 분명한 자아상을 발전시키게 된다.

이상과 같은 여러 가지 기능들 중에서 어떤 관계들이 형성되는가 하는 것은 다음과 같은 요인들의 영향을 받는다. 첫째는 당사자들의 욕구, 즉 개인이 직면한 문제와 어떤 개발단계에 처해 있는가 하는 것이 중요한 역할을 한다. 둘째 요인은 양 당사자의 대인관계기술로서 그에 의해서 그들 관계의 수립, 승진속도, 제공되는 기능의 범위가 달라진다. 셋째 요인은 조직 내에서의 멘토와 멘티의 업무상 역할, 보상체계, 과업의 성격 등과 같은 조직의 상황도 중요한 영향요인이 된다.

멘토링의 효과

1. 멘토링의 효과

멘토링은 〈그림 7-1〉의 멘토링의 개념적 모델에서 보았듯이 멘토와 멘티, 나아가서는 조직에까지도 그 유용성이 있다. 제이(Zey)는 기업의 중간 관리자들과 연장자들을 대상으로 심층면접을 통해 연구한 결과 멘토를 갖는 집단이 갖지 않는 집단에 비하여 다음과 같은 멘토링에서 얻는 효용이 존재함을 제시하였다.[22]

1) 멘티의 입장

멘토관계는 멘티들이 기술적 지식을 학습하고, 조직의 요령을 터득하고 자신감과 유효성을 개발하며 성공적인 관리 수준에서는 어떻게 행동해야 하는지 학습하는 데 도움을 줄 수 있다. 멘토관계가 있는 집단은 없는 집단보다 다음과 같은 이점이 있다.

① 관리자 지위(poision of manager)

멘토가 있는 멘티 집단은 멘토가 없는 집단보다 권위 있는 지위를 획득하기가 더 용이하며, 인적 자원, 예산, 자원 등에 대한 중앙의 통제 위치에 더 가까워진다.

② 경력 향상과 관련된 요소들에 대한 지식(requirement for advancement)

멘토가 있는 멘티 집단은, 멘토가 없는 집단에 비해 경력향상에 대한 요소의 지식을 더 많이 소유하게 되며, 따라서 승진 경로에 대한 필요한 방법을 확실히 많이 인식한다.

③ 조직에 대한 지식(knowledge of organization)

멘토가 있는 멘티 집단은 없는 집단에 비해 조직구조, 정책, 인사특성 등과 같은 조직의 운영에 대한 폭넓은 이해를 갖게 된다. 따라서 환경의 변동과 개인들의 상호작용 등과 같은 비공식적인 조직에 대한 지식을 더 많이 갖게 된다.

④ 조직에 대한 몰입(commitment of organization)

멘토가 없는 멘티 집단은 조직에 대한 지식과 운용방법 등을 설명해 주는 연장자가 없기 때문에 조직에 대한 소외감을 경험하고, 따라서 이직률이 높게 나타난다. 그러나 멘토가 있는 집단은 멘토가 없는 집단에 비해 업무에 만족하고 조직에 대한 몰입이 증대된다.[23]

⑤ 직무만족(job satisfication)

멘토는 다양한 방법으로 멘티를 상급자와 접촉하게 하며, 멘티에게 과업을 더 용이하게 할 수 있는 정보와 자원에 접근 가능하게 해 준다. 따라서 멘토가 있는 사람은 없는 사람에 비해 직무에서 더 많은 즐거움을 누리며, 작업과 조직의 경험이 풍부해진다.

⑥ 경력계획(career planing)

멘토관계의 강한 속성으로 인해 대부분의 멘티는 그들의 경력욕구와 목표지향욕구에 대한 일련의 토론을 멘토와 나누게 되며, 명확한 장기적 경력경로 지도를 그려 주어 장기적인 경력성공의 비전을 갖게 된다. 이러한 멘토관계는 멘티 자신에게 자신의 성공적 지위 달성에 희망을 갖도록 한다. 그러나 멘토가 없는 집단은 궁극적인 경력목표를 인시하지 못함으로써 경력계획의 성공을 얻기 어렵게 된다.

⑦ 낙관주의(optimism)

멘토관계가 형성된 조직인은 조직에 대한 애착과 주인의식을 갖게 되기 때문에 그들의 사업경력에 대해 더욱 희망적이고 낙관적인 성향을 나타낸다.

2) 멘토의 입장

멘토로서의 역할 수행은 멘토 자신에게도 도전적인 삶의 재활력을 불어넣게 한다.[24] 멘토가 얻는 멘토링의 효과는 다음과 같다.

① 경력향상(career enhancement)

멘토관계는 멘토 자신에게도 경력향상에 도움을 준다. 그 이유는 멘토가 멘티의 도움을 받을 수 있고, 멘토와 멘티가 합동하여 과업을 완성할 수 있기 때문이다. 첫째, 멘토의 직무수행시 멘티는 훌륭한 보조자와 작업자로서의 역할을 수행한다. 즉 프로그램을 돕고, 프로젝트를 위한 참신한 아이디어 제공, 프로그램이나 프로젝트에 대한 적절한 피드백과 비판을 제공해 주고, 멘토는 작업을 검토, 수정, 재학습할 수 있게 된다. 둘째, 멘티가 1차적으로 수행한 직무를 멘토가 수행함으로써 과업을 용이하게 완성할 수 있고, 조직 내의 인정을 받고, 권력기초를 구축하고, 계승자를 훈련시키는 일을 함으로써 멘토의 승진이 촉진된다. 셋째, 멘티가 멘토에 대한 충성심을 갖게 됨으로써 멘토관계를 응집시키게 된다.

② 지적 능력 향상과 정보 획득(intelligence and information)

멘티는 멘토의 직위를 유지하는데 요구되는 지식의 축적에 기여하게 되고, 이로 인하여 멘토는 자신의 직위 이용에 필요한 지식, 정보를 쉽게 얻게 된다.

③ 신뢰받는 충고자(advisory role)

멘토의 조직적 역할에서 멘티의 더 큰 참여를 수반한다. 멘티는 내부의 운영계획 정책에 있어서 신뢰할 만한 충고자가 된다.

④ 심리적 보상(psychologic rewards)

멘토의 발전은 여러 면에서 멘토에게 자긍심과 가르치며 지도하는 것에 대한 만족, 조직에 대한 공헌감을 느끼게 한다.

3) 교회 조직의 입장

멘토링으로부터 조직이 얻게 되는 효과는 매우 명백하지만 그동안 간과되어 왔다. 멘티는 멘토링을 통해 바람직한 행동, 가치관을 배우게 되며, 이것은 조직문화를 전달하는 중요한 역할을 하게 된다.[25] 멘토링을 통하여 얻게 되는 교회 조직의 효과는 다음과 같다.

① 개인의 통합(integration of the individual)

멘토는 멘티가 교회 조직에 더욱 가깝도록 느끼는 데 도움을 주며, 교회 조직의 목표에 자신을 더욱 일치시키도록 해 준다. 따라서 멘토는 멘티의 교회에의 소속감을 증대시킨다.

② 교회에서의 이탈 감소(reduction in turnover)

멘토관계는 멘티로 하여금 교회에 기여하게 해 주며, 멘티에게 긍정적인 피드백을 해 준다. 또한 멘토에 대한 충성심이 생긴다. 이런 점은 멘티로 하여금 교회에 잔류하게 하고, 교회에서의 이탈률은 줄어들게 된다.

③ 조직의 의사소통(organizational communication)

멘티는 교회에서 다중으로 연결된 성도와의 친밀한 관계와 멤버십 지위를 갖게 되기 때문에 멘토관계를 통해 의사소통이 이루어짐으로 다양한 교회 계층 간의 의사소통을 향상시킨다.

④ 관리층 개발(management development)

멘토는 멘티에게 기술과 지식을 전달해 주며, 멘토관계로서 중간관리층을 개발하는 역할을 하게 된다.

⑤ 관리자 계승(managerial succession)

멘토관계는 한 관리자 세대에서 다음 관리자 세대로 연결해 주는 관리수단이 된다. 멘토는 기업사명과 기업가치, 기업문화 등과 같은 요소들을 다음 리더십 세대에게 전달하게 된다.

⑥ 생산성 향상(high productivity)

멘토는 멘티의 기술을 향상시켜 줌으로, 기업 생산성을 향상시킨다.

〈표 7-3〉은 위에서 살펴본 멘토관계의 상호효과를 도표로 정리한 것이다. 이 표에서 보는 바와 같이 멘토관계를 통하여 멘티는 여러 가지 유효성을 얻는 것을 알 수 있다.

〈표 7-3〉 멘토링의 효과

멘토의 입장	멘티의 입장	조직의 입장
경력 향상 지적 능력과 정보획득 신뢰받는 충고자 역할 심리적 보상	관리자 지위 경력 향상 경력향상에 관련된 지식 습득 증대 조직에 대한 지식증대 조직몰입 직무만족 경력계획 낙관주의	개인의 통합 이직률 감소 조직의 의사소통 관리층의 개발 관리자 계승 생산성 향상

주

1) R.A. Noe, "An Investigation of the Determinants of Successful Assigned Mentoring Relationships", *Personnel Psychology*, Vol. 41, p.458.
2) K.F. Kram, op.cit., 1983, pp. 608~625.
3) Ibid., pp. 51~53.
4) Ibid., pp. 53~56.
5) Ibid., pp. 56~60.
6) Ibid., pp. 61~63.
7) R. Klauss, "Formalized Mentor Relationships for Management and Development Program in Federal Government", *Public Administration Review*, 1981, pp. 489~496.
8) R.J. Burke, "Mentoring in Organizations", *Group and Organization Studies*, Vol. 13, 1984. pp. 169~174.
9) T.A. Scandura, "Mentorship and Career Mobility: An Emperical Investigation", *Journal of Organizational Behavior*, Vol. 13, 1992, pp.169~174.
10) 김한얼, 이진규, "조직사회화과정에서의 멘토의 역할", *경영학연구*, 제22권 제2호 1993, pp. 269~294.
11) D.J. Levinson et al., op.cit., pp. 251~254.; G. R Roche, "Much Ado About Mentors", *Harvard Business Review*, Vol. 57, 1979, pp. 17~28.
12) K.E. Kram, op.cit., 1983, pp. 608~625.
13) K.E. Kram, Mentoring at Work, op.cit., pp.27~28.
14) Ibid., pp. 28~29.
15) Ibid., pp. 29~31.
16) Ibid., pp. 31~32.
17) Ibid., pp. 35~36.
18) Ibid., pp. 36~38.
19) Ibid., pp. 38~39.
20) Ibid., pp. 33~34.
21) H.M. Weiss, "Social Learning of Work Values in Organizations", *Journal of Applied Psychology*, Vol. 63, 1978, pp. 711~718.
22) M.G. Zey, *The Mentor Connection* (Homewood, IL: Irwin, 1984), pp. 11~16.
23) G.R. Roche, op.cit., pp. 14~28.
24) D.I. Levin et al., op.cit., pp. 30~35.
25) J. A. Wilson and N.S. Elman, "Organizational Benefits of Mentoring", *Academy of Management Executive*, Vol. 4., pp. 88~94.

제8장

리더십과 임파워먼트

임파워먼트의 의미

21세기의 조직은 유연한 수평적 조직구조와 구성원의 자율과 참여가 보장되는 참여적 조직문화가 바탕이 되어야 한다. 이러한 바탕 위에서 구성원의 잠재력을 극대화시키기 위해서는 임파워먼트 리더십이 요구된다. 또한 교회에서도 성도들이 이 땅에서 제자 된 사명을 감당하기 위해서는 자신들의 역량을 최대한 발휘하여 영향력을 드러내야 한다.

임파워먼트 리더십(empowerment leadership)이란 조직의 구성원에게 업무와 관련된 자율권을 보장하여 구성원의 잠재력을 극대화시키는 리더십을 말한다. 임파워먼트 리더십의 핵심은 권한의 공유(power sharing)와 혁신(innovation)에 있다. 즉 임파워먼트 리더는 권한을 추종자에 줄수록 자신의 영향력이 증대된다는 자신감을 가지고 직무 권한을 추종자와 공유하여 추종자들이 자신의 자율적 의사결정으로 업무상의 혁신을 이루도록 촉진한다. 그러므로 임파워먼트(empowerment)는 제한된 범위에서 권한이 위임되는 권한위임(delegation)과 구별된다.

종래의 동기부여 이론은 능력과 의욕을 분리한 나머지 능력 부분을 다소 경시하였으며, 성실하게 일하는 모범 조직인을 만드는 데 초점이 모아졌다고 할 수 있다. 이에 비해 임파워먼트 이론은 무한경쟁의 세계 속에서 경쟁력 있는 조직인을 만드는 이론이라고 할 수 있다. 임파워된 사원들은 일에 열정을 가지고 있을 뿐만 아니라, 성공에 대한 자신감을 가지고 있고, 스스로 결정을 하여 집행할 수 있는 힘을 가지고 있다. 따라서 임파워먼트는 실력+자신감+권한+의욕이라고 할 수 있고, 우리말로 옮긴다면, '개인의 역량 강화' 로 이해될 수 있을 것이다.

임파워먼트는 부하에게 권한공유와 격려를 통해 힘을 실어 주어 나타나는 마음의 상태다. 따라서 임파워먼트는 ① 종업원들에게 자신의 가치에 대한 의미(significance)를 부여하고, ② 자신의 직무능력 향상에 의한 자신감(competence), ③ 직장과 자신이 하나라는 공동체(community) 의식, ④ 자신의 일을 스스로 수행함으로써 느끼는 즐거움(enjoyment) 등이 복합된 태도로 나타난다.[1] 다시 말해 임파워먼트는 조직의 직무환경에서 부하의 직무관련 소유욕을 권한의 이전을 통해 만족시켜 주고(transfer of ownership), 체계적 지도를 통해 하급자의 직무수행 능력을 개발시킴으로써 부하의 직무수행 에너지를 신장시키는 것이다.[2]

초기의 연구자들은 임파워먼트 설명을 권력분배의 관점에서 시도하려 했지만 1990년대에 들어와서는 권력 개념을 넘어서 다양한 시각에서 이를 파악하기 시작했다. 그동안 연구되어 온 접근법을 종합해 보면 개인 차원의 임파워먼트 개념인 상하권력분배의 관계적 관점, 동기부여의 자기유능감 관점, 직무자체에 의한 내재적 동기부여의 직무적 관점 등으로 구분할 수 있을 것 같다.

버크(Burke)는 임파워먼트를 '임파워(empower)' 와 '인에이블(enable)' 측면의 두 가지로 구분하였는데,[3] 양자 모두 "조직인들로 하여금 무엇인가를 하도록 하는 능력을 증대시키는 것"이라고 볼 수 있다. 그러나 '임파워' 측면의 임파워먼트라 하면 상급자가 부하들과 권력을 공유하는 상하 '관계적(rclation)' 인 방법을 통해 부하들을 임파워먼트시키는 것이며, '인에이블' 측면의 임파워먼트는 개인의 자기유능감을 상승시켜 주는 '동기부여(motivation)'에 초점을 둔 것이라고 하였다.

콩거와 카눙고(Conger & Kanungo) 역시 두 관점의 임파워먼트를 구분하면서 관계적 측면에 의한 임파워먼트보다는 자기유능감(self-efficacy)적인 내적 욕구의 충족을 통해 임파워먼트시키는 것이 더 효율적이라고 했다.[4] 그들은 조직 구성원들의 심리적 무력감을 조장시키는 요인으로 감독적 상황, 보상 시스템, 조직상황, 직무상황 등이 있는데 이들에 대해 참여관리, 능력별 보상, 직무충실화, 목표설정 등의 상황을 마련해 주면 구성원들은 조직성과에 대한 기대감과 자기유능감에 대한 믿음을 강화시키면서 임파워먼트를 경험한다고 보았다.[5]

이에 반하여 토마스와 벨트하우스(Thomas & Velthouse)는 임파워먼트가 직무자체에서 발생한다고 하였다.[6] 이들의 주장은 핵크맨과 올드햄(Hackman & Oldham)의 직무특성이론과 유사한 형태를 취하고 있다. 즉 직무특성이론의 가정은 직무담당자들이 직무를 평가하고 그 결과에 따라 임파워먼트를 경험한다는 것인데 그때의 직무평가 기준은 주로 자신의 직무가 영향력이 있는가, 그 직무를 수행할 수 있는 능력은 어느 정도인가, 그 직무는 의미 있는 것인가, 그 직무에 대한 자율권은 어느 정도인가 등이다.[7] 임파워먼트에 대한 세 가지 관점을 〈표 8-1〉과 같이 정리할 수 있다.

〈표 8-1〉 임파워먼트 개념의 세 가지 관점

연구관점	대표적 학자	구성개념
관계적 관점	Burke(1986)	상급자의 권한위임에 의한 자율성 정도
자기유능감 관점	Conger & Kanungo (1988)	조직상황에 의해 결정되는 자아유능감 정도
직무특성 관점	Thomas & Velthouse (1990)	직무충실화 등에 의한 내재적 동기유발

자료 : Bennis, W., & Nanus, B.(1995), *Leaders: The strategies for taking charge*, New York, NY: Harper & Row.

임파워먼트 리더십의 본질은 인본주의와 혁신적 조직문화에 있다.[8] 즉 임파워먼트 리더는 조직의 각 개인 모두가 더없이 소중하며 조직을 위해 기여할 수 있다는 믿음과 신뢰를 가져야 한다. 그러므로 구성원들에게 활력을 불어넣기 위해 자신의 권한도 포기할 수 있다는 강한 자신감을 가져야 한다. 그렇지 못할 경우 조직의 관리자들은 임파워먼트에 저항을 하게 된다. 왜냐하면 권한과 통제권을 상실할지 모르는 불안감 때문이다.

잭 웰치(Jack Welch)는 "임파워먼트는 곧 조직 개개인의 몰입을 가져오며, 그것은 모든 개인이 중요하다는 믿음에서 출발한다"고 말한다. 또한 임파워먼트 리더십은 실수를 두려워하지 않는 조직문화에서 강력한 힘을 발휘할 수 있다. 즉 임파워먼트는 조직 공통의 목표를 향해 팀원들의 서로간의 신뢰와 서로에게 개방된 관계성 속에 가장 잘 이루어질 수 있다.

임파워먼트의 접근 방법

콩거와 카눙고(Conger & Kanungo)는 파워의 의미가 변하고, 다양해짐에 따라 임파워먼트의 발전되어 온 의미를 파악하였다. 그들에 따르면 임파워먼트는 관계구조적 측면과 동기부여적 측면에서 해석된다고 보았다.[9]

1. 관계구조적 측면에서의 임파워먼트

파워의 의미가 '권한, 권력'의 뜻으로만 국한되어 있던 과거에 많은 학자들(Burke, 1986; House, 1988; Kanter, 1983)은 임파워먼트를 '권한배분'의 의미로 파악하였다. 이는 위에서 살펴본 임파워먼트의 첫 번째 사전적 의미로서, 파워를 제로섬(Zero-Sum)적으로 접근하여 해석한 것이다.

즉 임파워먼트란 조직 구성원을 힘 있게(powerful) 하기 위해 권한을 조직 구성원들에게 부여하는 과정, 또는 조직 내의 일정한 권한을 배분하거나 법적인 파워를 조직 구성원에게 배분하는 과정으로 해석한 것이다. 이는 조직 내에 정해져 있는 범위 안에 있는 권한을 알맞은 사람에게 적절히 배분하여 그 사람이 업무를 수행하는 데 힘 있게(powerful) 해 줌과 동시에 하위구성원들이 권한이 부여된 사람에게 순종함으로써 조직목표를 성취하려 하는 것이다. 즉 적절한 파워이동을 통한 파워의 균형을 꾀하는 과정이다.

따라서 자연스럽게 임파워먼트의 연구는 목표에 의한 관리(management by object), 품질써클(quality circle), 목표설정(goal setting) 등과 같이 조직을 효과적으로 운영하기 위해 권한을 적절히 배분하는 방법을 모색하는 데 연구의 초점을 두었다.

2. 동기부여적 측면에서의 임파워먼트

과거 권한배분(delegation of authority)의 의미로 통용되었던 임파워먼트는 1970년 이후 심리학자들이 파워의 의미를 동기부여적 관점에서 접근함으로써 임파워먼트를 심리학적 측면에서 파악하기 시작하였다. 심리학에서 파워를 행동에 영향력을 미치는 신념으로 해석함에 따라 모든 능력의 원천은 신념에서 비롯된 것으로 파악하였고, 능력과 신념을 한 연장선상에서 보게 되었다.[10] 이러한 움직임은 조직이론가들에게 조직 구성원들이 힘(power) 있게 업무를 수행하는 것은 권한을 받는 것만으로 형성되는 것이 아니라 구성원 내면에서 자신의 직무를 수행할 수 있다는 자신감을 가짐으로써 형성된다고 보기 시작하였다. 이에 따라 임파워먼트의 의미를 '할 수 있다는 신념', 즉 자아효과성에 대한 신념을 부여하는 과정으로 파악하였고, 이는 앞에서 살펴본 임파워먼트의 두 번째 사전적 의미에 해당되는 것이다.

따라서 동기부여적 측면에서의 임파워먼트는 능력의 초점을 신념에 둔 것으로, 조직 구성원의 노력-수행 기대 또는 긍정적인 자기 유능감에 대한 마음의 상태(feeling of self-efficacy)를 증대시키는 것으로, 한마디로 '할 수 있다는 신념(belief of enabling)' 을 부여하는 과정으로 표현된다.

자기 유능감(self-efficacy)에 대한 개념을 제시한 반두라(Bandura)에 의하면 기대에는 성과기대(outcome expectations)와 효과기대(efficacy expectations)가 있으며 자아-효과성은 '효과기대' 라는 개념을 가지고 설명하였다.[11]

성과기대는 주어진 행동이 확실한 성과를 유도할 것이라는 개인의 측정치(estimate)이고, 효과기대는 성과를 가져오는 데 요구되는 과정을 성공적으로 달성할 수 있다는 확신을 의미한다고 하였다. 성과기대는 구성원들에게 인간적인 측면에서 가치 있는 보상에 대한 욕구를 불러일으켜 노력을 하고자 하는 마음의 자세를 부여하는 것인데 비해, 효과기대는 경제적이고 실질적인 보상보다는 업무수행 자체에 대한 욕구를 불러일으켜 결과에 크게 좌우되지 않는 마음의 상태를 유지시켜 주는 것이다. 달리 표현하면 효과기대는 반응행동의 만족감이 자기 자신으로부터 오게 되는 요인, 즉 성취감, 도전감, 책임감 등의 내재적 보상(intrinsic reward)을 바라는 내적 동기를 부여해 주는 것이다.

〈그림 8-1〉 반두라(Bandura)의 효과기대와 성과기대의 차이

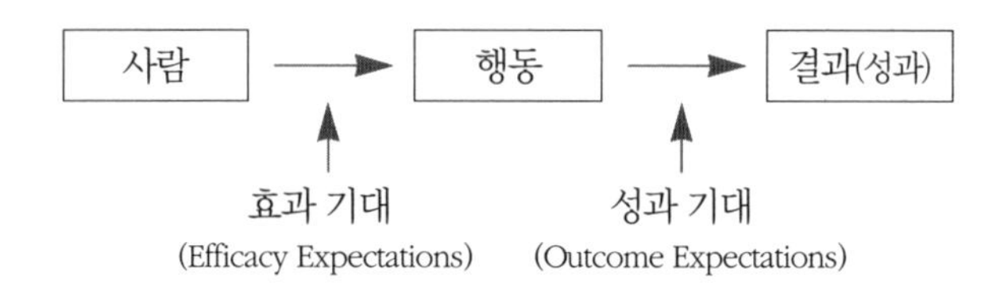

출처 : Bandura, A.(1977), Self-Efficacy: Toward a Unifyling Theory of Behavioral Change, *Psychological Review*, Vol. 84, No. 2, P. 193. A.L. Bandura, Social Learning Theory(Englewood Cliffs, N.J: Prentice-Hall, 1977)

따라서 임파워먼트란 유리한 수행성과에 대한 기대를 증가시키는 것보다는 성과를 가져오는 데 요구되는 행동을 잘할 수 있다는 확신을 갖게 하는 과정으로, 임파워된(empowered) 사람은 비록 그들의 수행한 업무가 실질적인 성과를 거두지 못했다 할지라도 이에 좌절하지 않고 또다시 노력의 자세에 임할 수 있는 저력을 가지고 있는 사람으로, 효과기대 또는 내적동기가 높고, 성과기대는 별 변화가 없는 사람으로 볼 수 있다.

토마스와 벨트하우스는 임파워먼트의 인지적 요소로 '내적 직무동기(Intrinsic Task Motivation)'를 내세움으로써 임파워먼트는 내적 직무동기를 조직 구성원들에게 부여해 주는 과정이라고 파악하였다.[12] 그들에 따르면, 내

적 직무동기가 부여된 조직 구성원들은 조직목표를 수행하는 데 있어 전심전력(concentration of energy upon task)을 다해 활동적으로 업무를 수행하며, 어려운 상황과 문제가 있을 경우에도 자신들의 모티베이션을 유지하면서 탄력적으로 대처하는 행동 등 임파워먼트된 사람들의 행동유형이 나타난다고 하였다.

이러한 내적 직무동기는 열정(impact), 능력(competence), 의미(meaningfulness), 선택(choice)의 4가지 직무평가요소(task assessment)를 어떻게 조직 구성원들이 심리적으로 느끼느냐에 따라 파악된다고 보았다. 이들 직무평가요소들을 자세히 살펴보면, 열정이란 과업을 달성하는 데 있어 자신의 노력이 결과를 크게 좌우하는 정도이며, 능력은 주어진 직무를 능숙하게 수행할 수 있는 능력의 정도를 의미하며, 의미는 자신의 직무가 자신의 목표와 기준에 비추어 볼 때 중요한 의미가 있는 정도를 뜻하며, 선택은 스스로의 결정에 의해 직무행동이 결정되는 정도를 말한다. 따라서 임파워먼트는 내적 직무동기, 즉, 직무에 대해 느끼는 열정, 능력, 의미, 선택의 정도를 증진시키는 과정으로 파악할 수 있다.

쇼(Shaw, 1992)는 행동능력(capacity to act)의 심리적 측면은 임파워먼트를 창조해 나감으로 얻을 수 있다고 간주하였다. 심리적 측면에서의 행동능력이란 문제가 발생한 경우 이를 신속하고 적극적으로 해결할 수 있고, 지나친 노력의 낭비를 하지 않고, 상사의 도움 없이 이를 해결할 수 있다고 느끼는 정도를 의미하는 것으로 임파워먼트를 저해하는 요인들을 제거함으로써 행동능력을 강화시킨다고 설명하고 있다. 따라서 임파워먼트란 심리적 행동능력을 증진시키는 과정으로 볼 수 있다.

위에서 살펴본 여러 학자들의 주장을 토대로 동기부여적 측면에서 바라본 임파워먼트의 의미를 정리해 보면 다음과 같다. 임파워먼트란 조직 구성원들이 힘(power) 있게 업무를 수행하기 위해 '할 수 있다는 신념', 즉 자아-효과성을 부여해 주는 과정으로서 효과기대(또는 내적동기), 내적 직무동기, 행동능력 등과 같은 심리적 요소들을 부여 · 증진시키는 과정이다.

임파워먼트와 연관개념

1. 임파워먼트(Empowerment)와 권한위양(Delegation of Authority)
- 권한위양(delegation of authority)이란 상위자로부터 업무를 수행하도록 위임받는 동시에 상위자가 가지고 있는 권한의 일부를 부여하는 것이다. 이는 조직 내 그 크기가 정해져 있는 권한 일부가 상위에서 하위로 일률적인 방향으로 이동하는 것을 의미한다.
- 임파워먼트(empowerment)는 조직 내의 공식적인 권한뿐만 아니라 신장시킬 수 있는 잠재적인 파워를 상위에서 하위로, 하위에서 상위로, 상위 상호간에, 하위 상호간에 나누는 것이다.

2. 임파워먼트(Empowerment)와 동기부여(Motivation)
- 같은 점: 개인 자신의 문제다.
- 동기부여(motivation)는 "조직을 위해 노력할 수 있도록 하기 위해 조직 구성원 개인을 어떻게 해야 할까?"에 관점을 두고 있다.
- 임파워먼트(empowerment)는 "우리와 조직을 위해 노력하도록 촉진하기 위해서 우리가 해 줄 수 있는 것은 무엇인가?"에 관심을 둔다. 임파워먼트는 개인 수준을 넘어 작업, 일, 성취에까지 개념을 확대하여 그들 간의 연결관계를 재인식하고 그 개념을 재정립했다는 점에서 그 차이를 찾아볼 수 있다.

임파워먼트와 변혁적 리더십

변혁적 리더는 조직 구성원을 임파워먼트시키기 전에 그 리더가 임파워먼트되어 있어야 한다. 어떠한 변화도 중앙집권적 경영체제의 통제 하에서는 이루어질 수 없다. 임파워먼트된 조직에서 최고의 이슈들은 조화(coordination), 통합(integration), 촉진(facilitation)이지 통제(control)는 아니다. 따라서 촉진자(facilitation)로서 경영자는 타인을 통제함으로써 경영자의 자아(ego)를 유효하게 하는 것이라기보다는 타인에게 격려, 도움을 주고, 업무를 허락함으로써 스스로의 가치를 찾는 사람인 것이다. 즉 임파워먼트된 조직에서 경영자의 기본적인 역할은 문제해결자, 기술전문가, 지휘자가 되는 것보다 촉진자, 즉 적극적인 참여, 협동, 다른 이들에게 특별한 리더십 기술을 제공함으로 조직개발을 성장시키는 사람이다.

콩거와 카눙고는 조직 구성원이 임파워(empower)되기 위해서는 무엇보다도 리더의 역할이 중요하며, 리더의 구체적인 역할은 ① 높은 수행기대를 시킴으로써 하부조직에게 확신(confidence)을 표현하고, ② 하부조직이 의사결정에 참여할 수 있는 기회를 장려해 주고, ③ 자율성을 제공하며, ④ 영감 있고 의미 있는 목표를 설정해 주는 것으로, 이러한 역할들이 임파워된 조직 구성원을 형성할 수 있다고 주장하였다.[13]

보그트와 뮤렐(Vogt & Murrell)은 임파워먼트시키는 데 효과적인 경영자의 특징을 ① 파워에 대한 긍정적인 태도(positive-sum)의 관점에서 보고, ② 적시에 다른 이를 도와주고, ③ 코칭(coaching)과 멘토(mentor) 역할을 하며, ④ 목표를 명확히 해 주고, ⑤ 격려를 해 준다 등과 같은 것이라고 하였다.[14]

이처럼 조직 구성원을 임파워먼트시키는 데 있어 리더의 영향은 절대적이라고 말할 수 있으며 임파워먼트되기 위해 리더가 갖추어야 할 소양이 상당 부분 변혁적 리더십과 일치한다.

뮤렐은 뮤렐-암스트롱 임파워먼트 매트릭스(Murrell-Armstrong Empowerment Matrix, 두 학자의 이론적 체계)에서 상호작용형 임파워먼트는 6가지 방법(education, learning, mentoring, supporting, providing, structuring, actualization)을 통해 이루어질 수 있다고 제시하였다.[15] 이는 변혁적 리더가 특징적으로 수행하는 역할에 포함된 것들이다.

실제로 많은 학자들은 리더십 연구와 임파워먼트에 관한 연구를 하였고, 변혁적 리더십이 가장 임파워먼트를 잘 가져온다고 하였다.

한편 '할 수 있다(enabling)'의 의미로 임파워먼트란 자아-효과성(self-efficacy)에 대한 신념을 증대하는 것이기에 리더가 그들의 행동에 대한 인식에 의해 그들의 능력에 대한 신념을 재강화만 잘 시킨다면 기대했던 성과가 나오지 않을 때조차도 파워가 확대된 것을 느낄 것이다.

이러한 면에서 변혁적 리더는 부하의 확신을 증가시키고 부하의 결과가치를 고양함으로써 부하들이 부가적인 노력을 하게끔 만든다. 이것은 부하의 욕구를 확대하여 초월적 이익에 초점을 맞추고 마슬로우(M.Maslow)의 상위욕구계층을 부하의 욕구수준을 확대함으로써 또는 변경함으로써 이루어진다.

임파워먼트된 사람들은 자기유능감이나 자율결정권을 인지하고 있기 때문에 심리적으로만 임파워먼트된 상태에 머무르지 않고 조직에 유익한 행동을 하려고 한다.[16] 또한 자기유능감은 어떤 상황이나 어떤 직무에서도 성과를 향상시킨다. 예를 들어 컴퓨터 학습에서 지속적인 훈련을 통해 자기유능감을 높이는 사람은 그렇지 않은 사람보다 성과가 높았으며,[17] 심지어는 집단적인 팀의 자신감도 팀의 성과에 긍정적 영향을 미치는 것으로 조사되었다.[18] 그런가 하면 자기유능감, 자율성, 의미성, 영향력 등 심리적 임파워먼트의 하위구성개념들도 직무만족과 스트레스 제거에 좋은 영향을 미친다고 주장되고 있으며[19], 또한 임파워먼트된 구성원들끼리는 서로 상대방에 대해 긍정적 태도를 갖기 때문에 동료와의 신뢰감이나 조직몰입도 높아진다고 한다.[20]

베스(Bass,1985)에 따르면 변혁적 리더십은 그 영향이 궁극적으로 부하에게 유익하든 그렇지 않든 간에 부하의 동기부여를 활성화하고 부하의 몰입을 증가시킨다고 보았다.[21]

또한 변혁적 리더가 제시한 비전은 부하들에게 자기보상(내재적 보상)이 되는 어려운 일을 하도록 동기를 부여시킨다는 것이다. 임파워먼트는 가치에 기초한 의견(value-based dialog)을 요구한다. 즉, 비전(vision)이 제시되어야 한다. 가치에 기초한 의견이란 어떻게 그들의 고용인에 대해 느끼는지, 미션을 어떻게 보는지, 어떻게 운영해 나가는지, 비전에 대해 어떠한 정의를 내리는지에 대해 명확한 진술들이 있어야 한다.

티키와 데반나(Tichy & Devanna)는 변혁적 리더는 부하의 욕구에 민감하고, 가치지향적이고, 불확실성, 모호성, 복잡함을 다룰 수 있는 능력을 가진 변화담당자, 신중한 위험 부담자, 평생학습자, 비전가라고 하였다.

보그트와 뮤렐(Vogt & Murrell)은 임파워먼트시키기 위한 경영자의 역할은 정보제공(informing), 의사결정(deciding), 계획수립(planning), 평가(evaluating), 동기부여(motivating), 개발(developing)의 6가지 역할로 규정하였다.[22] 여기서 계획수립의 역할은 비전과 미션에 달려 있다고 하였다. 즉 경영자는 계획수립과정 중에 다른 이가 비전을 품고 성취하는 데 몰두할 수 있도록 비전을 그룹의 일상적인 일로 구체화시켜야 한다는 것이다.

이처럼 임파워먼트 시키기 위해서는 리더가 명확한 비전(vision)과 미션(mission)을 제시하여야 한다. 변혁적 리더십의 요소 중 하나인 카리스마는 부하로부터 긍지, 신뢰, 존경을 받는 것을 수반한다. 즉 진정하게 중요한 것이 무엇인지 이해하는 능력, 기업의 사명을 효과적으로 표현(mission statement)할 수 있는 감각, 그리고 부하에게 제시할 비전을 가지고 있어야 한다.

임파워먼트 실패 원인

임파워먼트의 취지와 효과가 아무리 바람직하다 할지라도 이를 실행에 옮기지 못하면 의미가 없다. 실제로 임파워먼트를 추진하고 있는 많은 조직이나 기업들이 어려움을 겪고 있는데, 그 주된 이유는 다음과 같다.

1. 관료적 문화

관료적 문화나 중앙집권적인 문화를 가진 조직은 변화와 위험을 감수하고 새로운 아이디어를 장려하기보다는 현재의 상황을 유지하려는 경향이 강하다. 이러한 문화에 젖은 기업은 미래에 대한 명확한 비전 제시나 실질적 변화에 필요한 지원을 제대로 하지 못한다. 또한 장기적인 성과보다는 단기적 성과에 집착하는 경향이 강하며, 보상 시스템을 통해 현재 상황의 유지를 더욱 공고히 다지는 경우가 많다.

따라서 이러한 문화 속에서 경영자나 리더가 아무리 임파워먼트를 외친다 할지라도 대부분의 조직 구성원들은 오히려 현재에 안주하는 것이 더 바람직하다는 생각을 갖게 된다.

따라서 성공적인 임파워먼트의 실행을 위해서는 조직의 명확한 비전의 제시가 필요하며, 조직구성원들이 실패의 위험을 감수하고 업무를 주도적으로 추진하는 동안 발생하는 실패에 대해서는 그것을 인정하고 격려하는 문화를 가져야 한다. 또한 추종자의 책임증가에 따른 적절하고 공정한 보상이 이루어져야 한다.

실제적으로 역사가 오래된 교회에서 목회자가 교회조직을 변화시키거나, 성도들을 임파워시키려고 노력을 해도 실패할 가능성이 많은 것은 이미 교회의 문화가 관료제적이고, 현상유지적인 조직으로 굳어져 있기 때문이다. 신앙적으로는 성령의 역사가 있어야 하지만, 사회과학적 입장에서는 조직문화를 변화시켜야 한다.

2. 구성원 상호 간의 갈등의 발생

상하 또는 부문 간 발생하는 갈등도 성공적인 임파워먼트의 실행을 가로막는 장애물이다. 즉 임파워먼트는 구성원 모두가 신뢰의 관계에서 가능하다.

예를 들어 관리자들은 자신의 권한을 하위자에게 위임하였다고 할지라도 하위자가 자신의 의지에 반하는 의사결정을 하는 경우 그 종업원에게 불이익을 주는 경향이 있다. 때로는 관리자들이 임파워먼트를 자신들의 책임 회피를 위한 수단으로 사용하는 경우도 있다. 즉 과업이 성공했을 때는 그 열매를 같이 공유하지만, 실패 시에는 그 책임을 부하에게 전가하는 것이다. 이러한 경우 상하간의 신뢰는 깨지게 되고 구성원들은 자신의 창의력을 발휘하고 소신 있는 의사결정을 내리기보다는 상사의 눈치를 보는 등 자기 보신에 더 신경을 쓰게 된다.

따라서 조직 구성원들이 상사의 허락이나 지침을 기다리지 않고 자기 스스로 업무를 수행하도록 자율성을 부여하는 한편, 가질 수 있는 재량권의 한계가 어디까지인가를 확실하게 인식시켜야 한다. 물론 상사와 하위자 간에 개인적인 교제를 활성화시켜 서로 신뢰하는 분위기를 조성하는 것도 바람직하다.

3. 구성원들의 기술과 지식의 부족

개인의 업무 부담이 과중하거나 기술 및 지식의 부족 등으로 인해 조직 구성원들이 주어진 일만 하기에도 시간이 부족한 경우가 있다. 이러한 작업 환경 하에서 뭔가 새로운 아이디어를 생각해 내고 새로운 일을 주도적으로 추진한다는 것은 매우 힘든 일이다.

구성원들을 임파워먼트시키기 위해서는 이러한 장애 요인을 제거하여야 한다. 관리자들은 구성원에 대한 통제를 최소한으로 줄이고, 구성원들을 신뢰하고 어느 정도의 위험을 감수함으로써 그들의 잠재 능력이 발휘될 수 있도록 하여야 한다. 그러나 많은 사람들이 동의하는 일이지만 통제를 포기한다는 것은 결코 쉽지 않은 일이다. 관리자들은 자신들은 임파워먼트되기를 원하지만 다른 사람이 임파워먼트되는 것을 원하지 않는 듯한 행동을 보이는 경우가 종종 있다. 성공적 실행을 위한 환경 조성을 해 주어야 한다. 따라서 기업은 교육 등 다양한 방법을 통해 구성원 개개인의 역할 재정립의 마인드를 개발해야 하며, 관리자들은 통제를 최소한으로 줄이고, 구성원을 신뢰하여 그들의 잠재능력 및 창의력을 고양시키도록 해야 한다.

1) Bennis, W., & Nanus, B.(1995), Leaders: *The strategies for taking charge,* N.Y.: Harper & Row.
2) Belasco, J. A., & Stayer, R. C.(1994), Why empowerment doesn' t empower: the bankruptcy of current paradigms, *Business Horizons,* Vol. 37, Mar./Apr., pp. 29~41.
3) Burke, W. W., *Leadership is Empowering People.* New York: Wiley & Sons. 1986.
4) Conger, J., & Kanungo, R.(1988), The Empowerment Process: Integrating Theory and Practice, *Academy of Management Review,* 34, 471~482.
5) Conger, J., & Kanungo, R., The Empowerment Process: Integrating Theory and Practice, *Academy of Management Review,* 34, 1988, pp.471~482.
6) Thomas, K. W. & Velthouse, B. A., Cognitive Elements of Empowerment: An Interpretative Model of Intrinsic Task Motivation. *Academy of Management Review,* 15, 1990, pp.666~681.
7) Hackman, J. R. & Oldham G, The Design in The Organizational Context. *Research in Organizational Behavior,* 2, 1980, pp.247~278.

8) McFarland, L. J., Senn, L. E., & Childress, J. R.(1994), *21st century leadership: dialogues with 100 top leaders,* Los Angeles, CA: The Leadership Press.

9) Conger, J., & Kanungo, R., The Empowerment Process: Integrating Theory and Practice, *Academy of Management Review,* 34, 1988, pp.471~482.

10) Conger, J., & Kanungo, R., pp.471~482.

11) Bandura, A.(1977), Self-Efficacy: Toward a Unifying Theory of Behavioral Change, Psychological Review, Vol. 84, No. 2, P. 193.

12) Thomas, K. W. & Velthouse, B. A., pp.666~681.

13) Conger, J., & Kanungo, R., The Empowerment Process: Integrating Theory and Practice, *Academy of Management Review,* 34, 1988, pp.471~482.

14) J.F. Volt & K.L. Murrell, Empowerment in Organizations: How to spark Expectational Performance, Pfeiffer & Company, 1990.

15) K.L. Murrell, The Development of a Theory of Empowerment: Rethinking Power for Organization Development, Organization Development Journal 3(2), 1985, pp.34~38.

16) Kirkman, B. L. & Rosen B., A Model of Work Team Empowerment. In R.W. Woodman & W. A. Pasmore(eds.). *Research in Organizational Change and Development,* 10, 1997. Greenwich CT: JAI Press. 1997, pp.131~167.

17) Gist, M. E., Schwoerer, C. & Rosen, B., The Effects of Alternative Training Methods on Self-Efficacy and Performance in Computer Software Training. *Journal of Applied Psychology,* 74, 1989, 884~891.

18) Waddock, S. A., Linking Community and Spirit: A Commentary and Some Propositions, *Journal of Organizational Change Management,* 12, 1999, pp. 332~345.

19) Spreitzer, G. M., Kizilos, M. A. & Nason, S. W., A Dimensional Analysis of the Relationship between Psychological Empowerment and Effectiveness, Satisfaction and Strain, *Journal of Management,* 23, 1997, 679~704.

20) Bishop, J. W. & Scott, K. D., An Examination of Organizational Team Commitment in a Self Directed Team Environment, *Journal of Applied Psychology,* 85, 2000, pp.439~450.

21) B.M. Bass, Leadership and Performance Beyond Expectations, N.Y.: The Free Press, 1985.

22) J.F. Volt & K.L. Murrell, Empowerment in Organizations: How to spark Expectational Performance, Pfeiffer & Company, 1990.

제9장
리더십과 서비스

서비스에 대한 정의

1. 서비스 사회

일반적으로 현대 사회를 서비스 사회(service society)라고 한다. 오늘날 서비스 산업은 경제적 리더십의 원천이 되었다. 미국은 지난 30여 년 동안 서비스 부분에서 약 4,400만 명 이상의 새로운 일자리가 창출되었는데, 이는 주로 여성 노동력과 제조업에서 일자리가 감소되면서 발생한 노동력으로 채워졌다. 미국에서는 서비스 부문이 국가 소득의 약 70%를 차지한다. 반면에 고객들의 서비스에 대한 욕구는 혁신적인 것으로 한정이 없다. 계속하여 과거에는 생각하지도 못하던 새로운 서비스가 창출되고 있다.

현대를 사는 우리는 각종 서비스와 함께 묻혀 살고 있다. 또한 미래 사회에는 점점 더 서비스의 비중이 폭발적으로 증가하게 될 것이다. 그러므로 현대 사회는 서비스 사회 혹은 서비스 경제활동 속에서 벗어날 수 없는 상황이 되었다. 그러나 서비스 분야에 대한 연구는 매우 적은 편이다. 그 이유는 서비스에 대한 개념과 성격이 제대로 정립되어 있지 못했기 때문이다. 일반적으로 현재까지는 서비스를 어떤 제품에 추가되는 무형의 편리함 정도로 인식되어 왔다. 또한 서비스라는 단어는 '봉사'의 의미와 흡사하게 간주되어 친절하게 고객을 맞이하는 것만이 '서비스의 전부'라고 생각하는 경우도 많았다. 그러나 21세기의 서비스는 각 분야별로 연결되지 않는 부분이 없을 정도로 광범위하게 사용되고 있다.

사회적인 관점에서 보면, 교회도 서비스 조직이라고 할 수 있다. 그러므로 목회자는 리더로서 서비스의 개념을 잘 이해하고, 서비스 마인드를 갖춘 서비스 지향적 목회 리더십을 발휘해야 한다. 또한 서번트 리서십의 기본이 되는 것이 이 서비스 개념이다. 이 서비스를 이해하고 이 이해를 바탕으로 서비스(섬김)을 이루어 가야 한다.

2. 서비스의 정의

서비스란 무엇인가? 서비스는 어원상으로 볼 때 'Servitude', 즉 노예상태를 의미한다. 서비스는 노예들이 주인이나 권력자들에게 그들의 이익을 위해 자기를 희생의 의미로 사용되었다고 할 수 있다.

서비스에 대한 연구는 탈공업사회의 단계로 지목되는 1960년대 미국의 훅스(Fuchs) 등에 의하여 경제학적 차원의 접근으로써 시작되었다. 주로 마케팅 부문에서 서비스 개념이 정립되었는데, 1960년대 미국 마케팅 협회(AMA)의 개념에서부터 시작되었다. 1960년대에는 서비스의 특성과 본질에 대한 연구가, 1970년대는 서비스의 필요성에 대한 연구가, 1980년대 이후에는 서비스 체제나 전략, 품질에 대한 연구가 활발하게 진행되었다.

이렇게 서비스에 대한 연구가 진행되어 왔지만, 서비스는 매우 복잡하고 쉽지 않은 광범위한 개념이다. 서비스에 대한 여러 학자들의 이론을 정리해 보면 다음과 같다.

· 미국 마케팅 협회(AMA: American Marketing Association, 1960): 서비스란 독자적으로 판매되거나 제품의 판매에 연계되어 제공되는 활동, 혜택, 혹은 만족이다.

· 레디넨(Lehtinen, 1983): 고객만족을 제공하려는 고객접촉 인력이나 장비

의 상호작용 결과 일어나는 활동, 혹은 일련의 활동을 의미한다.

· 스탠턴(Stanton, 1974): 소비자와 산업사용자들에게 욕구불만을 제공해 주는 제반 무형적 활동으로 제품이나 다른 서비스의 판매와 반드시 연계되지는 않는 활동이다.

· 코틀러(P. Kotler, 1988): 서비스는 일방이 타인에게 제공할 수 있는 활동이나 혜택으로서 무형적이며 소유될 수 없는 것이다. 서비스 생산은 유형적 제품과 연계할 수 있으나 그렇지 않을 수도 있다.

· 코틀러와 암스트롱(P. Kotler & Amstrong): 서비스란 상대방에게 제공될 수 있는 행위 또는 효익을 의미하며, 기본적으로 무형적이며, 소유권 이전이 불가능하며, 유형재와 결부되는 경우도 있다.

· 레이건(Regan): 서비스는 직접 만족을 주는 무형 상품, 혹은 다른 제품 및 서비스, 그리고 제품 구매와 연계되어 만족을 제공하는 무형의 상품을 지칭한다.

· 배리(L.L. Berry): 서비스는 무형활동이나 노력이다. 그러므로 구매하는 대상의 본질이 유형적 혹은 무형적인가를 판단해야 한다.

· 앤더슨(Anderson): 서비스는 직접 또는 간접 구매되는 무형의 혜택이며 유형적이거나 기술적 부분을 포함한다.

이와 같이 모든 서비스에 대한 정의는 다양하나 서비스의 기본적인 특성이 무형적이라는 것과 고객과 서비스 공급자 간의 상호작용을 포함한다는 점에는 일치한다. 본서에서는 서비스를 다음과 같이 제한적인 정의로 사용하고자 한다. "서비스는 무형적으로서 고객의 욕구를 충족시켜 주기 위한 인간 또는 설비와의 상호작용을 통해 제공되는 일체의 모든 행위이다."

3. 현대 사회에 있어서 서비스의 중요성[1]

첫째, 제품 판매에서 서비스가 차지하는 비중이 증가하게 되었다. 이제는 제품의 질적 수준이 평준화되어 있기 때문에 제품을 파는 것이 아니라 제품과 서비스를 동시에 판매하는 시대로 접어들게 되었다. 예를 들어 아무리 좋은 제품이라고 하더라도 서비스가 불량하면 고객은 그 기업의 제품을 구매하지 않을 것이다. 또한 서비스 기업의 숫자도 증가하게 되어 제품을 판매하는 기업의 숫자를 훨씬 상회하게 되어 서비스의 중요성이 더 증대하였다.

사회가 발전함에 따라 제품과 서비스의 차이를 점점 더 구별하기 힘들게 되었다. 왜냐하면 제품 구매가 보조 서비스를 수반하며, 서비스 구매는 보조 제품을 포함하기 때문이다. 〈그림 9-1〉에서 보는 바와 같이 구매는 재화와 서비스의 한 묶음을 내포한다.

〈그림 9-1〉 제품과 서비스의 결합상태(%)

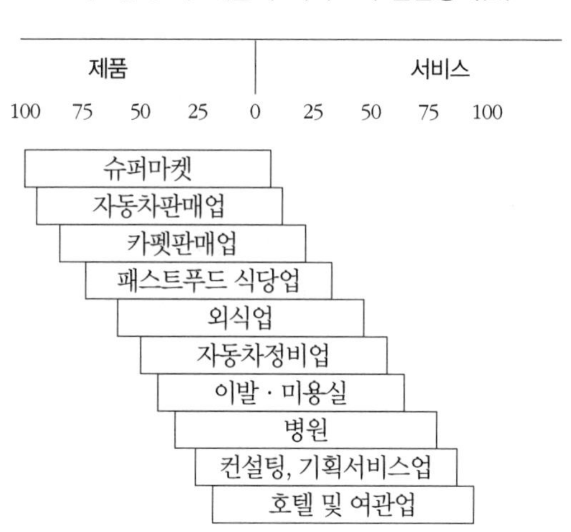

둘째, 소비자의 서비스 수준이 높아졌기 때문에 더 높은 서비스 수준을 유지해야만 하게 되었다. 따라서 과거의 훌륭한 서비스라고 할지라도 현재에는 수준 낮은 서비스로 간주될 수 있는 상황이 되었다. 고객의 소비 행태가 제품을 소유하는 물적 충족에서 만족을 원하는 심적 충족으로 변해가고 있으며, 사회구조가 다양화, 세분화되면서 고객계층 또한 다양화되고 있다. 〈표 9-1〉에서는 현대 사회의 소비성향의 변화가 정리되어 있다. 예를 들어, 과거 1주 걸리던 드라이클리닝 서비스는 현재 하루밖에 소요되지 않으므로 드라이클리닝에 대한 고객의 평가기준이 바뀌게 된 것이다.

〈표 9-1〉 현대사회에서 고객의 소비성향 변화

(상품선택 기준이) 양에서	→	질로
물건의 풍부함에 대한 욕구에서	→	마음의 풍부함에 대한 욕구로
하드적 서비스에서	→	소프트 서비스로
물체재화 중심에서	→	정보재화 중심으로
대량생산, 대량 소비에서	→	다품종 소량생산으로
타인지향에서	→	개인지향으로
대중으로부터(다수 지향에서)	→	개인지향으로(소수지향으로)
외형 중심으로	→	본질 중심으로
소극적에서	→	적극적 건강지향으로
수동적 소비에서	→	창조적 소비로
필수적 이동에서	→	레저형 이동으로
합리적에서(이성지향에서)	→	문화지향으로(감성지향으로)

셋째, 서비스를 관리하는 방법에 대한 기능과 지식이 부족하였다. 체계적 연구의 부족으로 서비스를 위한 체제, 보상시스템, 지원시스템, 운영시스템 등은 기업 내에 적절하게 구축되지 못하였다.

넷째, 서비스 업무를 처리하는 서비스 전달자의 자질부족과 경험부족으로 서비스 제공이 제대로 이루어지지 못하였다. 서비스를 담당하고 있는 사람들의 구성을 조사해 보면 능력이 부족한 사원이나 신입사원들로 배치되어 있음을 쉽게 파악할 수 있다. 능력이 탁월하거나 승진을 하게 되면 고객을 접촉하는 업무에서 관리 업무로 이전하는 것이 일반 기업들의 인사 관행이다. 그러나 서비스에서는 고객과의 접촉이 중요하므로 능력이 탁월하거나 경험이 많은 종업원들이 고객과의 접점에 배치되어야 한다.

다섯째, 중요한 기업목표의 하나인 서비스의 품질을 개선하려는 의지가 부족하였다. 원가 위주나 품질 위주의 경영혁신은 많이 있었지만 서비스 위주의 경영혁신은 최근에 들어서야 발생하고 있다. 그나마 최근 발생하고 있는 서비스의 경영혁신도 마인드 위주로 전개되고 있는 실정이다.

이에 따라 서비스와 제품의 차이를 인지하고 제품과 다른 경영전략, 경영혁신, 운영전략의 방안을 모색하는 것이 중요하다.[2]

서비스의 일반적 특성

일반적으로 제품은 유형의 물질적 실체로 고객에게 제공되고 있으나, 서비스는 고객의 편익이나 만족을 목적으로 하는 무형의 재화라고 할 수 있다. 엄격하게 서비스를 정의하는 것보다는 서비스의 특성을 살펴봄으로써 서비스를 더 정확하게 이해할 수 있을 것이다. 서비스는 다음과 같은 특성을 갖고 있다. 이 중에서 서비스의 비분리성, 무형성, 이질성, 소멸성을 일반적으로 서비스의 4대 특성이라고 한다.

1) 생산과 소비의 비분리성(inseperatibility)

서비스는 생산, 전달, 소비가 동시에 이루어지는 비분리성, 즉 동시성을 갖고 있다. 물질적 실체를 미리 만들어 놓고 고객에게 제공하는 유형의 제품은 생산, 운송, 고객의 구입, 고객의 소비에는 각 단계별로 일정한 시차를 두고 이루어지게 마련이다. 따라서 유형의 제품의 제조시점과 고객이 사용함으로써 만족도를 느끼는 시점은 차이가 있다. 미리 제조된 텔레비전을 구입한 고객은 텔레비전을 설치한 후 이용함에 따라 만족 또는 불만족을 느끼게 된다. 그러나 미용이나 이발과 같은 서비스는 미리 만들어 놓을 수 없다. 고객이 미용실이나 이발소를 방문해야 비로소 서비스를 받을 수 있어 생산, 전달, 소비가 동시에 발생하게 된다. 따라서 서비스 제공회사는 서비스 품질을 통제할 수 있는 시간적 여유가 별로 없다. 또한 서비스 상품은 고객의 주문에 의해 이루어지고 고객의 다양한 욕구에 부응하기 위하여 계획생산이나 표준화된 대량생산체계를 갖추기가 어렵다. 생산과 소비의 동시성에 의해 서비스 생산자이면서 동시에 제공자인 서비스 직원들의 역할은 매우 중요해지고 서비스 제공자에 대한 교육과 훈련이 제품 생산자 이상으로 더 중요하다.

2) 무형성(intangibility)

서비스의 가장 두드러진 특징 중의 하나는 눈에 보이지 않는다는 사실이다. 서비스는 무형적이나 제품은 유형적이다. 유형의 제품은 실체적인 존재를 사용하거나 사람의 감각기관을 이용하여 그 가치를 판단하고 만족 수준을 표시할 수 있지만, 서비스는 감각 기관보다는 감동, 만족과 같은 정신적 사고에 더 의존한다.

유형의 제품은 그 제품을 사용함으로써 고객이 만족을 느낄 수 있으나 의료, 교육, 컨설팅이나 콘서트와 같은 모든 서비스 상품은 실체를 찾기 어렵고, 소비자의 감성과 논리적 사고에 의해 판단된다. 이에 따라 서비스 기업은 서비스 자체보다는 고객이 서비스로부터 얻을 수 있는 편익을 강조해야 한다. 또한 자신들이 제공하는 서비스의 품질에 대한 단서를 제공함으로써 소비자들이 간접적으로라도 서비스 품질에 대한 추론을 할 수 있도록 한다.

예를 들어 병원에서는 첨단 의료기기나 유능한 의료진, 깨끗한 시설 등을 갖춤으로써 고객들이 의료 서비스의 품질이 높을 것으로 추정하도록 한다. 보안회사는 노동력을 팔고 있으나 안전을 강조해야 한다. 또한 항공사는 비행기 좌석을 판매하나 휴가여행의 안락함이나 편리함 등을 광고해야 한다. 서비스 제품의 설계와 통제를 위해서는 유형재화의 경우보다 더 고객의 심리를 이해해야 한다. 항공사는 좌석을 판매하기 위해 고객의 휴가행태를 분석하여야 한다.

3) 소멸성(perishability)

서비스는 소멸성을 갖고 있다. 유형의 제품은 판매되지 않으면 재고라는 형태로 보관이 가능하고, 보관 기간 동안 가치 하락이 별로 일어나지 않는다. 그러나 서비스는 재고로 보관할 수 없기 때문에 판매되지 않으면 소멸되고 만다. 예를 들어 비행기 좌석을 판매하지 못하면 그 좌석은 다시 판매할 수 없다. 콘서트의 좌석도 마찬가지다.

서비스 상품에 대한 즉각적인 가치의 소멸은 서비스 제공회사로 하여금 수요와 공급의 정확한 예측 능력을 필요하게 한다. 왜냐하면 고객의 서비스에 대한 수요에 변동이 있을 때 서비스 기업에는 문제가 발생하기 때문이다. 예를 들어 식당이나 스키장의 리프트 시설이 수요보다 높은 처리능력을 갖고 있으면 과투자로 자원의 효율적인 운영을 할 수 없다. 반대로 수요가 시설을 초과한다면 수요를 만족시킬 수 없어 판매의 기회는 사라지게 된다. 이에 따라 서비스 기업은 시설의 기획이 중요하며 경우에 따라서는 수요를 시설에 맞게 유도하는 것도 중요하다.

4) 이질성(heterogeneity)

제조업에서는 서비스의 생산과 전달과정에서 생산의 투입요소가 달라지지 않는 한 제품이 동질성을 유지한다. 그러나 서비스에서는 창출과 제공과정에서 고객과 직원 등 인적 요소가 서비스 결과의 이질성을 야기한다. 동일한 서비스도 고객에 따라 차이가 나는 것은 고객마다 품질 인식도와 서비스의 기대수준이 다르기 때문이다. 또한 서비스의 과정 중에 형성되는 인간관계도 서비스 제공자와 고객의 차이에 따라 달라진다. 기본적으로 고객의 서비스 경험은 어느 정도 일관성 있게 유지되어야 한다. 그러므로 서비스 관리의 과제는 어떻게 일관성 있는 고객의 서비스 품질을 유지하는가에 있다.

5) 모방의 용이성(Easy of imitation)

서비스는 제품과 달리 무형이기 때문에 특허를 내기 어려우므로 경쟁자가 바로 모방할 수 있는 단점을 갖고 있다. 그러므로 서비스를 제공하는 것이 중요한 것이 아니라, 얼마나 고객이 감동할 수 있는 서비스를 할 수 있느냐가 더 중요하게 되었다. 서비스의 충성화가 필요하게 된 것이다.

6) 즉시성(immediately)

서비스의 효과는 일반적으로 전달과정에서 느낄 수 있으나 때로는 시간이 경과해야 효과를 파악할 수 있다. 교육이나 이발은 서비스 시점에서 만족을 느낄 수 있으나 진정한 효과는 시간이 경과한 후에야 고객이 느끼게 된다. 제품은 그 품질이 불량하면 다른 제품으로 교환할 수 있는 시간과 상황이 되지만, 서비스는 서비스를 제공받는 즉시 소멸되고 평가된다.

7) 다양한 고객의 요구성(different of customer's demand)

서비스는 다양한 고객의 요구를 충족시켜야 하는 어려움이 있다. 이발과 같은 서비스들은 고객이 이발소를 방문해야만 이루어진다. 이러한 경우에는 고객이 원하는 바가 고객에 따라 다를 수 있으므로 서비스 기업은 서비스 및 서비스 전달의 표준화를 이룩하기 어렵다. 특히 비행기 승무원의 서비스는 비행기, 수행자, 고객에 따라 달라질 수 있다. 미리 서비스에 대한 규격을 완벽하게 정하는 것이 어려우므로 서비스 제공자에 대한 교육이 서비스 기업에서 매우 중요하다. 맥도날드 햄버거 대학, 홀리데이 인 호텔의 홀리데이인 대학 등은 교육의 중요성을 파악한 서비스 기업들이 설립한 교육기관들이다.

8) 고객의 서비스 과정 참여(participation of service process)

제조업은 생산 시스템과 고객 사이의 직접 대면 접촉 기회가 적은 경우가 대부분이지만, 서비스는 고객이 서비스의 창출과 제공 과정에 참여하고 공동 생산자가 되는 경우가 많다. 고객이 생산자원의 일부로서 서비스의 창출과 서비스의 일부 기능을 수행하게 되는 것이다. 병원에서 양질의 의료서비스를 받으려면 환자는 자기의 증상을 설명해야 한다. 또한 미장원이나 이발소에서 자기의 머리를 맡기고 원하는 스타일을 말해야 한다. 자판기 같은 자동화시설을 이용할 때에도 직접 서비스 과정에 참여한다. 교회는 특별히 영적 서비스를 제공하는 현장으로서 성도들이 고객으로 참여한다. 〈표 9-2〉는 고객의 서비스 과정에 참여하는 수준을 표현해 준다.

〈표 9-2〉 고객과의 접촉 정도와 서비스 종류

접촉 정도	서비스의 예
지속적인 물리적 접촉	이 · 미용, 여행사를 통한 해외여행 등
지속적인 커뮤니케이션 접촉	전화상담, 홈뱅킹
산발적인 물리적 접촉	경영 컨설팅, 성형외과, 고급 레스토랑
산발적인 커뮤니케이션 접촉	법률 자문, 공공기관 문의, 홈쇼핑
서비스 시작과 종료 전 물리적 접촉	맞춤 양복점, 세탁소
서비스 시작과 종료 전 커뮤니케이션 접촉	전화를 통한 주식거래

따라서 이와 같이 서비스 기업의 고객은 서비스에 참여하고 있으므로 세 가지 측면에서 배려되어야 한다. 첫째, 서비스 기업의 고객은 기대를 갖고 서비스에 참여하고 있으므로 서비스 기업은 고객의 기대를 충족시켜야 생존할 수 있다. 고객의 기대를 기준으로 사업의 전략적 초점을 맞추어야 한다. 그러나 고객의 기대 충족은 생존의 단순한 필요조건에 불과하다. 둘째, 서비스 기업은 고객이 갖고 있는 잠재적인 욕구를 충족시켜야 한다. 욕구는 기대와 달리 고객이 분명하게 표명하기 어려울 수 있다. 고객의 실제적인 욕구를 충족시키는 것이 서비스 기업의 전략적 차별화 방안이 될 수 있다. 셋째, 제조업체의 고객과는 달리 서비스 기업의 고객은 서비스에 직접 참여하고 있으므로 서비스 기업은 고객의 능력을 이용하는 서비스, 전달 시스템, 직무방식을 디자인할 수 있다.

이러한 성격들로 비추어 볼 때 서비스는 결과도 중요하지만 고객과 서비스 제공자의 상호작용에 의한 행동과 과정에 따라 품질이 결정되는 것을 알 수 있다. 탁월한 서비스를 위해서는 보이지 않는 무형적인 것을 관리해야 된다. 이에 따라 서비스의 전달과정이 서비스 결과만큼 중요하다. 즉 제조 기업의 생산과정은 제품과 작업자들만을 고려하여 설계될 수 있으나 서비스 생산과정인 서비스 전달 시스템은 제품, 작업자뿐 아니라 고객까지도 고려하여 설계되어야 한다.[3]

이러한 서비스의 특성을 기본으로 하여 다음과 같은 12개의 특성으로 다시 확대하여 나누어 볼 수 있다. 물론 이들의 특성을 모두 다 가지고 있는 것은 아니지만 적어도 몇 가지의 특성들은 가지고 있다.

① 서비스는 무형적 산출물을 생산한다.

② 서비스는 가변적이며, 비표준적인 산출물만 생산한다.

③ 서비스 수행과정에서 고도의 고객 접촉이 일어난다.

④ 기술이나 기능이 고객에게 직접 판매된다.

⑤ 서비스 수행에 있어서 고도의 개인적 판단이 개입한다.

⑥ 서비스 기업은 노동집약형 산업이다.

⑦ 분산된 시설물이 고객 주위에 배치된다.

⑧ 서비스의 좋고 나쁨에 대한 판단은 주관적이다.

⑨ 품질 통제는 서비스 수행과정에 대한 통제로 거의 제한된다.

목회자의 영적 서비스도 이 서비스의 영역 안에 있다. 그러므로 이러한 서비스의 특징을 잘 고려하여 리더십을 발휘하도록 해야 한다.

서비스 조직의 특성

앞에서 언급된 서비스의 특성과 서비스 산업의 추세를 살펴볼 때 서비스 조직은 다음과 같은 특성들이 있음을 파악할 수 있다. 영적 서비스 기관인 교회에서도 이 서비스 조직의 특징을 잘 살펴 적용해야 할 것이다.

첫째, 결정적 순간(MOT)이 중요하다. 결정적 순간에 고객이 접하게 되는 기업 시스템은 서비스 품질의 일부분이다. '결정적 순간(Moment of Truth: MOT)' 이란 고객이 서비스 기업과 접촉하는 순간으로, 서비스 기업의 종업원들은 약 15초 이내에 자신의 기업을 방문한 것이 고객에게 최상의 선택이라는 것을 증명해야 한다. 이 개념은 스칸디나비아 항공사(SAS)의 칼 얀슨 회장이 발견한 획기적인 개념으로, 조직에서는 고객과 현장에서 일하는 직원과의 접점이 제일 중요하고, 이 접촉이 이루어지는 순간에 고객에게 만족을 줄 수 있는가에 따라 기업의 경쟁력이 결정된다는 사실이다. 교회에서도 교회를 방문하는 방문객에게 주는 첫인상이 교회의 이미지를 좌우한다. 첫 이미지를 좋게 하기 위해 목회자는 교회와 주변환경, 심지어 교회로고가 붙은 자동차에 까지 좋은 이미지가 될 수 있도록 잘 관리해야 한다.

둘째, 치열한 경쟁 속에 존재한다. 다변화하는 고객의 욕구 변화에 창조적으로 대응하기 위해서는 서비스에도 전략적인 접근이 이루어져야 한다. 많은 사람들이 조그만 서비스 상점을 개설하면 돈을 벌 수 있다고 생각하나, 실제적으로 서비스 기업이 파산할 확률도 상당히 높다. 전략적으로 뚜렷하게 차별화 되지 않은 서비스 기업은 더 나은 서비스를 전달하는 경쟁 기업이 출현하면 도태되게 마련이다. 교회도 무한경쟁 속에 있다고 해도 과언이 아닐 정도로 유사종교와 교회 내의 무한 경쟁 속에 존재한다.

셋째, 서비스 기업의 지상과제는 고객만족에 있다. 서비스 기업에서 기업 위주의 운영이나 생산 위주의 경영은 더 이상 용납되어서는 안 된다. 서비스는 무형적이므로 기업의 성취도는 고객의 판단, 즉 고객의 만족에 의하여 결정된다. 고객이 만족하면 저절로 수익을 올릴 수 있으므로 서비스 기업의 최고 목표는 고객만족이며 수익은 그 다음 과제다.

넷째, 고객과의 친밀한 관계유지가 기업문화로 정착되어야 한다. 특히 직접적으로 고객과 접촉하면서 서비스를 생산, 판매하는 최일선 종업원의 서비스 정신과 창출능력이 서비스 기업의 성공에 중요한 변수가 된다. 교회의 서비스 조직은 역 피라미드의 조직이 되어야 한다. 즉 최고의 서비스를 제공받는 사람들은 교회에 처음 나온 새신자들이어야 하고, 다음은 임직자들, 그리고 그 다음은 장로들이 되어야 한다.

다섯째, 서비스가 창출되는 공간이라고 할 수 있는 설비, 기기, 시설 등과 같은 물리적인 분위기가 중요하다, 때로는 서비스의 품질을 바로 평가할 수 없으므로 시설과 같은 물리적인 분위기를 서비스의 품질을 평가하는 대체적인 변수로 생각하는 고객이 많이 있다. 예를 들어 비행기 좌석에 껌이 붙어 있는 것을 발견하면 비행기의 안전에 의문을 품는 고객도 있다.

여섯째, 서비스의 창출과정은 고객과 제공자, 또는 설비(시스템 포함)와의 상호작용이므로 서비스의 창출과정에는 고객의 개별적인 특성에 대한 대응이 중요하다. 이에 따라 이질적인 서비스가 창출될 수밖에 없다. 즉 서비스 품질의 균일성을 보장하기 어렵다. 비행기 승무원의 서비스는 비행기, 고객, 시간에 따라 달라질 수 있다

일곱째, 고객우선 조직(customers-in organization)이 필요하다. 많은 우량기업들이 1990년대 들어서면서 경영의 핵심 초점을 품질에서 고객으로 바꾸었다. 이러한 추세는 기업이 책정한 품질 기준의 달성만으로는 더 이상 고객니즈나 기대를 충족시킬 수 없기 때문이다. 기업의 이익 확보가 물론 중요하지만 시장성숙과 경쟁격화로 인하여 이제는 고객만족을 얻어야만 성장과 발전이 가능하다는 사고다. 고객우선 조직의 형태는 전통적인 피라미드를 역

으로 만든 모습이다. 따라서 최상부에 고객이 위치하며 그 다음은 현장에서 고객을 상대하는 직원, 나머지 조직은 모두 이들을 지원한다는 개념이다.[4]

여덟째, '토털 라운드 서비스'(Total Round Service)가 필요하다. 미래의 서비스는 A · B · C · D · E · F의 전반적이고(All Round) 입체적인 서비스를 제공함으로써 고객을 감동시킬 수 있어야 한다.

A-After Service 사후 서비스 제공

B-Before Service 사전 서비스 제공

C-Communication Service 정보 제공 서비스

D-Delight Service 기쁨을 주는 서비스 제공

E-Emotion Service 감격을 제공하는 서비스

F-Fright Service 고객의 기대를 뛰어넘는 깜짝 놀랄 만한 서비스 제공

이런 서비스는 서로 긴밀하게 연결되며, 상호보완적이며, 시너지 효과를 갖게 된다.

고객만족의 서비스 경영

1. 고객의 정의

서비스 기업에 있어서 고객에 대한 정확한 이해는 매우 중요하다. 고객의 개념은 시대에 따라 많은 변화가 있었다.

〈표 9-3〉 시대적 변화에 따른 고객의 개념[5]

경제적 관점	고객의 개념	고객의 개성	서비스 이념
수요 〉 공급	고객은 봉	10인 1색	강압 서비스
수요 = 공급	고객은 소비자	10인 10색	평범 서비스
수요 〈 공급	고객은 왕	1인 10색	고객만족 서비스
수요 〈 공급	내부고객과 외부고객의 대응	1인 100색	고객감동 서비스

2. 고객만족의 정의

올리버(1993)에 의하면 '만족'이란 'satis'(충분)+ 'facere'(만들다 혹은 하다)라는 라틴어에서 유래한다. 이에 따르면 만족은 '성취하거나 무엇을 채우는 것'으로 볼 수 있다. 고객만족(Customer Satisfacion : CS)은 고객의 욕구(needs)와 기대(expect)에 최대한 부응하여 그 결과로서 상품과 서비스의 재구매가 이루어지고 아울러 고객의 신뢰감이 연속적으로 이어지는 상태를 말한다. 고객이 무엇을 원하는지, 그리고 고객이 그것을 어떻게 원하는지 알아내어 꼭 그와 같은 것을 제공하는 것이다. 즉 고객만족은 고객의 성취반응이므로 정해진 수준 이상으로 고객의 기대를 충족하는 것을 의미한다.[6]

피터 드러커(Peter Drucker)는 기업의 목적이 이윤추구에 있는 것이 아니라 고객창조에 있으며, 기업의 이익이란 고객만족을 통해 얻는 부산물이라고 강조하였다. 즉 기업의 존재 이유를 고객만족에서 찾는 것이다.

고객만족을 위한 서비스를 창조해야 하는 필요성은 〈그림 9-2〉와 같이 고객이 만족하면 매출 증가로 이어져 상품과 서비스가 존속하게 되어 발전할 수 있고, 고객이 불만족하게 되면 매출이 감소하여 상품 서비스의 필요성이 상실되어 존재할 수 없기 때문이다. 또한 고객 불만이 발생하여도 적절하게 적극적으로 대처하면 더 큰 고객만족을 이룰 수도 있다. 그러나 적시에 적절하게 대응하지 못하면 더 큰 고객 불만을 야기하게 된다.[7]

〈그림 9-2〉 고객만족을 위한 서비스의 필요성

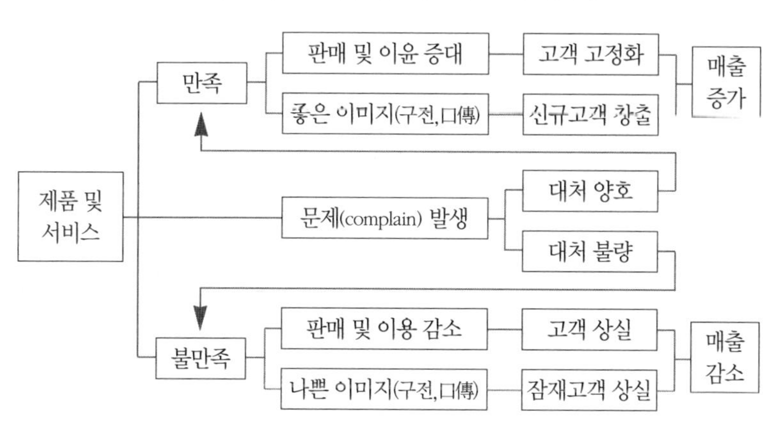

고객이 없으면 어떤 조직이라도 생존할 수 없다. 서비스에 대응되는 고객은 그만큼 중요한 것이다. 따라서 서비스가 존재하는 1차적인 존재가치와 목적은 고객만족을 위한 서비스의 창조라고 할 수 있을 것이다.

또한 이제는 고객만족 시대에서 고객감동 시대(Customer Emotion: CE)로 변화하고 있다. 만족 수준을 한 등급 더 높인 수준으로의 변화를 의미한다. 고객만족과 고객감동의 서비스가 전혀 다른 것은 아니다. 감동은 고객이 요구하기 전에 먼저 그 필요성을 알고 그 기대와 욕구를 충족시켜 주는 것이다.

품질은 인지되지만 만족은 보통 경험되는 것이므로 고객의 감정적 과정에 의해 강하게 영향 받는다. 만족은 이렇게 정해진 주관적인 기대수준에 의해 좌우되므로 객관적으로 낮은 혹은 높은 품질로도 개인의 기대에 따라 만족을 얻거나 얻지 못하는 수가 생긴다.

3. 고객만족: 고객의 기대에 대한 만족

고객은 자기들의 기대 수준을 따라 서비스를 평가한다. 그러므로 고객만족은 고객 기대에 대한 만족이라고 할 수 있다. 고객은 자기들의 기대 수준보다 높은 수준의 서비스를 제공하면 만족하게 되며 기대보다 낮은 수준의 서비스를 제공하면 불만족하게 된다. 서비스 품질은 고객의 기대를 기준으로 판단된다.[8] 고객의 기대와 흡사한 서비스를 제공하는 조직이나 기업은 생존할 수 있지만, 보다 좋은 서비스를 제공하는 경쟁자가 나타나면 고객을 잃어버릴 수 있다. 소문으로 듣던 것보다 좋은 서비스를 경험하게 되면 고정 고객이 되며 새로운 고객을 늘리는 원동력이 된다.

즉 고객이 몇천 원 하는 패스트푸드 음식점에 갈 때와 호텔이나 프랑스 레스토랑과 같은 고급 식당에 갈 때 기대하는 정도가 다르다. 고객은 그들의 마음 속에 품질에 관한 내부적인 기준을 갖고 있다. 서비스의 품질은 고객에게 인지되어야 하므로 절대적으로 평가하기 어려우며 상대적으로 평가되게 마련이다. 서비스 기업이 상대적인 품질을 파악하기 위해서는 자사의 서비스가 고객에게 어떻게 인지되고 있으며, 경쟁자들의 서비스 품질은 고객에게 어떻게 인지되고 있나 조사되어야 한다. 이러한 조사들을 바탕으로 고객이 중요하다고 지각하는 서비스의 품질을 경쟁 기업보다 우월하게 제공하는 것이 서비스 기업의 성패에 대한 결정적 요소가 된다.[9]

1) 고객의 기대의 종류

사업에 따라 고객의 기대는 다양하며 개인적인 습성에 따라 고객들은 서비스와의 접점에 복잡하고 다양한 기대들을 가지고 나타나게 된다. 일반적으로 서비스 기업에 갖고 있는 기대는 〈표 9-4〉와 같이 분류될 수 있다.

고객의 기대를 파악하는 데 있어 다음과 같은 점들에 유의하여야 한다.

첫째, 서비스 업종에 따라 고객의 기대가 다르다. 신용카드 사용자들은 안전성을 중요시하는 반면, 은행과 증권회사의 고객들은 프라이버시와 신뢰성을 중요시 한다.

둘째, 업종에 따라 기대의 속성이 같더라도 수준은 매우 차이가 날 수 있다. 또한 같은 위험이라도 비행기와 카드에 대해 고객이 느끼는 위험 정도는 다를 것이다. 같은 5분간의 서비스의 지연일지라도 비행기의 지연과 앰뷸런스의 지연은 고객에게 커다란 차이점을 느끼게 할 것이다.

〈표 9-4〉 서비스 품질의 영역들

· 신뢰성: 성과와 확실성의 유지
· 대응도: 서비스를 제공하려는 종업원의 시간적 배려
· 능력: 서비스를 수행하기 위해 요구된 기술과 지식
· 접근의 용이도: 용이한 접촉
· 예절: 공손함, 존경, 사려, 접촉하는 개인의 우호성
· 커뮤니케이션: 고객들에게 쉬운 언어로 이해시킴
· 명성: 신뢰가치성, 믿음, 정직
· 안전성: 위험으로부터의 보호
· 고객에 대한 배려: 고객의 욕구를 이해하기 위해 노력하는 것
· 물리적 증거: 시설, 옷차림 등의 고객이 지각할 수 있는 실체적인 환경

셋째, 고객의 기대는 내용과 형태라는 두 가지 측면에서 존재한다. 즉 무엇을 기대하고 어떻게 기대하는 것인가이다. 서비스 품질은 무슨 서비스를 제공하는가와 어떤 방식으로 전달하는가에 의해 결정된다. 제조업체에서는 상품이 제조되는 시설은 중요하지 않으나 서비스 기업에서는 서비스가 생성되는 시설도 중요하다. 예를 들어 자동차 회사의 제조시설에 대하여 고객은 지각하지 않고 있으나 패스트푸드점의 조리시설의 청결은 고객에게 중요하게 느껴진다.

넷째, 서비스 기업이 생각하지 못하였던 특별한 요구가 있을 때 고객이 기업에 거는 기대가 발생할 수 있다. 비행기 안에서 건전지가 필요하다고 요구하는 경우, 호텔에서 음악회의 좌석 예매를 부탁하는 경우, 호텔에서 고객의 실수로 지갑을 잃어버린 경우, 금연 장소에서 흡연을 하는 고객과 이를 꾸짖는 고객들과의 말다툼과 같은 예외사항이 발생할 경우에도 고객은 서비스 기업이 이러한 특별한 요구사항에 대하여 처리해 줄 것을 기대하고 있다.

이처럼 고객의 기대를 파악하는 출발점은 고객의 소리에 귀를 기울이는 것에서 비롯되어야 한다. 고객의 소리를 경청하는 목적은 다음과 같다. 첫째, 고객의 결정적 순간을 이해하고 고객의 입장에서 바라봄으로써 그것이 서비스 사이클의 어디에 해당하는지를 확인한다. 둘째, 여러 고객의 집합체인 시장의 욕구와 기대의 변화를 확인한다. 셋째, 고객이나 협력업자가 생각하는 예상 밖의 아이디어를 얻는다. 넷째, 고객을 자사의 사업에 참여시키는 유효한 방법을 파악할 수 있다.[10]

2) 서비스 회복에 관한 기대

서비스는 처음부터 완벽하게 제공되어야 하나 완벽한 서비스의 제공을 항상 이룩하기는 어렵다. 좌석이 없어 고객을 수용하지 못하는 극장, 많은 고객들로 인하여 대기시간이 늘어나는 패스트푸드 음식점과 같이 서비스 제공에 실패할 수 있다. 고객은 서비스 실패에 대한 회복에 나름대로 기대를 갖고 있다. 서비스 회복에 대하여 고객이 갖고 있는 기대의 불만족은 서비스 기업에 큰 영향을 미칠 수 있다.

고객에게 우량 서비스에 대해서 문의하면 회복에 대하여 언급되고 있지 않으나 어떤 서비스가 감명 깊었냐고 문의하면 고객의 23.3%는 만족스런 회복이라고 한 연구도 있다. 또한 불만족스러운 것이 무엇이냐고 문의하면 고객의 42.9%가 불만족스런 회복이라고 답변하였다. 이와 같이 고객이 잠재적으로 갖고 있는 기대를 만족시키기 위해서는 서비스의 실패에 대한 회복 계획이 무척 중요함을 파악할 수 있다.[11]

서비스 실패에 대한 회복은 서비스의 품질을 증가시킬 수 있을 뿐 아니라 불만족을 감소시킬 수 있으므로 서비스의 회복은 효과적이며, 즉각적으로 이룩되어야 한다.

4. 고객감동: 고객의 가치에 대한 만족

고객이 느끼는 가치는 지불한 것에 비하여 얻은 것(What I Get for What I Give)으로 정의할 수 있다. 일반적으로 지불하는 비용에 비하여 얻어진 수익에 대한 인식의 차이가 가치로 간주되고 있으나 몇 가지 특성이 이러한 정의에 추가되어야 한다.

첫째, 비용과 수익에는 금전적인 것 이외의 것들도 포함되어야 한다. 비용은 지불하여야 할 가격 외에 서비스를 얻기 위한 거래상의 불편들이 포함되어야 한다. 서비스 기업과 접촉하기 어렵다거나, 불친절하거나, 불만을 제기하기 어려운 것들도 서비스 기업과 거래하는 데에 소모되는 비용들이다. 종업원들이 얻는 수익은 월급과 보너스 외에 직위, 탁월한 기업에의 소속감, 지역사회의 일원들의 비금전적인 요소가 포함되어야 한다.

둘째, 가치는 비용과 이익의 차이이며 개인적인 인식이 기반이 된다. 비용의 종류에는 여러 가지가 있으며 수익의 종류에도 여러 가지가 있으나 이러한 비용과 수익이 종류 중에서 어느 것이 얼마나 더 중요한가는 개인의 지각에 달려 있다.

셋째, 이해관계자들은 항상 개인적인 인식을 바탕으로 선택과 결정을 할 수 있다. 고객이 여러 업체들 중에서 하나의 서비스 기업을 선택할 수 있는 것처럼 종업원, 공급자, 경영층, 소유주에게도 선택의 여지가 있다. 따라서 서비스 기업은 이해관계자들이 여러 대안들 중에서 가장 가치가 큰 대안을 선택한다는 것에 유념해야 한다.

넷째, 인식된 가치는 시간이 흐름에 따라 변화한다. 과거 생산 위주의 시대에서는 품질이 가장 중요하였으나 소비 위주의 시대로 접어들게 되자 최종 산출물의 품질은 기본이며 서비스가 차별화의 원동력이 되고 있다. 또한 가치의 수준도 시간에 따라 변화한다. 과거 총천연색 필름의 현상과 인화에 1주 걸리면 빠른 서비스라고 생각되었으나 이제는 1시간 이내가 빠른 서비스라고 간주될 만큼 서비스의 수준에 대한 고객의 가치는 시간의 흐름에 따라 전환되고 있다.

5. 내부 고객 감동

서비스 조직에서 고객은 외부 고객과 내부 고객으로 나누어진다. 외부고객은 서비스를 구매하는 외부의 고객을 의미한다. 내부고객은 서비스를 제공하는 기업의 구성원이며, 서비스를 직접 제공하는 사람을 말한다. 내부 고객인 서비스 종사원에 대한 가치는 조직 구성원이 현재 조직에 근무하는 것을 얼마나 더 매력적으로 생각하는가로 측정될 수 있다. 서비스 기업이 일반적으로 실패하는 것은 구성원에게 제공되는 수익 측면에서만 강조하지 종업원에게 들어가는 비용을 크게 배려하지 못하기 때문이다. 내부고객의 핵심적인 역할에 초점을 맞추어 효과적으로 고객 지향적인 서비스를 제공할 수 있는 시스템을 개발해 나가야 한다. 아무리 고객의 욕구를 충족시킬 수 있는 서비스가 개발되었다 하더라도 실제적으로 서비스를 제공하는 구성원의 관리가 잘못되면 고객 서비스의 질은 떨어질 수밖에 없다.

서비스 기업에서는 일선 현장에서 고객을 직접 접하는 직원이나 후방에서 간접 지원하는 직원이나 모두가 서비스기업의 성공에 결정적인 역할을 하는 사람이다. 그러므로 다음과 같이 내부고객에 대한 가치를 정립시켜야 한다.[12]

교회에서도 외부고객은 교회 밖에 있는 복음을 듣지 못하는 전도 대상자들이라고 할 수 있으며, 내부고객은 교회 성도들이다. 내부고객인 교회 성도들이 만족하지 않는 교회에서 아무리 전도하라고 강조해도 절대로 교회는 부흥할 없는 것이다. 따라서 목회자는 내부고객에 대한 만족과 충성을 이끌어 내야 한다.

1) 내부고객인 서비스 현장종사원이 조직의 대표자다

대부분의 서비스가 서비스 종업원 자체가 서비스이자 그 기업의 이미지이며 곧 상품이 된다. 따라서 제조업체가 상품의 품질개선을 위한 투자하는 것만큼 서비스기업체에서 서비스의 질을 향상시키기 위하여 종업원의 교육 및 향상을 위해 노력해야 한다. 서비스 현장의 접점 종업원은 그 조직을 대표하고 고객의 만족에 직접적으로 영향을 미칠 수 있기 때문에 이들은 그 기업의 마케팅 역할을 수행하고 있는 것이다.

2) 내부고객이 행복한 기업이 성공한다

내부고객이 행복해야 고객이 행복하며 고객이 행복할 때 기업의 발전은 보장받는 것이다. 즉 만족한 종업원이 만족할 고객을 창출하고, 만족한 고객은 다시 종업원의 직무만족을 강화하게 된다는 것이다. 이 같은 결과는 고객만족도가 높은 매장에서 근무하는 종업원의 이직률이 고객만족도나 낮은 매장에서 근무하는 종업원의 이직률보다 낮다는 조사결과와 맥락을 같이 하는 것이어서 주목된다.

고객만족을 위해서는 서비스의 개념을 빼놓을 수 없다. 그러나 서비스 개발을 위해서는 서비스 종사원에 대한 교육과 훈련이 최대 관건이다. 서비스는 눈에 보이지 않는 무형의 상품이며 현장성을 갖고 생산과 소비의 동시성을 가지며 저장이나 재고가 불가능한 소멸성을 갖는 특성을 나타내면서 동시에 하나의 전달 과정을 의미한다. 따라서 서비스라는 상품의 전달 과정에서 개입하여 절대적인 영향을 미치고 궁극적으로는 서비스의 질을 결정하기 때문에 고객만족 경영에서 종업원의 역할은 가히 절대적일 수밖에 없다.

예를 들어 큰 호텔에 들어갈 경우 그 호텔의 지점장이나 매니저를 통해서 서비스를 전달받지 못한다. 고객이 처음 대하는 사람은 간부 사원이 아니라 그들 입장에서 이름조차 알 수 없는 말단 종업원들이기 때문이다. 호텔의 경우 지하 주차장에서 자동차열쇠를 넘겨받는 주차 관리요원이 그 회사를 대표하여 서비스를 전달하고 고객과의 대화를 하게 된다. 반대로 고객은 주차 관리요원의 언어, 행동, 용모 등의 태도를 통해서 그 호텔 전체의 서비스나 이미지를 평가하고 선입견을 가질 수도 있다.

주차장을 떠나 엘리베이터를 타고 호텔에 들어서면서 처음 만난 주차 요원으로부터 만족을 얻은 고객과 불만족스러운 고객의 마음은 하늘과 땅만큼의 차이가 있다. 그만큼 종업원의 역할은 서비스의 질과 호텔의 기업 이미지를 전달하는 데 절대적인 영향을 미친다. 따라서 종업원의 직급이나 근무 부서, 담당 업무를 떠나 전 종업원의 서비스의 창조자이며 그 서비스를 실전에서 판매하는 중요한 존재임을 깨달아야 한다.

3) 내부고객의 만족이 진정한 고객만족이다

내부고객인 서비스 종사원이 불만족을 느끼는 상황에서는 고객만족을 기대할 수 없다. 서비스란 일련의 전달 과정이며 그 과정은 종업원이 집행하기 때문이다. 따라서 기업에서 종업원의 근무 조건을 체크하여 만족스러운 근무 여건을 조성해 나가야 한다. 따라서 경영주나 기업측면에서는 종업원에 대한 개념부터 바뀌어야 한다. 최고경영자가 서비스맨은 서비스를 제공해주고 자기에게 월급을 받아 가는 사람이라고 생각하는 전근대적인 발상을 버려야 한다. 종업원은 1차적으로 만족시켜야 할 대상이며 내부 고객이라는 경영 개념의 기초에 대한 발상의 전환을 가져야 한다. 내부 고객인 종업원 만족이야말로 경영의 핵심이라 할 수 있다. 따라서 고객만족 경영 철학은 종업원 만족에 그 뿌리를 두고 있음을 깨달아야 한다.

이처럼 내부 고객인 종업원 만족을 위한 정책, 즉 내부 마케팅(Internal Marketing) 시스템을 구축하여 서비스의 질을 향상시켜 나갈 수 있는 서비스 문화를 구축해 나가야 한다. 진정으로 고객을 만족시키는 서비스란 관리자의 머리에서 나오는 것이 아니라 최일선에 근무하는 현장 접객요원에게서 나오기 때문에 이들의 근무조건을 개선하고 더 많은 인센티브 제도를 도입하여 사기를 충전시키는 일이 중요하다.

4) 서비스 맨의 질이 서비스의 질이다

서비스의 표준화는 고객만족 경영의 과제이지만 서비스 제공자의 사고와 행동의 표준화를 전제로 하기 때문에 어려운 일이다. 서비스맨의 걸음걸이, 옷차림, 구사하는 언어, 성의, 태도, 용모, 인사하는 방법, 미소 짓는 방법, 안내하는 방법, 고객의 중요성에 대한 자각 정도, 서비스맨으로서의 정신 무장 정도, 그 날의 근무 여건 및 컨디션 등 상황적인 다양한 요인에 의해서 서비스의 질이 좌우되기 때문이다.

이러한 요인은 표준화시키기보다는 개성적인 속성이 강하기 때문에 통제하기 어려운 면이 있다. 따라서 서비스맨에 대한 철저한 교육, 훈련에 대한 투자와 서비스의 중요성에 대한 마인드를 심어 주는 것이 요구된다. 최고의 서비스는 최고의 서비스맨에게서 나온다. 가장 부실한 서비스 또한 서비스 마인드가 없는 종업원에게서 나온다.

종업원의 역할은 서비스의 질을 결정하고 기업의 이미지를 평가하게 하며 고객의 재방문, 재구매, 단골 고객의 여부를 결정짓는다.

사우스웨스트 항공은 종업원을 채용할 때 사장이 가수 엘비스 프레슬리가 입던 옷을 입고 엘비스 프레슬리와 함께 일하고 싶지 않느냐고 광고한다. 디즈니월드는 종업원을 '캐스트'(Cast)라고 부른다. 청소부까지도 연극을 제작하는 사람과 같은 의식을 갖고 즐겁게 일하는 분위기를 창출해 준다. 페더럴 익스프레스의 소포 분류작업은 까다로우며 고통스러운 작업이다. 그러나 근처의 대학생들을 파트타임으로 고용하고 이들에게 즐거운 작업분위기를 가질 수 있도록 하고 작업을 효율적으로 수행할 수 있도록 만들었다.[13]

주

1) Jemke and Sharp, 1990
2) 이순철, 「서비스기업의 경영전략」, 삼성경제연구소, 1997, pp.14~16.
3) Sasser Olsen, and Wyckoff, 1978a,1978b; Schneider and Bowen, 1995). Zeithmal, Parasuraman, Berry, 1985. 참고.
4) 원석희, 「서비스 운영관리」, 서울: 형설출판사, 1999. pp.90~91.
5) 박정준 외 5인 공저, 「관광과 서비스」, 대왕사, 2000, pp.53.
6) 원석희, p.89.
7) 박정준 외 5인 공저, pp.72~73.
8) B. Schneider and D.E. Bowen, Meeting Customer Expectations, Winning the Service Game, Harvard Business School Press, 1995. pp.19~53. 이순철, pp.112~113.
9) B. Schneider and D.E. Bowen, pp.19~53. 이순철, pp.112~113.
10) R. Jemke and D. Sharp, The Service Edge, 101 Companies that Profit from customer Care, Plume, 1990, 이순철, p.118.
11) B. Schneider and D.E. Bowen, pp.19~53. 이순철, p.119.
12) 임붕영, 「서비스 쿠데타」, 서울: 형설출판사, 2002, pp.166~174.
13) 이순철, 「서비스기업의 경영전략」, 삼성경제연구소, 1997, pp.63~64.

제3부
목회자 리더십의 이해

제10장

목회자 리더십의 신학적 이해

목회자 리더십의 이해

1. 목회자 리더십의 개념

리더십은 목회자에게는 선택과목이 아니라 필수과목이다. 리더십은 동기부여와 방향 설정에도 필요하고 가치를 평가하고 무언가 성취하는 데도 필수적이다. 문제는 어떤 리더십을 발휘할 것이냐는 것이다.

목회자 리더십은 리더십이 적용되는 삶의 자리가 다르기 때문에 일반 조직과는 다른 리더십의 여러 가지 특성이 요구된다. 가장 이상적인 교회 조직 리더십은 성경적인 리더십이라고 할 수 있다. 성경에서 제시하는 목회자 리더십의 개념은 무엇인가?[1]

첫째, 리더십의 동기가 사랑(love-the motive of leadership)에서부터 시작되어야 한다. 교회의 설립 동기는 하나님의 구속의 사랑을 전하기 위한 것이다. 그러므로 교회 조직 리더십의 동기는 철저한 이웃사랑에서부터 시작되어야 한다.(막 10:45)

둘째, 리더십의 방법은 봉사(service-the method of leadership)다. 교회의 주인이신 그리스도께서 섬김을 받으러 오신 것이 아니라, 섬기려 하고 대속물로 주려고 오신 것이다. 이 섬김은 십자가의 죽음에서 완성된다. 따라서 그의 뒤를 따르는 교회 조직의 리더는 철저한 자기 부정의 섬기는 방법을 통한 리더십을 발휘해야 한다.

셋째, 리더십의 목적은 구속(redemption-the goal of leadership)에 있다. 그리스도의 최후의 목적은 구속이었다. 예수님의 생애의 목표도 사람을 죄에서 해방시키고 자유하게 하는 것이었다. 그의 가르침, 훈련, 봉사, 사역이 모두 이 목표를 위한 것이었으며, 이 사명이 교회 조직의 사명 중의 하나인 메시아적 사명이다. 그러므로 목회자의 리더십의 목적은 이 구속을 이루는 것이다. 그러므로 목회자 리더십의 최고의 목적도 단지 교회 조직의 유효성을 높이거나 교회의 성도들을 동기 부여시키는 정도가 아니라, 사람을 변화시켜 구원받고 새 사람으로 거듭 태어나게 하는 것이다.

리더는 일반적으로 개인, 집단 및 조직이 그들의 임무나 목표를 설정할 수 있도록 도와주고 목표를 명확히 해 준다. 또한 구성원이 임무나 사명을 달성할 수 있도록 비전 제시를 통하여 활력을 불러일으키고, 모범을 보임으로 행동의 모델을 제시하며, 목표 달성 과정에서 발생하는 목적과 방법 전략 등을 제시하고 갈등을 해소한다.

목회자가 어떤 리더십을 발휘하느냐에 따라서 그 결과가 달라질 것이다. 왜냐하면 리더가 구성원들에게 의식적 또 무의식적으로 행동의 모델이 되기 때문에 구성원들은 조직 내에서 리더가 생활하는 방법을 리더의 행동을 관찰함으로써 배워 나아가기 때문이다. 바이스(Weiss)의 연구 결과에 따르면 리더가 성공적이고 영향력이 강할 경우, 특히 자부심이 낮은 구성원들은 리더의 행동과 가치 체계를 닮아가는 경향이 있다고 하였다.[2] 또 자발적인 조직에서는 구성원들이 리더의 가치, 행동을 닮아가는 것이 뚜렷한 현상으로 제시되었다. 즉 리더가 조직 구성원의 조직사회화에 큰 영향을 미친다는 것이다.[3] 이런 관점에서 목회자의 리더십의 중요성은 지대하다. 특별히 교회는 고차원적인 가치관을 제시하는 곳이기 때문에 거래적 리더십만으로는 교회 조직원들의 태도나 신념, 가치관을 바꿀 수 없으며, 변혁적 리더십을 발휘할 때 바람직한 조직 유효성을 얻을 수 있다.[4]

목회자 리더십의 특성

1. 목회자 리더십의 성격

목회자는 하나님과 교회로부터 부름 받아 말씀을 선포하고, 성례전을 집행하며, 그리스도교 공동체를 하나님의 부르심에 전적으로 응답할 수 있도록 인도하고 양육하도록 따로 세워진, 그리스도의 몸에 소속된 하나의 구성원이다.[5] 따라서 목회자는 그리스도께서 세우신 교회 안에서 그리스도께서 제정하신 목회의 직무를 위하여 하나님과 교회로부터 부르심을 입어 말씀을 선포하고, 성례전을 행하며, 성도들을 보살피고 양육하는 인도자다.[6] 즉 하나님과 교회로부터 부르심을 받아 교회를 교회답게 하는 자다.

이런 목회자가 많은 조직 중에 하나인 교회 안의 사역자를 선정하여 훈련하고, 그들에게 동기 부여를 통해 자원하는 마음을 일으켜 교회의 사역에 헌신토록 하는 목회자의 능력이 목회 리더십이다. 목회 리더십은 세상에서 임명한 것이 아니라 하나님이 세우신 교회를 위해 하나님이 임명하신 것이며, 교회에서 그렇게 인정한 것이다.[7] 즉 교회 리더십의 본질은 주님이신 예수 그리스도를 본받아 형성된 종(servant)이나 노예와 같은 것이다. 여기서 종이라는 뜻은 사람이 뽑아서 리더가 된 것이 아니라, 하나님께로부터 주어진 권위로서 온 것이라는 뜻이다.

그렇다면 교회에서의 목회자 리더십의 특징은 무엇인가? 주디(Judy)에 의하면 목회자 리더십의 특징은 다음과 같은 것이 포함되어 있어야 한다.[8]

첫째, 목회자 리더십이란 인격 안에 있는 것이다. 일반 조직의 리더십은 지위와 자격에 따라 존재하지만 목회자 리더십은 인격 안에 존재한다. 베니스는 변혁적 리더십을 발휘하는 리더는 인격을 통하여 추종자들에게 자기의 비전을 모범으로 전달한다고 하였으며, 변혁적 리더가 인격을 갖추는 데 5가지 요소가 있는데 자기 인식, 솔직함, 성숙함, 호기심과 대담성이라고 했다.[9]

둘째, 목회자 리더십은 공동의 관심과 목표를 가진 사람들의 그룹 안에 존재한다. 목회자는 하나님 나라의 확장과 영혼 구원이라는 분명한 영적 목표를 가진 사람들 속에 존재한다.

셋째, 목회자 리더십의 과제는 공동의 목표를 성취하기 위해 모든 사람이 협력하도록 하는 일이다. 로버트 클린턴(Robert Clinton)은 목회 리더십이란 하나님이 주신 능력을 가지고 어느 사람이 어느 특정한 하나님의 사람들 그룹에서 하나님의 목적을 이루기 위하여 그 그룹에 영향을 끼치는 역동적 과정이라 정의하였다.[10] 그러므로 목회 리더십은 하나님의 주신 책임을 이루는 것이라 할 수 있다. 이 책임은 첫째로 구원에 대한 책임인데, 타인을 변화시켜 하나님의 나라 백성이 되게 하는 일이며, 구원받아 변화를 받은 성도들이 사회에서 구속받은 자로 살게 하는 삶에 대한 책임감이다.

넷째, 목회자의 리더십은 그 목적이 구원에 있어야 한다. 따라서 다른 사람을 그리스도에게 인도하고자 하는 자는 영혼을 사랑하는 마음, 즉 잃어버린 자의 구원을 사모하는 마음을 가져야만 한다. 영혼에 대한 사랑이 없으면 우리의 노력은 기계적이고, 무력한 것이 되고 말 것이다.[11] 따라서 교회의 목회자 리더십은 자신이 사명에 대한 열정을 가지고 있어야 하며, 자신의 일이나 직업, 각종 활동에 각별한 열정을 가지고 있고, 희망찬 삶에 대한 열정이 있으며 그 일을 하기를 좋아해야 한다. 그러할 때 그 열정이 다른 사람들에게도 용기를 불어넣어 주게 된다.[12]

이러한 목회자 리더십이 되기 위해 다음과 같은 목회자의 자질이 요청된다. 이러한 교회 조직의 리더십을 발휘하기 위해서는 다음과 같은 목회자의 자질이 필요하다.[13] 교회 리더에게 다음의 자질이 필요하다는 것이 교회 조직 리더십이 일반 조직의 리더십과 다른 점이다.

첫째, 신앙이 있어야 한다. 목회자의 리더십에서 가장 중요하게 요청되는 것이 신앙이다. 교회 조직은 신앙공동체이기 때문에 다른 조직과 다르게 가장 먼저 요청되는 것이 신앙이다. 효과적인 목회자 리더십의 발휘를 위해 필요한 신앙은 리더의 사고와 지침과 행동 속에 스며들어 깊이 자리 잡은 지속적인 신앙으로서, 하나님과 그의 아들 예수 그리스도에 대한 신앙이다.[14] 이 신앙은 인간이 만들어 낼 수 없을 뿐 아니라, 훈련으로도 불가능한 개인적인 소명에 근거한 것이어야 한다.[15]

둘째, 사랑과 섬김이 있어야 한다. 교회의 리더십은 어떤 의미로는 교회 회중으로부터 생긴 필요에 의한 리더십이다. 따라서 교회 리더십은 봉사에 의하고, 봉사는 은사 받은 자들이 그의 형제들을 위하여 봉사할 수 있게 하는 성령의 은사의 증여에 의하여 실행될 수 있는 것이다. 목회자 리더십은 교회 회중을 돌보고, 인도하고, 성장시키기 위해 있는 것이다.

목회는 결국 하나님의 사랑을 전하는 것이요, 목회의 대상은 사람이기 때문에 지도자는 사람을 사랑해야 한다. 기본적으로 사람을 좋아하는 훈련을 해야 한다. 교회를 성장시키기 위한 수단으로서가 아니고 사람 자체의 무한한 가치 때문에 차별 없이 사람을 사랑할 수 있는 사람이라야 한다. 사람을 귀하게 여기고 사람을 즐거워할 줄 알아야 한다. 사랑이 그분의 특징이어야 한다. 사랑을 가슴에 품고 설교하고 사랑으로 상담하고 사랑으로 심방하고 사랑으로 대화하고 사랑의 심정을 가지고 그들의 눈을 쳐다봄으로써 교인들이 말이 없어도 그를 보고 그분의 사랑을 충분히 느낄 수 있어야 한다. 결국 다른 사회가 아닌 교회에서는 사랑이 없는 지도자는 아무 유익을 주지 못한다.(고전 13:2)

셋째, 교회 조직 리더십의 과제는 공동의 목표를 달성하기 위하여 모든 구성원이 협력하도록 돕는 일이다. 따라서 목회의 본질적인 성격이 봉사가 되며, 목회자 리더십은 섬김의 리더십(servant leadership)이 된다.

넷째, 카리스마가 있어야 한다. 교회 조직에서의 권위는 다른 조직의 권위와 그 성격이 다르다. 목회자 리더십은 목회자 자신의 영성과 도덕성과 영적 권위에 근거한다. 교회에서의 권위는 자신의 능력이나 영성, 도덕성을 뜻하며, 이 권위는 그의 삶 속에서 드러나기 때문이다. 그러므로 영성은 교회 리더십에 있어서 기본적이며 필수적인 요건이다.[16] 이러한 목회자 리더십의 권위에는 적어도 두 가지 근거가 있다. 신성한 것의 대표성으로서의 권위와 전문적 지식으로서의 권위이다.[17]

이 외에도 목회자 리더십의 자질에 대한 학자들의 견해는 다음과 같다.

엥스트롬(Engstrom)은 ① 열심 ② 신용 ③ 훈련 ④ 자신감 ⑤ 결단력 ⑥ 용기 ⑦ 유머(humor) ⑧ 성실함 ⑨ 이타심 등을 든다.[18] 에임스(Eims)는 ① 순결한 생활 ② 겸손 ③ 믿음을 지적한다.[19] 샌더스(Sanders)는 ① 훈련 ② 비전

③ 지혜 ④ 결단력 ⑤ 용기 ⑥ 겸손 ⑦ 순전함 ⑧ 성실함 등을 꼽는다.[20] 굿윈(Goodwin)은 ① 크리스천 ② 사려 깊음 ③ 성실성 ④ 성별됨(consecrated)을 말한다.[21] 와그너(Wagner)는 ① 철저한 순종 ② 확실한 목표 ③ 통찰력 있는 연구 능력 ④ 신앙적 난관주의 등을[22] 목회자 리더십의 자질로 제시한다.

2. 성서에서 반대하는 리더십

흔히 긍정적인 면을 잘 이해하지 못할 때 반대되는 것을 살펴보면 이해가 되는 경우가 있다. 여기서는 성경에서 반대하는 리더십을 살펴보면서 성경에서 주장하는 리더십을 깨달을 수 있을 것이다.[23]

첫째, 성서에서 말하는 리더십은 정치적인 권력 행사(not political power play)가 아니다. 일반적인 리더십의 근원은 권력과 영향력이다. 일반적 리더십은 정보나 지식이나 힘의 권력행사에서부터 출발한다. 그러나 성서적 리더십은 종(servant)의 리더십이다. 예수님은 세상 리더십은 군림하는 리더십으로 보고, 자신의 리더십을 섬기는 리더십, 종의 리더십으로 구분하였다. 만약 리더가 다른 사람 위에서 군림하려 한다면 성경적인 리더십이 아니다.

둘째, 성서에서 말하는 리더십은 권위주의적인 태도가 아니다. 성서적인 리더십은 타인의 행위를 강요하거나 권위주의적인 태도로 대하는 것이 아니다. 세상의 권력자들은 백성을 종으로 만들고 마음대로 지배하며 세도를 부리지만, 영적 리더는 겸손과 모범으로 추종자를 이끌어야 한다.

셋째, 성서에서 말하는 리더십은 숭배적인 관리 자세가 아니다. 교회를 의미할 때 가장 아름다운 단어는 '섬김(Diakonos)'이라는 말인데, 이 말의 의미는 섬긴다(Service)는 뜻으로, 예수님께서는 친히 제자들의 발을 씻겨 주심으로 모범을 보이셨다.

목회자 리더십의 모범인 예수님의 리더십은 종(Servant)의 신분으로 섬기는 리더십이었다. 예수님은 가장 위대하신 종의 리더십을 보이셨다.[24] 그의 삶의 목적은 "인자가 온 것은 섬김을 받으려 함이 아니라 도리어 섬기려 하고 자기 목숨을 많은 사람의 대속물로 주려 함이니라"의 표현에서 종(Servant)의 리더십을 발견할 수 있다.

주

1) R. Wolf, *Man at The Top: Creative Leadership,* 조동진 역, 창조적 리더십, 서울: 크리스챤 헤럴드사, 1971. p.54.
2) H. M. Weiss, op.cit., pp.711~718.
3) R. D. Sylvia & W. Pindur, "The Role of Leadership in Norm Socialization in Voluntary Organization", *The Journal of Psychology,* Vol. 100, pp.215~226.
4) 조성종, 「멘토의 기능과 리더십이 조직사회화에 미치는 영향 연구」, 박사학위 논문, 숭실대 대학원, 1995년 12월, pp.108~115.
5) 토마스 C. 오덴, 「목회신학 교역의 본질」(서울 : 한국장로교출판사, 1987), p. 116.
6) 조담연, "21세기 한국교회 목회지도력에 관한 연구" (서울신학대학교 신학대학원 석사학위논문, 1994), p. 43.
7) M. T. Judy, *Multiple Staff Ministry,* Nashville: Abingdon Press, 1969; 정웅섭, "교회 교육 지도자론", 「기독교 교육론」, 서울: 대한기독교 교육협회, 1984. p.413. 재인용.
8) 정웅섭, 상게서, p.420.
9) W. Bennis, op.cit., pp. 76~77.
10) Robert Clinton, *The Making of a Leader* (Colorado Springs : Nav Press, 1992), p. 14.
11) R. A. Torrey, *How to Bring Men to Christ,* Fleming H. Revell Company, 1983, p.8.
12) W. Bennis, op.cit., pp. 76~77.
13) F. M. Segler, *A Theology of Church and Ministry,* 이상희 역, 「목회학개론」, 서울: 요단출판사, 1983, pp.66~70.
14) pp.66~70.
15) p.77.
16) T. W. Engstrom, *The Making of a Christian Leader,* Grand Rapids: Zondervan, 1976, pp. 88~89.
17) J. W. Carroll, *As One With Authority: Reflective Leadership in Ministry,* Louisville: Westminster, John Know Press, 1991, 「목회지도력」, 김남석 역, 서울: 도서출판 진흥, 1995, pp.50~60.
18) Ibid.
19) L.E. Eims, *Be The Leader You Were Meant To Be,* Wheaton: Victor Books, 1982. pp. 26~39.
20) J.O. Sanders, *Spiritual Leadership,* 「영적 지도력」, 이동원 역, 서울: 요단출판사, 1983, pp. 79~80.
21) B. E. Goodwin, *The Effective Leader,* 「인정받는 지도자」, 안성호 역, 서울: 나침판사, 1980, pp.15~18.
22) P. Wagner, *Your Church Can Grow,* 「교회성장의 원리」, 권달천 역, 서울: 생명의 말씀사, 1980, pp.30~32.
23) K. O. Gangel, *Building Leaders for Church Education,* Chicago: Moody Bible Institution, 1981, pp.74~76.
24) O.R. Lawrance, *A Theory of Church Leadership,* 남철수 역, 서울: 정경사, 1983, pp.118~120.

제11장

성서 속의 목회자 리더십

구약성서의 리더십

구약성서에는 많은 인물이 나오는데, 대표적인 인물로는 요셉, 모세, 느헤미야를 들 수 있다. 요셉의 리더십은 비전적 리더십의 원형이다. 모세의 리더십은 일반 조직론의 시초가 된 계층적 구조의 관리적 리더십이었다. 한편 느헤미야의 리더십은 변혁적 리더십의 여러 요소를 갖추었다. 그래서 모세와 느헤미야의 리더십을 각각 관리적 리더십과 변혁적 리더십의 틀 속에서 살펴보려고 한다.

1. 요셉의 리더십

요셉의 리더십은 비전적 리더십의 원형이다. 하나님께서 비전을 주시고, 그 비전을 이루시는 과정을 통하여 리더가 되는 영적 리더십의 전형이다. 요셉의 리더십이 중요한 이유는 요셉에게서 예수 그리스도의 리더십의 원형을 발견할 수 있기 때문이다.

1) 비전적 리더십(visionary leadership)

정신분석학자 칼 융은 "꿈은 성공의 세계로 들어가는 작은 문"이라고 했으며, 톨스토이는 "비전은 인생의 항로의 길잡이"라고 했다. 우리나라 말에서 꿈은 'Dream'과 'Vision', 두 가지 해석으로 쓰인다. 요셉은 이 'dream'을 'vision'으로 바꾼 사람이다.

꿈, 비전은 두 가지 차원으로 볼 수 있다. 인간적인 꿈과 비전, 그리고 하나님이 주시는 꿈과 비전이 있다. 영적 리더십은 하나님이 주신 리더십을 인간이 수용하고 그 비전을 이루어나가는 것이다. 이런 의미에서 본다면 요셉의 비전은 그가 만든 것이 아니라, 하나님께서 주신 비전이다. 우리는 요셉을 통하여 '하나님이 어떻게 우리에게 꿈을 주시는가'가 아니라 '하나님이 그 꿈을 통해 무엇을 성취하고자 하시는가'를 살펴보아야 한다.[1]

요셉은 어릴 때에 일생 동안 지울 수 없는 선명한 두 가지 꿈을 꾸었다. 이 꿈은 그의 삶을 이끌어가는 환상이 되었다. 창세기 37장에 보면, 밭에서 형제들이 곡식 단을 묶는 일을 하고 있을 때 형제들의 곡식단이 요셉의 곡식단에게 절한다는 꿈과 해와 달과 별들이 자기에게 절하는 꿈을 꾼 내용이 있다. 이렇게 거듭 두 번씩이나 꿈을 꾼 것은 바로 하나님의 계획을 보여 주신 것이었다.(창 41:32)

2) 과정적 리더십(process leadership)

비전을 가졌다고 모두 요셉처럼 위대하게 되는 것은 아니다. 그 비전에 맞는 인생 그릇이 준비되어야 한다. 사실 역사 속에서 하나님께서는 지금도 수많은 사람에게 비전을 주신다. 그러나 쓰임 받지 못하는 이유는 그 비전을 담을 인생 그릇이 준비되지 못했거나, 그 그릇이 비전을 담기에는 너무 훼손되어 버렸기 때문이다.

리더십이 'Doing'이라면, 리더십을 발휘할 수 있게 하는 리더의 인격은 리더의 'Being'이다. 여기서 영적 리더십과 일반 리더십의 차이가 있다. 영적 리더십은 리더의 인격과 그의 신앙에서 나온다.

구약시대의 성서적 인물들, 특히 요셉과 모세의 리더십은 철저하게 비전을 성취할 수 있는 준비를 강조한 과정적 리더십이다.

하나님은 요셉의 비전을 이루시기 위하여 요셉의 인생에 수많은 훈련과 시련을 통과하게 하시어 그릇을 만들어 놓으셨다. 그러므로 중요한 것은 "우리가 어떻게 꿈을 가지느냐가 아니라, 뜻을 성취할 수 있도록 우리가 하나님을 우리 삶 가운데서 일하시게끔 허용할 것이냐"는 것이다.[2)]

요셉의 연단과정은 진정한 영적 리더가 되기 위해서는 이러한 훈련과 준비가 있어야 함을 보여 준다. 영적 리더는 다음과 같은 존재의 양식이 준비되어야 한다.

① 정절의 그릇을 준비해야 한다

젊은 나이에 이국땅에서 고독한 인생을 살아야 했던 요셉에게 제일 견디기 힘들었던 것은 아마 정욕이었을 것이다. 요셉이 보디발의 아내로부터 정욕을 극복하는 것으로 표현되는 순결함은 단지 육신의 순결함을 의미하는 것은 아니다. 당시 쾌락주의적인 문화 속에서 신앙적인 순결을 지켰다는 것을 의미한다. 보디발의 아내는 유혹하여 동침하기를 날마다 청하지만, 요셉은 창세기 39장 9절에서 신앙적 순결을 지키려는 것을 볼 수 있다. 하나님께서 비전을 주시고 역사를 들어 쓰시는 사람은 그 인생 그릇이 깨끗해야 한다.(딤후 2:20~21)

② 용서의 그릇을 준비해야 한다

하나님께서는 요셉의 인생여정 동안 두 번에 걸쳐 용서의 그릇을 준비시키신다. 첫째는 형제들을 용서하는 것이다. 요셉이 유괴되어 노예로 팔려간 것은 타인에 의해서가 아니라, 바로 자기의 형들에게 그렇게 당한 것이다. 보통 사람 같으면 도저히 참을 수 없는 원수를 갚아야만 되는 그런 지경이었는데, 요셉은 그 형제들을 용서해 준다.

두 번째, 요셉이 억울한 감옥살이를 하고 있을 때 다른 사람의 꿈을 해석해 준 적이 있다. 그런데 은혜를 받은 사람은 요셉의 은혜를 잊고 말았다. 그러나 후에 요셉이 총리가 되었을 때에도 요셉은 그를 용서하고 질책하지 않았다.

③ 감사의 그릇을 준비해야 한다

요셉은 형들에게 노예로 팔리고, 감옥에 갇히는 등 많은 절망스러운 순간을 겪었다. 그것이 그의 인생 여정이었다. 그렇지만 늘 그가 그러한 어려움 속에서도 승리할 수 있었던 것은 감사하는 마음이 있었기 때문이다.

④ 인내의 그릇을 준비해야 한다

요셉은 세 번이나 배반을 당했다. 처음에 형들에게 노예로 팔려갔다. 두 번째, 모함을 당하여 감옥에 갔다. 세 번째는 감옥에서 술 맡은 관원장의 꿈을 해석했는데 술관원장이 그 사실을 잊어버리게 된 절망을 느꼈다. 절망이라는 단어는 영어로 'Disappointment' 인데, 이 단어가 철자 하나만 바꾸면 '하나님의 약속' 이라는 뜻의 'His appointment' 가 된다. 즉 절망 속에 하나님의 섭리가 있었다.

2. 모세의 리더십

모세의 리더십은 두 가지 차원에서 고찰할 수 있다. 첫째, 자신이 리더로서 리더십을 발휘하는 것이다. 둘째, 리더를 개발 육성하는 후원적 리더십이다.

1) 모세 개인의 리더십

① 준비된 리더십

구약시대에 요셉과 모세의 리더십은 특별히 준비된 리더십임을 강조하고 있다. 요셉의 젊은 시절이 준비하는 기간이었던 것 같이 모세에게도 애굽의 궁궐에서 40년, 광야 목자 생활 40년, 총 80년을 리더로서 자격을 갖추기 위하여 준비한 기간이 있었다. 이 준비과정을 통하여 불같은 그의 성품이 지면에서 가장 온유하고 겸손한 성품으로 바뀌었다.[3] 영적 리더십은 리더 자신이 먼저 하나님 앞에 쓰임 받을 수 있는 준비된 자가 되는 것이 중요하다.

② 진정한 권위를 아는 리더십

리더가 올바른 권위를 발휘하려면 진정한 권위가 무엇인지 분별하고 그 권위 앞에 복종할 수 있는 겸손한 자세가 되어 있어야 한다. 모세는 장인 이드로의 조언과 권면 앞에 겸손히 따른다. 민족을 이끄는 최고의 리더로서의 오만함이나 자존심을 버리고 조직의 원칙과 운영방법을 받아들였던 것이다.

영적 권위를 행사하려면 먼저 리더 자신이 더 높은 영적 권위 앞에 복종하는 자세가 되어 있어야 한다.

③ 비전과 강한 추진력

모세는 이스라엘 백성을 가나안까지 이끌어야 되는 민족적 비전이 있었으며, 그 사명과 비전을 위하여 강한 추진력으로 백성들을 이끌었다. 영적 리더는 그 사명이 하나님이 주신 것이라면 모든 장애물도 물리치고 이끌 수 있는 강한 추진력이 있어야 한다.

2) 리더를 개발, 육성하는 리더십

모세가 리더를 개발, 육성하는 리더십은 출애굽기 18장을 통하여 살펴볼 수 있는데, 모세의 주된 리더십은 광야 40년의 리더십 행사과정을 통하여 잘 나타나 있다. 모세가 장인 이드로의 조언을 따라 행사한 리더십은 관료제로 대표되는 폐쇄적-합리적 조직의 원형이 된다. 모세의 리더십은 자신의 리더십 발휘뿐만 아니라, 조직의 기본 원칙을 잘 수행하고 있으며, 리더십 개발에도 중요한 원리를 제공한다.

① 리더의 선발

모세는 자기의 임무가 너무 많아 처리할 수 없자 중간 관리자를 뽑아서 과업을 분담시켰다. 리더십은 이렇게 적재적소에 인재를 배치하여 과업을 분담시킬 때 유효성이 있는 리더십을 발휘할 수 있게 된다. 특히 목회자 리더십은 그가 하나님의 쓰임에 맞도록 자신의 자질을 개발하는 것도 중요하지만 그러한 자질을 갖춘 교회 구성원을 선발, 개발하는 것도 중요하다.

모세가 선발한 중간 관리자의 자질은 다음과 같다. 이 기준을 통해 교회 조직의 일꾼의 자질을 점검해 볼 수 있을 것이다. 첫째, 하나님을 두려워하는 사람, 둘째, 진실한 사람, 셋째, 정직한 사람, 넷째, 유능한 사람 등이다.[4]

② 계층화와 배치

모세는 선발한 중간 관리자를 그 감독 범위에 따라 천 명을 거느릴 관리자와 백 명을 관리할 관리자, 오십 명을 관리할 관리자, 열 명을 다스릴 관리자로 분류하여 계층화하였다.

모세가 이렇게 천부장, 백부장, 오십부장, 십부장으로 나눈 것은 조직의 분화에 있어서 수직적 분화(vertical differentiation)라고 할 수 있다. 이것은 과업의 분화가 상하관계로 이루어지는 것으로 계층에 해당한다.

공식적 계층의 각 수준 사이에는 지위, 역할, 직위라는 분명한 차이가 있으며, 대개는 명령 계통을 이루는 권한과 역할의 피라미드 체계다. 이러한 공식적 권한 체계로서의 계층은 직무를 수행하는 개인에게 공식적인 힘을 부여하며, 통제와 질서의 기초를 제공하고 조직을 제도화시켜서 갈등을 억제하는 기능을 수행한다.

③ 감독한계 적정화의 원칙(principle of span of control)

모세는 관리 범위(span of management)에 따라 적절하게 배치하였다. 1인의 감독자가 직접 지휘, 감독할 수 있는 부하의 수에는 일정한 한계가 있다. 감독의 폭이 넓어지면 의사소통, 조정, 및 감독이 곤란해지기 때문이다. 반대로 감독의 폭이 너무 좁아지면 감독자 잉여의 결과로 부하에게 지나친 부담이 되고, 관리비도 증대될 가능성이 크다. 감독의 폭을 결정하는 데 영향을 주는 요소로는 다음과 같은 것들이 있다.

가. 감독자 및 피감독자의 능력

감독자의 능력, 경험, 지식 또는 리더십과 피감독자의 능력, 훈련 및 교육 정도에 따라 감독자의 폭이 달라진다.

나. 직무의 성격

감독해야 할 직무의 성격에 따라 감독의 폭이 달라진다. 직무의 내용이 단순하고 반복적이고 기계적일 경우는 감독의 폭이 넓어진다. 그 반대로 고도로 두뇌적이며 추상적이고 개념적인 것일 때에는 그 폭이 좁아진다.

다. 지역적 범위

감독해야 할 지역이 집중되어 있느냐, 퍼져 있느냐에 따라 감독의 범위가 달라진다. 감독의 폭은 학자에 따라 다르다. 예를 들어, 뉴맨(Newman)은 상위관리자는 3~7인, 일선 감독자는 15~20인 정도로 보고,[5] 쿤즈(Koontz)와 오도넬(O' Donnell)은 상위 4~8인, 하부 8~15인 정도로 본다.[6]

3) 권한의 위임(prince of delegation of authority)

모세는 그가 택한 중간 관리자들을 감독 범위에 따라 계층화하여 적절하게 배치한 후에 그들의 업무에 맞게 권한을 위임해 주었다. 즉 그들로 하여금 직접 백성을 다스리게 하고 작은 사건들을 그들에게 위임하여 업무를 분담하도록 한 것이다. 조직이나 집단의 규모가 확대됨에 따라 한 사람의 최고 관리자가 조직 활동의 전부를 직접 담당할 수 없게 되어 중간 관리자나 하위 관리자에게 직무를 위임할 경우 그 직무 수행에 필요한 일정한 권한도 위임해 주어야 하며 이에 따른 책임을 물어야 한다. 이것을 직무 · 책임 · 권한의 삼면등가의 원칙이라고 한다. 모세는 권한을 적절하게 위임하는 권한위임의 원칙을 실행하여 리더십을 잘 발휘할 수 있었다.

4) 예외의 원칙(principle of exception)

모세 자신은 중간 관리자에게 맡기기 어려운 문제나 중대한 문제만을 맡아서 담당하였는데 이것은 예외의 원칙에 해당된다.

예외의 원칙은 한 사람의 리더가 조직 전반에 걸쳐서 모든 의사결정을 한다는 것은 불가능한 것이므로 상위의 리더는 예외적이거나 비정형적인 업무와 사항만을 맡고, 일상적이거나 규칙적이고 정형화된 의사결정은 하위 관리자에게 위임하는 것을 말한다.

이러한 모세의 리더십은 조직 관리적이며, 과업 지향적이며, 관료적인 리더십이다. 모세의 관리적 리더십은 당시의 상황에서는 가장 좋은 전략으로서 광야를 이동해야 하는 이스라엘 민족에게는 가장 적합한 것이었다. 또한 이러한 조직과 리더십은 민사적일 뿐만 아니라, 군사적인 상황에서도 잘 적용될 수 있었다. 왜냐하면 책임을 맡은 자들은 전시에는 군인으로, 평상시에는 치안관으로서 업무를 수행했으며, 세분화되고 조직적인 구조는 공평한 재판을 가능하게 하였기 때문이다.

3. 느헤미야의 리더십

느헤미야의 리더십은 무기력하고 흩어진 백성들을 조직하고 동기를 부여하여 외부의 반대와 백성 내부의 중상모략을 이겨내고 52일 만에 예루살렘 성을 중수한 과업 지향적인 리더십이었다.[7] 그러나 그는 또한 관계 지향적인 리더십 요소와 변혁적 리더십 요소도 모두 갖춘 인물이었다.

1) 기도의 리더십

느헤미야의 기도는 성자의 기도처럼 세상과 구별된 곳에서 한 기도가 아니었다. 오히려 삶의 현장에서 그 삶을 통한 하나님의 뜻을 찾는 철저한 역사 인식에 기초한 기도였다.

바사 궁전에 있던 느헤미야는 예루살렘 성이 파괴되고 남은 백성은 고난과 수모를 당하고 있다는 소식을 듣고 기도를 시작하였다. 그 기도는 이스라엘 백성들의 죄를 깨달은 후의 격정의 기도였고, 하나님께서는 구하는 모든 것을 하실 수 있고, 해 주실 줄 믿는 기도였다. 또한 자기를 인도하셔서 이 일을 하실 것이라는 깨달음의 기도였다.[8]

기도의 사람은 우리가 처해 있는 "그 현실에 응답하는 사람들"이다. 느헤미야의 기도의 눈물은 역사적 현실에 대한 '지각(知覺)의 눈물' 이었다. 그는 자기의 백성 이스라엘을 위하여 기도하며 "나와 내 아버지의 집이 범죄하여…"라고 자복한다(느 1:6). 존 화이트는 이것이 느헤미야의 "공동체적 책임감각"(a sense of corporate responsibility)이요, 우리가 기도할 때에 반드시 터득해야 할 "동일시의 원리"(the identification principle)라고 일컫는다.[9]

2) 구성원을 자발적으로 동기 부여시키는 리더였다

느헤미야는 예루살렘 성을 중건하여 다시는 하나님 백성으로서 수치를 당하지 말자고 회중의 마음을 움직였다.[10] 또한 이 일을 위하여 자기가 기도하였으며 하나님이 자기를 지금까지 도우셨다는 것을 말하여 성을 중건하는 일이 하나님의 뜻임을 인식시켜 그들의 사명으로 삼게 하였다. 더욱이 느헤미야는 백성과 자신을 일체화시켜서 그 일이 "우리 일"로 여기게 하여 회중이 자발적으로 참여하게 하였다.[11] 뿐만 아니라 모범을 보이고 이끌며, 구성원 하나 하나를 개인적으로 고려하고 관심을 갖는 리더십을 발휘하였다.

3) 비전의 리더

느헤미야는 스스로 비전을 가지고 있었으며, 그 비전을 회중에게 설명하였다. 또 하나님이 그 비전을 선하게 보시고 도우신다고 회중에게 확신시킨 후 회중에게 동기를 부여하고 각각의 업무를 할당해 주고 조직화시켰다. 느헤미야는 비밀리에 예루살렘에 도착하여 3일을 머물면서 상황을 파악하고 문제를 분석한 후, 리더로서 분명한 사명을 갖고 구성원들에게 제시하였다.

계획(plan)에 관한 한, 우리는 언제나 두 가지의 서로 반대되는 양극단의 입장을 보게 된다. 한 입장은 '기도 없이 계획' 하는 스타일이다. 그 결과는 종종 자기 야망의 성취일 뿐 하나님의 뜻의 실현은 아니다. 이는 대부분 인본주의적 지도력의 입장이라 할 수 있다. 그러나 또 다른 입장은 '계획 없는 기도' 의 스타일이다. 이 기도는 허공을 치는 기도일 수밖에 없다. 무엇을 위해 기도했는지 모르는 자가 무엇을 응답받았는지를 어떻게 알 수 있는가. 느헤미야는 2장에서 아닥사스다 왕이 그가 원하는 바가 무엇인가를 물었을 때 즉각 그가 기대하고 있는 성취의 목표를 구체적으로 설득력 있게 제시할 청사진을 가지고 있었다.

목표제시의 입장에서 느헤미야는 그가 백성들을 위해 설정한 목표가 성취 가능한 목표이어야 함을 알고 있었다. 그런 의미에서 분명히 그는 지혜로운 지도자였다. 만일 그가 성취 불가능의 요구조건을 왕에게 제시했을 경우를 상상해 보자. 혹은 백성들이 도달하기 어려운 성취의 목표를 제시했을 경우 백성들의 실망과 낙담을 상상해 보기는 그리 어려운 일이 아니다. 물론 그의 목표가 하찮은 것이 아니었다. 거대한 도성 전체의 재건이라는 참신하고도 도전적인 과업이었다. 그리하여 그의 목표는 진실로 비전(Vision)일 수 있었다.

4) 협력하여 일하는 리더십

느헤미야 3장을 보면 15개 이상의 다양한 직종을 지닌 75명 이상의 인물들이 어깨를 나란히 하고 완성한 이 성의 역사는 가히 압권이다. 그들은 '함께' 일어나 건축하였다. 3장에 제일 많이 나오는 단어는 "그 다음은"이라는 말이다. 저마다 자기의 위치를 지켜가며 어떻게 그 다음 사람과 훌륭한 협력과 조화의 관계를 맺고 있었는가를 보여 주는 낱말이다. 느헤미야는 대제사장, 금장색, 정치인, 상고(상인) 등 다양한 색깔의 사람들을 한 목적 앞에 한마음으로 일하게 하였다.

그러나 그렇게 하기 위해 그는 철저하게 자기의 공적을 노출하지 않고 있다. 하지만 동역자들의 성취에는 애써서 강조 위에 강조를 더하고 있음을 보라. 예컨대 3장 20절에는 "그 다음은 삽배의 아들 바룩이 한 부분을 힘써 중수하여…"라고 기록하고 있다. 그 작은 성취를 크게 격려하며 기록으로 남기는 느헤미야의 섬세한 민감성을 대할 때마다 나는 나 자신의 동역자들을 향한 무감각한 지나침을 부끄러워하고 자책한다. 75명의 이름을 나열하는 그 자체가 가장 작은 동역자들까지도 놓치지 않고 격려하려는 느헤미야의 심성이 아니겠는가. 그런 가운데서도 각 사람의 은사와 소명을 따라 반드시 있어야 할 자리에 일꾼들을 있게 하는 느헤미야야말로 리더십 천재성의 화육(化肉)인 듯싶다.

그러나 중요한 전제는 리더십의 목표 그 자체를 지도자의 필요가 아닌, 피지도자와 공동체의 필요에 두는 일이다. 이 전제가 분명하다면 결국 이 지도자는 팀 빌딩(Team-building)의 결과를 초래할 것이라고 믿는다. 그 동기가 숨길 수 없기 때문이다. 그래서 로렌스 리처드(Lawrence O. Richards)는 그의 유명한 저서 「교회 지도력의 신학」(A Theology of Church Leadership)에서 "리더십의 과제를 건강한 몸의 세움"으로 정의한다. 그는 몸의 건강과 성장은 결국 몸에 속한 지체 하나 하나가 제자리에서 건강하고 조화롭게 기능을 성취할 때에만 가능하다고 역설한다. 그리고 그것은 결국 사랑 안에서 움직이는 지도력으로만 일어날 수 있는 일이다.[12] 그때에만 교회는 비로소 진정한 '그리스도의 몸'으로 세워진다. 그리고 이 모든 것은 교회 지도자 지도력의 스타일에 가장 결정적인 영향을 입는다. 리처드는 앞으로 교회가 영적으로 성숙해 갈수록 더욱 '세워 주는 자'(equipper)로서의 지도자를 요구할 것이라고 예언한다. 독재자인 지도자들이 많을수록 그 나라의 교회는 영적 퇴보를 면할 수 없을 것이다.

5) 결단력과 판단력을 가진 강력한 리더십

느헤미야는 성을 재건하는 비전이 성취될 때까지 내부와 외부의 방해와 공작을 결단력과 판단력으로 해결하였다. 느헤미야의 비전이 전적으로 하나님의 뜻과 일치함에도 불구하고 그곳에는 처음부터 장애물이 존재하고 있었다. 수많은 장애와 반대에도 불구하고 느헤미야는 "하늘의 하나님이 우리를 형통하게 하시리니"(느 2:20)라고 확신하고 있다. 그의 장애물 극복의 견고한 의지를 볼 수 있는 대목이다. 그리고 이런 의지는 원천적으로 하나님께 대한 그의 부동의 신뢰 때문인 것은 물론이다.

첫째, 느헤미야는 내부의 불평을 하는 백성들을 불러 그들의 사정을 파악하고 그 원인을 밝혀 즉시 시정하여 갈등을 해소하였다.[13] 둘째, 외부 적들의 방해를 철저히 대비하고 회중에게 믿음을 불어넣어 격퇴하였다.[14]

신약성서의 리더십

신약성경 중에서 바울서신과 베드로서신을 중심으로 성경이 주장하는 리더십의 개념을 살펴보고자 한다.

1. 바울서신의 목회자 리더십

1) 필요에 대한 민감성이 있는 리더십[15]이어야 한다

바울은 교회의 리더가 지녀야 할 태도를 자녀를 돌보는 인자하고 욕심 없는 유모에 비유하였다. 유모가 아이의 필요에 따라 반응하고 행동하듯이 리

더는 다른 사람의 필요를 정확하게 판단하여 적절하게 대응하는 사람이어야 한다.

2) 사람(추종자)에 대한 애정이 있어야 한다

교회 리더의 효과적인 리더십은 인간에 대한 사랑에서 출발하여야 한다. 교회도 목표 달성이 중요한 조직 중의 하나이지만 애정이 없는 어떠한 목표 달성도 의미가 없기 때문이다. 그러므로 영적인 리더는 강제나 억지로 하는 것이 아니라, 자발적인 사랑의 동기를 가지고 리더십을 발휘해야 한다.

3) 생활의 신실성이 있어야 한다

바울이 강조하는 리더는 생활 속에서 모범을 보이는 리더로서 생활 속에서 솔직한 감정의 교류를 가질 수 있는 사람이다. 특별히 교회 조직의 리더는 먼저 자신이 본을 보일 때 추종자들에게 성실을 요구할 수 있다.[16]

4) 신앙의 적극적인 확신이 있어야 한다[17]

목회자 리더십은 부르심(소명)에 대한 분명한 확신과 사명을 깨달아야 한다. 추종자들에게는 함께 노력하고 위안과 격려로 소명을 이루어 나가는 자여야 한다. 왜냐하면 교회에서는 리더나 추종자나 모두 같은 목적을 가진 동역자이기 때문이다.

5) 추종자와 일체감을 가지고 관계 중심의 리더십을 발휘해야 한다[18]

교회 조직에서 리더와 추종자는 모두 같은 주인 하나님을 섬기는 종들이다. 따라서 리더는 추종자와 같은 입장에서 일체감을 가지고 추종자 하나 하나에게 관심과 사랑을 쏟는 관계 중심의 리더십을 발휘해야 한다.

6) 학습 리더다

능력 있는 리더는 그가 어떤 수준에 와 있든 전 생애를 통하여 배우려는 자세를 견지해야 한다.[19] 효과적인 리더들에게 나타나는 놀라운 개성은 끝

없이 배우려는 태도다. 그들은 모든 자료에서 배운다. 성경에서 배우며, 성경과 상황 속에서 새로운 진리를 보도록 압력을 받는다. 자신의 특수성에서도 배운다. 그들은 상황에 따라서 여러 기술을 습득한다. 은사를 사용하는 방법도 배운다.

7) 목자의 마음을 가진 리더이다

사도바울은 선교 지향적 리더십을 발휘할 때, 때로는 목자의 심정으로, 때로는 일하는 자의 모습으로, 때로는 인도하는 자의 권위로, 때로는 양을 치며 본이 되어 예수 십자가와 부활을 증거 하는 자로서 유감없이 리더십을 발휘하였다.

바울이 목자의 마음을 가진 것은 바울은 예수 그리스도와의 바른 관계설정이 되어 있기 때문이었다. 바울은 「예수그리스도의 종」(빌 1:1)이라는 믿음으로 사명을 감당하였다. 그것은 그리스도 안에서 (in christ), 그리스도와 함께 (with christ), 그리스도를 위하여 (for christ) 일하였다.

2. 베드로 서신의 목회자 리더십

베드로는 그의 서신 베드로전서에서 영적 리더가 어떤 자세로 사역할 것인가를 제시해 준다.

1) 조직 구성원과 일체감을 가져야 한다

베드로는 자기 자신이 서신을 보내는 장로들에게 "함께 장로된" 위치에서 보냄으로 그들과 일체감을 가지도록 하였다.[20] 리더는 이끄는 자이기는 하지만, 명령자의 입장이나 전제적 리더십을 발휘하는 자의 입장이 아니라, 항상 조직 구성원과 일체감을 가져야 한다.

2) 사랑의 동기로 인도해야 한다

목회자의 리더십은 강제나 억지로 하는 것이 아니라, 자발적으로 부르심을 받은 은혜와 사랑으로 발휘하여야 한다.[21]목회자는 예수님의 사랑으로 구원받았고, 사명을 받은 자이며, 예수께서 우리를 위하여 죽기까지 사랑하셨기 때문이다. 이러한 사랑의 동기는 다른 어떤 조직이나 집단과도 다른 크리스천 공동체의 특수한 면을 나타낸다.

3) 인간 중심의 리더십을 가져야 한다

예수님의 사랑에 힘입어 부름을 받은 교회는 예수님이 그러하셨듯이 어떤 물질이나 과업 중심의 리더십이 아니라, 성도 하나 하나에게 관심과 깊은 고려를 하는 리더십을 가져야 한다. 왜냐하면 교회의 성도 하나 하나가 곧 교회 존재의 목적이기 때문이다.

4) 겸손함으로 이끌어야 한다

목회자의 리더십은 예수님이 그러셨던 것처럼 겸손함으로 모범을 보여야 한다.[22] 즉 겸손의 옷을 입어야 하는데, 이 말은 종으로서 흰 앞치마를 두르는 것을 의미한다.[23]

예수 그리스도의 리더십

교회 조직의 리더십의 완성은 예수 그리스도다. 따라서 그리스도의 리더십의 원칙[24]을 살펴보면 교회 조직의 리더십의 원칙을 규명할 수 있다.

1. 예수 그리스도의 리더십 원칙

1) 예수님의 리더십은 제자들 개개인에게 초점을 맞춘 리더십이었다

즉 인간 구원을 위하여 인간에 초점을 쏟은 리더십이다. 성경에 보면[25]예수님은 제자 한 사람 한 사람과 일대일의 초점을 맞추면서 그들에게 어떻게 사역을 할 것인가를 가르쳐 주셨다. 즉 예수님은 부활 후 낙심한 제자들을 찾아가셔서 격려, 위로, 고무시켜 주시고, 그들에게 다시 사명을 맡겨 주셨다.

2) 예수님의 리더십은 성서에 근거를 둔 리더십이다

당시 바리새인들은 성경을 왜곡하였으나, 예수님은 철저하게 성경에 기초하는 가르침에 초점을 두어 리더십을 행사하셨다. 항상 지도자들과 논쟁할 때에 성경을 인용하시면서 "옛 사람에게 말한 바 … 너희도 온전하라"(마 5:21~48) 등과 같이 성경에 근거를 두고 리더십을 행사하셨다. 예수님의 리더십은 오직 하나님의 말씀에 초점을 맞추고 있다. 즉 그 권위의 근거를 하나님의 말씀에 두었다.

3) 예수님의 리더십은 그 자신에게 초점을 맞춘 리더십이었다

예수님 자신이 진리의 목적이 되시므로 자신에게 초점을 맞추시며 리더십을 발휘하셨다.

4) 예수님의 리더십은 분명한 비전과 목적이 있었다

예수님은 인류 구원이라는 분명한 목적을 위하여 제자들을 지도하셨고 그 목표를 달성하기 위하여 리더십을 행사하셨다.

2. 예수 그리스도의 리더십 특징

1) 예수님의 리더십은 긍휼하심에 있다

첫째, 예수님의 리더십은 개인을 향한 긍휼이었다. 예수님의 리더십은 개인 하나 하나를 향한 긍휼하심이었다. 예수님은 죄인이나 창기를 막론하고 한 사람 한 사람을 사랑하셨다. 예수님은 당시에는 사람으로 인정하지도 않으려고 했던 아이의 생명을 온 천하보다 더 중요하게 생각하셨다. 또한 예수님께서 이적을 행하셨던 장면들의 성경 말씀을 보면 항상 "긍휼히 여기사", 혹은 "불쌍히 여기사"라고 되어 있는데, 예수님의 긍휼하심이 나타나 있는 것을 볼 수 있다.

둘째, 예수님의 리더십은 택한 백성을 향한 긍휼하심에 있다. 예수님은 개인 하나 하나에게 긍휼하심을 나타내실 뿐 아니라, 큰 무리를 보시고 여러 번

그들을 긍휼히 여기셨다. 그 무리의 깨닫지 못함과 굶주림, 질병 등의 문제를 긍휼히 여기시며 그들을 치유하셨다.

2) 예수님의 리더십은 섬김의 리더십이다

'섬김'은 예수님의 리더십이다. 그러므로 리더십의 본질은 바로 섬김, 곧 봉사다. 영적인 지도자는 하나님과 하나님의 백성을 섬기도록 부름 받은 자다. 이것은 타협할 여지가 없는 성경의 진리다. 주님께서는 자신이 섬기기 위해 이 세상에 왔다고 가르치셨고, 또 몸소 실천을 보이셨다(막 10:45; 눅 22:27). 주님께서는 지도자로서의 권세를 자신의 직책으로 주장하지 않으셨다. 그런데도 제자들은 예수님의 통찰력과 영적인 능력을 보고 예수님의 내적 권세를 인정하게 되었다. 주님께서는 이러한 섬기는 자세를 제자들이 그대로 따를 것을 가르치셨다(막 10:42～45). 세상의 통치자는 사람들 위에 있지만 섬기는 지도자는 사람들과 함께 있다.

예수님의 청지기적 특성은 '디아코스노'(διακονοs)로 신약성서에 수없이 사용되었다. 예수님의 전 생애가 디아코스노(청지기)로서 자신의 존재를 보여 주셨다. 즉 그분은 참으로 섬기기 위해 오셨다.[26] 그리스도가 많은 시간을 오직 제자들과 함께 보내신 것은 자신의 삶을 통하여 섬기는 삶을 인식시키시고 그 뒤를 따르게 함이 분명하다. "인자가 온 것은 섬김을 받으려 함이 아니라 도리어 섬기려 하고 자기 목숨을 많은 사람의 대속물로 주려 함이니라(마 20:28)"는 말씀에 잘 표현된 삶으로서의 리더십을 발휘하신 분이시다. 그분은 자신의 생애를 이타적으로 내어 주셨고, 십자가에서 죽으심으로 최고의 절정을 이루었다.[27]

3) 예수님의 리더십은 겸손이다

예수님은 겸손한 마음으로 제자들과 이스라엘을 인도하셨다. "나는 마음이 온유하고 겸손하니 나의 멍에를 메고 내게 배우라"고 하셨다. 겸손이란 단어는 나의 마음과 지위, 가치 평가를 낮아지도록 만드는 것이다. 예수님은 마음이 겸손하셨기에 자신을 천한 지위로 처신하셨다. 그분은 하나님과 동등한 영광을 포기하셨으며 약한 인간으로서 모든 고통을 겪으셨다. 인류를 구원하기 위해서 가장 강한 자가 가장 약한 자가 되셨고, 가장 부한 자가 가장 가난한 자가 되셨으니 바로 이것이 예수님의 겸손의 리더십이다.

주

1) David A. Seamands, *Living with your Dreams*, 좌절된 꿈의 치유, 이갑만 옮김, 두란노, 1994. 서울. pp. 17.
2) David. A. Seamands, p.18.
3) 민 12:3
4) 출 18:19~27.
5) W. Newman, *Administration Action*, N.Y.: Prentice-Hall, 1951. p.269
6) H. Koontz and O' Donenell, *Principle of Management*, N.Y.: McGraw-Hill, 1955. p.242.
7) J. White, *Excellence in Leadership-Reaching Goals with Prayer, Courage&Determination*, Downers Grove, Ill.: IVP, 1986, pp.10~15.
8) p.13.
9) p.23
10) T. W. Engstrom, *The Making of Christian Leader*, Grand Rapids: Zondervan, 1976. p.34
11) G. A. Getz, *Sharping The Focus of The Church*, Chicago: Moody Press, 1974, p.140.
12) Lawrence O. Richards and Clyde Hoeldtke, *A Theology of Church Leadership,* Grand Rapids. Michigan: Zondervan Publishing House, 1980, pp. 88~93
13) J. O. Sanders, p.260.
14) G. A. Getz, p.134.
15) C. R. Swindol, *Leadership*, California: Compass House Publishers, 1984. p.33.
16) O. R. Lawrence, pp.134~135.
17) pp.137~139.
18) G. A. Getz, *Sharpering the Focus of the Church,* Chicago: Moody press, 1974. p.133.
19) R. J. Clinton, p.194.
20) G.A. Getz, op.cit., p. 70.
21) T. W. Engstrom, p.49.
22) J. O. Sanders, p.73.
23) 정웅섭, "교회 교육지도자론", 「기독교 교육론」, 서울: 대한기독교 교육협회, 1984, p.409.
24) K. O. Gangel, p.77.
25) 요한복음 21장 등.
26) Zoltan Kaldy, Jesus Christ, Lord and Servant, Luthern World, Jan. 1977. p.15.
27) T.W. Engstrom, p.37.

제12장

현대적 관점에서 본 목회자 리더십의 요소

최근 존스(Jones)는 경영학적 입장에서 예수님의 리더십을 도덕적이고, 팀워크를 존중하고, 동기부여를 통해 모든 에너지를 모아 활용하는 리더십으로 간주하고 분석한 책을 내놓았다. 그의 책 *JESUS CEO*에서 저자는 예수님을 최고 경영자(CEO)로 간주하고, 예수님의 리더십을 3차원으로 구별하고, 85개의 구체적인 지침을 제시했다. 그것은 자아 극복의 강점을 지닌 리더십이며, 행동의 강점을 가진 리더십, 인간관계 형성의 강점을 가진 리더십[11]이다. 이러한 접근도 리더십을 리더의 리더십 행동에 중심을 두면서도 관계성에도 관심을 두는 교회 조직의 특수한 리더십이다.

이렇게 볼 때 목회자 리더십은 일반적인 리더가 적용되기보다는 특수한 리더십이 적용되어야 할 것이다. 왜냐하면 기존의 거래적 리더십은 그 리더십의 접근 방법이 리더의 특성이론이든지, 행위 이론이든지, 상황적합론이든지 간에 교회에서는 사회 조직에서 제공해 줄 수 있는 금전적 · 지위적 보상을 가시적으로 제공해 줄 수 없기 때문에 효과적이지 못하다. 교회는 정신적이며 영적인 단체이기 때문에 교회에서는 비가시적이며, 정신적이며, 영적인 것을 반대급부로 제공해 줄 수 있을 뿐이다. 지금까지 일반 조직의 리더십

이론을 교회에 적용하는 것은 이런 의미에서 어려움이 있었다.

이런 차원에서 변혁적 리더십이나 서번트 리더십의 개념은 교회 조직의 리더십에 많은 시사점을 준다. 즉 조직원들에게 고무적 리더십을 발휘하여 더 넓은 목표를 추구하게 하여 관심을 높임으로써 보다 높은 정신적 성취감을 느끼게 하며, 개인적인 고려를 통하여 그를 동기부여하고, 지적 자극을 통하여 조직원의 능력을 개발하는 리더십이 교회 조직에 맞는 리더십이 되기 때문이다. 또한 봉사하면서 의미를 찾는 봉사 리더십도 성서적 리더십의 새로운 차원을 제공해 준다. 와그너(Wagner)는 "건강하고 성장하는 교회의 첫 번째 중요한 표지는 가능성을 생각하고 역동적인 통솔력을 발휘하여 전체 교회가 성장하도록 자극하는 목사"[2]라고 하였는데, 이는 바로 변혁적 리더십과 서번트 리더십을 발휘하는 목사라고 할 수 있다.

교회 조직에서 효율적인 리더십이 변혁적 리더십이라면, 일반 조직에서의 변혁적 리더십과 교회 조직의 리더십의 유사점은 무엇인가? 변혁적 리더십의 개념을 기초로 목회자 리더십의 요소를 살펴보고자 한다.

믿음

일반 사회의 리더와 목회자 리더십의 분명한 차이점은 그 리더십의 근거가 다르기 때문이다. 일반적 리더는 그 리더십의 근거가 리더 개인에게서 나온다. 그러나 영적 리더십은 그 근거가 하나님께로부터 나온다. 즉 영적 리더는 그 믿음에서 근거하는 것이다. 믿음이 없이는 하나님을 기쁘시게 못하기 때문이다.(히 11:6)

믿음이란 무엇인가? 하나님께서 인간을 사랑하사 그 아들 독생자 예수 그리스도를 보내사 우리의 모든 죄를 대신 지시고 십자가에 돌아가셨고 사흘만에 부활하셔서 우리에게 새로운 소망을 주신 분임을 믿는 것이다. 그러므로 영적 리더는 하나님을 절대적인 분으로 믿고, 하나님의 은혜를 믿고 따라야 한다.

비전

목회자 리더십의 가장 중요한 요소 중의 하나는 영적 비전이다. 성경의 모든 인물들은 영적 비전의 사람들이었다. 예수님은 하나님의 나라에 대한 비전을 가지신 분이었다. 다윗은 예루살렘 성전 건축에 대한 비전이 있는 왕이었다. 모세는 출애굽과 가나안 땅으로 백성을 인도하는 비전을 가진 사람이었다. 여호수아는 가나안 땅에 대한 비전으로 산 영웅이었다. 아브라함도 자기 씨를 통하여 만민이 복을 얻으리라는 축복의 비전을 가지고 살았던 사람이다. 요셉도 비전의 사람이었다. 요셉은 꿈으로 통해 주신 비전을 실제 꿈으로 실현시킨 사람이다.

그러면 비전이란 무엇인가? 변혁적 리더의 특징은 카리스마다. 이 카리스마의 요소 중에 비전은 중요한 요소를 차지한다. 일반 사회에서도 비전은 보통 사람들의 패러다임을 뛰어넘는 것이다. 신앙적 비전도 일반적인 관념을 뛰어넘는 것이다. 그리고 성경에 나타난 많은 위인들의 비전은 한 가지다. 즉 하나님 나라의 회복을 위한 것이다. 현대적으로 말하자면, 선교적 비전이라고 할 수 있다.

1. 성경 상에 나타난 비전의 공통점

첫째, 인간에게서 시작된 비전이 아니라, 하나님께로부터 시작된 비전이었다. 하나님은 갈대아 우르에서 우상을 만들고 있던 아브라함을 직접 부르셔서 믿음의 조상으로 세우셨다. 그리고 믿음의 조상이 된다는 영적 비전을 주셨다. 모세도 하나님께서 직접 선택하셔서 이스라엘 백성을 출애굽 시키라는 비전을 주셨다. 신약시대에 바울도 하나님께서 직접 택하셔서 세계 선교의 비전을 주셨다. 느헤미야도 기도하는 중에 자기에게 향하신 하나님의 사명을 깨닫고 그 일을 비전으로 삼았다. 이렇게 신앙의 위인들이 소유했던 비전은 모두 인간에게서 시작된 비전이 아니라 하나님이 직접 주신 것이었다. 그러므로 성경적인 비전은 하나님 나라의 확장을 위해 깨닫고 자기의 인생을 통해 이루는 것이다.

둘째, 이 비전을 이루기 위해 많은 훈련이 필요하였다. 하나님께서는 주도 면밀하게 하나님이 주신 비전을 수행하기 위해 비전의 사람들을 연단시키고 훈련시키셨다. 아브라함은 만인의 신앙의 조상이 되기 위하여 25년 이상을 기다려 이삭이라는 한 알의 씨앗을 얻게 되었다. 요셉도 하나님이 주신 꿈이 현실적으로 실현되기까지는 수많은 연단의 과정이 필요했다. 모세도 역시 40여 년 광야에서 훈련을 시키셨다. 하나님 나라를 비전으로 이루기 위해 하나님은 많은 훈련과 연단을 통해 역사하신다.

셋째, 이 비전은 선교적 비전이었다. 영적 리더십은 선교적 비전이 있어야 한다. 영적 카리스마는 선교적 비전을 가진 리더에게 나타난다. 캘러한(Callahan)은 선교 비전이 교회 성장에 중요한 열쇠가 된다고 지적한다. 그에 의하면 교회의 회중은 안으로만 관심을 두는 교회보다는 밖으로 설교적 관심을 갖는 교회를 더 원하고, 선교에 참여하기를 원한다고 한다. 그에 따르면 교회에 필요한 5M이 있는데, 선교(mission), 경영(management), 회중(member), 재정(money), 유지 관리(maintain)가 그것이다. 그 가운데 선교가 가장 중요하며[3], 목회자는 이 비전을 고무적 능력으로 각 회중에게 전달해야 한다. 비전이란 꿈처럼 애매하거나 목표나 과업의 진술처럼 명확하기도 하다. 그러나 분명한 것은 비전은 조직체의 현실이며, 확실하며, 매력적인 미래에 대한 전망을 표현하는 것이다.[4] 캘러한에 따르면 역설적으로 사람들은 나누어주는 교회들을 찾는다. 사람들은 안으로만 관심을 두는 교회에서 멀어지게 된다. 효과적으로 선교에 참여하는 교회는 안정되고 성장하는 교회다. 그들의 관심이 안정과 성장에 있기 때문이 아니라 그들의 관심이 효과적으로 선교하는 데 있기 때문이다. 사람들은 특수한 상처나 절망을 겪은 이들을 돕는 일에 전적으로 관심을 두는 교회를 발견하고 그 일에 참여할 때 매우 기뻐한다.

베니스(W. Bennis)도 리더의 특징은 분명한 미래에 대한 비전이 있다는 것을 강조했다. 리더는 직업적인 면에서나 개인적인 면에서 분명한 비전을 가지고 있어서 실패에 직면해도 계속 밀고 나가는 힘을 가지고 있다.[5] 느헤미야는 예루살렘 성이 훼파되었다는 소식을 듣고 그 성을 재건할 비전을 갖는다. 또한 그 비전을 실제로 이룬다. 거래적 리더가 조직을 유지하는 자인 반면에, 변환적 리더가 되어서 공동체를 자라게 한다. 교회의 리더십은 미래 지향적인 리더십이 되어야 한다.

2. 비전을 통한 관리

많은 사람들이 공유하는 가치 있고 매력적이고 성취 가능한 비전이야말로 조직의 탁월성과 성공을 위한 강력한 추진력이 된다.[6] 성공적인 리더는 공통의 비전을 추구하기 위하여 조직의 구성원들의 집적적인 에너지를 변화시킨다. 모든 리더가 조직을 위해 미래의 바람직하고 가능성 있는 비전을 가진다. 비전이란 현실성 있고 믿을 만하며 매력적인 조직의 미래상이다. 비전이란 조직이 도달해야 하는 종착지이며 현재보다 더 낫거나 성공적인 바람직한 미래를 자세하게 기술해 놓은 것이다.[7]

성공적인 리더는 자유, 정의, 자아실현과 같은 고차원적인 의식으로 추종자들을 감동케 한다. 예를 들어 역사적인 리더들, 마틴 루터의 "나에게는 꿈이 있습니다", 케네디의 "70년에 인간을 달에 착륙시킨다"에서 찾을 수 있다. 마찬가지로 영적 리더들도 성도들에게 선교적 비전을 제시해 주어서 그들의 존재양식과 사고의 틀을 변혁시켜야 한다.

베니스는 비전을 지도자의 상품이라고 표현하였다. 리더는 자신이 던지는 비전으로 추종자의 관심을 사로잡는다.[8] 리더는 비전을 관리한다.[9] 모든 리더는 앞길을 인도하는 길잡이 비전, 즉 사람들을 새로운 목적지로 인도하는 비전을 설정하고 실현시키는 역량이 있다. 리더를 한마디로 정의해 주는 자질은 비전을 만들고 실현시키는 자라고 할 수 있으며, 피터 드러커도 리더의 첫 번째 임무는 사명을 정의하는 것이라고 했다. 미래의 지도자는 비전과 함께 가치관, 공동의 목적 등을 가지고 이끈다고 했다.

분명한 비전의 부족이 최근의 많은 조직의 효율성을 감소시키는 데 중요한 원인이 되고 있다. 올바른 비전을 선택하고 제시하는 일은 위대한 리더십이 감당해야 할 가장 다루기 힘든 과제이며 어려운 시험이 된다. 그러나 이러한 리더십이 발휘되었을 때 조직은 이미 꿈을 실현하는 길 위에 서 있게

된다. 그 이유는 올바른 비전이 엄청난 힘을 가지기 때문이다.[10]

첫째, 올바른 비전은 참여를 이끌어 내며 활기를 불어넣는다. 비전은 사람들을 고무시켜 눈앞의 현실적인 이익을 초월하도록 한다. 사람들은 진정으로 가치 있는 어떤 것에 대해서는 자발적으로 전심전력을 다해 기꺼이 참여하고자 하며 또 그렇게 되기를 열렬히 원한다.

둘째, 올바른 비전은 작업자들과 삶에 의미를 부여해 준다. 전통적으로 삶의 의미를 제공해 주던 원천들 - 가족이나 지역사회 등 - 이 그 능력을 잃어가고 있는 상황에서 사람들은 그들의 삶에서 의미를 찾고 싶어 한다. 비전을 공유하게 될 때 가치 있는 일원이 되는 의미를 깨닫게 된다.

셋째, 올바른 비전은 탁월함에 대한 기준을 설정해 준다. 비전은 사람들에게 조직의 목적이 무엇이며 그 목적을 달성하기 위해 언제 어떻게 행동할 것인지 명확하게 제시하고 기준을 제공해 준다.

넷째, 올바른 비전은 현재와 미래를 연결해 준다. 올바른 비전은 현상을 초월한다. 비전은 현재 조직에서 일어나고 있는 것과 미래에 구축하기를 바라는 것 사이의 모든 중요한 연결을 제공해 준다.[11] 이러한 특징을 갖는 비전은 구성원들에게 도전 의식과 자극을 주며 그들의 에너지를 공통의 방향으로 집중하게 만든다. 지난 20년간 많은 기업이 분명한 비전을 제시하지 못했다. 이런 원인은 부분적으로 변화하는 사회적 가치, 기업의 국제화, 급속한 기술 변화, 합병과 흡수에 의해 야기되며, 변화의 증가, 경영자들의 단기적 목표, 그리고 강력한 외부 집단에도 영향이 있다.[12] 또한 베니스는 27명의 각계 리더들을 연구한 후, 리더들의 공통적인 특징을 길잡이 역할을 해 주는 목표, 즉 삶을 이끌어 나가는 비전에 대한 집착이라고 하였다.[13]

카리스마

목회자 리더십의 중요한 요소 중 하나는 카리스마다. 일반 조직의 변혁적 리더십에서도 베니스는 카리스마를 중요한 요소로 들고 있다. 또한 카리스마의 중요한 특징 중의 하나로, 고무적 능력, 비전을 통한 집중 등을 제시한다. 교회의 목회자의 리더십 요소로서의 카리스마는 두 가지 차원에서 필요하다. 첫째, 하나님의 말씀을 선포하는 일을 할 때 필수적인 요소가 된다. 목회자는 하나님의 말씀을 선포하며, 그 말씀이 성취되게 하는 직임을 감당하는 사람으로서 사명을 감당하려면 이 커뮤니케이션으로서의 카리스마는 다른 어떤 요소보다 중요한 것이 된다.

둘째, 삶으로서의 카리스마이다. 이 카리스마는 하나님이 임명한 것을 교회 조직에서 인정한 영적인 카리스마이며, 이것은 직위에서 오는 것이 아니라, 인격과 삶을 통하여 나타나는 것이다.[14] 극한의 고통을 감내하며 사명을 감당하거나, 참기 어려운 상황에서 견디며 사랑을 전하는 일 등을 통해 삶으로 나타나는 카리스마이다.

마더 테레사는 연약한 여인이었지만, 섬김의 사명을 감당할 때 그녀를 가장 위대한 카리스마가 있는 자로 만들었던 것이다. 그러므로 교회 조직의 리더는 겸손하고 신실한 삶을 살아야 한다. 위에서 살펴본 교회 리더의 자질로서의 신앙, 사랑, 봉사 등은 카리스마의 요소로서 필요한 것이다.

목양적 돌봄

교회 조직 리더십의 요소에는 돌봄과 개인적인 고려가 있다. 교회 조직 리더십은 돌봄과 관여를 그 특징으로 한다. 즉 목회를 말한다. 이 목회는 철저하게 개인적인 것이다. 선교적 비전이 밖으로 보는 비전이라면, 돌봄과 양육은 회중 개개인을 안으로 볼 수 있는 비전이다. 피터스도 변형적 리더는 기존의 전통적인 관리 방법이나 인간관계 등의 방법, 이론들을 의문을 갖고 적용시켜 보는 경험주의자들이 되라고 주장한다. 즉 서로의 경험을 이야기하고 역설을 터득하는 개인적인 고려를 변혁적 리더십의 특징이라고 하였다.[15]

현대 목회라는 개념은 매일 매일의 삶에서 당면하는 인간들의 문제를 복음의 빛에 비추어 가면서 대화하고 안내하는 목회(pastoral care)다.[16] 목회신학자 힐트너는 목회를 구체적인 관점에서 치유(healing), 지탱(sustaining), 인도(guiding)의 3가지 형태로 구분하였고, 이 후에 클레디쉬(Cledsch)와 야클(Jackle)은 화해(reconciliation)를 추가하였다. 치유란 정상적인 성장 과정으로부터 상처를 받았거나 이탈된 유기체의 성장 과정을 회복시키거나 그 통전성을 되찾는 것을 의미한다. 지탱은 치유가 불가능한 상태에서 그 전체성의 회복이나 원형적인 진행 과정이 현실적인 목표가 될 수 없을 때에 행해지는 인간에 대한 보살핌의 형태다. 인도는 현대적인 상담의 내용을 강조한 것으로서 인간의 결단 과정을 돕는 일이다. 화해란 상처받고 소외된 인간과 인간, 인간과 하나님과의 관계를 회복하는 일이다.[17]

섬김

성경은 '지도자'라는 말을 좀처럼 사용하지 않는다. 지도자에게 해당되는 대표적인 낱말은 하나님의 '종'이다. 섬기는 자로서의 종의 개념은 교회 리더십의 가장 중요한 기본 개념이다. 이 개념은 구약에서 파생되었지만 신약에서 한층 더 발전되었다.

존 커크패트릭(Kerkpatrick)은 「섬기는 리더십의 신학」(1988)이라는 책에서 예수 그리스도로 대표되는 '종'의 개념은 구약에서 '선지자'에 해당되며 신약에서는 '사도'에 해당된다고 주장한다. 그에 의하면 섬기는 지도자는 ① 하나님에 의해 부름 받은 자 ② 하나님에 의해 성결함을 받은 자 ③ 하나님에 의해 능력 받은 자 ④ 하나님에 의해 보존되는 자 ⑤ 히니님에 의해 인도함을 받은 자 ⑥ 봉사를 통해 겸손한 자 ⑦ 세상으로부터 거부당하는 자 ⑧ 선교로 승리하는 자다.

'종'의 부름은 열등한 부름이 아니다. 하나님의 종은 항상 하나님께 특별한 존재다. 예수님께서는 이 사실을 잘 아셨다. 종이라고 해서 사람들이 원하는 모든 요구를 다 무분별하게 들어 주는 것은 아니다. 하나님께 대한 우선권이 지켜져야 한다. 하나님께서는 우리를 하나님을 먼저 섬기도록 종으로 부르셨다. 사람을 먼저 섬기라고 하지 않으셨다. 그러므로 우리는 사람의 종이 되기 전에 우선 하나님의 종이 되어야 한다. 하나님의 종은 먼저 하나님을 섬기고 하나님을 기쁘시게 하는 자다(갈 1:2, 10; 행 4:19). 리더는 위로는 하나님의 말씀에 순종하면서 사람들보다는 한 발짝 앞서 그들을 하나님 앞으로 바르게 잘 이끌어야 한다. 역사와 사회를 의식하며, 세상을 주의 말씀으로 치유해 가는 빛과 소금의 역할을 하는 크리스천으로서의 사명을 잘 감당해야 한다. 하나님을 섬길 때 우리는 사람에게 영향을 미칠 수 있다. 하나님께서는 우리를 섬김으로 지도하고, 기도하며 지도하라고 부르신 것이다. 이것이 섬기는 리더십의 참된 의미다.

겸손한 지도자는 계속하여 하나님을 의지한다. 겸손이란 확고하나 거만하지 않으며, 조용하나 무언은 아니며, 강하나 거친 것은 아니다. 우리는 우리 나름대로의 길을 가서는 안 된다. 오히려 잠언 3장 6절의 명령이 필요하다. "너는 범사에 그를 인정하라 그리하면 네 길을 지도하시리라" 이것은 기도로 의지하는 것을 의미한다. 우리는 우리 스스로 모든 문제를 해결할 수 있고 모든 목표를 성취할 수 있다고 생각하는 함정에 빠지지 말아야 한다. 우리의 겸손은 우리로 하여금 주님의 지시에 따르도록 하는 것이어야 한다.(시 123:2)

예수님께서 보이신 봉사의 자세는 영적 리더십의 훌륭한 한 모델이다. 모든 리더의 위대함은 직위나 권력에 있는 것이 아니라 봉사에 있다. 예수님께서는 영적 리더가 되고자 하는 자들에게 먼저 "섬기는 자"로 서로 사랑을 나누는 자가 되기를 원하셨다.

그린리프는 서번트 리더십을 통하여 위대한 리더는 가장 먼저 다른 사람들에게 봉사해야 하고, 진정한 리더십은 다른 사람들을 돕고자 하는 욕구와 동기를 가진 사람들이라고 규정하고 있다. 서번트 리더는 하인으로, 봉사자로 먼저 봉사하고자 하는 자연스러운 감정을 가지게 되면, 이끌고자 하는 운명을 의식적으로 선택하게 된다는 것이다.[18] 서번트 리더십은 결코 응급처치에 의한 접근방법이 아닐 뿐만 아니라 조직에 손쉽게 적용할 수 있는 임시

방편도 아니다. 이 리더십의 핵심은 삶과 일에 대한 장기적이고 변혁(transformational)적인 접근방법이다.

그런데 예수님의 섬기는 리더십은 항상 가르치심을 겸비한 봉사였다는 점이 서번트 리더십과 다른 점이다.

영적 자극

여섯 번째 교회 조직 리더십의 요소는 영적 자극이다. 교회 리더 중에, 특히 목회자의 리더에게는 말씀 선포와 기도가 가장 중요한 특징이다. 특히 말씀 선포를 통하여 회중을 자극하고 사명을 감당하게 하여야 한다. 설교는 끊임없이 회중으로 하여금 하나님의 뜻에 따르도록 하는 영적 자극이라고 할 수 있다.

이런 관점에서 예수님의 리더십은 우리에게 변혁적 리더십의 모형을 보여 준다. 예수님께서는 거역할 수 없는 비전을 만들어 분명히 말하고 그것을 전달할 수 있는 분이셨다. 그분은 사람들이 말하고 꿈꾸는 바를 바꿀 수 있고, 제자들이 사리사욕을 넘어설 수 있게 하고, 자신과 세상을 새로운 방식으로 볼 수 있게 하고, 사물의 핵심을 꿰뚫어 볼 수 있는 선지자적 통찰력을 주고, 가장 높은 질서 변화를 가져다 주셨다.[19] 예수님은 변화를 일으키는 리더십을 우리에게 보여 주셨다.

팀 리더십

목회자는 혼자 일하지 않고 함께 일하는 자이다. 현대의 리더십은 영웅적인 리더십이 아니다. 전체를 총괄하고 대표하는 지도자가 있어야 하지만 보다 효과적인 사역을 위해서는 팀 리더십 혹은 그룹 리더십이 필요하다. 지도자의 길은 고독하다. 팀 리더십은 이러한 지도자의 고독의 문제를 해결해 준

다. 팀 리더십은 이러한 지도자의 고독의 문제를 해결해 준다. 팀 리더십은 무엇보다 불완전한 인간이 모든 것을 독점하여 전체를 망치게 하는 일을 여러 면에서 방지해 준다. 예수님도 제자들과 함께 팀 사역을 감당하셨고 바울도 바나바나 실라 혹은 디모데와 함께 협력 사역을 감당하셨다. 목회자와 평신도가 협력하면 그 이상의 교회 성장의 역사가 일어난다.

창조적인 팀 사역을 개발하기 위해서는 첫째, 자신이 직접 일하지 말고 사람을 키워서 일하는 자세를 가져야 한다. 즉 유능한 실력자(enabler)보다는 사람들을 준비시키는 설비자(equipper) 혹은 훈련자(trainer)로서의 지도자가 되어야 한다. 둘째, 하나가 되도록 하는 데에 총력을 기울여야 한다. 지도자는 팀 사역자들이 함께 하는 일에 같은 마음이 될 수 잇도록 합리적인 조직을 구성해야 한다. 팀은 그것이 단순한 조직체이기 이전에 하나의 유기체 혹은 생명체로 움직여 나갈 때 가장 이상적이다. 셋째, 지속적인 보고와 격려 그리고 책임 부여를 위한 정기적인 접촉을 가져야 한다. 정기적으로 사람에게 시간을 투자하는 것은 놀라운 결과를 가져오는 지름길이다.[20]

목회 리더는 "내가"를 말하는 자가 아니라, "우리"를 말하는 자이다.

팀 리더십을 이루려면 목회 리더십의 목표를 지도자의 필요가 아니라, 교회 공동체의 필요에 두어야 한다. 팀 리더는 팀 빌딩(Team-building)의 결과를 이루어낸다. 그 동기가 숨길 수 없기 때문이다. 그래서 로렌스 리처드(Lawrence O. Richards)는 그의 유명한 저서 「교회 지도력의 신학」(A Theology of Church Leadership)에서 "리더십의 과제를 건강한 몸의 세움"으로 정의하고 있다. 그는 몸의 건강과 성장은 결국 몸에 속한 지체 하나하나가 제자리에서 건강하고 조화롭게 기능을 성취할 때에만 가능함을 역설한다. 그리고 그것은 결국 사랑 안에서 움직이는 지도력으로만 일어날 수 있는 일인 것이다.[21] 그때에만 교회는 비로소 진정한 "그리스도의 몸"으로 세워진다. 그리고 이 모든 것은 교회지도자 지도력의 스타일에 가장 결정적인 영향을 입는다. 리처드는 앞으로 교회가 영적으로 성숙해 갈수록 더욱 "세워주는 자(equipper)"로서의 지도자를 요구할 것이라고 예언한다.

청지기 의식

추아 위 히안(Hian)은 「지도자 만들기」(the making of a Leader)에서 청지기를 위임자, 보호자, 전달자, 관리자의 네 가지 개념으로 설명한다.[22]

첫째, 위임자 혹은 위탁자(trustee)이다. 위임자란 특권과 함께 책임을 위임받은 자다. 사도 바울은 하나님의 복음을 위임받은 대표적인 청지기 중의 한 사람이다(엡 3:2~8; 고전 9:16~18). 영적인 청지기로서 우리는 우리의 주인의 이익을 위하여 책임을 다해야 할 것이며 주인의 뜻을 따라 행동해야 할 것이다.

둘째, 보호자 혹은 경비인(guardian)이다. 바울이 후배 동역자인 디모데에게 "우리 안에 거하시는 성령으로 말미암아 네게 부탁한 아름다운 것을 지키라"(guard) 한 말이 바로 청지기적인 개념이다. 영적인 지도자는 하나님이 진리에 대해서 성경적으로나 신학적으로 분명한 확신을 가지고 지켜야 한다. 우리의 사명은 진리를 선포하는 것이요, 사람들의 잘못을 고쳐서 하나님에 대한 올바른 믿음을 힘써 보호하는 것이다. 사도적 신앙이 변질되거나 잃어버리지 않도록 최선을 다하는 지도자가 청지기적 지도자다.

셋째, 사도의 가르침을 다른 사람들에게 전달하는 자(transmitter)다. 영적인 지도자는 사도의 진리를 보호하는 것으로 그치는 것이 아니라 다른 사람에게 부탁하여 전달되도록 힘써야 한다(딤후 2:2). 청지기적인 지도자는 자신이 체득한 진리를 다른 사람도 소유할 수 있도록 애쓰는 자다.

넷째, 관리자(manager)다. 이 이미지는 청지기의 가장 인기 있는 개념이다. 하나님께서는 우리에게 하나님의 백성을 위하여 무엇인가 계획하고 조직하기를 원하신다. 주님께서는 이에 대해 지혜 있는 진실한 청지기의 실례를 들어서 말씀하셨다(눅 12:42~43). 하나님께서는 모든 사람에게 똑같은 재능을 주시지 않았다. 각 사람에게 필요한 대로 은혜를 주셨다. "내게 주신 은혜로 말미암아 너희 각 사람에게 말하노니 마땅히 생각할 그 이상의 생각을 품지 말고 오직 하나님께서 각 사람에게 나누어 주신 믿음의 분량대로 지혜롭게 생각하라.(롬 12:3)" 지도자들은 하나님의 백성에게 양식을 적절하게 섭

취하게 할 책임이 있다. 우선 그분께 어떻게 영광을 돌려야 할지와, 하나님이 사랑하는 그 영혼들을 섬길 방법을 고민해야 한다. 기도로 준비하고, 기도하는 중에 주위를 잘 살펴보는 영적 집중력, 영적 통찰력 등을 키우고, 자신의 장점이나 자신에게 주신 재능을 알고 스스로 능력을 키워서 그들을 섬겨야 할 것이다. 모두에게 일정하게 주어진 선물 중 하나가 시간이다. 시간은 지도자가 청지기로서 가장 지혜롭게 관리해야 할 대표적인 자원이다. 인적 자원과 시간 자원을 잘 활용하는 지도자가 진정한 의미의 청지기다. 하나님께서는 우리가 청지기직을 수행함에 있어서 신실할 것을 요구하신다. 사람은 자신이 믿을 수 있는 사람에게 더 중요하고 크고 많은 일들을 맡긴다. 하나님도 이와 같으시다. 하나님께서 신실한 모습을 보이면, 하나님께서 청지기인 우리에게 엄청난 자원을 맡기실 것이다. 또한 주님은 신실하고 슬기로운 청지기와 신실하지 못하고 책임성 없는 청지기를 대조하였다.(눅 12:45 이하)

과거의 사도들이나 오늘날의 지도자들만이 아니라, 모든 그리스도인들이 청지기다(벧전 4:10). 왜냐하면 모든 그리스도인은 구원받았을 뿐만 아니라 사명도 받았기 때문이다. 모든 그리스도인들은 세상의 빛과 소금의 역할로서 자신의 청지기적 사명을 잘 감당해야 할 것이다. 청지기는 언젠가는 반드시 평가를 받게 된다. 문제는 어떤 직분을 가졌느냐가 아니라 자신의 임무를 얼마나 수행했는가다. 그러므로 청지기는 충성하되 지혜롭게 일하여 효과적인 열매를 남겨야 한다. 우리는 주님의 착하고 충실한 종이 되어야 한다.

전문적인 권위

조직에서 개인적 권력의 중요한 한 가지 근원은 문제 해결과 중요한 과업을 수행할 때 발휘되는 개인의 전문성이다. 일반적으로 이런 형태의 권력을 전문성 권력이라고 한다. 전문성은 타인들이 그들이 필요로 하는 조언과 도움 때문에 어떤 사람에게 의존해 올 때만 그 사람의 권력 근원이 된다. 문제나 과업이 조직 구성원들에게 중요할수록 리더가 전문성을 보유함으로써 갖게 되는 권력은 더 커진다. 만약 그 조직에 조직 구성원이 관련된 전문성을 전혀 갖고 있지 않고, 리더 외에는 전문성을 가진 다른 인물을 쉽게 발견할 수 없다면 그 의존성은 최대가 된다.

목회자는 목회와 설교의 전문성이 있어야 한다. 현재 우리나라 성도들의 수준이 점점 고학력화되는 실정이다. 이런 상황에서 목회자는 의사, 변호사, 전문직처럼 목회의 전문성을 갖추고 있어야 한다. 그러나 리더가 전문성을 가지고 있는 것만으로는 충분하지 않다. 조직 구성원들이 그 전문성을 인정하고, 리더를 정보와 조언의 믿을 만한 근원으로 인식하여야 한다. 때로는 리더의 전문성에 대한 조직 구성원의 신뢰가 아주 커서 지정된 행동에 대한 어떤 설명이 없이도 조직 구성원의 복종을 유발할 수 있다. 예를 들어 환자가 의사에게서 약을 받을 때 그 약에 대한 효과와 설명을 듣지 않고도 믿는 경우다.

단기적으로는 조직 구성원들에게 인지된 전문성이 실제 전문성보다 더 중요하다. 그래서 리더가 자신 있게 행동하고 전문가인 체함으로써 잠시 동안은 조직 구성원들을 속일 수도 있다. 그러나 시간이 지남에 따라 리더의 지식은 검증되고, 추종자들의 리더에 대한 인지는 더 정확하게 된다. 따라서 리더는 그의 전문성에 대한 평판을 유지하고 발전시켜 나가는 것이 중요하다. 리더의 평판은 부분적으로는 실제의 전문성에 의존하지만, 부분적으로는 인상관리에도 의존한다. 실제적인 전문성은 교육과 실무경험의 연속적 과정을 통해서 유지, 발전된다. 따라서 많은 전문서적이나 세미나를 통하여 그 분야의 새로운 지식을 계속 습득하고 유지하는 것이 중요하다.

목회자도 신학대학원을 졸업하여 자격을 얻은 것으로 끝나지 말고 지속적인 재교육과 연수, 교육 등을 통하여 자기의 실력과 전문성을 갖추어 나가야 한다.

특수한 지식과 기술은 그것을 보유한 사람에 대한 의존성이 지속될 때에만 그 사람에게 권력의 근원이 된다. 만약 어떤 문제가 영구적으로 해결되어 버리거나 다른 사람들이 자력으로 문제를 해결하는 방법을 터득하게 되어 버리면 리더의 전문성은 그 가치를 상실하게 된다. 또한 중요한 문제를 처리하는 특수한 전문성은 하향 권력의 근원이 되기도 하지만, 상향 및 측방 권력의 근원이 되는 경우도 있다. 상관이나 동료들이 할 수 없는 중요한 기능과 일을 한 사람만 할 수 있다면 그들의 그에 대한 의존성은 커지게 마련이다. 따라서 전문성 권력은 어떤 사람이 희귀한 기술을 갖고 있고, 그것의 직무 가동성이 높으며, 그 사람을 다른 사람으로 쉽게 대체할 수 없을 때 극대화된다.

목자의 마음

요한복음 10장 11~15절에서 주님은 '삯꾼'과 '목자'를 구분하셨다. 성경이 가르치는 참된 지도자는 목자 상을 갖추어야 한다. 평상시에는 삯꾼과 목자를 구분할 수 없다. 하지만 위험이 닥치면 삯꾼은 양을 버리고 도망간다. 이(利)를 구하고 있었기 때문에 불리한 경우에는 모든 책임을 버리고 달아나는 것이 삯꾼이다. 그러므로 목자의 리더십은 현재를 살아가는 영적 지도자들에게 어떤 마음의 자세로 직분을 감당하며 주님을 따를 것인가에 대하여 제시한다.[23]

첫째, 목자는 각 양들을 그 이름으로 안다(요 10:34, 14, 27). 예수님께 양들은 다 같은 양들이 아니다. 그분께서는 각 양들을 그 이름대로 개인적으로 부르신다. 예수님께서는 이 백성을 부르시기 전에 개개인의 이름과 특성, 모든 필요를 알고 계시며, 우리가 길을 잃을 것까지도 아신다. 지도자들은 "나는 사람 외우는 데에는 도무지 자신이 없습니다."라고 변명해서는 안 된다. 사람들에게 진정한 관심이 있다면, 최소한 이름은 기억해야 한다. 지도자들은 개개인을 알도록 관심을 가져야 하고, 그 따르는 자들을 영적 무지와 세상의 유혹에서 불러내야 한다. 지도자가 추종자의 이름을 반드시 알고 있어야 하는 이유가 바로 여기에 있다.[24]

둘째, 목자는 양 무리를 보호하고 인도한다. 선한 목자 그리스도는 항상 자신의 양들을 앞서가신다. 그분은 우리를 초장과 물웅덩이로 인도하신다.(요 10:3~4). 지도자는 다른 사람들을 하나님의 말씀으로 나가도록 제시해야 하고, 가르침을 통해 그들을 먹이고, 그들이 스스로 성경에서 꼴을 얻도록 방법을 가르쳐야 한다. 나아가서 하나님의 백성보다 먼저 위험요소(거짓 교사, 이단 등)를 찾아내어 그 접근을 경고할 수 있어야 한다.

셋째, 목자는 잃어버린 양들에게 깊은 관심을 나타낸다. 예수께서는 아흔아홉 마리를 남겨두고, 한 마리 길 잃은 양을 찾아 떠날 각오가 되어 있는 목자에 관한 간단한 비유를 말씀하셨다(마 18:12~14; 눅 15:4~6). 오늘날 지도자들은 잃어버린 양, 즉 하나님과 단절되어 있어서 그와 화목케 할 필요가 있는 자들을 찾는 일에 항상 열심이어야 한다. 또한 방향을 잃고 죄의 길로 탈선한 자들을 회복시켜야 한다.

넷째, 목자는 양들을 위해 목숨을 버린다. 삯꾼 목자는 이리가 오면 도망가지만, 참된 목자는 목숨까지 버리고 그들을 지킨다. 이러한 진리가 우리의 관계를 지배할 때 분명히 역동적이고, 생명력 있는 성장이 이루어질 것이다. 지도자는 하나님의 백성을 지키고, 보호하며, 필요할 때는 "죽기까지 충성하겠다"는 새로운 믿음의 결단이 필요하다.[25]

목자형 지도자로서 예수님의 사역은 항상 구속이었다. 예수님께서는 인간의 자유에 관심을 가지셨다. "진리를 알지니 진리가 너희를 자유롭게 하리라(요 8:32)." 우리는 사람을 구원하는 것이 아니라 오히려 사람을 속박하고 통제하는 일에 익숙해 있기 때문이다. 자유롭게 하고 구속하는 것은 곧 역동적인 생명관계를 가지는 것이다. 목자형 지도자는 자신의 목적을 달성하는 것이 목표가 아니라, 그가 돌보는 집단 유익을 먼저 생각하는 것이 목표가 되어야 함을 잘 아는 자다. 필요하다면 양을 위해서 목자가 희생되어야 함을 잘 아는 자다.

목자는 최선을 다해 하나님의 양떼를 양육하는 자다. 목자의 양육은 여러 가지 기능을 포함한다. 양들을 먹이고(교육), 키우고(격려, 책망, 교정, 위로), 보호하고 모으고(그룹의 연대감 유지), 인도하고 부르고, 이름을 외우고, 본을 보이고 희망으로 지도하는 일 등을 한다.

선한 목자로서 예수님의 목회 리더십은 하나님의 양떼를 지키기 위하여 절대적인 권리를 소유한 하나님의 주권에 순종하고 헌신하는 목자였다. 다윗이 쓴 시편 23편에 나오는 "여호와는 나의 목자시니"라는 말에서 하나님으로서 목자는 지도자의 사랑과 보호를 나타내 준다. 절대 주권의 하나님이시지만 멀리 떨어져 계시는 분이 아니라 하나님의 자비하심과 선하심으로 양들에게 푸른 초장으로 시원한 물가로 인도하시며 일용할 양식을 공급하시고, 치료하시는 지도자로서 하나님이시다. 좋은 목자가 되려면, 지도자들이 먼저 스스로를 지켜야 한다. 모든 지도자들에게는 약점이 있다. 신실하지 못할 수도 있다. 악한 세력들은 하나님과 우리 사이를 멀어지게 하려고 늘 기회를 노리고 있다. 따라서 늘 경계해야 하고 하나님의 백성을 보호하여야 한다.[26]

주

1) L. B. Jones, *JESUS CEO,*「예수의 오메가 리더십」, 송경근역. 서울:한언출판사, 1995.
2) P. Wagner, *Your Church Can Grow* Grendale, CA.: Regel Book, 1976. p. 57.
3) K. L. Callahan, *Effective Church Leadership-Building on the Twelve Keys,* CA.: Harpersancisco, 1990, pp.3~37.
4) W. Bennis and B. Nanus, op.cit., pp. 89~90.
5) W. Bennis, op.cit., pp.76~77.
6) B. Nanus, *Visionary Leadership,*「리더는 비전을 이렇게 만든다」, 박종백 · 이상욱 역, 서울: 21세기 북스, 1994, p.27.
7) p.33.
8) W. Bennis & B. Nanus, pp.27~30.
9) pp.330~347.
10) B. Nanus, pp.42~47.
11) pp.43~47.
12) pp.87~109.
13) W. Bennis, p.26.
14) A.M. Adam, op.cit., pp. 44~45.
15) Ibid.
16) 이기춘,「한국적 목회신학의 탐구」, 감리교신학대학 출판부, 1991, p.16.
17) Ibid., pp. 19~20.
18) R. K. Greenleaf, *The Servant as Leader*, Indianapolis: R. K. Greenleaf Center, 1991 참조.
19) L. Ford, *Jesus: Transforming Leadership*, 김기찬 역,「변화를 일으키는 리더십」,서울: 생명의 말씀사, 1994, pp.11~12.
20) 명성훈, 1994: p.95~96.

21) Lawrencc O. Rlchards and Clyde Hoeldtke, *A Theology of Church Leadership*, pp. 88~93.
22) 추아 위 히안, 권영석 역, 「오늘을 위한 성경적 리더십」, IVP, 1995. 참고.
23) 명성훈, 「성경속의 리더십 마스터키」, 국민일보, 2000, p.47.
24) ibid., p.47.
25) ibid., p.48.
26) 추아 위 히안, 권영석 역, 「오늘을 위한 성경적 리더십」, IVP, 1995.p. 53.

제4부

목회자 리더십과 실천적 목회

제13장

목회자 리더십과 교회성장

교회성장의 성서적 근거

1. 교회성장의 의의

교회성장이란 '교회'와 '성장'이란 두 단어를 결합하여 만든 새로운 신학적 용어로서, 교회는 성장해야 한다는 당위성을 학문으로 체계화시킨 것을 말한다. 교회성장에 대한 중요한 학자들의 정의를 살펴보면 다음과 같다.

와그너(Wagner)는 교회성장이란 "예수 그리스도와 아직 아무런 관계를 가지고 있지 않은 사람들로 하여금 그와 더불어 교제하도록 해 주며 교회의 책임 있는 교인이 되도록 만들어 주는 데 관련된 사항을 의미한다."고 하였다.

피터스(Peters)는 "교회성장은 하나님의 뜻으로 성령의 그 궁극적인 원인에 의한 인간 사회에서 일어난다. 그것은 교회 안에서 예배와 교제를 잘 가질 뿐만 아니라 문화에 적응하면서 사회에 기독교 영향력을 끼치고 온 세계에까지 복음을 전하는 것"이라고 하였다.

맥가브란(McGavran)은 교회성장을 "하나님에 대한 성실성"으로 해석하였다. 그는 교회성장을 예수 그리스도를 믿게 하고 그들로 하여금 그리스도의

훌륭한 제자가 되게 하려는 것이라고 하였다.[1]

2. 교회성장의 성서적 근거

와그너는 교회성장의 성서적 근거를 하나님께서 인간에게 주신 두 가지 사명에서 찾는다. 즉 하나님께서는 인간에게 '문화위임'과 '복음전도위임'이라는 두 사명을 위임하셨다고 하면서 이 두 명령은 서로 대조 조화를 이루면서 교회성장의 중심적 사고의 범주를 제공하고 있다고 하였다.

첫째, 문화위임은 하나님께서는 만물을 창조하시고 "생육하고 번성하여 땅에 충만하라 땅을 정복하라"[2]는 명령이 모든 인간, 특히 그리스도인에게 창조로부터 예수 그리스도의 재림까지 계속적으로 주어진 것이다. 성장은 모든 생명의 원리다. 이 번성이라는 것은 바로 성장을 말한다. 하나님의 뜻을 전하고 이루어가는 영적 조직인 교회는 예수님이 오시기까지 존재할 뿐 아니라, 지속적으로 성장 발전해야 한다. 이것은 교회성장의 외적 사회적 성장에 해당되는 것으로 신앙공동체가 그 사회적 환경의 삶과 문제들에 관여하는 정도를 의미한다.

구체적으로 말하면 빈곤, 착취, 기아, 죄책, 절망 등이 난무하는 부조리한 세상에서 교회가 개인적인 신앙관계적 성장이나 교회의 외적 성장, 곧 숫자나 물량의 성장뿐만 아니라 교회가 존재하는 사회와 역사에 대한 책임과 사명을 다하는 것으로서의 교회성장을 말한다.

둘째, 복음전도위임이 있다. 그것은 예수님께서 우리에게 남기신 마지막 말씀, "하늘과 땅의 모든 권세를 내게 주셨으니 그러므로 너희는 가서 모든 민족을 제자로 삼으라"[3]는 명령으로 나타난다. 그러므로 교회성장은 예수님의 이 지상명령(the great commission)에 대한 성취가 기본열쇠가 된다. 이 지상명령은 첫째, 예수 그리스도를 영접하는 데 이끌며, 둘째, 사람들을 교회로 인도하며, 셋째, 그들을 훈련하며 교육시키고 몸 된 교회의 지체가 되게 하라는 것(제자화)이다. 이 엄숙한 명령과 고무적인 확증이 제자들을 강권하여 교회를 설립하게 하였고 이것이 교회를 확장시키는 동기형성이 된 것이다.[4]

하나님께서는 교회가 성장하기를 원하신다. 따라서 어떤 교회이든지 성장과 제자 삼는 일에 관심을 갖지 않는 교회는 하나님께 불순종하는 것이요, 하나님이 기뻐하시는 일을 하지 않고 있는 것이다.[5] 또한 성장은 그 교회가 건강하다는 것을 나타내는 것이기도 하다.[6] 자라나지 않는 아이가 병든 아이인 것 같이, 성장하지 않는 교회도 이미 죽은 교회인 것이다.

이처럼 교회는 선교의 터전 위에서 세워졌기 때문에 교회가 이 사명을 다할 때만이 그 존재의 의의가 있는 것이다. 따라서 교회는 복음의 확장을 위하여 쉬지 않고 움직여야 하고 성장하여 나가야 한다. 교회성장은 분명 하나님의 뜻이며 교회성장에 하나님께서 함께하신다. 고린도전서 3장 6~7절 말씀을 근거로 할 때, 교회성장은 그것이 양적이든 질적이든, 지리적이든 인종적인 성장이든 하나님께서 함께하시며 교회성장을 위해 인간과 함께 일해 나가시는 것을 보게 된다.

교회는 성서적인 근거 위에서 성장해야 하며, 그러할 때 성장할 수 있다고 본다. 왜냐하면 성서 안에 나타난 인류를 향한 하나님의 명령은 성서적 약속과 그 활동 안에서 복음을 땅 끝까지 전파하는 일이요, 하나님께서는 당신의 목적과 계획에 따라 설립된 교회가 성장하기를 열망하시기 때문이다.

교회성장의 이론들

1. 맥가브란의 성장원리

교회성장학의 시조인 맥가브란(Donald A. McGarvan)은 그리스도 제자 선교회의 인도 파송 선교사로서 17년의 선교경험과 각 선교기관의 통계를 기초로 교회성장의 기본적인 이론과 신학을 수립하였다. 맥가브란에 의하면 교회성장의 진정한 목표는 영원하고 풍성한 생수의 강이 땅 위의 모든 족속과 백성들에게 신속히 그리고 자유롭게 흐르게 하기 위한 제자화라고 한다.

그는 교회성장학에서 교회성장의 일반적인 원리는 하나님께 대한 성실성이라고 전제하면서 교회성장의 일반적인 요인을 제시하고 있다.

첫째, 그리스도인들이 잃은 자를 찾는 일에 성실성을 보일 때 교회성장은 이루어진다. 둘째, 잃은 자를 단순하게 발견하는 것만이 아니라, 그 양들을 우리 안에서 정상적인 상태로 회복시킬 때 성장이 따른다. 셋째, 교인들이 그 사회에서 신실하게 살 뿐 아니라, 하나님께 기쁨을 드리는 거룩하고 구별된 생활을 함으로써 교회는 성장한다.

맥가브란이 직접 주장한 교회성장의 가장 핵심적인 원리들을 살펴보자.[7]

1) 동일집단 원리(homogeneous unit principle)

이 원리는 세계복음화를 위해서는 이웃과 기본적인 연대감 속에 비슷한 사고를 하고 함께 행동하려는 사람들의 그룹인 동질집단을 목표로 삼아야 한다는 것이다. 왜냐하면 높은 교회성장은 동질집단 내에서 가능하기 때문이다. 이러한 주장은 전적으로 사람들은 서로 다른 인종적 언어적 계급적 장벽을 넘지 않고서 기독교인이 되기를 원한다는 사회심리적 기초에 근거한다.

맥가브란에 의하면 기독교에 대한 대부분의 반대는 신학적인 것이 아니라, 사회학적 원인에서부터 발생한다. 사람들은 자신의 동족이나 소속집단과 분리되는 것을 싫어하기 때문이다. 이 동질집단의 원리는 인도를 중심으로 한 선교지의 선교사례를 중심으로 고찰된 것이지만 이 원리가 신약교회뿐만 아니라, 기독교 선교 사역 전체를 통해서 주류를 형성해 왔다고 볼 수 있다. 그러므로 선교의 올바른 전략이란 개인과 사회에 속한 인간을 동시에 다루는 것이며, 각기 다른 수천의 공동체 내에 그들의 교회가 자라나도록 선교를 조절하는 방식인 동질집단의 원리가 교회성장에 바람직하다는 것이다.

이러한 동질집단의 원리는 몇 가지 특징이 있다. 첫째, 신학적이 아니라 현상학적이며, 규범적이 아니라 기술적이다. 둘째, 성화를 목적으로 한 것이 아니라 제자 삼기와 관련된 것이다. 즉 양육의 원리가 아니라 전도의 원리다. 셋째, 궁극적인 원리가 아니라 준궁극적인 원리인 영적 활력요소로 간주하여야 한다.

2) 대중운동 원리(people movement)[8]

대중운동 원리의 중심 내용은 맥가브란이 주장한 교회성장 원리를 전체적으로 취급하면서도 핵심적인 요소를 간직하고 있다. 따라서 집단개종에 관한 철저하고도 포괄적인 이해를 해야만 교회성장에 대한 적절한 이해를 할 수 있다. 대중운동은 부족운동, 그룹운동이라고도 부른다. 이것은 동질단위의 사람들을 한꺼번에 개종시키는 운동을 의미한다. 이 동질집단을 개종시키는 몇 가지 사회적 요소가 있기는 하나 그 자체는 인간의 이해를 넘어선 하나님의 신비며, 기독교의 선교역사 속에서 하나님께서 가장 효과적으로 사용하신 방법이었다. 예컨대 구약에서 히브리 민족을 택하셔서 구원하셨고, 신약의 "모든 족속으로 제자를 삼으라"는 주님의 지상명령도 동질집단의 제자화를 의미한다. 이러한 대중운동을 통한 회심은 다양한 개인적 상호의존 회심이 될 것이다.

3) 수용성의 원리(receptivity principle)[9]

수용성의 원리란 어느 사회와 어느 집단은 복음을 잘 받아들이는 반면, 복음에 대해 저항적인 집단도 있다는 것을 전제한다. 이것은 복음전파의 방법이나 노력에 관계없이 복음에 대한 어떤 집단의 반응의 정도가 미리 결정되어 있음을 뜻한다. 맥가브란은 이에 대한 성경적인 근거로 갈릴리인들이 유대인보다 더 수용적이었고, 베뢰아 사람들이 데살로니가 사람들보다 더 수용적이었던 것을 든다.

이 수용성은 전적으로 하나님의 주권에 속한다고 인식하면서도, 그러한 수용성의 변화에 영향을 미치는 일반적인 원인들은 사회와 문화적 요소에 의존한다. 예컨대 새 정착민이 사는 사회, 교통의 왕래가 심한 곳, 다른 나라에 정복당했거나 지배받은 나라, 민족주의가 강한 나라, 문화변동이 심한 사회는 수용성이 강하다는 것이다. 문제는 어떤 사회나 집단이 수용성이 많으냐는 것이다. 그는 사회과학을 이용한다. 객관적으로 볼 때 무질서, 불안, 혁명이 감도는 사회는 새 가치관을 용납하는 것처럼 복음도 잘 받아들인다고 간주하며, 타 종교와 이단이 성행하는 사회도 역시 수용성이 강한 사회라고 주장한다.

그에 의하면 올바른 선교 전략은 세계를 문화적 집단으로 구분하되 그것이 씨를 뿌릴 곳인지, 아니면 추수를 할 곳인지를 결정하는 것[10]이라고 하면서 현대의 참된 이슈는 거부하는 사람과의 대화가 아니라, 오히려 주님을 구원자로 영접하여 풍성한 영생으로 들어가도록 수용적인 사람들을 격려하는 일이라고 주장하였다.

4) 사회과학적 방법의 이용[11]

맥가브란은 교회성장이라는 분명한 목표 수행을 위해 사회과학 이용을 강조한다. 그래서 미국교회성장협회는 "교회성장은 사회과학과 행동과학의 가장 훌륭한 통찰력과 교회의 확장에 관한 하나님 말씀의 신학적인 영원한 원리들을 결합하기 위하여 노력하며, 맥가브란에 의해 이루어진 기초작업을 사용하고 있다."고 규정한다.[12]

그가 실용적으로 채용한 여러 과학적인 원리 방법들은 교회성장의 실용주의 측면을 강조한다. 그러나 이때의 실용주의는 가치중립적인 방법론들이 포함된 것을 말한다. 교회성장에서 적극적으로 채용하는 사회과학의 분야로는 사회학, 문화인류학, 심리학, 커뮤니케이션, 통계분석 등이 있으며 그중에서도 사회학과 통계분석이 중요한 부분을 차지한다. 왜냐하면 교회성장은 인간의 대중사회에서 일어나므로 그것을 이해하는 본질적인 요소는 사회구조를 이해하는 일이기 때문이다. 또한 통계분석은 선교결과에 대한 정확한 이해와 분석, 그리고 바람직한 전망을 위한 지침을 줄 수 있기 때문이다.

5) 토착교회의 원리(indigenous church principle)[13]

토착교회의 원리는 서아프리카에서 활동하던 영국교회 선교협회의 벤(Henry Venn), 하와이교회에서 활동한 미국 외국선교이사회의 앤더슨(R. Anderson)과 한국교회 선교사인 네비우스(John L. Nevius)에 의해 발전된 선교방법에 근거한다. 이 원리는 자립(self-support), 자치(self-government), 자력전파(self-propagation)의 소위 3자 원리를 고수하면서 동시에 지역문화와 조화되는 토착신학을 말한다. 토착교회의 원리는 건강한 자립교회를 성장시키는 데 크게 기여할 수 있는 방법이다. 토착교회는 주 예수 그리스도가 세상

사람들을 부르시고 당신의 일을 위해 세상에 보내실 때 생겨난다. 이것은 자립전파 교회를 만드는 것이다.

또한 맥가브란은 그의 제자 안(Arn)과 함께 '교회성장의 10단계'를 주장하였다.

① 교회성장원리를 발견해야 한다[14]

교회성장원리란 무엇을 의미하는가? 맥가브란은 "올바로 해석되고 적용되면 교회성장에 깊은 기여를 할 수 있는 보편적(세계적) 진리"를 교회성장원리라 하였다. 또한 교회성장의 원리를 발견하려면 교회가 성장하고 있는 곳, 하나님께서 그의 종들을 축복하셔서 사실상의 교회성장을 이룩한 곳, 교인수가 불어나고 새 신자가 생기는 곳, 남녀 사람들이 예수 그리스도께로 인도되어 그분께 생을 맡기고 자기 교회의 책임 있는 교인이 되는 곳이 어디인지를 살펴보아야 한다. 그리고 이러한 성장을 가져다주는 여러 가지 요인, 노력, 기도, 증거, 열심, 가르침, 교육, 성경적 근거 및 미치는 범위를 관찰, 연구한 결과를 세밀히 분석해서 충실히 기술하면 교회성장의 원리가 된다는 것이다.

이때 주의할 점은 한두 가지의 성장원인 분석에 그치지 말고 밑바닥까지 파고 들어가 빈틈없는 관찰 상식 및 건전한 판단력으로 실제적인 원리를 찾아야 한다는 점과 이를 적용하여 자신의 교회에 대해 새로운 방법을 생각해보고 주변사회에 대해 전도해서 얻을 수 있는 반응 군을 좀 더 정확히 보는 교회성장 안목을 길러야 한다는 점이다.

② 교회는 성경적 원리를 존중할 때 성장한다[15]

교회성장론자는 성경적 원리(성경에 계시되고, 계시 전체에서 발견되고, 신앙에 기본이 된다고 믿는 진리)를 존중해야 한다.

그러면 성경적 원리를 존중한다 함은 무엇을 의미하는가? 맥가브란은 이에 대해 일곱 가지로 설명함으로써 교회성장 사고 및 안목을 길러 주고 있다. 첫째, 진리의 말씀인 성경을 최종적으로 받아들인다는 뜻이다. 둘째, 성경적 원리를 존중하게 되면 그리스도 밖에 있는 사람들을 잃어버린 영혼으로 보게 되어 그들을 찾으려는 노력을 하게 된다. 셋째, 성경적 원리를 존중한다는 것은 그리스도가 유일한 길(죄 용서와 구원의 길)임을 믿는다는 것이다. 넷째, 성경적 원리를 존중한다는 것은 하나님의 시간과 관심이 모든 사람을 위한 것임을 긍정한다는 뜻이다. 다섯째, 성경적 원리를 존중한다 함은 성령의 인도하심에 순종한다는 뜻이다. 여섯째, 성경적 원리를 존중한다 함은 교회성장을 위해 이해심을 갖고 특별히 기도한다는 뜻이다. 마지막으로 성경적 원리를 존중한다 함은 교회를 그리스도의 몸으로 이해하게 된다는 것이다.

③ 하나님의 변할 수 없는 목적을 따를 때 교회가 성장한다[16]

그렇다면 하나님의 변할 수 없는 목적이란 무엇인가? 한마디로 '예수 그리스도를 통하여 모든 민족을 구원하시려는 것' 이다. 하나님의 변할 수 없는 목적은 다음 성경구절에서 나타난다. 하나님께서 종들을 보내시는 근본목적은 사람들이 그리스도를 믿도록 설득력 있게 복된 소식을 전파하는 것이다(요 17:18). 땅 끝까지 이르러 증인이 되어 세계를 복음화 하는 것이며(행 1:8), 이방에 그리스도를 선포하는 것이다(갈 1:15~16). 세상 민족의 제자로 삼으라는 것이며(마 28:19~20), 모든 족속의 사람들이 그리스도를 믿고 순종케 하는 것이다(참고, 눅 24:44, 롬 1:1~6). 영원하신 하나님의 명을 좇아 모든 민족으로 믿어 순종케 하도록 복음을 전파하는 것이다.(롬 16:25~27)

이상을 종합해 볼 때 교회성장은 해도 좋고 안 해도 좋은 것이 아니라 하나님께 받은 명령으로서 인간 구원이라는 우리 주님의 변할 수 없는 목적은 교회성장이 우리의 목표가 되어야 한다는 것을 확실히 보여 준다.

④ 교회가 효과적인 복음전도에 우선권을 부여할 때 성장한다[17]

교회성장의 입장에서 복음전도란 "예수 그리스도를 하나님과 구주로 선포하고 사람들을 설득하여 그의 제자와 교회의 책임 있는 지체가 되게 하는 것"이다. 여기서 '선포' 란 말과 행동으로 사람들에게 구주 예수를 말하는 것이고, '설득' 은 사람들의 반대에 부딪힐 때 그들이 이해할 수 있는 방법으로 구주 예수를 소개하는 것이다. '그의 제자가 되는 것' 이란 선포와 설득으로 믿고자 한 자들이 자기의 습관, 생각, 감정, 느낌 및 물질과 시간의 소비를 주 예수 그리스도의 지배하에 둔다는 뜻이며, '책임 있는 지체가 된다' 는 것은 그리스도의 몸된 교회에서 하는 일(봉사, 예배 및 다른 교인들과의 즐거운 교제

등)에 참여하고 은사를 활용하여 하나님을 기쁘시게 하는 것을 말한다.

또한 복음전도에 '우선권을 두어야 한다는 것'의 의미는 교회의 예산 등 교회의 성장에 큰 비중을 두어 투자해야 한다는 것이고, 교회에서 두 번째 직위에 있는 사람이 복음전도, 즉 교회성장 분야의 일을 담당하는 사람이어야 한다는 것이다. 끝으로 '효과적인' 복음전도 계획이란 교인들이 혐오감 없이 전도활동을 하여 복음전도의 목표를 달성하도록 교회의 모든 지체를 조직화하고 자기 교회에 맞는 적절한 전도방법을 갖는 것을 말한다.

⑤ 교회가 그리스도의 몸을 옳게 분별할 때 성장한다[18]

여기서 그리스도의 몸을 옳게 분별한다는 것은 몸된 교회의 교인들에 대하여 풍부하고 정확한 지식을 갖는 것을 말한다. 그리스도의 몸된 교회를 정확히 분별해야 하는 이유는 경건하게 분별되고 과학적으로 기술된 그리스도의 몸을 정확히 이해해야 그리스도인이 하나님이 은혜를 맡은 선한 청지기가 되고 그리스도의 복음을 효과적으로 전할 수 있기 때문이다.

맥가브란은 몸의 분별에 착수하려면 먼저 교회의 모든 면들(성장사, 현재의 상태 및 잠재력들)을 정확히 보는 성장 안목으로 가져야 하고, 성장을 방해하는 '안개'들을 제거해야 하며 회중에게도 성장 안목을 가지도록 가르쳐야 한다고 하였다.

⑥ 교회가 지역사회를 옳게 분별할 때 성장한다[19]

지역사회는 전형적으로 "지리학, 즉 일정지역 내에 사는 사람들"이라는 관점에서 정의되어 왔으나, 교회성장사고의 측면에서는 "공통의 특성과 관심을 공유하는 집단"으로 정의한다. 그 지역사회를 옳게 분별하려면 자신의 목회 지역을 명확히 하는 것에서부터 시작해야 한다. 목회 지역을 정하는 간단한 방법은, 먼저 지도 위에 교회 위치를 표시한다. 그리고 언제나 교인들의 집을 표시할 수 있도록 펜을 사용하여 교회를 중심으로 할당한 통근거리를 나타내는 원을 그린다. 그 안쪽을 교회의 제1목회 지역으로 삼는다. 이 목회 지역 안에는 다양한 계층의 집단이 있을 수 있으며, 유능한 낚시꾼이 다양한 미끼를 사용하는 것처럼 그들에게 접근한다.

교회가 친절하고 진심에서 우러난 관심을 사람들에게 보이며 그들의 필요를 채워 주게 되면 사람들은 복된 소식에 마음을 열어놓게 될 것이다. 이러할 때에 "사람을 낚는 어부가 되리라"는 그리스도의 명령을 순종하게 될 것이라는 것이다.

⑦ 교회가 새로운 집단을 찾아내 제자훈련을 시킬 때 성장한다[20]

초대교회와 마찬가지로 역사상의 모든 교회들은 사회의 한 구석에서 힘차게 시작하였다가 그리스도의 명령의 영향을 받아 민족적, 문화적, 언어적 장벽을 넘어 전함으로써 교회는 한 소집단에서 시작하여 번성한 다음 확장되어 나갔다. 이처럼 교회는 새로운 집단을 찾아내 제자로 훈련시킬 때 성장한다. 복음 수용에 배타적인 사람들을 그대로 방치해 둔다면 성장은 질식당하고 말 것이다.

⑧ 교회가 스스로의 가족계획을 통해 번식해 갈 때 바로 성장한다[21]

가족계획이란 교회가 팽창, 즉 현재의 회중이 점점 커져서 성장할 때에 새로운 지교회를 계획적으로 설립함으로써 계속 성장시켜 나가는 계획을 말한다. 신약교회는 새로운 회중을 설립하는 일에 지대한 관심을 가졌고, 그 일에 전념함으로써 예루살렘과 유다와 사마리아에 교회가 세워졌으며 갈릴리, 안디옥, 기타 여러 도시 및 지중해 연안에도 교회가 많이 세워졌다.

그렇다면 한 교회가 얼마나 커야 지교회(Daughter Church)를 세울 수 있게 되겠는가? 이러한 질문에 대하여 맥가브란은 "교회의 형편 나름이겠지만 자체 건물과 목사가 있는 회중이라면 지교회 설립을 고려해야 한다"고 하였다.[22] 안디옥교회는 자체의 예배당을 갖기 전에 구브로와 소아시아에 새로운 교회를 설립하여 훌륭한 두 전도자 바울과 바나바를 파송하였는데 이것이 신약교회의 원형이라는 것이다.

⑨ 교회가 성장체제를 갖출 때 성장하다[23]

맥가브란은 성장을 원하는 모든 교회가 고려해 보아야 할 실질적인 제안들을 다음과 같이 말한다.

첫째, 성장에 대한 의식을 확립해야 한다. 이것은 성장이 하나님의 뜻이며 이 뜻을 성취할 기회와 특권과 책임이 교회에 있다는 것이다. 또 제반 프로그램과 활동이 성장이라는 목표에 맞는 것이어야 한다는 것을, '그리스도의 몸' 에 배어들게 하는 확신을 말한다. 둘째, 교회 내에 생기는 문제들에 얽매이지 말고 성장을 위한 기회에 집중해야 한다. 셋째, 도달할 수 있고 믿음으로 달성할 수 있는 신앙목표를 확립해야 한다. 넷째, 독특한 재능을 가진 평신도를 참여시켜 훈련시켜야 한다. 다섯째, 그리스도의 몸된 교회를 올바로 분변하는 일이다. 여섯째, 지역사회를 올바로 분변하는 일이다. 일곱째, 교회 특성에 따라 효과적인 전략을 개발하는 일이다. 여덟째, 시간, 재능, 물질 등 자원을 성장에 투자해야 한다. 아홉째, 교회 프로그램마다 효과적인 전도를 조직화하여 넣어야 한다. 열 번째는 기도, 증거, 전도, 교육, 겸손히 성령께 의지하는 것 등 영적 자원을 활용하는 것이다.

⑩ 교회가 성장을 위한 모험을 할 때 성장한다[24]

교회성장을 위한 믿음이 중요하다. 믿음이란 아무도 그렇게 될 줄로 믿지 않는다 해도 하나님께서 원하시는 것을 과감히 하는 것이다. 그래서 사람들은 믿음으로 불가능을 가능으로 바꾸고 극복할 수 없는 어려움을 이겨내고 있다. 그리스도의 지상명령은 실현될 수 있을까? 사람의 힘으로는 할 수 없을 것이지만 주님께서 그것을 이룩할 힘과 권능을 주셔서 교회인 우리는 할 수 있다. 그러므로 할 수 있다는 믿음, 성장할 수 있다는 가능성에 대한 확신, 불가능한 것을 시도해 보는 모험 등이 교회성장의 열쇠가 된다.

2. 피터 와그너의 성장원리

피터 와그너(Peter Wagner)는 사례연구를 통해 교회 성장학파에 큰 공헌을 하였다. 그는 16년 동안 남미 볼리비아 선교사로 일하였고[25], 1971년 이래 풀러 신학교에서 교회성장학과 라틴 아메리카 연구 및 세계선교학 교수로 지내왔다.

그는 「기독교 선교전략」(Frontiers in Missionary Strategy), 「기독교 성장원리」(Your Church Can Grow), 「성서적 교회성장」(Church Growth and the Whole Gospel), 「성령의 은사와 교회성장」(Your Spiritual Gifts Can Help Your Church Growth) 등에서 교회성장의 원리를 주장하였다. 맥가브란의 은퇴 이후 피터 와그너는 교회성장학 분야에서 중심적인 인물로 활동하고 있으나 그의 사상에 맥가브란의 영향은 절대적이라고 할 수 있다. 피터 와그너의 교회성장 이론을 살펴보면 다음과 같다.

1) 하나님 나라 확장은 교회성장을 통하여 이루어진다

주의 길을 예비하기 위해 하나님께로부터 보내심을 받은 사람 세례 요한의 첫 마디는 "회개하라 천국이 가까이 왔느니라"(마 3:2)였고, 예수님의 공생애 첫 번째 메시지 역시 천국에 관한 것이었으며(마 4:17), 예수께서 제자들을 보내시면서 전도하도록 한 것도 "하나님 나라"였다(마 10:7, 눅 10:3). 즉 하나님 나라는 예수의 부활 전이나 부활 후나 모두 전해야 할 주제였다. 피터 와그너는 신학적으로 "하나님 나라"를 강조하는 데 공헌한 그의 스승 래드의 공헌을 인정하고 그의 주장을 받아들여서 하나님 나라의 표적에 대해 두 가지 범주로 구분한다.

〈표 13-1〉 하나님 나라의 표적

범주 I. 일반적으로 적용된 사회적 표적	범주 II. 기적적이나 초자연적으로 적용된 개인적 표적
· 가난한 사람에게 복음을 전파하는 것 · 포로에게 해방을 선언하는 것 · 압박받는 사람들에게 자유함을 주는 것 · 희년을 제정하는 것 등	· 눈먼 사람을 보게 하는 것 · 귀신이나 악령을 쫓아내는 것 · 병든 사람을 고쳐 주는 것 · 절름발이를 걷게 하고 문둥병자를 깨끗하게 하는 것 · 귀머거리를 듣게 하고 죽은 사람을 일으키는 것 등

피터 와그너는 예수께서 제자를 파송하면서 〈범주 II〉에 해당하는 표적들을 위임한 것(마 10:1, 눅 10:9)을 지적한다. 그는 그 이유가 복음전파의 목적을 돕는 데 〈범주 II〉의 표적들이 가장 좋은 효과를 거두기 때문이라고 주장하고 있다.[26]

피터 와그너는 세계의 여러 지역에서 교회성장을 연구할 때 가장 빠른 교회성장은 "소경에게 다시 볼 수 있도록 하는 것"과 같은 하나님 나라에 대한 〈범주 II〉의 표적들에 의해 자주 동반되었다고 한다.

2) 교회성장은 사회사역에서 이루어진다

피터 와그너는 교회와 사회와의 관계를 "창조적인 긴장 안에 있는 교회와 세계"라는 말로 표현한다.[27] 교회는 세상 속으로 들어가야만 하며 따로 떨어져 있으면 안 된다. 교회는 하나님 나라의 소식을 세상에 전해야 하는 사명을 가지고 있다.

피터 와그너는 교회가 인류사회에 책임적인 참여를 하는 방법으로 사회봉사(social service)와 사회행동(social action)을 들면서 교회성장을 바라는 교회는 사회행동보다는 사회봉사에 집중해야 한다고 하였다.

여기서 사회봉사는 직접적이며 즉각적인 방식의 집단, 혹은 개인들의 필요와 접하는 데 알맞은 것으로, 기근이 있을 때 굶주리는 사람에게 음식을 준다든지 지진이나 해일이 땅을 황폐케 했을 때 복구할 수 있도록 돕는 것이 사회봉사의 내용이다. 여기에는 증상을 치료하는 구제뿐만 아니라 그 원인을 처리하는 개발도 포함된다. 사회행동은 사회구조를 변화시키려는 데 알맞은 일종의 사회적 사역이다. 예를 들면 정부가 소수집단을 학대하면 그 부정을 고쳐야 할 필요성이 있는 것은 무엇이든지 여기에 속한다고 볼 수 있다. 사회행동의 목적은 옳지 못한 정치적 구조 대신에 올바른 정치적 구조가 들어서도록 하는 것으로, 엄격히 말하면 사회행동은 사회 정치적 변화를 야기한다.

피터 와그너는 교회가 사회적 사역에 관계될 때에, 사회봉사를 주로 하는 교회는 사회행동을 주로 하는 교회보다 좀 더 많은 사람들을 흡수한다고 하였다.[28]

3) 피터 와그너의 교회성장의 성서적 원리

피터 와그너는 교회성장은 성령의 역사에 의한 것이며 교회성장의 원리는 성경에 기초해야 한다고 말한다. 특히 이 원리를 예수님의 비유를 통하여 찾는다. 예수님의 비유 중에는 농업에 대한 원리가 많이 포함되어 있는데, 그는 교회성장과 관계된 원리로 파종의 법칙, 전지의 법칙, 추수의 법칙을 주장하였다.[29]

(1) 파종의 법칙(마 13:1~23): 씨 뿌리는 자의 비유

이 비유에는 네 종류의 밭, 길가, 돌밭, 가시밭, 옥토가 나오는데 이 중에서 옥토만이 성공을 거두었다. 이 비유의 네 가지 밭에는 공통된 부분이 있는데, 씨 뿌리는 자만 동일인으로 같은 방법을 사용하였고, 씨는 하나님의 말씀이라는 것이다. 단지 차이는 밭뿐이다. 그러므로 이 비유에서 알 수 있는 교훈은 가장 좋은 씨라도 길가, 돌밭, 가시밭은 안 되며 옥토에 뿌려야만 열매를 맺는다는 사실이다. 즉 좋은 추수를 기대하려면 씨 뿌리는 것이 필요하지만 뿌리는 지혜(좋은 곳에 뿌리는)가 있어야 한다는 것이다.

(2) 전지의 법칙(눅 13:6~9): 열매 맺지 못한 무화과나무의 비유

이 비유의 나무는 외관상으로는 무성하게 자랐으나 열매가 없었다. 피고용인은 나무에 애착을 가졌고, 소유주의 관심은 열매에 있었다. 불행하게도 많은 선교 사업이 열매를 맺지 못하는 이 무화과나무와 같다. 만일 선교지에서 오랜 기간 동안 열매를 맺지 못할 때는 다른 곳으로 이동하는 것이 전도의 효과를 증대시킬 수 있을 것이라는 교훈을 준다.

(3) 추수의 법칙(마 9:37~38)

예수님은 제자들에게 "추수할 것은 많되 일꾼이 적으니 그러므로 추수하는 주인에게 청하여 추수할 일꾼들을 보내 주소서 하라"고 하셨다. 이 비유에서 농사의 성공을 위해서는 추수하기에 무르익을 때에 일할 만한 일꾼이 더 필요함을 알 수 있다. 만일 적시에 추수할 일꾼을 충분히 확보하지 못한다면 많은 곡식을 잃어버리게 되는 것처럼, 교회나 선교기관이 저지르기 쉬운 잘못은 추수할 만한 곳에 일꾼이 없어서 결신자들을 거둬들이지 못하는 것이다. 좋은 농사관리와 훌륭한 선교전략은 곡식이 익은 밭에 추수할 일꾼을 써야 한다는 것이다. 예수님께서 열두 제자를 부르시고 그들을 파송하시면서 "하나님의 나라가 가까이 왔다."(마 10:7)고 외치게 하였다. 그런데 예수께서는 씨를 아무 데나 뿌리라고 제자들을 파송한 것이 아니다. 그래서 예수께서는 "이방인의 길로도 가지 말고 사마리아인의 고을에도 들어가지 말고 오히려 이스라엘 집의 잃어버린 양에게로 가라"(마 10:5~6)고 하셨다. 여기서 우리는 예수님께서 추수할 수 있는 곳, 즉 복음을 수용할 수용성이 높은 곳에

가서 복음을 전하기를 원하셨다는 것을 알 수 있다. 또한 우리는 제자들이 그들을 영접하지 아니하고 또 그들의 말을 듣지 아니하는 자들을 위해 시간을 낭비하지 않았음을 알 수 있다.(마 10:14)

4) 피터 와그너의 교회성장을 위한 전략

(1) 전도

피터 와그너는 현대사회에서의 전도양식을 존재(Presence), 선포(Proclamation), 설득(Persuasion), 세 가지로 분류한다.[30]

① 존재의 전도: 이 전도방법은 화해를 주장하는 신학에서 주장하는 전도인데, 여기서는 신자의 존재가 전도의 기본 형태라고 한다. 존재의 전도목표는 제자를 삼는 데 있지 않고 인간화시키는 데 있다.[31] 이는 복음화 하는 것이 한 영혼을 개종시켜 그리스도께로 인도하며 교회의 회원으로 되게 하는 것이 아니라 이 세상의 모든 구조를 그들의 궁극적인 목표 가운데로 이끌어 오는 것이다.[32]

② 선포의 전도: 선포 전도는 얼마나 많은 사람들이 복음을 듣고 이해하고 결실했느냐로 성공의 여부를 따지지 않고, 전달 자체에 그 목적이 있는 전도다.

③ 설득 전도: 설득 전도는 몇 사람이 제자가 되었으며 아직 얼마나 많은 사람이 믿지 않는지의 여부로 성공을 측정한다.[33] 여기서는 개종이 전도사업의 목적이 된다. 피터 와그너에 의하면 "전도의 본질은 복음의 전달이고, 전도의 목적은 개인이나 단체에게 예수 그리스도를 영접할 수 있는 실제적인 기회를 제공하는 것이며, 사람들을 예수 그리스도의 제자가 되도록 권유하여 그의 몸된 교회의 교제 가운데서 예수 그리스도를 섬기도록 하는 데 있다."[34]고 하였다.

(2) 평신도 운동

피터 와그너는 성장하는 교회의 살아 있는 표적 중 하나는 기동력을 잘 갖춘 평신도에게 있다고 한다. 만일 목사 혼자서 모든 일을 맡아 해 나가려 한다면 성장하는 교회를 이루지 못할 것이다.

그는 「성령의 은사와 교회성장」(Your spiritual Gifts Can Help Your Church Growth)에서 평신도 전략은 성령의 은사와 깊은 관련이 있다고 보았다. 피터 와그너는 여러 해 동안 조사 분석한 결과 "보편적으로 교회에는 전체 교인의 10%가 전도하는 은사를 받았다."[35]는 사실을 발견하였다. 그는 이러한 은사를 받은 평신도를 활용할 때 교회성장에 많은 도움을 받을 수 있다고 본다.

(3) 도시 전도

도시 전도는 많은 인구가 도시에 산다는 것과 도시에 수용적인 주민이 많다는 이유로 교회성장 전략에서 그 중요성이 강조된다. 도시 전도에 일반적으로 사용되는 전략은 대중 전도다. 그러나 대중 전도는 시기를 잘 맞추면 교회성장을 이룩할 수 있지만 교인들의 지속적인 전도의욕을 감퇴시키고 사후관리가 어렵다는 단점이 있다. 피터 와그너는 도시 교회에서 교회가 성장하는 최상의 방법으로 교회를 개척하는 것을 들고 있다.

(4) 지교회 전략

교회를 개척하는 것은 교회를 성장시키기 위한 중요한 전략이 된다. 도시 집중화 현상에서 도시 외곽에 인구분산 현상이 일어나는 우리나라의 도시에서는 지교회 전략이 가장 효과적인 교회성장 전략이라 할 수 있다.

지교회를 세우는 것은 교인을 일부 떼어주고 재정의 일부를 지불해야 하는 것 때문에 일시적인 희생이 따를 수 있으나 지교회가 커지면 모교회도 신자와 수입 면에서 증가한다.[36]

한편 와그너는 교회성장 원리를 "살아있는 표적"이라고 하면서 성장하는 교회의 표적을 다음과 같이 말한다.[37]

① 목회자의 리더십: 목회자는 적극적이고 긍정적인 사고방식과 역동적인 영적 지도력을 가지고 전체교회가 성장활동을 하도록 촉매작용을 해야 한다.

② 평신도 운동: 기동성 있는 평신도들이 자신들의 모든 성령의 은사를 발견하고 그 은사를 개발하여 효율적인 교회성장을 위해 활용해야 한다.

③ 교회 규모: 교회는 교인들의 기대와 욕구를 충족시키기에 부족함이 없는 봉사를 할 수 있는 넉넉한 교회여야 한다.

④ 적절한 균형: 대예배, 회중, 기관들 사이의 능동적인 관계가 적절한 균형을 유지해야 한다.

⑤ 성도 구성: 성도들은 기본적으로 하나의 동질 구성단위에서 형성되어야 한다.

⑥ 전도방법: 전도방법은 제자를 만드는 데 그 기초를 두고 있어야 한다.

⑦ 우선순위: 우선순위들은 성경적인 순서대로 정렬되어야 한다.

와그너는 하나님 나라의 확장이 하나님의 뜻이요 예수 그리스도의 중심 메시지임을 강조하면서 교회성장의 원리에 성서적 원리(파종의 법칙, 전지의 법칙, 추수의 법칙) 등을 적용시키고 있다. 또 와그너가 성장전략의 하나로 정의한 '전도'의 개념에는 양적 · 질적 성장개념이 포함되어 있으며 '평신도운동' 및 '지교회 전략' 역시 성서의 원리에 반하지 않는다고 본다.

3. 로버트 슐러의 성장원리

로버트 슐러(Robert H. Schuller) 목사는 미국에서 가장 성공적인 가든그로브 교회의 목사이며 세계적인 설교자로서 많은 영향을 끼쳤고 교회부흥의 기폭제가 되었다.[38] 그의 사상은 한마디로 신학적이라기보다는 심리학적인데, 놀만 빈센트의 적극적 사고방식(positive thinking)과 낙관주의 사상을 목회에 적용하였다.

그는 교회성장에 저해되는 사상들을 다음과 같이 지적하면서 이러한 생각들을 제거해야 한다고 한다.[39]

① 대교회가 나쁘다는 사상을 버려라.

② 하나의 목사로 충분하다는 사상을 버려라.

③ 교회가 지역사회의 중앙에 있어야 한다는 생각을 버려라.

④ 주차장이 필요하지 않다는 사상을 버려라.

⑤ 설교가 명령이면 된다는 사상을 버려라.

⑥ 교파가 불신자들에게 인상적이라는 사상을 버려라.

⑦ 교단 본부에 상납금을 바쳐야 한다는 생각을 버려라.

슐러 목사는 교회성장의 원리를 신학자로서는 독특하게 '마케팅'라는 개념을 사용하여 설명한다. 20세기 미국의 모든 성공적인 쇼핑센터들이 성공적인 마케팅의 기본원리를 충족시켰을 때 성공할 수 있었던 것처럼 교회가 성장하기 위해서는 성공적인 종교적 마케팅의 비결을 더 잘 발견해야 한다는 것이다.[40]

1) 교회는 접근하기 쉬운 곳에 위치해야 한다

일반적으로 쇼핑센터들은 주요 고속도로 교차로나 주요 도로 또는 고속도로의 합류점에 위치하고 있어서 손님들이 쉽게 찾을 수 있다. 그러나 사람들이 쉽게 접근할 수 없다면 아무리 좋은 상품이라고 선전해도 팔릴 수 없다. 그러므로 교회가 성장을 이루기 위한 첫 번째 기본 원리는 접근하기 쉬운 곳에 위치해야 한다는 것이다.

2) 충분한 주차장의 확보

국민복지 수준의 향상으로 대부분의 현대인들은 차를 가지고 있으므로, 그들이 매주 교회에 참석하기를 기대한다면 혼잡하지 않게 주차할 수 있는 공간이 마련되어 있어야 한다는 것이다. 만일 새 신자나 믿음이 적은 자들이 교회에 나왔다가 주차에 애를 먹거나 주차문제로 걱정하기 시작했을 때 그들이 차를 몰고 도로로 나가는 것은 있음 직한 일일 것이다. 그러므로 앞을 내다볼 줄 아는 교회의 계획자들은 우선적으로 여유 있는 주차시설 마련에 최선을 다해야 한다는 것이다.

3) 상품 목록

사람들이 물건을 사고 싶을 때에는 자신이 원하는 상품이 있는 상점에 가게 되는 것처럼 남녀노소 모든 이의 필요를 충족시켜 줄 수 있는 다양한 프로그램을 충분히 가지고 있는 교회가 성장할 수 있다는 것이다.

4) 좋은 서비스

장소에 도착하는 것이 용이하고 현대적 편의를 제공하는 풍부한 주차시설과 좋은 목록이 있다 하여도 구매자에게 서비스가 필요할 때 그 업체가 그것을 거절한다면 고객을 잃어버릴 수도 있다는 것이다. 교회 역시 서비스를 잘해야 하는데, 교회에서 서비스는 훈련된 평신도를 의미한다. 즉 평신도를 잘 훈련시켜 부진한 신자를 방문한다든지, 그들을 계속해서 나오게 하기 위하여, 문제를 갖고 있는 사람에게 전화하고 카운슬링하기 위하여, 교육을 하게 하기 위하여 사람들을 모집하고, 훈련하고 격려하는 일을 잘 감당케 함으로써 성공적인 교회를 이룰 수 있다는 것이다.

5) 눈에 보이는 상태가 좋아야 한다

교회가 거기에 있다는 것과 사람들이 필요로 하는 것을 교회가 가지고 있다는 것을 알게 하는 노력(선전, 홍보)이 있을 때 교회를 성장시킬 수 있다는 것이다.

6) 교회 지도력 안에 '적극적 사고'를 갖는 일이다[41]

'적극적 사고'란 올바른 가치체계를 갖는 일이며, 올바른 질문을 하고 올바른 결정을 내리는 것이다. 즉 교회에서 어떤 일을 행하려 할 때에 그것이 하나님을 위한 위대한 일인가, 그것이 상처받고 있는 사람을 돕는 일인가, 그 일을 하는 다른 사람은 없는가 등 세 가지 질문의 올바른 대답을 얻은 후, 할 수 있는 것은 무엇인지 필요한 결정을 내리고 이에 수반되는 문제들의 해결책을 발견해 가는 것이 적극적 사고의 지도력이라는 것이다.

7) 자금의 유통이 잘 되는 것

마케팅에 성공하기 위해서는 자금의 흐름이 좋아야 하는 것처럼 교회의 사업과 프로그램을 성취하기 위해서도 자금이 필요하다. 이때 재정이 부족할 경우에는 "빚을 두려워하지 말라"는 것이 슐러 목사의 주장이다. 한편 그는 교회의 자금에 대해 최고 권위를 가진 왈도 워닝(Waaldo Werning)의 주장처럼 사람들을 모집하고 그들에게 생기를 불러일으키고 그들의 정신을 고무시키면 그들이 끊임없이 증가하는 재정의 필요를 후원할 것이라고 하였다.

한편 로버트 슐러 목사는 교회가 확실한 성장을 이루기 위해 필요한 세 가지 열쇠[42]로서 영감적이며 고무적인 설교, 감격스럽고 인간의 필요를 충족시키는 프로그램들, 열정적인 광고와 선전을 든다.

첫째, 영감적이며 고무적인 설교란 교리를 전하는 설교나 논쟁적인 설교가 아니라, 긍정적인 감정(사랑, 기쁨, 평화, 친절, 온화함, 양선, 믿음, 유머, 향상심, 신뢰, 존경, 자기 확신, 열정, 야망, 용기 등)을 자주 하는 설교, 예증적이고도 확신 있는 설교, 인간의 문제를 발견하고 치유해 줄 수 있는 설교, 예수 그리스도가 중심이 된 설교를 말한다. 실제적으로 그의 설교는 딱딱한 신학이나 교리가 아닌 설교처럼 들리지 않는 설교, "기쁨이 충만한 삶의 수단이 되는 설교"를 하고 있다.

둘째, 감격스럽고 인간의 필요를 충족시키는 프로그램들이란 교회에 참여한 각계각층의 모든 회중의 욕구를 충족시키고 흥미를 유발시키는 다양한 프로그램들로서 훌륭한 프로그램은 교회성장의 열쇠가 된다.

셋째, 영감 있는 설교와 재미있는 프로그램을 갖고 있다면 열정적인 마케팅을 함으로써 많은 사람에게 교회의 좋은 이미지를 알리는 것이 중요하다는 것이다.

로버트 슐러 목사는 교회성장 원리를 설명할 때 성공적인 마케팅의 기본 원리를 예를 들어 설명한다. 그러므로 그가 사용한 언어는 성서적 용어가 아니고 긍정적인 일반적인 언어이기 때문에 다소 거부반응이 일어나는 것이 사실이다. 그러나 후기 산업사회에서 현대인이 쉽게 이해할 수 있는 용어를 사용하며 성공지향적인 메시지의 개발 등을 통한 설교 등은 본받아야 할 점들이다. 그러나 로버트 슐러 목사의 주장에서 외형적 성공주의와 죄인에 대한 모호한 개념 등은 문제점으로 지적된다.

지금까지 교회성장학자들의 주장과 원리는 교회성장에 대한 보다 많은 관심을 가지게 하고 교회성장에 대한 필연성과 복음전파에 대한 강렬한 사명의식을 느끼게 하며 교회성장에 대한 체계적이고 질서 있는 의식을 갖게 해 주는 긍정적인 면을 제공해 주고 있다.

교회성장의 일반적 유형

1. 교회성장의 유형

1) 내적 성장(Internal Growth): 질적 성장

내적 성장은 이미 그리스도의 몸의 지체가 된 그리스도인의 영적 성장이며, 그리스도인의 신앙적인 면의 깊이와 질적인 성장을 뜻한다.[43] 이미 구원받은 그리스도인들이 "더욱 열정적으로 기도할 수 있게 되고, 성서와 성례전에 몰두하여 사랑의 교제를 힘쓰고 정의, 평화, 일치, 해방, 복음화에 대한 하나님의 뜻에 민감해져서 이에 복종하게 될 때" 교회는 내적 성장을 하게 된다고 한다.[44] 또한 비활동적이며 명색뿐인 교인들이 새로운 신앙을 경험하고 진정한 제자가 되는 회심 성장이 이루어질 때 내적 성장은 열매를 맺는다고 한다.

모든 교회성장의 기반이 되는 내적 성장을 측정하기 위한 예비 리스트로 풀러신학대학의 고서치(Richard L. Gorsuch) 교수와 와그너(Peter Wagner) 교수는 다음의 12항목을 제시하였다.[45]

① 교인들의 높은 성서지식 이해와 적용
② 교인들의 헌신: 매일 기도, 성경읽기, 명상, 기타 개인적인 영적활동
③ 각종 예배 및 집회에 대한 정규적이고 빠짐없는 참석
④ 믿지 않는 자들에 대한 교인들의 복음 증거(전도)
⑤ 영적인 은사를 개발한 평신도들의 목회분야 참여
⑥ 국, 내외 선교에 대한 교인들의 자발적 참여와 교회의 능동적인 선교지원
⑦ 주는 일: 지역사회나 혹은 다른 기독교 사업에 기여
⑧ 교제: 한 가지 이상의 친교모임에 정기적인 참여, 교제
⑨ 믿지 않는 자들과 구별되는 삶을 사는 것으로써 생활로 그리스도를 증거
⑩ 종교에 대한 태도: 교인의 요구를 충족시키는 수단이 아니라 하나님께 대한 봉사로 여김
⑪ 사회적인 봉사: 가난한 자들을 직접 돕거나 돕기 위해 계획된 프로그램

에 참여

⑫ 교인들의 정의롭고 도덕적인 사회를 만드는 데 참여하고 기여함

2) 외적 성장(Expansion Growth): 양적 성장

성도들이 세상에 나가서 사람들에게 그리스도를 증거하고 자기가 속한 교회에 그들을 데리고 나옴으로 새로운 교인들이 늘어나서 이루어지는 성장이다. 외적 성장은 한마디로 "개체교회의 교인들의 수적 증가"를 말하며 다음의 3가지가 있다.

(1) 생물학적 성장(biological growth)

자연 성장이라고도 하는 이 성장은 기성교인들의 자녀들이 교회학교에 출석하고 성례식에 참여하고 신앙고백을 통해서 교회에 참여할 때에 이루어진다.

(2) 전입 성장(transfer growth)

이동성장이라고도 하며, 다른 교회에 속했던 기성교인이 본 교회로 이주해 올 때에 이루어진다. 이 유형은 이동이 급격히 증가되는 현대 교회에서 흔히 볼 수 있는데, 집단거주지역에 교회가 세워졌을 때 지리적으로 가까운 곳을 택해 교회를 옮길 경우 나타나는 성장유형이다.

(3) 회심 성장(conversion growth)

결신 성장 혹은 전도 성장이라고도 하며, 과거에 믿지 않던 사람들이 복음 전도를 통하여 회개하고 처음으로 믿기로 작정하여 돌아옴으로써 교회가 성장하는 것을 가리킨다. 이 회심 성장이야말로 구원의 복된 소식이 전 세계 방방곡곡에까지 전파될 수 있는 유일한 종류의 성장이다.[46]

(4) 확장 성장(extension growth)

개척 성장이라고 일컫는 확장 성장은 일반적으로 동일 문화권 안의 '동일 집단과 지리적 지역에서 지교회' (daughter church)들을 설립함으로써 이루어지는 성장을 말한다.[47]

이 성장 역시 비그리스도인에게 그리스도를 전하는 데서 오는 성장이지

만 이 경우는 전도 받는 사람들을 자기가 속한 본 교회로 데려오는 것이 아니라 새로운 교회를 개척함으로써 교회의 수가 늘어나는 성장이다.

(5) 가교 성장(Bridge Growth)

선교 성장이라고도 일컫는 가교 성장은 새로운 교회를 개척하는 데서 오는 성장이다. 그러나 확장 성장과 다른 점은 동일문화권이 아닌 타 문화권에서 교회를 설립함으로써 이루어지는 성장이라는 점이다.[48] 이 교량적 성장은 세계 복음화의 과업에 최우선 순위가 있고 성령의 '선교사의 은사'에 전적으로 의존한다.

이상의 교회성장을 아래와 같은 도식으로 표현할 수 있다.

〈표 13-2〉 교회성장의 유형[49]

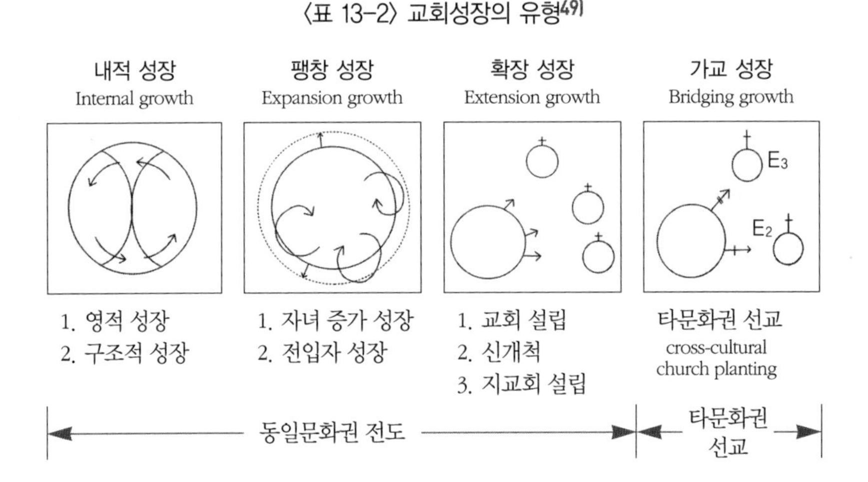

교회성장과 목회자의 역할

교회성장은 하나님의 뜻이요, 이를 이루시는 분은 성령이시다. 성령의 인도와 역사하심 없이 교회는 성장할 수 없다. 그렇기에 성령의 사역은 교회의 존속과 생명에 직결된다. 성령의 사역이 교회성장의 필수적 요소란 말이다. 그러므로 우리는 교회성장의 기초와 출발점을 성령님께 내어 드리지 않을 수 없다. 교회성장의 절대적 요소인 성령의 사역과 더불어 목회자의 역할도 결정적 영향을 미친다. 여기에서는 그러한 목회자의 역할에 대해 고찰하고자 한다.

1. 교회성장에 있어서 목회자의 중요성

교회성장학자들이 공통적으로 가장 먼저 강조하는 것은 목회자의 역동적인 리더십이다. 즉 목사의 리더십이 교회성장의 적극적인 제1의 원천과 동기가 되는 것이다. 교회 안에 임재하시며 역사하시는 성령은 하나님의 뜻에 순종할 목회자를 찾고 있으며, 목회자가 하나님의 뜻에 철저히 순종해 갈 수 있으면 교회는 필연적으로 성장하도록 되어 있다. 그러므로 교회성장에 임하는 목회자의 자세, 역할은 아무리 강조해도 지나침이 없을 것이다.

와그너는 교회성장을 위한 목회자 리더십은 다음의 몇 가지 요소를 가지고 있어야 한다고 하였다. 첫째, 성장철학을 지닌 목사, 둘째, 성장철학을 이루기 위해 영혼구령의 열정을 지닌 목사, 셋째, 그것을 성취하는 강력한 리더십과 권위를 가진 목사 등이다.

한편 광림교회의 김선도 목사는 건강한 교회의 증상의 첫 번째로 목회자의 강한 지도력을 들었으며,[50] 여의도순복음교회의 조다윗 목사도 교회가 성장하느냐 못하느냐의 절대적인 책임이 목회자에게 있다고 하였다.[51] 한편 김선도 목사는 "목회성장과 영적 지도력"에서 교회성장을 위한 목회자의 자질 및 성품에 대해 ① 훈련된 목회자 ② 통찰력(vision) ③ 영적 지혜 ④ 결단력 ⑤ 용기 ⑥ 겸손 ⑦ 의분 ⑧ 인내심 ⑨ 성실 ⑩ 우정 ⑪ 영력(Inspirational power) ⑫ 행정능력 ⑬ 적극적 사고 등을 꼽고 있다.[52]

2. 교회성장을 위한 목회자 리더십

1) 철저한 소명의식에 기반을 둔 리더십

무엇보다도 먼저 목회자는 영혼을 돌보는 사명을 가진 하나님의 일꾼으로 부름 받았다는 인식, 즉 소명의식을 가져야 한다. 초대교회 지도자들은 자신들을 하나님의 족속, 예수 그리스도의 종, 그리스도 예수의 사도 복음의 일꾼, 또는 하나님 말씀의 일꾼 된 자로 소개하였다(눅 1:2, 롬 1:1, 고전 1:1, 골 1;23, 24, 약 1:1, 벧전 1:1)

그리스도의 종이요, 사도요, 일꾼이라는 말은 그리스도에게 예속된 자, 그리스도를 위하여 일하는 자, 그리스도의 부르심에 응답한 자, 그리스도로부터 사명을 받은 자라는 의미를 내포하고 있다.

이렇게 볼 때 오늘날의 목회자는 곧 그리스도와 그의 제자들 간에 맺어진 새 언약의 관계 속에 들어간 자이며 그리스도의 증인으로서 세상에 보내진 자인 것이다.[53]

그리스도는 자신의 피로 사신 교회를 이 땅에 세우시며 주님의 뜻을 받들어 유리방황하는 양 무리를 목양할 충실한 일꾼을 찾으신다. 그러므로 목회자가 부르심을 받은 하나님의 일꾼으로서 인식을 분명히 할 때, 맡겨진 목양지에서 무엇을 우선순위로 수고해야 할는지 자각하게 될 것이다.

다음으로 하나님의 일꾼은 하나님의 뜻을 받들어 실천해야 한다.

하나님의 뜻은 예수 그리스도를 믿는 믿음을 가진 자들을 구원과 영생의 길로 인도하는 것이다. 그러므로 하나님의 뜻을 실천하는 일이란 믿지 않는 자들에게 복음을 전하는 일이요, 믿음이 부족한 자에게는 믿음을 키워 주는 것이요, 잘못된 믿음을 가진 자들을 순수한 복음 위에 세우기 위해 안타깝게 부르짖는 모습인 것이다. 이처럼 그리스도의 복음을 전하는 것은 목회자의 최우선순위의 직무이며, 그렇기에 복음을 전하지 않으면 그리스도의 일꾼이라 할 수 없다.

그러나 영적 리더인 목사가 가장 주의해야 할 것은 목회의 직업주의화이다. 종교, 신앙이 직업화가 된다는 말은 곧 종교가 목적이 아닌 수단으로 변질되었다는 뜻이다. 하나님께 영광을 돌리는 것으로 최종 목적을 삼아야 할 사람들이 자기 자신을 위하여 하나님을 생의 방편으로 삼는 삯꾼 목자가 될 때 교회성장은 방해된다. 목회자는 하나님께서 주신 목양지에서 구태의연한 자세나 직업적으로 교회를 맡아 무관심하게 목회사역에 임할 것이 아니라 한 영혼이라도 더 그리스도께 인도하여 하나님을 기쁘게 해 드리려는 열정이 있어야 한다. 이런 열정과 소명의식이 없으면 교회는 살아 있는 교회가 될 수 없을 것이 분명하며 성장할 수 없게 된다.

2) 선교적 비전을 가진 리더십

현대의 리더는 비전적 리더십이 있어야 한다. 마찬가지로 목회자는 강한 비전을 가지고 있어야 하며, 그 비전을 가지고 성도들을 감동, 변화시키는 리더십이 있어야 한다.

하나님께서는 영적 리더를 통하여 성령의 은혜를 공급해 주신다. 따라서 영적 리더가 가진 비전과 사명만큼 교회는 성장한다. 스가랴 4장 1~14절 이하에 스가랴 선지자가 본 7개의 등잔이 있는 금 촛대는 두 금관을 통해 기름이 흘러나와 금 촛대의 등잔불을 밝히게 되었다. 이는 성령을 부어 주는 이스라엘의 두 영적 리더인 여호수아 대제사장과 유다 총독 스룹바벨을 가리킨다. 결국 리더가 없는 교회는 성령의 은혜가 공급될 수 없음을 보여 준다. 성장하는 교회의 리더는 성장에 대한 비전을 가진 자이며, 사람을 좋아하는 자이어야 한다.[54] 앞에서 본대로 영적 리더가 선교적 비전을 상실할 때 직업의 수단이 되는 위험이 있다.

3) 우선순위를 분명히 할 수 있는 리더십

현대 목회는 너무 분주하다. 그러나 중요한 것은 이렇게 분주한 것이 교회성장과 연결된 것이냐는 것이다. 현대인은 소중하고 중요한 일보다 긴급한 것을 먼저 하는 경향이 있다. 그러나 성공적인 사람은 긴급한 것보다 중요한 것을 먼저 하는 사람이다.[55] 목회자도 예외가 아닐 것이다. 영적 리더로서 목회자는 가장 중요한 것부터 먼저 실행할 수 있는 우선순위가 정립되어 있어야 한다. 목회자는 머리 되시는 예수 그리스도께 완전 헌신을 우선해야 한다. 이를 위하여 우선순위를 결정하는 능력과 실천, 과업을 적절하게 위임하는 일이 필요하다.

이스라엘 백성들이 바벨론의 포로생활에서 귀환한 후 대제사장 여호수아와 스룹바벨은 성을 수축하고 성전을 건축하기 위하여 주춧돌까지 놓았다.

그러나 개인적인 문제와 사회적 정치적 군사적 문제를 먼저 해결하겠다는 이유로 무려 15년 동안 성전재건을 지연시키고 있었다. 하나님께서는 학개 선지자를 통해서 "네 집은 판벽한데 나의 집은 황무하다"고 책망하셨다. 교회의 존재이유가 하나님을 기쁘시게 하고 그에게 영광을 돌리는 것이라면 우선순위를 잃어버려 책망 받은 교회를 만드는 영적 리더는 존재의 이유가 없는 것이다.[56]

4) 성장 지향적인 리더십

교회성장을 위해서는 목회자가 하나님의 일꾼으로 부름 받았다는 소명의식을 확고히 하고 교회성장철학을 확립한 다음 성장원리를 올바로 적용하여야 함은 물론 모든 목회방향을 성장 지향적으로 바꾸어야 한다.[57]

성장 지향적(growth-oriented) 목회란 목회자가 성장하길 원하시는 하나님의 뜻에 절대적인 순종으로 성장하고자 하는 목표를 정하고 목표사역에 매진해 가는 것을 말한다. 교회성장을 원한다면 성장시키겠다는 불타는 의욕이 목회자에게 있어야 할 것이다.[58]

성장 지향적이라는 말은 교회의 목표가 교회성장에 있다는 분명한 목표의식이 있는 것을 말한다. 목표가 없이는 역동적인 힘을 발휘할 수 없기 때문이다. 목회자는 먼저 교회성장은 하나님이 원하시는 것이라는 분명한 철학이 인식되어 있어야 한다. 교회성장을 크게 성취하기 위해서도 목회자의 마음속에 교회성장을 담대히 추진할 수 있는 확고한 마음의 기초, 즉 확고한 철학이 확립되어 있어야 한다.[59]

또한 성장에 몰입해야 한다. "내게 능력 주시는 자 안에서 내가 모든 것을 할 수 있느니라"(빌 4:13). 교회성장에 대한 꿈과 비전이 있고 이를 위한 몰입이 있을 때 성도들을 감동시킬 수 있다.

복음의 확장과 성장은 이 땅에 복음의 씨를 뿌리시는 하나님의 뜻이다. 하나님이 세우신 이와 같은 성장법칙은 오늘 교회성장을 추구하는 우리에게 영적 교육을 주고 있다. 그러므로 목회자가 성장 지향적 목회를 해야 함은 당연한 일이다.

5) 현장에 맞게 교회성장 원리를 적용하는 리더십

예수님의 지상명령에도 나타나 있는 것처럼 교회성장 그 자체는 분명 하나님의 뜻이다. 그리고 많은 학자들이 하나님의 뜻을 이루기 위해 귀납적, 경험적인 토대 위에서 교회성장의 원리를 밝혔다. 그러나 이 원리는 일반화된 것이며, 양육과 전도를 강조하고 있으면서도 양적 성장에 중점을 두는 경향이 있다. 그러므로 목회자는 현장에 맞는 성장원리를 찾아 적용해야 한다.

우리가 적용해야 할 바람직한 성장원리는 그것을 적용하면 초대교회가 성장한 것처럼 양적으로는 물론 질적으로 더 성장하고 지역사회에 자교회가 설립되며(확장 성장) 더 나아가 온 세계에까지 자교회가 설립되는(교량적 성장) 원리라고 생각한다. 그러므로 우리는 이들 성장원리 가운데서 자기 교회의 특수성에 맞는 원리들을 과감히 적용하되 그 원리들이 항상 성서적인 것인지와 하나님의 뜻에 맞는지를 염두에 두고 바람직한 원리들을 적용해야 할 것이다.

목회자가 교회성장의 근본 뜻을 이해하고 성장을 추구해 간다면 교회 내의 모든 조직과 프로그램이 그 목표를 지향해 가는 것들이 되어야 할 것이다. 예를 들면 강단에서 선포되는 메시지, 양육프로그램, 선교회의 구성, 특별 세미나 또는 교회에서 발행되는 간행물에 이르기까지 추구해 가는 성장목표에 적합하게 계획 실행되어야 한다. 동시에 목회자는 진행되고 있는 교회의 계획들이 목표를 향해 제대로 가고 있는지를 수시로 점검해야 할 것이다.

6) 성령님께 의지하는 리더십

교회 성장을 이루시는 분은 성령이시며 성령의 사역은 교회의 존속과 생명의 절대적인 요소라 할 수 있다. 그렇기에 교회성장은 목회자의 노력만으로 되는 것이 아니라 성령의 역사에 힘입어 교회가 자라도록 목회자는 성령님께 의지해야 한다.

하나님과 당신 백성의 중보자로서 교통하시는 성령님께 의지하는 것은 목회자에게 가장 중요한 일이다. 그렇기 때문에 목회자는 목회생활에 절대적인 운명을 내걸고 있어야 한다.

조다윗 목사는 성령과의 교제로서 '코이노니아'(koinonia)의 의미를 교제, 교통, 동업이라 하면서 목회자가 복음증거를 새롭게 하고 교회성장을 이루려면 성령을 인정하고 환영하고 모셔 들이고 의지해서 성령과의 교제를 가져야 하며, 성령의 교통하심이 있을 때에 기도에 응답이 있고 하나님의 사랑과 예수 그리스도의 은혜를 체험할 수 있으며 하나님의 사업에 성령과 동역할 때에 크게 성공할 수 있다고 하였다.[60]

목회자는 가장 먼저 성령과의 교제에 힘쓰는 것이 중요하다. 성령과의 교제가 이루어지면 그 다음에는 기도에 주력해야 한다. 목회자에게 중요한 우선순위는 먼저 주님께 사역한 다음 사람을 섬기는 것이다.[61]

기도시간을 충분히 가짐으로써 하나님의 뜻을 올바로 분별할 수 있고 영적인 통찰력을 가질 수 있을 것이며, 강단에서 선포하는 메시지가 강력하게 되어 사람들은 변화되고 교회성장은 순조로이 이루어질 것이다. 이와 같이 목회자가 성령님께 의지하고 성령과 교제하는 것은 절대적으로 필요하며 성령에 철저히 의지하고 순종해서 성령과 함께 하는 목회자가 되어야 한다.

7) 끊임없이 학습하는 리더십

성공적인 리더는 끊임없이 학습하는 자다. 시대의 한계상황을 극복할 수 있는 원동력은 우리 마음 속의 지성이다. 그러므로 리더는 지속적으로 학습해야 한다. 베니스에 의하면 학습에는 유지적 배움과 충격적 배움, 그리고 혁신적 배움이 있다. 유지적 배움은 반복되는 문제를 해결하기 위한 학습으로 기존의 제도나 이미 확립된 삶의 방식을 유지하기 위한 배움이다. 충격적 배움은 돌발적인 사건을 해결하기 위한 배움으로, 전문적 지식 등이다. 혁신적 배움은 적극적으로 문제를 대처해 나가며, 자신의 자치를 실행하는 학습방법으로 예견과 다른 사람의 의견에 대한 경청, 적극적인 참여로 이루어진다. 이 혁신적 배움이 비전을 실현하게 하는 한 가지 방법이 된다. 이런 배움을 이루기 위해서는 항상 여행자의 관점으로 세상을 보아야 한다.[62]

교회성장을 위해서는 목회자에게 끊임없는 자기학습과 개발이 있어야 한다. 특별히 영적 리더는 성도들에게 항상 신선한 자극과 충격을 공급해서 그들의 가치관을 바꾸어 주어야 한다. 그러므로 항상 미래에 대한 예견과 도전, 새로운 관점의 제공 등을 위해서는 끊임없는 학습이 필요하다.

성공적인 목회자 리더십을 발휘하려면 목회자 스스로 자질향상을 위해서 끊임없이 노력해야 한다. 지적으로 정적으로 의지적으로 손색이 없는 인격을 갖추도록 노력하며 폭넓은 학문적 자질을 갖추기 위해서 부지런히 성경을 읽어야 한다. 또한 전공분야를 합리적, 조직적으로 연구하고 각종 양서탐독 및 교회성장에 관한 폭넓은 지적영역을 소유하기 위해서도 노력해야 할 것이다.

목회자가 자만하여 자기개발과 자기학습을 하지 않을 때 교회성장은 멈추게 된다. 신앙의 교만과 자만은 곧 신앙의 결여를 가져오고 교회성장을 방해하게 된다.

8) 양육에 중점을 두는 리더십

"너희는 택하신 족속이요 왕 같은 제사장들이요 거룩한 나라요 그의 소유가 된 백성이니 이는 너희를 어두운 데서 불러 내어 그의 기이한 빛에 들어가게 하신 이의 아름다운 덕을 선포하게 하려 하심이라"(벧전 2:9)는 말씀에 근거해 보면 목회자는 물론 모든 성도는 하나님의 부르심을 받음으로써 하나님 나라의 사역에 참여하게 되어 있으며 그리스도의 증인으로서 복음을 전파하는 자리에 나아가야 함을 알 수 있다.[63]

예수님께서는 당신의 복음사역을 대신해 줄 열두 제자를 부르시고 양육하신 후 세상에 파송하셨다. 그러므로 목회자도 평신도들이 자기의 은사를 활용하여 그리스도의 제자로 쓰임 받을 수 있도록 훈련해야 한다. 목회자는 평신도들에게 복음의 참 뜻을 이해시키고 복음의 정신을 깨우치며 복음을 전할 수 있도록 훈련하는 것을 등한히 해서는 안 된다.

이러한 제자훈련을 통하여 평신도의 활동이 증대가 되면 교회는 더 많은 역사를 일으킬 수 있으며, 교회는 자연히 성장할 수 있을 것이다. 제자훈련이 없다면 교회성장은 불가능하리라 생각한다.

9) 치유와 성장지향적인 메시지

교회성장과 강단에서의 메시지는 중요한 관계성을 갖는다. 설교는 듣는 사람들로 하여금 예수 그리스도를 구주로 영접하게 하고 그리스도의 제자로서의 삶을 살게 하는 사건이다. 교회 예배에서 설교가 차지하는 비중은 매우 크기 때문에 목회자에게 설교는 생명과도 같은 것이다.

설교란 무엇인가? 신학이 "복음의 의미를 현재적 삶의 문제와 바르게 연결시키면서 현재의 문제와 갈등에 대한 대답을 복음에서 발견하는 일"이라 한다면 설교는 "보편적 언어구사와 다양한 전달방법을 통해서 이러한 신학적 기능을 구체화하는 작업"이라고 할 수 있다.[64]

설교자는 회중의 가슴에 불이 전달되고 타오르도록 설교해야 한다.[65] 이를 위해 설교자는 언어를 예리하게 사용해야 한다. 언어는 사고의 틀로서 자기가 품고 있는 상을 마치 조각가가 목재나 금속을 사용하여 조각해 내는 것과 같다.[66]

또한 설교는 분명한 목적을 갖고 할 때 설교로서의 가치를 지닌다. 일반적으로 설교의 목적은 ① 하나님의 구원의 역사 선포 ② 성서가 구원의 내용과 원리임을 선포함 ③ 예수 그리스도를 만나게 함 ④ 교육의 기능(치유, 권면, 교훈, 확증, 교화) ⑤ 양육과 유지 기능 ⑥ 회중이 좀 더 느끼도록 도움 ⑦ 하나님 뜻의 대변 ⑧ 내면적 변화와 결단 유도 ⑨ 회중의 결단을 행동으로 안내함 등이다. 그러므로 목회자는 설교의 분명한 목적의식을 가지고 바르게 준비하고 기도로 뒷받침하며 성서연구에 근거한 감명 깊은 설교를 할 수 있도록 항상 개발해야 한다.[67]

교회성장에 필요한 설교는 다음과 같이 정리할 수 있다.

첫째, 소망과 위로와 치유의 내용을 가진 설교가 효과적이다. 오늘날 고도로 경쟁적인 사회 에서 많은 사람들이 내재적인 상처를 받고 살아가기 때문에 위로와 새로운 비전을 원하기 때문이다.

둘째, 삶의 방향을 제시해 주는 설교다. 삶의 정체성을 확인해 주고, 용기를 주는 설교가 필요하다.

셋째, 구원과 은혜체험의 설교이다. 성장하는 교회는 늘 구원에 대한 기쁨과 감사가 넘치는 교회다. 그러므로 은혜체험적인 설교가 선포될 때 성장하는 교회가 될 것이다. 또한 목회자가 설교개발에 힘써야 할 뿐만 아니라 설교 후의 반성에도 힘써야 한다.[68]

주

1) D.A. McGavran, *Understanding Church Growth*, (Grand Rapids: Eerdmans, 1970) p. 67.
2) 창 1:28
3) 마 28:18~19.
4) 장중열, 「교회성장과 선교학」, 서울: 성광문화사, 1988. p.226.
5) D.A. Magavran & W. Arn, *Ten Steps for Church Growth*, 「교회성장 10단계 원리」, 정대인, 김영봉 역, 서울: 삼일당, 1983. p.35.
6) D.A. Mcgavran and G. Hunter, *Church Growth: Strategies That Work*, 「교회성장학」, 박은규 역, 서울: 대한기독교출판사, 1983. p.20.
7) Donald A. McGavran, *Understanding Church Growth*, Grand Rapids: Eerdmans, 1970. p.67
8) pp.296~310.
9) Donald A. McGavran, pp.219~229.
10) D. McGavran, "Criticism of the Working Dratton Mission", D. McGvran, ed., *Eye of the Storm: The Great Debate in Mission*, Waco: Word, 1972. p.237
11) D. A. McGavran, pp.183~193.
12) C. P. Wagner, *Church Growth and the Whole Gospel*, 이요한 역, 「교회성장에 대한 신학적 이해」, 서울: 성서연구사, 1986. p.108.
13) D. A. McGavran, pp.335~345.
14) D. A. McGarvan & W. C. Arn , *Ten Steps for Church Growth*, 「교회성장 10단계 원리」, 정대인 · 김영봉역, 삼일당 출판사, 1983. pp. 27~37.
15) pp.38~51.
16) pp.52~72.
17) pp.73~84.
18) pp. 85~100.
19) pp.101~107.
20) pp.108~123.
21) pp.124~135
22) pp.116.
23) pp.136~154.
24) pp.155~166.
25) C. Peter Wagner, 「기독교 선교 전략」, 서울: 생명의 말씀사, 1984, p. 9
26) C. Peter Wagner, 「성서적 교회성장」, 서정운 역, 서울: 대한기독교출판사, 1984. p.47.
27) p.64
28) p.66.

29) C. Peter Wagner, 「기독교선교전략」 pp.38~40.
30) Ibid., pp. 123~124.
31) Ibid., p. 131.
32) C. Peter Wagner, 「성서적 교회성장」, op cit., p. 91
33) C. Peter Wagner, 「기독교 선교전략」, p.217
34) C. Peter Wagner, 「성서적 교회성장」, p.93.
35) C. Peter, 「교회성장원리」, p.117.
36) p.192.
37) pp.251~252.
38) R. H. Schuller, *Your Church has a Fantastic Future*, 권명달 역, 「성공적인 교회성장의 비결, 서울: 보이스사, 1994. p.69.
39) R. H. Schuller, *Your Church has real Possibilities*, Glendale: A Division of G/L Pub., 1974. p.29.
40) R. H. Schuller, 1994. pp.299~314.
41) R. H. Schuller, 1994. pp.305~310.
42) R. H. Schuller, 1994. pp.381~406.
43) D. A. McGarvan, 「교회성장의 이해」, pp.161~162.
44) p.42.
45) C. Peter Wagner, 「교회성장을 위한 지도력」, pp. 31~33.
46) D. A. McGarvan, 「교회성장학」, op. cit., pp. 127~129.
47) C. peter Wagner, *Your Church Can Grow*, op. cit., p. 141.
48) D. A. McGarvan, pp.128~129.
49) 장중열, 「교회성장과 선교학」, 서울: 성광문화사, 1986, p.182.
50) 김선도, "목회 지도력과 교회성장", 「교회발전을 위한 지도력 개발」, 서울: 쿰란출판사. 1994. pp.164~177.
51) 조다윗, 「나는 이렇게 설교한다」, 서울 :서울서적, 1993. pp.124~125.
52) 김선도, "목회성장과 영적 지도력", 「목회의 전문화와 영성」, pp.408~410.
53) 방지형, 「성경적인 교회성장학」, 서울: 성광문화사, 1991. p.74.
54) 이종윤, "성경적 교회성장의 원리", 「교회성장론」, 서울: 엠마오, 1989. pp.218~219.
55) S. Covey, 「성공하는 사람들의 일곱 가지 습관」, 박재호 외 역, 서울: 김영사, pp.197~250.
56) 이종윤, p.215.
57) 방지형, pp.75~78.
58) 조다윗, pp.119~127.
59) 조다윗, pp.119~120.
60) 조다윗, pp.144~151.
61) p.152.
62) W. Bennis, *On Becoming A Leader*, N.Y.: Addison-Wesley Co., pp.98~120.
63) 방지형, p.126.
64) 염필형, 「현대신학과 설교형성」 서울: 감리교신학대학출판부, 1991, p.14.
65) 정장복, "언어와 언어표현의 메카니즘", 「기독교사상」, 1981. 11, p.173.
66) Ralph G. Turnbull, 「실천신학사전(I)」, 김소영 외 역, 서울: 기독교출판사, 1980. p.155.
67) 염필형, pp.15~21.
68) 조다윗, pp.389~396.

제14장

리더로서의 목회자의 능력

목사에게 필요한 은사와 능력

리더십의 특성이론에서 리더의 자질에 관한 연구는 리더의 능력(competence)과 기술(skills)을 규명하는 데 많은 시사점을 준다. 즉 리더가 될 수 있는 동기와 자질을 갖고 있다고 해서 효과적인 리더가 될 수 있는 것은 아니라, 리더의 효과성을 높이기 위한 지식과 기술이 있어야 한다는 것이다.[1]

그러나 리더의 능력과 기술이 필수적인 것을 인정하면서도 과연 어떠한 요소들이 포함되어야 하고, 포함되어 있는가에 관해서는 명쾌한 답을 얻지 못하고 있다. 리더십 이론가들이 거론하는 리더의 능력과 기술은 수없이 많다. 예컨대 전통적인 자질적 요인에 해당하는 지능, 창의력, 기억력 등에서부터 최근 논의의 초점이 되고 있는 카리스마적 리더십의 카리스마, 영감, 직관력 등을 들 수 있다. 리더의 능력과 기술에 관한 논의를 더욱 어렵게 만드는 것은 이러한 요인들의 조직성과에 대한 실증이 절대적으로 부족할 뿐만 아니라 상황에 따라 다르게 나타나기 때문이다.

리더의 능력과 기술은 세 가지 요소, 즉 ① 잘 규정된 지식의 체계 ② 일련의 관련된 형태 ③ 성과의 명확한 평가기준 등으로 구성되어 있다.[2] 예컨대 훌륭한 리더는 언제 누구에게 특정한 업무를 위임하는가를 알고 있으며(지식), 위임한 업무에 대한 기대를 효과적으로 전달할 수 있으며(행태), 업무가 만족할 정도로 달성되었는가를 평가(기준)할 수 있다.

그러나 많은 리더십 이론가들은 어떠한 상황에서나 반드시 필요한 리더의 기술과 능력을 찾아보려는 노력을 통해 다음과 같이 리더에게 요구되는 필수적인 기술과 능력의 예를 든다.

화튼(D. A. Whetten)과 카메론(K. S. Cameron)은 실증적인 조사에 근거하여 효과적인 리더십의 기술을 제시한다. 그들은 400여 명 이상의 효과적인 관리자들과 면접을 통하여 10가지 중요한 리더의 기술을 도출하였다. 그것은 ⓐ구두에 의한 커뮤니케이션 ⓑ시간과 스트레스의 관리 ⓒ개인결정의 관리 ⓓ문제의식, 정의 및 해결 ⓔ동기 부여 및 영향력, ⓕ위임 ⓖ목표설정과 비전의 제시 ⓗ자기의식 ⓘ집단형성 ⓙ갈등관리 등이다.[3]

홀(G. A. Hale)은 사고능력 또는 사고기술(thinking skills)이 리더에게 가장 필요한 기술 또는 능력이라고 한다. 그는 사고능력이야말로 자신이 말하는 ⓐ상황평가 ⓑ원인분석 ⓒ의사결정 ⓓ계획 분석 ⓔ혁신 등의 기초가 된다고 한다. 또한 이러한 능력 가운데 상황평가능력이 다른 네 가지 능력과 기술을 통합하는 가장 중요한 역할을 한다고 주장한다.[4]

리더가 적절한 성격특성과 동기만 갖추었다고 해서 성공하는 것은 아니다. 성공적인 리더가 되기 위해서는 적절한 능력이나 기술을 구비해야 한다. 리더의 기술을 분류하는 방법 중에서 가장 광범위하게 사용되는 것은 3가지 유형론이다. 카츠(R. Kats)는 효과적인 경영을 위하여 필요한 것은 다음과 같다고 하였다. ① 인간적 기술(human skills): 인간관계 개선의 능력과 협동 노력 확보의 능력, 집단 분위기 안정의 능력, 명확하고 효과적으로 의사소통을 하는 능력 등이다. ② 전문적 기술(technical skills): 전문화된 활동을 수행하는데 필요한 방법, 과정 및 지식 그 자체 또는 전문지식에 대한 분석력, 전문 활동에 관련된 도구를 사용하고 조작하는 능력 등이다. ③ 개념적 기술

(conceptual skill): 조직 활동 전체를 주관할 수 있는, 즉 조직 전체의 복잡성을 이해하고 자기 자신의 활동이 전체로서의 조직 어디에 관련되고 있으며 조직의 어디에 적합한가를 알고 있는 능력으로 보고 있다.[5]

요컨대 리더의 기술은 다음과 같은 세 가지 특징이 있다.

① 리더의 기술은 행태를 의미하며, 자질도 아니고 스타일은 물론 아니다. 리더의 기술은 리더가 수행하고 일정한 결과를 가져오는 확인 가능한 일련의 행동이다. 이러한 점에서 리더의 자질, 스타일, 기술 등이 혼돈을 유발하는 경우가 있다.

② 리더의 기술은 상반되거나 역설적이다. 예컨대 배타적으로 팀워크와 인간관계 중심적인 것도 아니며, 개인주의와 기업가적인 것도 아니다.

③ 리더의 기술은 상호관계 되며 중복적이다. 효과적인 리더는 한 가지 기술만을 수행하거나 다른 기술과 독립만을 수행하는 것도 아니다. 효과적인 리더는 복수의 기술을 수행한다.

여기에서는 여러 학자가 지적한 리더의 기술과 능력 가운데 비교적 상황과 관계없이 공통으로 이용될 수 있는 것들을 중심으로 상세히 설명하고자 한다. 특히 목회자가 효과적인 목회 리더십을 발휘하기 위한 기술과 능력을 중심으로 살펴보고자 한다.

신뢰형성의 능력

신뢰는 다른 사람에 대한 정직과 진실을 의미하며, 정직하고 성실해야 한다는 기대와 의무를 나타낸다. 신뢰는 조직문화의 가장 핵심적인 요소다. 신뢰는 개인과 조직의 목적을 달성하는 데 리더에게 가장 중요한 요소다.

특별히 교회에서 목회자 리더십의 가장 중요하고 기초적인 능력과 자질은 신뢰관계다. 조직에서 일정한 수준의 신뢰 없이는 어떠한 목표도 달성될 수 없다. 신뢰는 어떠한 조직에서나 반드시 필요하다. 리더에 대한 추종자들의 신뢰는 리더로 하여금 리더십을 발휘할 수 있게 하는 원동력이다. 신뢰는 조직, 프로그램, 사람들을 묶어 주는 접착제의 구실을 한다. 리더는 신뢰를 형성하기도 하고 파괴하기도 한다.

신뢰는 행동 지향적이다. 다른 사람을 신뢰한다는 것은 필요한 정보가 없는 경우에도 확신을 가지고 행동하는 것을 말한다. 신뢰를 가지면 미지의 위험하고 모호한 상황에서도 행동할 수 있다. 목회는 하나님의 약속을 믿고 성도들과 신뢰를 가지고 떠나는 영적 여행이다. 그러므로 성도들이 목회자를 신뢰하지 않으면 결코 성도들을 미지의 영적 세계로 인도할 수 없게 된다. 그러나 신뢰는 점증적 과정이다. 즉 신뢰를 형성하는 데는 시간이 소요된다. 기대에 부응하는 행동은 신뢰를 점증적으로 강화하는 역할을 한다.

1. 신뢰와 리더십

복잡하고 급변하는 환경에 직면한 조직의 리더는 신뢰에 기초한 윤리적 원리에 따라야 한다.[6] 그러나 오늘날 대부분의 사회는 리더는 물론 제도, 정책, 프로그램, 법규 등에 불신을 경험하고 있다. 불행하게 리더십에 대한 불신은 마치 전염병처럼 확산되고 있다.[7] 리더에 대한 이런 불신은 리더십 발휘를 더욱 어렵게 만들거나 심지어는 불가능하게 만들고 있다.

리더십은 추종자들을 통제하기보다는 발전적이고 통합적인 기능을 한다. 이러한 리더십의 역할에 신뢰는 필수적이다. 추종자들은 리더의 공평성과 정직에 대한 신뢰감이 없이는 복종하기 어렵다.[8] 신뢰는 개인과 조직의 효과성에 직접적인 영향을 미친다. 조직을 효과적으로 만드는 것은 권력이나 계층보다는 신뢰다.[9] 신뢰는 리더가 조직문화를 변화시키려는 모든 노력의 전제조건이다.[10] 즉 비전의 설정과 확산은 리더의 신뢰에 달려 있다. 신뢰는 상호간의 수용과 개방적인 표현을 더욱 용이하게 만들어 준다. 반대로 비방어적인 형태를 유발한다.

신뢰는 쌍방적인 관계다. 이러한 상호관계는 다른 사람을 신뢰하고 신뢰받는 것을 말한다. 여기에서 어느 한 쪽이 신뢰를 포기하면 신뢰관계는 성립되지 않는다. 이것은 리더는 먼저 추종자를 신뢰함으로써 신뢰의 풍토를 형성할 수 있다는 것을 의미한다.

2. 신뢰관계의 본질

신뢰관계는 조직의 구성원들이 서로 신뢰하는 문화를 말한다. 신뢰문화를 형성하는 일은 리더의 성공에 필수적이다. 리더와 추종자 간의 신뢰관계에는 본질적으로 다음과 같은 7가지 요소가 있다.[11] 이러한 요소는 리더가 신뢰관계를 형성하는 데 도움을 줄 수 있다.

① 수용(acceptance): 수용은 신뢰의 핵심적인 요소다. 수용은 신뢰의 형성과 자신과 다른 사람의 수용과 관련되어 있다. 자신의 수용은 다른 사람의 개인적 실패와 부정적인 행동에 대한 두려움을 감소시켜 준다. 수용은 신뢰성을 증가시켜 준다.

② 가정(assumptions): 사람들은 자신이 가진 세계관에 따라 행동한다. 중요한 문제는 흔히 흑백논리에 의존한다. 이러한 흑백논리에 의한 행동은 다른 사람의 언행과 진술을 신뢰하지 못하게 만든다. 따라서 흑백논리에 의한 가정을 벗어나서 행동하면 조직의 신뢰 수준을 높일 수 있다. 긍정적인 가정은 신뢰를 형성하는 기초다.

③ 관심(caring): 신뢰는 리더가 진심으로 추종자들에게 관심을 가지고 있다는 것을 지각하도록 만든다. 신뢰를 받는 추종자들은 리더를 개방적이고, 개인적인 관심을 기울이며, 자기들의 신뢰를 받을 가치가 있는 것으로 본다. 물론 개방성이 위험을 초래하기도 하지만, 리더의 개방적인 의지는 리더의 정직성을 보여 주는 기회가 된다. 신뢰는 또한 추종자들의 체면을 유지시켜 준다.

④ 윤리(ethics): 사람들의 신뢰는 다른 사람들과의 확신과 관계에 기초한다. 윤리적 형태는 조직의 구성원들이 올바른 것으로 수용하는 형태를 말한다. 조직은 일반적으로 조직의 가치와 규범을 제도화해 놓는다. 이러한 윤리적 규범은 조직의 신뢰를 높이는 역할을 한다. 리더는 신뢰를 형성하기 위하여 조직 내의 개인적 행동을 안내할 수 있는 분명하고 유용한 가치를 정립해야 한다.

⑤ 리더십(leadership): 신뢰의 형성은 리더와 추종자간의 상호작용으로 가능하다. 신뢰의 형성에 작용하는 조건에는 ⓐ예측 가능한 리더의 행태 ⓑ일

관성 있는 지속적인 개방적 커뮤니케이션 ⓒ협력 ⓓ언행일치 ⓔ추종자들에 대한 서비스의 기록 등이 있다.

⑥ 개성(individual character): 신뢰는 개인의 특징을 나타내는 것이다. 어떤 사람들은 다른 사람의 말, 약속, 진술 등을 쉽게 수용한다. 이런 특징을 가진 사람들은 건강한 조직의 구성요소다.

⑦ 예측성(predictability): 예측성은 신뢰의 기본적인 요건이다. 돌발적이거나 비정기적인 형태는 신뢰관계를 갖지 못하게 한다. 사람들은 일정한 상황에서 다른 사람들이 어떻게 행동할 것인가 예측할 수 있을 때 그들을 신뢰하는 경향이 있다. 즉 다른 사람과의 관계가 기대한 결과를 가져올 것이라고 믿을 때, 그들을 신뢰하게 된다.

3. 신뢰관계의 효과

리더가 성공하기 위해서는 충성스럽고, 창조적이며, 유능하고, 신뢰할 만한 사람들로 구성된 확고한 기초를 형성할 수 있는 능력이 있어야 한다. 조직 내에서의 신뢰관계는 다음과 같은 여러 가지 측면에 효과를 미친다.

① 가치(value) 창조: 신뢰는 리더에 대한 존경과 정직의 가치에 기초한 조직문화를 창조할 수 있게 만들어 준다. 신뢰관계는 조직 활동의 기초일 뿐만 아니라 조직과 개인의 성과를 가져올 수 있게 만드는 핵심적인 가치다.

② 생산성(productivity) 증대: 신뢰는 생산성과 조직효과성에 핵심적인 요소다. 왜냐하면 효과성은 참여자들이 다른 사람을 신뢰하려는 의지에 달려 있기 때문이다. 이러한 관점에서 구성원 간의 과도한 경쟁은 조직의 신뢰관계를 저해한다.

③ 개인의 성과(individual performance): 높은 신뢰관계를 형성하고 있는 집단이 그렇지 못한 집단보다 높은 성과를 가져온다. 그 이유는 신뢰관계에 있는 집단의 구성원들은 정보를 공유하고, 자신을 자유롭게 표현하며, 다른 사람에 대하여 확신을 가지고, 개방적인 토론을 하기 때문이다.

④ 문제해결(problem solving): 신뢰는 문제해결의 효과성에 중대한 영향을 미친다. 왜냐하면 높은 신뢰관계에 있는 리더와 부하들은 유용한 정보, 아이

디어, 감정 등을 보다 쉽게 교환하기 때문이다. 이들은 또한 목표와 문제를 분명히 하고, 문제해결에 대한 복수의 대안을 탐색할 수 있다.

⑤ 의미와 상황(meaning and context): 신뢰는 조직 내에서의 의미와 상황을 이해하는 데 핵심적인 역할을 한다. 사람들은 반드시 객관적인 현실이 아니라 자신의 지각에 따라 사람, 생각, 언어, 사건 등에 의미를 부여한다. 즉 의미의 부여는 주관적인 활동이다. 이러한 주관적인 정보를 전달하는 데는 신뢰관계가 있어야 한다. 또한 신뢰는 사람들 간의 상호작용에서 비롯되기 때문에 상호작용이 발생하는 상황을 이해할 수 있게 해 준다.

⑥ 팀 발전(team development): 신뢰는 조직과 개인의 장기적 발전의 전제조건이다. 신뢰는 표현의 자유를 확장시키고, 커뮤니케이션을 개방함으로써 팀 구성원들의 결속력을 높여 준다. 이것은 궁극적으로 팀의 발전에 이바지한다.

⑦ 몰입(commitment): 몰입은 성실성의 기본적인 특성이다. 사람들은 공동의 목적에 몰입하는 사람을 신뢰하는 경향이 있다. 몰입은 신념과 가치에서 비롯된다. 사람들의 사회생활을 형성하는 가치와 몰입은 용이하게 파악되기 어려우나, 동일한 가치에 몰입하는 사람에게 신뢰를 부여한다.

⑧ 리더십(leadership): 자신의 업무와 리더에 관한 일체성을 가진 사람들은 효과성을 강조한다. 즉 리더에 대한 신뢰는 지원, 목표의 강조, 상호작용, 업무의 촉진, 리더십 효과성들과 같은 형태와 직접적인 관계가 있다. 리더십의 역할을 수행하기 위해서는 부하들의 신뢰가 절대적으로 필요하다.

4. 신뢰관계의 전략

신뢰관계를 형성하고 이를 지속적으로 유지하기 위해서는 여러 가지 조건이 필요하다. 누구를 신뢰하고 어디까지 신뢰해야 하는가를 결정하는 것은 결코 쉬운 일이 아니다. 따라서 다음에 제시하는 조건은 신뢰관계를 판단하는 기준으로 삼을 수 있다.

〈표 14-1〉 신뢰관계의 핵심적 요인[12]

정직성	정직, 성실, 개방성
인내	신뢰관계의 지속성, 반복적인 경험의 공유
이타주의	신뢰의 자율성, 관심의 결여, 지원적 관계
위험부담성	위험관계
행동	적극성, 반복, 예측성, 믿음
우정	공유가치, 양립 가능성, 신용, 다른 사람과의 안락감
개인적 능력	능력과 경험
판단	건전한 선택, 올바른 결정, 윤리적 결정

지속적인 신뢰관계에 필요한 조건을 나타내면 〈표 14-1〉과 같다. 여기에는 정직, 인내, 이타주의, 위험부담성(vulnerability), 행동, 우정, 개인적 능력, 판단 등이 포함되어 있다. 이 가운데서 설명을 요하는 것은 위험부담성이다. 이것은 다른 사람들을 신뢰할 때 따르는 위험성을 나타내는 것이다. 신뢰는 위험관계이며, 위험은 다른 사람 또는 사건에 대한 신뢰의 수준과 범위에 영향을 미친다. 즉 신뢰를 형성하기 위해서는 다른 사람을 신뢰함으로써 따르는 위험을 부담해야 한다는 것이다.

리더는 신뢰관계를 형성하기 위하여 다음과 같은 몇 가지 기본적인 전략을 염두에 두어야 한다.[13]

① 사람들에게 몰입한다: 신뢰관계 형성에 성공하는 리더는 먼저 신뢰를 촉진하는 여러 가지 행동을 보인다. 예컨대 추종자들에게 긍정적인 충고나 모범적인 행동을 보여 주는 것 등이다.

② 신뢰를 보상하고 불신을 처벌한다: 신뢰받는 리더는 정직한 행태를 보상하고 불신의 행태를 처벌하는 정책, 절차, 업적 체계를 수립한다.

③ 리더로서의 권력을 남용하지 않는다: 리더는 자신이 가진 권력을 남용하면 신뢰관계를 형성할 수 없다. 리더는 모든 추종자들에게 관심을 가지며 공평성을 유지해야 한다.

④ 협력과 독립성을 강조한다: 리더는 부하들에게 요구하는 바를 분명히 하여 그들이 스스로 행동할 수 있도록 한다. 리더와 부하들은 팀으로 같이

일하면서 상호간의 감정적 및 지적인 욕구를 충족시킬 수 있다.

영적 리더인 목회자는 그 지위를 통해서 신뢰심 개발(trust through positioning)을 해야 한다. 리더나 목회자가 제시한 비전에 대한 몰입 여부는 리더와 추종자의 신뢰에 밀접하게 관련되어 있다. 신뢰를 받지 못하는 리더는 조직의 새로운 비전의 몰입을 성공적으로 달성할 가능성이 적다. 마찬가지로 영적 리더도 성도와의 신뢰관계를 형성하지 못하면 아무리 위대한 영적 비전을 가졌다고 할지라도 비전에 대한 몰입에 실패하게 될 것이다.

신뢰는 리더의 일관성에 달려 있다. 자신의 태도를 빈번하게 변경하는 리더와 모순되는 가치를 강조하는 리더는 추종자의 신뢰와 확신을 얻지 못한다. 모순된 행동은 비전의 명확성을 감소시키고 리더의 확신감 부족은 비전의 호소력을 감소시킨다.

자아인식의 능력

최근에 와서 리더십은 리더의 단순한 조직관리 능력을 넘어서서 리더의 자신에 관한 인식능력을 강조하는 경향이 있다. 자신을 알라는 말이 자기인식의 필요성을 대변해 주고 있다. 리더는 자기이해(self-understanding)에 대한 정확성을 높여야 한다.[14] 특히 리더로서의 목회자는 항상 자신에 대한 분명한 이해를 바탕으로 자기 정체성을 확립해야 한다.

베니스(W. Bennis)는 자아인식과 더불어 리더의 자기창조(self-invention)야 말로 리더로서의 가장 기본적인 자질이라하였다. 즉 자신의 원초적인 에너지와 욕구를 발견하고, 이를 성취하기 위하여 행동으로 옮길 때만이 자기창조가 가능하다는 것이다. '자신을 아는 것(self-knowledge)'과 '자기를 창조하는 것(self-invention)'은 전 생애를 통하여 끊임없이 계속되는 과정이다. 자신을 알고자 노력하는 사람은 깊이를 더해 갈 수 있고, 자신의 경험을 반추하고 자신을 검증하려고 한다. 리더가 되기 위해서는 먼저 자신일 필요가 있으며(become yourself), 운명의 결정가가 되어야 한다. 베니스는 성공한 리더

에게서 얻을 수 있는 자아인식 능력을 다음의 네 가지로 제시하고 있다.[15)]

첫째, 자신이 바로 자신의 훌륭한 교사다. 사람은 자신의 경험을 통해서 배운다는 말이다. 학습은 자신의 변화과정이다. 진정한 학습은 지식을 소유하는 것이 아니라 그것으로 새로운 사람으로 탄생하기 위한 것이다. 학습의 형태에는 다음과 같은 것이 있다. ① 모방: 자신이 알고 있는 어떤 사람이나 역사적인 또는 공적인 인물을 모방하는 방법이다. ② 역할 맡기: 자신이 무엇이 되어야만 하는가에 대한 가정을 설정하고 그 역할을 담당(role taking)하는 방법이다. ③ 실용적 성취: 문제가 발생하면 기회로 간주하고, 경험적인 학습을 통하여 성취하는 방법이다. ④ 확인: 어떤 개념을 시험하기 위해 적용하고 그 결과로부터 학습하는 검증의 방법이다. ⑤ 선행적 발견: 개념을 개발하여 그것을 적용해 보고 행동하기 전에 학습하는 예견(anticipation)의 방법이 있다. ⑥ 인격적 성장: 특정한 기술보다는 자기 이해와 가치 및 태도의 변형에 더 관심을 기울이는 개인적 성장(personal growth)의 방법이다. ⑦ 진리를 탐구하기 위해 사물을 관찰하고 이에 근거하여 개념화한 다음, 새로운 자료를 수집하고 실험을 수행하는 과학적 학습(scientific learning)의 방법이 있다.

둘째, 책임을 수용하고 다른 사람에게 전가하지 않는다. 자신을 알기 위한 다음 단계는 자신의 교육에 책임을 지고 결과에 대하여 어느 누구에게도 책임을 전가하지 말라는 것이다. 리더는 모든 것을 새롭게 보는 눈을 가지며, 다른 사람이 피하는 경험에서 학습할 수 있는 인내력을 지녀야 한다. 이것은 모든 경험으로부터 자신이 필요한 것을 걸러내는 것을 말한다.

셋째, 진정한 깨달음은 자기 경험에 대한 성찰에서 온다. 무엇이든지 그것을 이해하기 전까지는 완전한 자기 것이라고 할 수 없다. 경험에 대한 성찰이 중요한 이유는 성찰이 이해를 가져올 수 있기 때문이다.

리더는 사람들과의 관계에서 자신을 학습하고 이해한다. 즉 리더는 자기 창조의 과정을 통해서 자아와 타자를 통합할 수 있다. 다른 사람들로부터 리더를 구별하게 만드는 것은 리더는 그 모든 것을 받아들여 자신을 만든다는 것이다. 습관에서부터 우리를 해방시키고 그 패러독스를 풀고 또 그 갈등을 초월하고 자기 삶의 노예가 되기보다는 주인이 되기 위해서는 우선 모든 것을 경험하고 기억하고, 잊어버려야 한다. 그러므로 모든 진정한 배움은 잊어버림과 함께하는 것이다.

베니스는 개인과 사회의 관계를 흥미 있는 공식으로 나타내고 있다.[16] 즉 일반적으로는 "가정+학교+친구=자기"로 나타낼 수 있으나 진정한 자기를 알기 위해서는 이를 "가정+학교+친구/자기=진정한 자기"로 바꾸어 놓을 수 있다는 것이다. 이런 과정을 통해 자아인식=자아지식=자아소유=자아통제=자아표현으로 되며, 이러한 방법으로 타인의 기준과 경험에 의해 규정되기보다는 자아가 아니라, 자신이 직접 자신의 설계자(designer)가 될 수 있다는 것이다.[17]

커뮤니케이션 능력

커뮤니케이션에 대한 여러 연구는 최고경영자 및 일반 관리자들은 근무시간 중 80~85%를 다른 사람과의 커뮤니케이션으로 보낸다는 것을 밝혀내었다.[18]

커뮤니케이션이란 두 사람 이상의 사람들 사이에 언어, 비언어적 수단을 통하여 자기들이 가지고 있는 의사, 감정, 정보의 교환과 상호작용하는 과정[19]이라고 정의할 수 있다.

커뮤니케이션은 리더에게 필수적인 요건이다. 베니스는 자유로운 자기표현(free self-expression)이 리더십의 요체라고 한다. 그는 리더십을 연구하면서 2가지 기본적인 전제를 확인했다.[20] 첫째, 리더는 태어나는 것이 아니라 만들어지는 것이며, 자기 자신에 의하여 만들어진다는 점이다. 둘째, 리더는 원래부터 리더로 시작하는 것이 아니라, 오히려 자신을 자유롭고 충분하게 표현하면서 시작한다는 점이다. 즉 리더는 자신을 증명하는 데는 관심이 없으나 자기 자신을 표현하는 데는 깊은 관심을 가지고 있으며, 또 다른 점은 리더들 모두가 계속 성장하고 발전했다는 점이다. 또한 이 연구에서 효율적인 리더가 되기 위하여 밝혀낸 전략 중 중요한 것이 커뮤니케이션 능력이었다. 즉 인생에 대한 열정을 갖고 자신을 완전하고 자유롭게 표현할 수 있는 능력이었다.

리더로서 목회자는 하늘나라의 비전을 회중에게 선포하는 중요한 사명을 가지고 있다. 이 사명이 목회적 커뮤니케이션이다.

성공적인 리더십을 발휘하기 위해서는 이해하기 쉽고 호소력 있는 비전의 개발만으로는 충분치 않다. 조직의 문화에 뿌리 내려야 하고 의사소통을 통하여 그 의미가 전달되어야 한다. 비전은 포고, 명령, 강요가 아니라, 설득과 영감에 의해 전달되어야 한다. 효율적인 리더는 매혹적인 수사학, 은유, 슬로건, 상징 등과 의식을 통하여 의사소통이 되도록 한다.[21]

베니스가 말하는 완전한 자기표현은 곧 커뮤니케이션이다. 커뮤니케이션 기술을 가진 사람은 리더로서 잠재적인 영향력을 행사할 수 있을 뿐만 아니라 부하로서의 영향을 행사하는 데도 필요하다. 커뮤니케이션의 기술은 일반적으로 다른 사람과의 건설적인 관계를 확립하고 유지하도록 도와준다. 이는 또한 효과성을 전제로 한다. 즉 상대방에게 의사를 정확하게 전달할 수 있는가의 문제다. 커뮤니케이션의 효과성은 결국 어떤 사람이 다른 사람에게 무엇인가를 말해 주고, 그것이 이해되었는가를 확인하는 정도를 말한다.

많은 연구에서 훌륭한 리더는 감정과 생각을 전달하고 다른 사람으로부터 새로운 생각을 적극적으로 끌어내며, 논점을 효과적으로 규정하며 다른 사람을 설득하는 기술을 가진 것으로 나타나고 있다. 즉 커뮤니케이션 기술이 리더의 성공과 밀접한 상관관계를 가지고 있다는 것이다. 물론 부하들 역시 예외가 아니다. 실증적 연구에 의하면 리더의 커뮤니케이션의 질(quality)이 추종자의 만족은 물론 생산성 및 서비스의 질과도 긍정적으로 관련되어 있다고 한다. 또한 효과적인 커뮤니케이션 기술은 중요한 조직의 결정에 유관한 정보에 보다 쉽게 접근할 수 있기 때문에 리더에게 중요한 기술이 된다.

1. 대화의 질과 양

커뮤니케이션의 대부분은 대화에 의존한다. 적극적으로 대화에 참여하는 사람들은 다른 사람들의 눈에 띄게 마련이다. 특히 소위 리더가 없는 집단에서 비공식적 집단의 리더는 적극적으로 대화에 의존한다. 이것은 조직 활동에 가장 적극적으로 참여하는 사람이 리더가 될 가능성이 높다는 것이다. 이것은 흔히 말을 많이 하는 수다쟁이가 리더가 되는 것을 의미한다. 더 나아가 리더가 되기 위해서는 극단적으로 무엇에 관해 말하는지가 아니라 얼마나 많이 말하는가에 달려 있다는 것이다.

그러나 일반적으로 리더가 없는 토론이나 회의에서 사람들은 집단의 관심을 끌기 위하여 상호간에 경쟁한다. 따라서 소위 수다쟁이는 다른 구성원들에 의해 저지당하고, 집단의 업무와 관련된 경우에 발언을 할 수 있다. 대화의 질이 양에 영향을 미치며, 각 구성원의 대화의 양은 집단의 다른 구성원에 의해 규제된다. 또한 대화는 업무와의 관련성 여부에 의해 영향을 받는다. 업무와 관련된 발언이 그렇지 않은 경우보다 결정에 더 큰 영향을 미친다는 것이다.

2. 커뮤니케이션 효과를 높이는 방법

일반 리더들은 대다수의 시간을 커뮤니케이션으로 보낸다. 그러나 불행한 것은 이 커뮤니케이션에 관련하여 생기는 문제가 너무도 많다는 것이다. 미국, 일본, 영국에서 조사된 연구에 의하면 응답자의 74%가 조직성과의 장애요인으로 커뮤니케이션을 꼽고 있다. 이러한 커뮤니케이션에 관련된 문제는 두 가지다. 첫째는 커뮤니케이션의 부재이며 둘째는 커뮤니케이션의 왜곡이다.[22]

리더는 커뮤니케이션 기술을 향상시키기 위하여 여러 가지 방법을 생각해 볼 수 있다. 예컨대 말하기 전에 미리 커뮤니케이션의 목적을 결정하거나, 커뮤니케이션에 적절한 상황과 매체를 선택하거나, 명료한 신호(signals)를 보내거나, 메시지의 이해 여부를 적극적으로 확인하는 등의 방법이 있다. 이러한 방법을 구체적으로 보면 다음과 같다.[23]

① 분명한 목적: 커뮤니케이션의 의도를 분명히 하면 보다 효과적으로 의사를 전달할 수 있다. 리더가 자신의 목적을 잘 알고 있으면 공적으로 전달할 것인지, 사적으로 전달할 것인지, 또는 구두로 할 것인지 서면으로 할 것

인지 등을 결정할 수 있다. 이러한 결정을 사소한 것으로 여길지 모르나, 때로는 메시지의 구체적인 내용이 향상될 수도 있기 때문에 중요하게 취급해야 할 것이다.

② 적절한 상황과 매체의 선택: 물리적 및 사회적 상황을 적절하게 선정함으로써 커뮤니케이션의 효과성을 제고할 수 있다. 예컨대 리더는 추종자들을 공개석상에서 칭찬하고 사석에서 꾸짖으라는 말이 상황선택의 중요성을 일깨워 주는 속담이다. 또한 커뮤니케이션이 리더의 사무실에서 이루어지느냐, 아니면 부하의 업무장소에서 이루어지느냐에 따라서도 차이가 있을 것이다. 사무실 가구의 공간적 배치도 효과적인 커뮤니케이션을 촉진할 수도 있고 방해할 수도 있을 것이다. 리더와 부하가 대면하는 각도 역시 커뮤니케이션의 효과성에 영향을 미칠 수 있다.

리더는 또한 기존의 관행, 정책, 절차 등의 광범위한 조직전체의 상황을 고려하여야 한다. 여기에서 리더는 조직전체의 공식적 커뮤니케이션과 상반되지 않도록 주의를 기울여야 한다. 이러한 조직적 요인이 특정한 커뮤니케이션의 효과성을 도와줄 수도 있다. 일반적으로 구두에 의한 커뮤니케이션이나 사적인 측면이 주요할 때 가장 이상적인 방법이다.

③ 명료한 신호의 전달: 리더는 여러 가지 방법에 의해 커뮤니케이션을 명료하게 할 수 있다. 다른 사람들의 전문성, 가치, 경험 및 기대의 수준을 고려하고, 이러한 요인들이 그들의 준거기준(frame of reference)에 미치는 영향에 관하여 고려해 보면 도움이 될 수 있다. 예컨대 리더가 조직의 새로운 정책을 부하들에게 간단히 말하면, 부하들은 상이한 가치와 기대에 기초하여 새로운 정책을 다르게 해석할 수 있다. 이 경우에 리더가 부하들의 준거기준을 고려하여 메시지를 수정하게 되면 커뮤니케이션의 중단을 극소화할 수 있을 것이다. 메시지를 명료하게 만드는 또 한 가지 방법은 메시지를 전달하기 전에 미리 부하들에게 공통적인 준거기준을 창출하는 것이다. 많은 경우에 리더가 새로운 자료를 제시하기 전에 공통적인 준거기준을 제공하면 모호한 자료를 보다 쉽게 이해할 수 있게 된다.

명료한 신호를 전달하는 또 다른 방법은 익숙한 용어와 개념을 사용하는 것이다. 수령자가 일정한 용어에 익숙하면 메시지를 명료하게 해 줄 뿐만 아니라 오류를 줄일 수도 있다. 그러나 경우에 따라서 상투적인 문구를 사용한 메시지는 오히려 그런 용어에 익숙하지 못한 사람들에게는 혼란을 초래할 수 있다.

또 한 가지 방법은 리더가 애매하지 않은 구체적인 용어를 사용하는 동시에 구두적인 신호와 비구두적인 신호가 일치되는 신호를 사용하는 것이다. 이는 메시지가 구체적일수록 수령자는 메시지가 의미하는 바에 대하여 덜 혼란을 겪게 된다는 점을 나타내 준다. 따라서 리더가 언제나 자기의 감정을 부하들과 나누는 것은 현명한 방법이 아니며, 구태여 그렇게 할 필요가 있을 경우에는 가능하면 말과 행동이 일치되도록 해야만 부하들의 혼란을 방지할 것이다.

④ 메시지의 이해여부 확인: 리더는 부하를 포함한 다른 사람들이 메시지를 이해하고 있는가를 쌍방적인 커뮤니케이션이나 감정적 반응에 주의를 기울임으로써 확인할 수 있다. 효과적인 리더는 쌍방적인 커뮤니케이션에 적극적으로 관여하는 경향이 있다. 리더는 환류를 활용하거나 개방적인 방침을 지킴으로써 메시지의 이해를 확인할 수 있다.[24] 그러나 실제로 리더는 일반적으로 부하들이 지각하는 수준과는 달리 쌍방적인 커뮤니케이션에 더 의존하고 있는 것으로 생각하는 경향이 있다. 리더는 부하들이 보내는 비구두적인 신호에 주의를 기울이게 되면 메시지의 명료성에 관한 단서를 얻을 수 있다. 즉 부하들의 구두 및 비(非)구두에 의한 메시지가 일치하지 않으면 메시지의 내용이 분명하지 않다는 것을 알 수 있다. 요컨대 커뮤니케이션에 있어서 가장 중요한 것은 메시지의 의미를 정확히 전달하는 것이다. 따라서 메시지가 담고 있는 감정과 생각이 확실하게 기억될 수 있도록 효과적으로 전달될 수 있어야 한다.[25] 뿐만 아니라 효과적인 커뮤니케이션은 메시지의 일관성, 적시성, 리더의 커뮤니케이션 스타일, 서면과 구두 언어의 사용 등에 절대적으로 영향을 받는다.

미국경영자협회의 의사소통의 십계명

미국경영자협회(American Management Association)가 제시한 '의사소통의 십계명'(ten commandments of good communication)은 다음과 같다.

· 의사를 송신하기 전에 생각을 분명히 정리한다.
· 무엇을 정말 원하고 있는지 의사소통의 참 목적을 먼저 검토한다.
· 무엇을, 누구에게, 그리고 언제 할 것인가에 관한, 말하자면 영향에 관한 물리적이고 인간적인 제반 환경을 깊이 고려한다.
· 의사소통을 계획할 때 필요하면 다른 사람의 충고를 받아들인다.
· 메시지의 내용 못지않게 어떻게 송신되는가에 영향을 받으므로 이 점에 유념한다.
· 조직에서와 마찬가지로 가능하면 수신자의 관심과 욕구에도 유용한 정보를 전달한다.
· 수신자가 메시지의 내용을 제대로 이해했는지 확인하고 대응책을 세우기 위해 추적한다(피드백 작용).
· 대개의 의사소통은 현재 상황의 욕구에 충족되도록 이루어지는데, 현재와 마찬가지로 미래에 연결되도록 한다.
· 행동과 언어가 일치되도록 한다.
· 메시지의 내용을 보다 잘 이해하도록 잘 경청한다.

3. 경청의 기술

다른 사람의 의견을 청취하는 것은 자신을 표현하는 것만큼 중요하다. 리더는 대부분의 정보를 주위 사람들의 이야기와 의견을 청취함으로써 얻는다. 다른 사람들의 의견과 주장을 듣는 것(listening)이 기술인가에 관한 의문이 있으나, 청취에는 개인의 적극적인 주의와 자세가 필요하다. 리더에게는 부하들이나 상대방의 의사에 주의를 기울이고 적극적으로 이해하려는 노력이 필요하다. 청취에 적극적인 주의를 기울이는 사람들을 적극적 청취자(active listener)라고 한다. 적극적인 청취기술은 특히 다른 사람들이 말한 내용을 다시 진술하거나 해석함으로써 상대방에게 자신의 메시지가 제대로 전달되었는가를 확인시켜 줄 수 있다. 적극적 청취자는 상대방의 의견에 주의를 기울이기보다는 자신이 다음에 할 말을 생각하고 상대방의 의견표시에 지루한 감정을 나타낸다.

리더는 적극적으로 청취함으로써 다음과 같은 이점을 얻을 수 있다.[26]

① 과열된 논의를 진정시켜 숨어 있는 문제를 발견할 수 있다.

② 부하들의 사적인 관심을 결정하고 전달할 수 있다.

③ 보다 감정이입적(empathic)이고 서로를 수용하는 환경을 조성함으로써 부하들을 보다 효과적으로 교육시킬 수 있다.

청취기술을 가진 리더는 다른 사람들과의 공식적 및 비공식적 커뮤니케이션을 통하여 신뢰를 형성할 수 있다. 이것은 리더의 청취기술이 다른 사람들의 아이디어와 경험을 정보의 원천으로 활용할 수 있게 만드는 동시에 비전을 수집하고, 부하들의 동기를 자극하며, 적절한 전략을 개발하는 데 필요한 정보를 수집하는 주된 수단이 되기 때문이다.[27] 또한 리더의 청취기술은 리더에 대한 부하들의 지각을 환류시킬 수 있는 메커니즘을 작용하게 한다. 즉 부하들이 리더 자신에 대하여 어떻게 생각하는가를 알 수 있다는 말이다.

청취기술은 리더가 다른 사람들과 공식적 또는 비공식적 커뮤니케이션을 통하여 신뢰를 확립하는 데 도움을 준다. 리더는 물론 부하들 역시 여러 가지 방법에 의해 청취기술을 향상시킬 수 있다. 이러한 방법에는 다음과 같은 것들이 있다.

① 청취하고 있다는 것을 비언어적으로 표현한다: 일반적으로 비언어적 형태는 자신의 주의를 화자에게 집중하는 것을 보여 줄 수 있다. 이것은 청취가 결코 일방적인 과정이 아니기 때문이다. 청취자는 자신이 해 오던 모든 신체적인 움직임을 중지하고 말하는 사람에세 주의를 기울인다는 사실을 보여 주어야 한다. 예컨대 말하는 사람의 눈을 주시하는 적극적인 청취 자세를 가져야 한다.

② 화자의 메시지를 적극적으로 해석한다: 적극적 청취의 본질은 화자가 전달하는 메시지의 의미를 이해하려고 노력하는 데 있다. 즉 다른 사람이 하는 말의 숨은 뜻을 찾아낼 수 있어야 한다. 이것은 무엇보다도 화자의 생각

에 자신의 마음의 문을 열어두는 것을 의미한다. 따라서 결코 상대방이 말하는 중간에 끼어들거나 자신이 할 이야기를 계획해서는 안 된다. 훌륭한 청취자는 상대방의 메시지를 마칠 때까지 판단을 보류한다. 특히 상대방이 메시지를 전달하는 중간에 개입해서는 안 되는 이유는 자칫하면 꼭 필요한 정보를 듣지 못할 수도 있기 때문이다. 또한 화자와 다른 견해를 피력할 때에는 화자의 말이 끝나고 조금 쉬었다가 한다.

③ 상대방의 비언어적 형태에 주의를 기울인다: 사람들은 상대방이 말하는 것을 이해하기 위하여 가능한 모든 수단을 이용해야 한다. 여기에는 상대방의 메시지를 자신의 말로 바꾸어 본다거나 상대방의 비언어적 행동에 주의를 기울이는 등의 방법이 있다. 메시지의 사회적 의미는 비언어적으로 전달되며, 언어적 신호와 비언어적 신호가 충돌할 때 사람들은 비언어적 신호를 더 신뢰하는 경향이 있다. 따라서 사람들은 비언어적 신호에 주의를 기울여야 한다. 이것은 단순한 말 그 자체를 듣는 것이 아니라 상대방의 큰소리, 목소리, 말하는 속도, 표정, 자세, 제스처 등에 나타난 감정을 읽는 것을 의미한다. 이러한 형태는 메시지의 내용에서 얻을 수 없는 풍부한 정보를 담고 있다.

④ 방어적 자세를 변화시킨다: 일반적으로 사람들이 위협을 받을 때 방어적인 행태(defensive behavior)를 나타낸다. 이러한 방어성은 정보를 건설적으로 이용하는 사람들의 능력을 약화시킨다. 리더의 방어적인 행동은 부하들이 불쾌한 정보를 나타내지 못하도록 만들어 버린다. 특히 리더의 방어성은 전체 집단 또는 조직의 환류에 결정적인 영향을 미친다. 따라서 리더의 이러한 방어적 행동은 긍정적인 조직풍토를 형성하는 데 역효과를 나타내는 것이 일반적이다. 리더는 감정이입을 통하여 방어성을 줄일 수 있다. 예컨대 리더가 결정한 정책이 부하들에 의해 지각되는 것을 상상해 보면 방어적인 형태를 쉽게 변화시킬 수 있다.

듣기의 'SOLER'

심리학자 아놀드(V.Arnold)는 의사소통에서 경청을 강조한다. 그는 듣기에 있어서 'SOLER' 라는 방식의 몸의 사용법을 제시하였다.

S : 상대방을 똑바로(SQUARELY) 바라볼 것
O : 다리를 꼬거나 팔짱을 끼지 말고 개방적인 자세를 취할 것(open)
L : 상대방 쪽으로 몸을 기울일 것(lean)
E : 가끔씩 눈을 마주칠 것. 상대방을 쏘아보는 것이 아니라 사랑과 관심의 눈으로 보는 것을 말한다.
R : 편안한 자세를 취할 것

4. 피드백 기술(skills of feedback)

효율적인 커뮤니케이션에는 청취기술은 물론 피드백 기술이 반드시 필요하다. 효과적인 피드백은 피드백의 목적, 상황, 매체 등에 의존한다. 또한 적절한 비언어적 신호를 사용하고 피드백을 받는 사람의 감정적 신호를 탐지해야 한다. 일반적으로 피드백은 지식, 형태, 평가적인 요소를 가지고 있다.

피드백의 지식적인 요소는 어떠한 피드백이 언제 어디서 이루어져야 하는가에 관한 지식을 말한다. 예컨대 긍정적인 피드백이 이루어져야 하는 시간, 장소, 방법 등은 부정적인 피드백이 주어지는 시간, 장소, 방법 등과 다를 것이다. 피드백의 형태적인 요소는 환류가 실제로 전달되는 방법에 관심을 두기 때문에 어떻게 전달되어야 하는가를 아는 것과 다르다. 효과적인 피드백은 구체적이고, 기술적이며, 직접적인 동시에 도움을 줄 수 있는 것이라야 한다. 끝으로 피드백의 평가는 수화자(recipients)가 받은 피드백에 따라 형대의 수정여부를 검토하는 것을 말한다. 피드백의 평가가 반드시 필요한 것은 내용이 정확하고 기술적으로 전달되었다고 하더라도 듣는 사람이 수용하지 않고 행동에 옮기지 않으면 소용없기 때문이다.

리더는 일반적으로 피드백 기술의 중요성을 인정하고 있지만, 실제로는 피드백의 정도에 대한 리더와 추종자들의 생각은 상당한 차이를 드러내고 있다. 추종자들이 보기에는 리더의 피드백이 충분하지 못한 것으로 지각하는 것이다.[28] 리더가 피드백에 대하여 무관심한 것은 여러 가지 이유가 있다. 예컨대 시간적 압력, 효용성에 대한 회의, 또는 피드백 기술 자체의 부족 등이다.[29] 경우에 따라서 부하들이 피드백을 정치적으로 조작적이고 불성실한 것으로 간주하기 때문에 리더가 긍정적 피드백을 하지 않는 때도 있다.[30] 또한 만족할 만한 성과를 당연히 기대하거나 리더가 부하와의 관계를 해칠지도 모른다는 두려움에서 특히 부정적 피드백을 포기하는 경우도 있다.[31] 어떠한 이유에서든 리더는 부하들의 지속적인 성과를 유지하기 위해 긍정적 피드백을 제공하고, 성과 향상에 필요한 형태의 개선에 관한 방법을 알려주는 부정적 피드백을 해야 한다.

리더의 피드백기술을 향상시키는 데는 다음과 같은 점을 유의해야 할 것이다.[32]

① 피드백이 도움이 되도록 한다: 피드백의 목적은 다른 사람들에게 형태 변화에 활용할 수 있는 정보를 제공하는 것이다. 따라서 피드백의 목적과 의도를 분명히 할 필요가 있다. 피드백을 제공할 때는 감정에 치우치지 않고 분명하게 해서 도움을 줄 수 있어야 한다. 또한 피드백은 특정한 개인에게 제공되어야만 효과를 거둘 수 있다. 만약 막연히 모든 사람들을 대상으로 한다면 환류를 받아야 하는 사람이 이를 인지하지 못할 수 있기 때문이다.

② 구체적이어야 한다: 긍정적이든 부정적이든 피드백은 특정한 형태에 한정시켜야 한다. 구체적이지 못하면 피드백을 제공받는 사람이 어떠한 형태의 변화가 필요한가를 알기 어렵다. 따라서 리더는 어떠한 형태가 변화되어야 하는가를 분명히 지적하여, 부하가 어떻게 해야 하는가를 알게 해 주어야 한다.

③ 기술적이어야 한다: 피드백을 제공할 때는 가능한 한 사실에 기초해야 한다. 사실적 묘사는 사람들의 감정, 태도, 성격, 동기, 기질 등에 관한 유추와는 구별되어야 한다. 뿐만 아니라 형태에 관한 묘사 또는 기술은 평가와 구별되어야 한다. 일반적으로 추측에 의한 피드백은 형태의 선악에 대한 평가를 수반하기 쉽다. 평가적인 피드백이 필요한 경우에는 성과에 대한 분명

한 기준이 먼저 확립되어야 한다.

④ 적시성이 있어야 한다: 피드백은 어떤 형태가 나타난 직후에 주어지는 것이 가장 효과적이다. 일반적으로 최근의 사건 또는 형태에 관한 상세한 상황과 내용은 발생 직후에 피드백에 필요한 정보를 용이하게 수집할 수 있기 때문이다. 형태가 발생한 직후에 피드백이 이루어지면 보다 기술적이고 도움을 줄 수 있다.

⑤ 신축적이어야 한다: 피드백에 적시성이 요구되긴 하나, 경우에 따라 지연시킬 필요가 있다. 이것은 피드백에 개입하는 모든 사람이 환류의 주된 목적을 이해하는 것이 보다 도움이 되기 때문이다. 예컨대 부하들이 대단히 감정적인 상태에 놓여 있을 때에도 효과를 거두기 어렵다. 또한 피드백을 제공받는 사람이 취급가능한 정도로 신축적이어야 한다. 다시 말해서 일시에 모든 사항을 포괄할 경우에는 부하의 정보과다를 초래하기 때문이다.

⑥ 긍정적 피드백과 부정적 피드백을 동시에 제공한다: 일반적으로 한 가지 피드백보다는 긍정적 피드백과 부정적 피드백을 동시에 제공하는 것이 보다 효과적이다. 그러나 여기에서 한 가지 주의할 점은 긍정적 피드백은 잘하고 있는 개인 또는 집단에게 주어져야 하고, 부정적 피드백은 현재 잘 못하고 있는 개인 또는 집단에게 주어져야 한다는 것이다.

⑦ 비난하거나 당황스럽게 만들지 않는다: 피드백의 목적은 부하들에게 유용한 정보를 제공하여 형태변화를 가져오는 데 있기 때문에 그들을 비난하거나 당황스럽게 만들지 말아야 한다. 부하들은 일반적으로 유능하고 신뢰하는 리더가 제공하는 환류를 믿는 경향이 있기 때문이다.[33]

회의진행 능력

한 연구에 의하면 일반 관리자들은 하루 시간의 약 69%는 회의로, 6%는 전화로, 3%는 이동과 여행으로, 22%는 업무로 보낸다고 한다. 그렇다면 하루의 대부분의 시간을 회의와 커뮤니케이션으로 보낸다고 할 수 있다.

조직생활에서 회의나 모임은 하나의 현실이다. 회의를 염두에 두지 않고는 리더의 활동을 상상하기 어렵다. 더욱이 고도로 난해한 업무의 수행과 수평적 상호의존성을 지닌 집단, 위원회, 팀 등에는 반드시 회의가 따른다. 잘 계획되고 진행되는 회의는 다양한 목표를 달성하는 유용한 메커니즘일 뿐만 아니라 조직 내의 정보를 교환하고 개방적인 커뮤니케이션을 유지하는 중요한 방법이다.[34]

목회자도 수많은 공식 비공식 회의를 통하여 의사결정을 하게 된다. 그러므로 목회자는 회의진행의 기술과 능력을 배양하는 일이 매우 필요하다.

1. 회의의 진행

회의가 많은 이점을 가지고 있으면서도 시간과 비용을 수반하는 것이 사실이다. 더욱이 불필요하고 비능률적인 회의는 참여자들에게 스트레스와 불만의 원천을 제공한다. 리더가 회의를 진행하는 데 다음과 같은 몇 가지 점을 유의할 필요가 있다.[35]

① 회의의 필요성: 회의에서 가장 중요한 점 가운데 하나는 무엇보다도 먼저 회의의 필요성 여부를 결정하는 데 일정한 시간을 투자하는 것이다. 회의의 필요성을 판단하기 위해서는 회의에서 얻을 수 있는 결과를 평가하는 것이다. 만약 정기적인 회의를 개최할 경우에 리더는 각 회의에서 수행할 중요한 업무를 가지고 있어야 한다. 그렇지 않으면 정기적인 회의의 횟수를 줄이는 것이 바람직하다.

② 회의목표와 달성방법: 회의의 필요성을 인정하고 난 후에는 회의의 목표를 설정하고 달성할 수 있는 계획을 수립한다. 여기에서는 회의에서 달성하기를 원하는 목표의 우선순위를 결정한다. 또한 각 주제에 관하여 들일 시간을 배정한다. 뿐만 아니라 사전에 회의에서 취급할 주제 또는 문제를 참여자들에게 주지시킨다.

③ 회의 자료의 사전제공: 의제를 사전에 주지시키는 외에도 회의에 필요한 각종의 자료를 참여자들에게 제공하면 회의의 효과성을 높일 수 있다. 만약 사전자료를 제공하지 않으면 회의 중에 필요한 자료를 읽는 데 시간을 소

비하고 말 것이다. 반대로 사전자료의 제공은 회의의 시간을 단축시키고 의제를 깊이 있게 다룰 수 있다. 만약 충분한 사전자료를 제공하지 못하는 경우에 리더는 최소한의 요지를 참여자들에게 제공하여 주의를 집중시켜야 한다.

④ 편리한 시간과 장소의 선정: 회의의 효과를 높이고 모든 참여자들이 참석할 수 있게 하기 위해서는 가능한 한 모든 참여자들에게 편리한 시간과 장소를 탐색한다. 뿐만 아니라 회의의 능률적 진행에 필요한 여러 가지 사전준비를 철저히 할 필요가 있다. 예컨대 시청각 자재와 프로젝트 등은 물론 휴식시간에 필요한 음료수, 그리고 회의장에 이르는 안내까지도 준비해야 한다. 또한 회의에 늦는 사람을 기다릴 것이 아니라 정해진 시간에 시작하는 것이 바람직하다. 그렇지 않으면 회의의 중요성을 저버릴 뿐만 아니라 회의의 시간을 지연시키는 결과를 초래한다.

⑤ 의제의 집중: 회의가 시작되면 리더는 의제에 집중하는 것이 중요하다. 자칫하면 참여자들이 사소한 문제에 관심을 두거나, 듣기 좋은 이야기에 몰입할 수 있기 때문이다. 따라서 회의시간을 사전에 한정하여 의제에서 벗어나지 않도록 주의해야 한다. 물론 리더는 회의의 분위기를 협조적이고 편안하게 할 필요가 있으나, 회의가 산만하거나 자유방임적으로 흐르지 않도록 주의를 기울여야 한다.

⑥ 참여의 진작: 회의에서 리더는 참여를 진작시킬 책임을 갖고 있다. 회의에 참여한 모든 사람은 발언할 기회를 가져야 할 뿐만 아니라 회의결과에 대한 어느 정도의 주인의식을 느껴야 한다. 때로는 리더는 발언을 하지 않는 사람들에게 발언할 기회를 줄 필요가 있다. 이것은 이들이 경우에 따라서 집단에 커다란 공헌을 할 수도 있기 때문이다. 반대로 발언을 자주 하는 참여자에게는 발언권을 제한할 필요가 있다. 이러한 과정에서 리더는 중간마다 토의내용을 요약함으로써 참여자들의 이해를 촉진하고 참여를 조장할 수 있다.

⑦ 회의기록의 유지: 회의에서 논의한 토론의 요지, 결정 또는 행동 등이 분명하게 여겨질지라도 반드시 기록해 두어야 한다. 기록을 유지하면 다른

사람들이 참여자들의 생각을 재구성하는 데 도움이 될 수 있다. 회의기록은 일정한 결정과 행동에 누가 책임을 지고 언제 실행하게 되는가를 알려 준다. 특히 회의기록은 다음의 회의에 관한 의제를 준비하는 데 매우 유용하다.

2. 회의의 과정

회의는 조직의 활동을 계획하거나 문제를 발견하고 해결책을 강구하기 위하여 소집된다. 리더는 문제해결과 의사결정에 있어서 집단효과성을 높이기 위하여 회의를 이용하고, 이는 일정한 절차를 거친다. 즉 회의를 준비하고, 문제를 제시하며, 문제의 원인을 진단하고, 대안을 마련하며, 최종대안을 선택하는 과정을 거친다.

1) 회의의 준비

리더가 회의를 준비할 때 미리 의제를 계획하고 사전에 공지해야 한다. 회의에서 다룰 항목과 할애할 시간을 계획한다. 만약 해결하거나 결정해야 할 중요한 문제가 있으면, 한 회의에서 다른 항목들을 포함시키기보다는 중요한 문제에 집중할 필요가 있다. 또한 참여자들의 사전 지식이 요구되면 필요한 정보와 자료를 사전에 전달해야 하나, 만약 기밀사항이거나 민감한 사항에 속하면 회의석상에서 직접 자료를 전달하는 것이 바람직하다.

2) 문제의 제시

일단 회의가 개최되면 가장 먼저 집단에게 문제를 제시한다. 여기에서 문제의 제시방법이 문제해결을 방해하거나 촉진할 수도 있다는 점을 유념한다. 문제를 모호하게 제시하면 오히려 혼란, 오해, 불안 등을 야기할 가능성이 있다. 또한 문제의 제시가 집단을 비난하는 색채를 띠면 참여자의 방어적인 행태를 자극할 수 있다. 반면에 리더가 선호하는 문제 제시라는 인상을 보이면 다른 대안의 고려를 제약하고, 구성원들의 반대를 유발할 염려가 있다. 따라서 리더가 문제를 제시할 때는 다음과 같은 점을 유의할 필요가 있다.[36]

① 상호적 용어를 사용한다: 이것은 문제를 행태적인 용어가 아니라 상황적 용어를 사용하는 것을 말한다. 상황적 용어를 사용하면 특정인을 비난한다는 느낌을 제거할 수 있다. 따라서 참여자들의 거부감을 해소시킬 수 있다.

② 문제의 원인을 암시하지 않는다: 문제에 관한 진술은 문제의 원인이나 가능한 해결책을 암시하지 말아야 한다. 문제 제시에 원인과 해결책을 암시하게 되면 집단으로 하여금 가능한 문제 진단을 방해하기 때문이다.

③ 상호이익을 통합한다: 문제에 관한 진술은 집단 구성원들의 상호이익을 통합할 수 있어야 한다. 구성원들이 문제에 대하여 관심을 가지고 문제해결이 집단은 물론 조직에게 도움이 될 것으로 지각하면 문제해결은 훨씬 효과적으로 된다.

④ 주된 목표를 구체화한다: 문제에 관한 진술은 중요한 한 가지 목표만을 구체화시켜야 한다. 다른 목표들을 부차원적인 것으로 간주하고, 이러한 목표에 따르는 비용과 편익은 주된 목표를 달성함으로써 따라오는 긍정적 또는 부정적 부산물로 간주해야 한다. 이것은 문제의 진단을 촉진하고 대안평가를 단순화하기 위한 것이다.

⑤ 간단명료하게 제시한다: 문제 제시는 간단명료하게 대개 5분 안에 끝내야 한다. 문제 제시에 많은 시간을 할애하면 리더가 자신의 관점을 강요하기 위한 수단이라는 인상을 줄 수 있기 때문이다. 뿐만 아니라 혼란과 오해를 야기할 가능성이 있다.

⑥ 필수적인 정보를 공유한다: 문제를 제시할 때 중요한 사실과 정보를 간단하게 검토한다. 문제해결을 위해 집단이 알고 있어야 할 정보를 제시해야 한다. 이때 제공하는 정보의 양은 문제의 성격과 구성원들이 이미 갖고 있는 정보량에 달려 있다.

3) 문제의 진단

문제를 제시한 다음에는 문제에 대한 진단을 시도한다. 문제의 진단은 문제의 원인을 결정하는 것이다. 문제에는 일반적으로 통제일탈(control-deviation)의 문제와 목표달성(goal-attainment)의 문제가 있다.[37] 이러한 문제의 유형에 따라 회의의 목적이 달라진다. 예컨대 통제일탈의 문제로 인식할 경우에 목적은 이전의 만족한 상태로 회복시키는 것이 곧 문제해결이다. 이러한 문제의 원인은 일탈의 성격과 시간 등에 관한 자료를 논리적으로 분석하여 찾아낼 수 있다. 통제일탈의 문제를 해결하기 위하여 회의를 소집하는 것은 리더가 문제의 성격과 본질을 판단하는 데 필요한 모든 정보를 갖지 못하기 때문이다.

반면에 목적 달성의 문제에 있어서는 보다 상위의 새로운 목표를 설정하고, 이러한 목표를 달성하는 것이 문제가 된다. 이러한 문제는 주로 목표달성을 어렵게 하는 장애요인에 의해 야기된다. 이 경우에도 리더가 문제해결에 관련된 모든 정보를 갖고 있지 않기 때문에 집단의 지식에 의존하기 위하여 회의를 소집한다.

4) 대안의 탐색

창의적인 아이디어의 창출은 목표달성의 문제를 해결하는 데 있어서 결정적인 관건이다. 따라서 리더는 모든 구성원들이 다양한 방법으로 집단토론에 공헌할 수 있는 기회를 부여해야 한다. 특히 한 개인이 토론을 지배하거나 개인의 의견이 비우호적으로 평가받는다는 두려움을 제거해야 한다. 이러한 난관을 극복하기 위하여 리더는 아이디어의 제시와 평가를 구별할 필요가 있다. 리더는 창의적인 대안을 위하여 구성원들의 아이디어와 의견을 끌어내는 여러 가지 방법을 강구해야 한다.

5) 대안의 선택

집단회의에서 문제에 대한 해결책 또는 대안이 제시되면, 대안을 평가하고 선택해야 한다. 대안의 선택이 집단회의를 통해 이루어질 경우, 리더는 효과성을 저해하는 몇 가지 과정상의 문제에 유의해야 한다.

① 성급한 결정: 성급한 결정은 가능한 대안을 적절히 평가하지 않은 상태에서 내려지는 결정이다. 성급한 결정은 대개 두 가지 이유에서 비롯된다. 하나는 집단의 응집력이 강할 때 사람들은 반대의견을 제시하기 주저하거나,

다수가 대안의 단점에 대하여 비판하기 전에 결정을 해 버린다. 다른 하나는 시간의 압력으로 인해 성급한 결정을 내린다. 따라서 리더는 성급한 결정을 예방하고 대안평가의 정확성을 제고할 수 있는 방법을 강구해야 한다.

② 불완전한 참여: 불완전한 참여는 대안의 평가와 선택에 있어서 구성원들이 아이디어와 지식을 표현할 기회를 충분히 갖지 못하는 것을 말한다. 불완전한 참여는 흔히 허위적 합의 에 이를 수 있다. 예컨대 특정 구성원이 일정한 대안을 주장하면 나머지 구성원들은 침묵을 지키고, 따라서 동의하는 것으로 간주되어 버린다. 허위적 합의는 결정의 질을 저하시킬 뿐만 아니라 결정의 집행에 많은 저항을 수반한다. 따라서 리더는 모든 구성원들이 대안의 평가와 선택에 있어서 동등한 기회를 갖도록 계속적인 감시를 할 필요가 있다.

③ 양극화: 양극화 현상은 집단구성원들이 두 개의 상반되는 붕당을 형성하여 각자가 선호하는 대안에 강하게 몰입할 때 발생한다. 양극화가 발생하면 각 붕당은 상대방 대안의 장점을 무시하는 경향이 있다. 회의는 쌍방의 유사점을 찾기보다는 차이를 부각시키려는 방향으로 진행된다. 각 붕당이 상대방의 약점을 공격하다 보면 감정적 논쟁이 객관적 분석을 대치해 버린다. 양극화는 여러 가지 바람직하지 못할 결과를 가져온다. 예컨대 소강상태를 지속시켜 결정에 도달하기 어렵게 만든다. 또한 지배력인 붕당에게 대안선택을 강요할 수 있다. 따라서 리더는 양극화의 조짐을 사전에 파악하여 대립이 표면화되기 전에 당사자 간의 의견을 조정할 필요가 있다.

④ 표면적인 행동계획: 의사결정의 최종단계는 결정의 집행을 계획하는 것이다. 상세한 행동을 구체화하고, 진행을 감시하는 절차를 확립한다. 그러나 이러한 행동계획을 무시하면 우수한 결정의 경우에도 실패하고 만다. 행동계획은 두 가지 중요한 부분을 포함하여야 한다. 하나는 잠재적인 문제를 분석해 보는 것이고, 다른 하나는 상이한 과업에 책임을 부여하는 것이다. 전자는 선택된 대안이 잘못되는 경우를 예상하여 예방의 방법과 피해를 최소화하는 방법을 계획하는 것을 말한다. 후자는 과업에 대한 책임을 분명히 하여 대안의 집행에 대한 몰입을 가져오기 위한 것을 말한다.[38)]

학습능력

베니스(Bennis)는 리더가 다른 사람들과 구별되는 특성을 제시하면서 리더의 학습능력을 강조하고 있다. 즉 리더는 자신의 생애를 통하여 끊임없이 성장하고 발전하려고 한다. 학습능력은 자아의 개발 과정이다. 그가 연구한 성공한 90명의 리더들은 한결같이 일관성과 자아 지식, 몰입과 일치, 위협에 대한 실패와 위험을 감수하는 것을 강조했으며, 무엇보다도 학습을 강조했다. 학습은 곧 자신의 인생을 책임지고 통합적인 인간이 될 수 있는 지름길이다. 특히 리더가 필요로 하는 대부분의 자질은 가르칠 수 있는 것이 아니라 스스로 배워야 한다는 점이다.

리더는 완전한 학습자다. 학습은 리더의 필수적인 연료이며, 새로운 이해, 아이디어, 새로운 도전에 지속적으로 대응하기 위한 고도의 정제된 에너지다. 이 학습은 급변하고 복잡한 현대 상황에서 필수 불가결한 것이다.[39]

목회자는 사명을 다할 때까지 학습하는 사람이다. 목회자가 배움을 멈추면 리더십도 멈춘다. 리더가 자아의 개발을 하는 방법은 두 가지이다.

첫째, 긍정적인 자기 인정을 통한 개발이다. 효율적인 리더들은 모두 자아의 창조적 개발을 주장했다. 긍정적인 자아상을 가지고 과업을 추진해 나갈 때 환경의 문제나 연약함을 극복할 수 있게 된다.

둘째, 월렌더(Wallenda) 요소를 통한 자아 개발이다. 월렌더 요소란 성공하는 것을 생각하고 바라기보다는 실패를 염려하다가 실패하는 요소를 말한다. 월렌더는 위대한 공중 곡예사였다. 그는 줄을 타다가 떨어져 죽기 전에 밧줄을 걷는 것보다는 떨어지지 않으려는 것에 모든 관심과 에너지를 쏟았다. 예전에는 그렇게 생각하지 않았던 실패에 대한 두려움이 그를 결국 실패로 만든 것이다. 즉 실패를 두려워하지 않는 마음과 실패에서 배우려는 자세가 자아를 개발하는 것이다.[40]

학습은 공식교육을 넘어서서 일생동안 끊임없이 계속되는 과정이다. 공식교육의 끝은 내성 적인 동기를 가진 또 다른 교육의 출발을 의미한다. 공식교육에서는 학점, 학위, 취업을 위해 학습을 하지만 평생교육은 자신의 주

위에 일어나는 사건을 이해하고 자신에게 의미 있는 경험을 학습하는 과정이다.41)

1. 학습과 교육

학습의 유형에는 유지학습(maintenance learning), 충격학습(shock learning), 혁신학습(innovative learning) 등이 있다. 유지학습은 고정되고 이미 알려져 있는, 그리고 반복되는 상황을 취급하기 위한 관점, 방법, 규칙 등을 획득하는 것이다. 이것은 기존의 체제나 확립된 생활양식을 유지하기 위하여 동원되는 학습방법이다. 유지학습은 대부분의 조직이나 교육기관에서 채택하는 방법으로 현상을 유지하고 우리 모두를 훌륭한 병사로 만들어 나간다. 이러한 방법은 권위적이고, 계층적이며, 배타적이고 고립적인 데 기초한 독백이나 다름없다.

충격학습은 사건이 사람을 압도할 때 나타난다. 즉 전문적인 지식이나 기술에만 의존하여 찾아낸 해결방법에 지나치게 의존한 나머지 발생하는 충격에 의한 방법이다. 충격학습은 사람들을 기존의 체제에 순종하게 만들며, 사건을 통제할 수 없게 하고, 개인으로서 미래를 준비할 수 없게 만든다. 이는 또한 권위나 계층제적 조직이 사람들을 보호해 줄 수 있는 것으로 확인시켜 주고 있다.

이 두 유형의 학습은 전통적인 지혜에 주로 의존하기 때문에 복잡한 세계를 취급하기 위해서는 혁신학습이 필요하다. 혁신학습은 개인의 자율성을 행사하는 수단이며, 동시에 현재 상황에서 적극적으로 이해하고 일하는 수단이 된다. 이것은 호기심에서 시작하여 지식에 의해 가속화되어 이해에 이르는 대화형 학습이다. 혁신학습은 포용적이며 무한하다. 이것은 현상을 변화시킬 수 있는 기회를 부여한다. 혁신학습이 지향하는 중요한 원리는 소극적이고 습관적이기보다는 적극적이고 상상적인 예측에 의존하며, 다른 사람들로부터 학습하며, 사건에 의해 지배되기보다는 그들을 형성함으로써 참여하는 것이다.

따라서 혁신적 학습을 위해서는 자신을 신뢰하고, 자신의 일과 인생에 대하여 타인 지향적이기보다는 자기 지향적이어야 할 것이다. 현재의 상황을 정확히 인식할 뿐만 아니라 미래의 상황을 상상할 수 있어야 혁신적 학습이 가능하다. 혁신적 학습은 또한 비전을 실현할 수 있는 하나의 방법이기도 하다. 역할과 태도를 부과하는 과거의 구속으로부터 자신을 자유롭게 해 줄 수 있는 수단이 바로 자신의 내면세계에 존재한다는 사실을 알려 준다.

교육은 개념적 기술(conceptual skills)을 가르칠 수 있다. 개념적 기술은 사고하는 방법과 문제를 분석하는 방법을 일러 준다. 이는 또한 사물을 전체적으로 볼 수 있게 해 주며, 이들을 통합할 수 있는 능력을 길러 준다. 따라서 교육과 현실적 경험을 조화시키면 이상적인 학습을 성취할 수 있다. 리더는 천재일 필요는 없으나 이러한 개념적 기술이 반드시 필요하다. 개념적 기술을 가진 리더는 분석력, 올바른 판단, 전략적이고 다차원적인 사고능력을 가진다.

학습은 폭넓은 경험을 필요로 한다. 여러 가지 방법에 의해 경험을 얻을 수 있다. 이질적인 문화에 몰입해 보면 자신의 경험을 확대할 수 있다. 이질적인 문화는 자신의 전통적인 사고에 새로운 투입이 되기 때문이다. 이러한 경험이 부족하면 이질적인 문화와의 교류에서 많은 곤란을 겪게 될 것이다. 해외에 투자하는 한국의 기업들이 현지인들과 잦은 마찰을 빚는 이유는 근시안적인 안목에 매여 있을 뿐만 아니라, 그들 문화에 대한 경험과 이해가 결여되어 있기 때문이다.

인간의 학습은 역경과 오류로부터 이루어지기도 한다. 여행, 사람, 일, 놀이, 성찰이 지식과 이해의 원천이듯, 마찬가지로 오류나 역경도 이해의 근원이 될 수 있다. 경우에 따라서 오히려 잘못이 더 큰 성공과 깊은 이해로 연결될 수 있음을 목격할 수 있다. 오류가 허용되지 않는 조직에서는 두 가지 반생산적인 형태를 나타내는 것이 일반적이다. 하나는 최고관리자들이 오류를 범했을 경우에 그로부터 얻을 수 있는 피드백을 무시하거나, 선별적으로 재해석하여 마치 오류가 없는 것처럼 가장하게 된다. 다른 하나는 오류가 하위계층에서 나타났을 경우에 그것을 은폐하려는 경향이 있다. 이러한 때에 오류는 조직의 활동을 왜곡하고 조직의 효과적인 커뮤니케이션을 가로막고 조직의 목표달성을 저해하는 요소로 작용하게 된다. 그러나 리더는 오류를 필연적인 것으로 수용할 뿐만 아니라 그들을 성장과 발전의 동의어로 간주하기까지 한다.

모든 일로부터 교훈을 얻을 수 있다. 자신을 완전히 개방하면 대부분을 학습할 수 있다. 경험에 관하여 사고하고 분석하며, 검토하고 의문을 가지며, 성찰하고 이해하기 전에는 경험을 자기의 소유로 삼을 수 없다. 리더가 경험을 통하여 학습한다는 것은 다음과 같은 의미를 지닌다.[42]

① 과거에 일어난 경험을 활용하여 현재 발생하는 일들을 이해함으로써 자신이 인생의 노예가 아니라 주인이 되는 것을 의미한다.

② 자신을 개선하고 확장할 수 있는 경험을 의식적으로 추구한다.

③ 위험을 부담하고, 실패할 수 있다는 점을 인정한다.[43]

④ 미래를 자신이 하지 못한 일과 해야 될 일에 필요한 기회로 간주한다.

요컨대 학습은 점진적인 동시에 느리게 진행되며, 좌절을 경험하면서 진행되는 자의식의 과정이며, 많은 시간과 노력이 소요되는 통합적인 과정이다. 그러나 일단 학습이 이루어진 다음에는 의식적인 생각이나 노력 없이도 놀라울 정도로 빨리, 쉽게 활용할 수 있다. 예컨대 경험이 풍부한 리더나 관리자는 상황을 신속히 파악하여 필요한 행동을 정확히 결정한다.

2. 직관력

학습에서는 합리성과 논리성 못지않게 직관(intuition)이 중요한 기능을 한다. 직관은 어떠한 이성적인 추론을 도입하지 않고 직접적으로 일정한 사실을 인지할 수 있는 능력을 말한다. 즉 개인이 알고 있는 바를 어떻게 학습하였는가를 그다지 의식하지 못한 채 한 번의 시도에서 얻은 경험이라고 할 수 있다. 그렇다고 직관이 무작위적인 추측과 같은 개념은 아니다. 귀납적인 방법에 의존하기 때문에 직관은 리더가 불확실성에 대하여 복잡성과 제한된 합리성을 취급할 수 있도록 해 주며, 리더의 혁신력과 창의력을 촉진할 수 있다.[44]

전통적인 조직 관리에서 리더의 직관에 대한 관심은 효과적인 의사결정과 관련을 맺고 있다.[45] 특히 사이몬(H. A. Simon)은 최근에 와서 의식적인 합리적 의사결정에 대조되는 무의식적이고 직관적인 의사결정을 강조하고 있다.[46] 직관적인 의사결정은 리더가 이전에 직면한 유사한 상황에서 얻은 경험에 의해서 가능한 것이다. 즉 직관은 내성적인 것이 아니라 경험과 학습을 통하여 얻어지는 것이다. 직관은 이전에 경험하고 학습한 효과적인 사고와 행동양식에 기초하고 있다는 말이다.

효과적인 리더는 합리성에 의한 분석적 추론과 통찰력이나 즉흥성에 의한 직관 사이의 균형을 유지한다.[47] 공사부문에 종사하고 있는 수천 명의 관리자들을 조사한 연구에 의하면 대부분의 최고관리자들이 직관에 의존하는 동시에, 핵심적인 결정을 내리는 데 직관과 분석적 추론을 동시에 활용하고 있는 것으로 밝히고 있다.[48] 또한 조직의 방향을 설정하는 데 대기업의 최고관리자들이 주로 직관력에 의존하고 있다. 이것은 참모나 컨설턴트의 도움을 받을 수 있음에도 불구하고 최종적인 전략적 결정을 최고관리자들이 스스로 내린다는 것을 의미한다.

그렇다면 리더가 직관에 의존하는 근거는 어디에 있는가? 여기에서 리더의 직관이 무에서 나오는 것이 아니라는 점을 상기할 필요가 있다. 이미 언급한 바와 같이 직관은 과거의 경험에서부터 비롯된다. 이것은 곧 과거의 경험을 통하여 결정에 필요한 다량의 정보를 소유하고 있기 때문이다. 리더는 이러한 정보를 신속하게 조합하여 상황에 맞는 직관적 결정을 내린다. 따라서 직관적인 결정을 내리기 위해서는 많은 정보를 소유하고 상황의 유관성을 판단할 수 있는 능력이 요구된다. 이러한 관점에서 페이세이(D. C. Pheysey)는 훈련된 직관(trained intuition)과 훈련되지 않은 직관(untrained intuition)을 구별하고, 훈련된 직관이 의사결정에 더 도움을 줄 수 있다고 한다.[49]

어떠한 상황에서 어떠한 목적으로 직관을 사용하는가? 아이젠버그(D. G. Isenberg)는 여기에 대하여 다음과 같은 다섯 가지 요인을 들고 있다.

① 직관은 무엇을 해야 하고, 무엇이 잘못되고 있는가에 대한 육감을 나타낸다. 예컨대 최고관리자가 조직의 미래를 내다보거나, 또는 무엇인가 잘못

되어 가고 있다는 것을 느끼는 것이다.

② 리더는 학습된 행태양식을 신속하게 수행하기 위하여 직관이나 판단에 의존한다. 일단 이러한 도식이 내면화되면 자동적으로 이루어진다.

③ 직관은 서로 분리된 정보를 통합된 전체로 만드는 데 사용된다.

④ 리더는 보다 공식적인 분석을 검토하는 데 직관을 사용한다. 즉 리더가 합리적인 분석을 수용하기 전에 옳다는 생각을 가져야 한다는 것이다.

⑤ 리더는 사안을 보다 심층적으로 분석하고 신속하게 가능한 해결책을 탐색하기 위하여 직관을 사용한다. 이때 직관은 사실상 즉흥적인 인지과정이다.

리더는 논리적이고 분석적인 재능뿐만 아니라 직관적이고 개념적인 기술에 의존해야 한다. 이는 좌우 뇌를 모두 동시에 사용하는 사람들을 말한다. 조직에서는 일반적으로 관리자는 우뇌를 사용하고 연구 및 개발을 담당하는 사람들은 우뇌를 사용하는 반면에, 최고관리자는 이를 통합하여 관리적이며 상상력의 재능을 동원해야 한다.[50]

리더는 이러한 육감, 직관, 비전을 신뢰하는 방법을 배워야 한다. 리더는 모든 것, 특히 경험으로부터 학습할 수 있다. 리더는 자신이 리더가 되는 것이 아니라 비전을 실현하기 위해 모든 기술, 재능, 에너지를 완전하게 활용할 수 있는 사람이다.[51]

인간관계 능력

인간관계기술은 여러 가지 유사한 개념으로 표현되고 있다. 예컨대 사람기술, 민감성, 배려, 커뮤니케이션 기술 등이 그 예다. 이러한 개념들은 조직 속의 인간관계 및 개인 간의 상호작용을 의미하며, 조직생활의 많은 부분을 차지한다. 따라서 관리자나 리더에게는 상관, 동료 및 추종자들과의 관계를 원만하게 취급하는 기술이 요구된다. 즉 리더의 기본적인 능력으로서의 상호작용 또는 인간관계에 대한 기술은 매우 중요하다.[52]

리더의 인간관계기술은 특히 부하들에게 영감을 불러일으키고, 비전을 실현시킬 수 있게 하기 위하여 절대적인 요소다. 실제로 다른 사람에게 민감하지 못하면 리더로서 성공할 수 없다.[53] 반면에 성공적인 리더는 일반적으로 다른 사람들을 잘 대하고 외교적이며 전술적인 인간관계 기술을 소유한 것으로 간주되고 있다.[54]

인간관계에 있어서의 핵심은 역시 애정과 관심을 베풀고 사적인 감정을 고려해 주는 것이다. 이러한 것을 고려라고 하며, 오하이오 주립대의 리더십 연구에서 밝혀진 바와 같다. 배려는 또한 다른 사람들의 복지와 정체성을 고려해 주는 것을 의미하며, 주로 친사회적 형태로 나타난다.[55] 리더의 배려행태에는 다음과 같은 것들이 포함된다.

① 추종자들에게 호의적이고 지원적인 태도로 행동한다.
② 추종자들에게 관심을 보여 준다.
③ 추종자들의 복지에 주의를 기울인다.
④ 신뢰와 확신을 보여 준다.
⑤ 추종자들의 문제를 이해하려고 노력한다.
⑥ 추종자들의 경력발전을 도모한다.
⑦ 추종자들에게 정보를 제공한다.

또한 비전을 전달하고, 다른 사람을 유도하여 네트워크에 가담시키며, 집단구성원들의 지지를 획득하기 위하여 리더는 청취기술, 구두커뮤니케이션, 네트워크의 형성, 갈등관리, 그리고 자신과 다른 사람의 평가기술 등이 필요하다. 특히 인간관계에서 표현이 중요시된다. 표현능력은 때로는 카리스마와 유사한 개념으로 간주되고 있으나, 반드시 감정에 호소하지 않는다는 점에서 다르다. 표현은 단순히 감정이 아니라, 부하들의 관심과 욕구에 주의를 기울임으로써 그들의 동기를 유발하고 가까워질 수 있도록 정보를 제시하는 것을 의미한다. 다시 말해서 부하들의 관심과 욕구에 대하여 알아듣기 쉽게 전달하는 것을 말한다.

전통적인 인간관계에서는 사회성, 집단규범에 대한 동조, 갈등의 회피, 정중과 교양을 강조하고 있다. 인간관계론에서는 감정이입, 통찰력, 사물에 대한 인식력, 환류의 능력 등을 포함시키고 있다. 이러한 능력은 개인의 감정에 논의를 개방하고, 합의를 통하여 갈등을 해결하며, 행동에 대한 몰입을 끌어내는 것을 의미한다.[56] 이러한 인간관계의 능력을 가진 리더는 권력에 의존하기보다는 신뢰와 의사결정의 과정에 의존한다.[57] 물론 인간관계의 기술은 단순히 상호작용에 그치는 것이 아니라 다른 사람들을 조작하는 능력까지 포함된다.

인간관계에 관한 리더의 능력은 여러 가지 행태로 나타난다. 예컨대 이해와 관심을 표시하거나, 다른 사람들을 배려하고, 진실 됨을 보여 주며, 커뮤니케이션을 명료하게 하거나, 다른 사람들과 좋은 관계를 유지하는 데 노력을 기울이거나, 조화로움을 모색하는 데 기여하고, 긴장을 완화시키며, 갈등을 해결하는 데 노력을 기울이는 것 등이다.[58] 따라서 유능한 리더는 사람들을 잘 취급하고 정치적이기보다는 정직과 신뢰를 보여 주는 사람이다. 물론 이것은 부하들을 붙들어 두기 위한 것이 아니라 그들의 지식을 적극적으로 활용하고 의사결정에 대한 몰입을 증가시키기 위한 리더의 능력을 말한다.

리더의 인간관계기술은 효과적인 리더십에 본질적인 상사, 동료, 부하들과의 네트워크 형성(network-building)을 가능하게 만들어 준다. 내부적인 네트워크는 물론 외부와의 네트워크 역시 중요하다. 외부와의 네트워크를 통하여 최고관리자는 조직환경에 관한 충분한 지식을 얻을 뿐만 아니라 업무수행에 필요한 정보와 권력을 획득할 수 있다.[59] 네트워크는 수평적인 지위에 있는 사람들 간의 상호성의 원칙을 전제로 한다. 따라서 네트워크가 처음에는 개인적 접촉을 통하여 형성되지만 각 당사자의 수요가 충족될 수 있는 경우에 지속될 수 있다. 이러한 네트워크의 형성으로부터 리더가 얻을 수 있는 이점은 정보의 공유, 다른 사람들과의 연계, 지지형성에 대한 영향력, 의사결정에 대한 투입 등이 있다.

리더의 인간관계기술은 실증적인 연구에 의해 지지를 받고 있다.[60] 예컨대 승진을 빨리 하는 사람이 그렇지 않은 사람에 비해 다른 사람들과의 효과적인 관계를 형성하고 유지하는 능력, 즉 인간관계기술이 뛰어난 것으로 간주되고 있다.

갈등관리 능력

갈등은 조직생활의 불가피한 현상이다. 갈등관리는 리더의 핵심적인 기술과 능력을 반영한다. 즉 갈등해결은 리더십의 효과성에 영향을 미치는 중요한 요인이다.[61]

리더에게는 부하들 또는 조직 내 여러 집단 간의 대립을 해결할 수 있는 갈등관리 기술이 요구된다. 갈등은 이익이나 목표가 양립하기 어려울 때 개인, 집단, 조직 간에 발생하는 것이다. 이를 좀 더 구체적으로 보면 다음과 같은 경우에 갈등이 발생한다.[62]

ⓐ가치, 신념, 또는 목표에 커다란 차이가 있을 때, ⓑ고도의 과업적 또는 병렬적 상호의존성이 있을 때, ⓒ희소자원이나 보상을 두고 경쟁할 때, ⓓ극도의 스트레스를 받을 때, ⓔ불확실하고 양립 불가능한 요구에 직면할 때에는 집단과 조직 구성원 간에 갈등이 발생한다. 그러나 대부분의 경우에는 당사자 간의 커뮤니케이션의 부족이 갈등의 원인으로 작용한다. 이것은 갈등의 대부분은 오해나 커뮤니케이션의 결함으로 발생하기 때문이다. 따라서 리더는 가능하면 커뮤니케이션의 개선을 통하여 갈등을 해소할 수 있다.

1. 긍정적 갈등

갈등이 언제나 조직효과성을 저하시키고 리더십의 발휘를 방해하는 것은 아니다. 조직 갈등에 관한 연구에서 1940년대까지는 갈등의 부정적인 측면을 강조한 나머지 가능한 한 갈등을 회피하거나 최소화하는 데 가치를 부여하였다. 그러나 최근에 와서는 일정한 수준의 갈등이 오히려 혁신과 조직성과를 진작하는 것으로 인식되고 있다. 예컨대 갈등은 정치권력의 급진적 변동을 가져올 수 있는가 하면, 조직구조와 설계, 집단의 응집력, 조직효과성 등의 극적인 변화를 초래할 수 있다.[63]

갈등이 긍정적으로 작용하는 경우와 부정적인 경우로 작용하는 경우를 비교해 보면 〈표 14-2〉와 같다.

〈표 14-2〉 갈등의 긍정적 효과와 부정적 효과[64]

갈등의 긍정적 효과	갈등의 부정적 효과
노력의 증가	생산성의 저하
감정의 고양	커뮤니케이션의 저하
타인에 대한 이해의 개선	부정적 감정
변화의 원동력	스트레스
의사결정의 개선	불충분한 의사결정
핵심적 문제의 표출	협력의 감소
비판적 사고의 촉진	정략의 증가

여기에서 한 가지 주의할 점은 갈등의 적정 수준이다. 왜냐하면 갈등이 지나치면 일시적으로 조직성과를 향상시킬 수 있으나, 궁극적으로 조직풍토나 구성원의 동기에 극단적인 영향을 미칠 가능성이 있기 때문이다. 따라서 리더는 조직성과 외에도 조직풍토, 부하들의 직무만족, 이직, 결근율 등의 기준을 동시에 고려하여 갈등의 긍정적 효과의 여부를 평가해야 할 것이다.

2. 갈등관리전략

1) 적절한 갈등은 조장한다

갈등의 순기능을 강조하는 사람들은 조직 내 갈등은 절대적으로 필요하며, 이것이 없으면 구성원의 의욕이 상실되고 정태적인 무사안일 상태가 되며, 환경변화에 적응을 잘 하지 못하고 새로운 아이디어로 내지 못하는 획일화된 조직이된다. 따라서 갈등관리란 갈등해결이 아닌 적정수준의 갈등유지가 된다. 다음 〈그림 14-1〉은 적정 수준의 갈등과 조직유효성과의 관계를 보여 준다.

〈그림 14-1〉 갈등 수준과 조직유효성[65]

갈등 수준	갈등의 유형	조직의 특성	조직의 유효성
낮거나 없음	역기능적	의욕상실 정체적 환경변화의 적응력 감소 사고의 이상적 결여	낮음
적정수준	순기능적	통태적 활발한 문제해결 추구 자체-비판적 창의적 변화지향적	높음
높음	역기능적	혼란 분열 비협조적	낮음

조직 내 갈등이 미치는 부정적 효과를 감안한다면 리더의 갈등관리 능력은 중요하게 여겨진다. 리더가 갈등을 관리하는 데는 여러 가지 전략이 있을 수 있으며 갈등의 성격, 환경적 상황, 리더의 스타일 등과 같은 요인에 의해 달라질 것이다. 그러나 피셔(R. Fisher)와 우리(W. Ury)는 리더가 갈등을 해결하는 요령으로서 다음과 같은 단계를 제시하고 있다.[66]

① 협상의 준비: 갈등을 성공적으로 해결하기 위해서는 먼저 협상모임을 준비하는 데 상당한 시간을 들여야 한다. 리더는 당사자들의 이해와 문제, 태도, 가능한 타협전략, 목표 등을 예상할 필요가 있다.

② 사람과 문제의 분리: 리더는 사람과 문제를 분리해야 한다. 이것은 일반적으로 협상에는 다수의 의제가 관련되어 있고 당사자 간의 관계가 복잡하게 얽혀 있기 때문이다. 복잡한 협상과정에서는 이해당사자들이 문제와 사람들을 동일하게 취급하여 타협을 어렵게 만든다. 특히 상대방을 개인적으로 공격하게 되면 갈등의 해결을 더욱 어렵게 만든다. 따라서 리더는 위협적인 입장을 피하기 위하여 상대방의 의도를 달리 해석해서는 안 된다. 뿐만 아니라 리더는 명료한 커뮤니케이션에 의하여 갈등의 해결이 감정에 치우치지 않도록 해야 한다.

③ 지위보다는 이익에 초점: 리더는 협상과정에서 지위보다는 이익에 초점을 두어야 한다. 협상과정에서는 지위를 차지하기 위해 싸우기보다는 이익을 만족시키는 것이 훨씬 건설적이다. 지위에 초점을 두면 갈등의 해결보다는 감정적인 대립을 오히려 격화시킬 가능성이 있다.

④ 장기적인 목표의 우선시: 상대방의 희생을 통하여 협상에서 이기는 것은 단기적인 이익을 차지하는 데 불과하다. 따라서 리더는 단기적인 목표보다는 장기적인 목표를 달성하는 해결방안을 모색해야 한다. 뿐만 아니라 현재의 협상을 넘어서서 상호신뢰하고 유익하며 지속적인 실질적 관계를 확립해야 한다. 리더는 언제나 승-승(win-win)의 결과를 추구해야 한다. 승-승의 전략은 모든 당사자의 욕구와 이익을 충족시킬 수 있는 방법이다. 물론 현실적인 상황에서 모두 이익을 볼 수 있는 경우는 흔하지 않다.

이상과 같은 일반적이 원칙에 입각해서 리더는 다음과 같은 몇 가지 전략 가운데 하나 또는 두 개 정도의 복합적인 전략을 선택할 수 있다.[67]

① 경쟁전략(competition): 경쟁은 상대방의 희생을 강요하면서 자신의 목표를 성취하려는 전략이다. 이것은 승-패(win-lose)에 의한 지배전략이라고 할 수 있다.

② 수용전략(accommodation): 수용은 자신의 목적을 성취하려는 어떠한 노력도 하지 않으면서 상대방의 관심을 전적으로 받아들이는 전략이다. 이것은 양보전략(appeasement)에 해당한다.

③ 공유전략(sharing): 공유전략은 경쟁전략과 양보전략의 타협을 말한다. 공유전략을 통하여 당사자들이 각자 일부를 양보하고 일부를 얻게 된다. 당사자들은 완전하지 않지만 만족하는 수준에 도달하게 된다.

④ 협력전략(collaboration): 협력은 당사자들을 충분히 만족시키려는 노력을 나타낸다. 협력전략은 당사자들의 관심과 통합을 요구하는 문제해결을 위한 접근방법이다.

⑤ 회피전략(avoidance): 회피전략은 당사자들의 이해에 관심을 표시하지 않는 전략이다. 이것은 어떤 당사자의 이익을 회피하거나 무시하는 것을 말한다.

이미 언급한 바와 같이 이들 전략 가운데 특정한 전략이 반드시 모든 상황에 적절할 수는 없다. 따라서 리더는 상황의 특성에 따라 적절한 전략을 선택해야 할 것이다.[68]

〈표 14-3〉 갈등전략의 다섯 가지 유형[69]

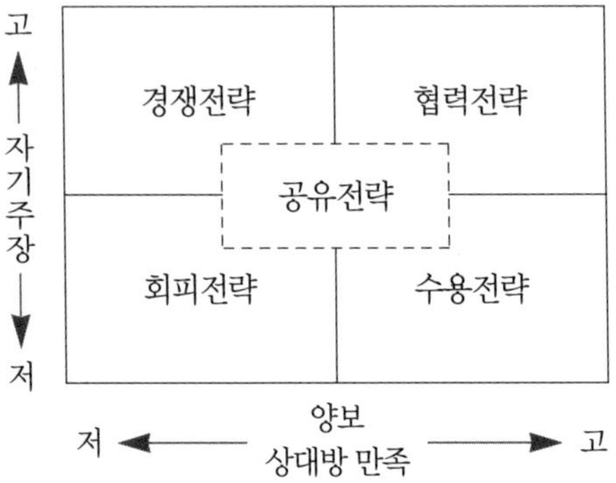

고
자기주장
저

경쟁전략	협력전략
공유전략	
회피전략	수용전략

저 ← 양보 상대방 만족 → 고

스트레스관리 능력

밀(James Mill)은 "현대인은 스트레스라는 망치로 자신을 내려치고 있다"라고 하였다[70] 그만큼 현대사회에서 스트레스를 빼고는 설명이 불가능할 정도가 되었다. 조직생활에서 스트레스는 개인은 물론 조직에게 심각한 영향을 미치는 중요한 요인이 되고 있다. 전통적인 관점에서는 개인이 조직생활에서 갖는 스트레스를 개인적인 문제로 간주해 온 경향이 있다. 그러나 최근에는 스트레스를 환경적 요인으로 파악하여 스트레스와 조직성과에 대한 영향을 고려하여 관심이 고조되고 있다. 스트레스는 개인에게 건강, 정신적 및 감정적 안정감, 업무성과 또는 인간관계 등에 심각한 해를 끼치는가 하면, 조직에게도 생산성의 저하, 직원 이직 및 결근율의 증가, 의료비용 등으로 인한 추가적인 지출을 요구하고 있다. 따라서 리더는 조직 활동에 관련된 스트레스를 이해하고 적절히 관리할 필요성에 직면하게 된다. 특히 리더의 역할이 스트레스를 받을 수 있을 뿐만 아니라, 리더의 스트레스가 추종자들의 성과, 건강, 복지에 영향을 미치기 때문이다.[71]

1. 개념

스트레스에 대한 개념은 아직 명확하게 규명되어 있지 않다. 그러나 일반적으로 스트레스는 개인에게 과도한 심리적, 신체적 부담을 주는 일정한 외부의 행동, 상황 또는 사건의 결과인 동시에 개인적인 차이와 심리적 과정에 따라 달리 나타나는 적응적 반응이라고 정의한다.[72] 특히 업무와 관련하여 스트레스는 사람들과 업무의 상호작용에서 비롯되며 사람들로 하여금 정상적인 기능으로부터 일탈하도록 강요하는 내적인 변동이다.[73]

여기서는 스트레스를 세 가지 관점에서 살펴보고자 한다. 그것은 자극적 스트레스와 반응적 스트레스, 그리고 상관적 스트레스이다.

1) 자극적 스트레스

자극적 스트레스는 일상생활에서 발생하는 자극이 개인의 수용한계를 초과하면서 긴장이 고조되는 상태를 의미한다. 고전적 S-R 이론에서 스트레스를 일종의 자극으로 보는 것이다. 홈즈(T. H. Holmes)에 의하면 집단에게 발생하는 스트레스는 불가항력적인 천재지변, 전쟁, 기근, 사고 등이며, 보울비(J. Bowlby)는 개인에게 발생하는 질병, 이혼, 해고, 가족의 사망 등이 개인적 스트레스 인자라고 하였다.

2) 빈응적 스트레스

반응적 스트레스는 스트레스에 대한 인간의 반응에 관심을 둔다. 반응이론은 자극인자와 인간의 반응상태를 3단계로 나누어 설명한다.

셀리(H. Selye)는 새로운 성호르몬을 탐색하는 과정에서 우연히 조직의 파손이 사실상 모든 해로운 자극에 대한 불특정한 반응이라는 사실을 발견하였다.[74] 그는 이러한 증상을 일반적응증후군(GAS: general adaptation syndrome)이라고 명명하였다. GAS는 경계단계(alarm), 저항단계(resistance),

탈진단계(exhaustion)의 세 단계를 거친다. 경계단계에서 외부의 스트레스 요인(stressor)이 신체의 내부 스트레스 체계를 자극하며 신체의 각성반응이 땀, 심장박동, 혈압 등과 같은 다수의 생리적 및 화학적 반응으로 나타난다. 저항단계는 스트레스요인이 계속되면 GAS는 저항단계로 이동하여 인체가 필요한 기관이나 체제에게 전 자원을 동원하여 스트레스에 대처하도록 요청한다. 탈진단계는 앞의 두 단계에서 적절하게 수용하지 못했을 경우 신체 및 정신에 장애가 발생한 단계다. 상당기간 스트레스 요인이 계속적으로 작용하면 인체의 적응메커니즘이 기능을 상실하여 탈진상태에 이른다. 여기에서 한 가지 스트레스 요인에 대하여 극단적인 저항을 하는가 하면, 거의 저항을 하지 않거나 무관한 스트레스 요인에 저항을 보이기도 한다. 이러한 현상은 사람들이 어떤 질병에 특히 취약할 수 있다는 것을 설명해 준다. 탈진단계에서 인간의 20~30% 정도가 질병으로 발전한다고 한다. 예컨대 독감, 위궤양, 고혈압, 만성 불안, 정신 질환 등의 증세가 표출되게 되는 것이다.

3) 상관관계적 스트레스

상관관계적 스트레스는 환경과 인간의 역동적 및 복합적 함수관계로 스트레스를 이해하는 것이다. 상관관계적 스트레스는 환경에서 발생하는 자극유발인자와 이에 따르는 인간의 반응 사이의 상호작용은 개인의 지각, 인지, 감정과 밀접한 함수관계에 있다고 주장한다.[75] 따라서 스트레스는 환경과 개인 사이의 인지적 평가에 따르는 상호작용이라고 할 수 있다.

다음과 같은 유사개념은 스트레스의 개념을 분명히 하는데 도움이 된다.[76]

① 스트레스는 단순한 불안이 아니다. 불안은 감정적, 심리적 영역에서만 작용하는 반면에, 스트레스는 이에 더하여 생리적 영역에서도 작용한다. 따라서 스트레스는 불안을 수반하지만 동일한 것은 아니다.

② 스트레스는 단순한 신경적 긴장이 아니다. 불안과 마찬가지로 신경적 긴장이 스트레스로부터 나타날 수 있다. 사람들은 무의식적으로 스트레스를 나타내기도 하나, 신경적 긴장을 통하여 스트레스를 은폐하기도 한다.

③ 스트레스는 반드시 해를 입히고, 따라서 회피해야 되는 것은 아니다. 스트레스의 긍정적인 측면이 순스트레스(eustress)이다. 순스트레스는 해를 입히는 것이 아닌 동시에 회피하기보다는 오히려 사람들이 추구하는 것이다.

④ 신경쇠약 또는 탈진은 일종의 스트레스다. 업무로 인한 신경쇠약은 감정적 소진, 탈개성화, 개인적 성취의 약화 등의 특징을 지니고 있다.[77]

2. 스트레스의 원인

조직생활에서 스트레스는 여러 가지 원천에서 비롯된다. 개인의 사적인 생활에서 발생하는 스트레스가 조직 생활에 영향을 미치는가 하면, 조직 내의 인간관계에서도 스트레스가 발생할 수 있다. 개인적인 스트레스라고 해서 방치해 두면 궁극적으로 조직성과에 영향을 미칠 뿐 아니라 유능한 직원의 유지가 불가능해질 수도 있다. 따라서 리더는 이러한 개인생활과 조직생활에서 발생하는 스트레스를 사전에 인식하고 해결책을 강구할 필요가 있다.

특별히 교회 조직에서의 스트레스는 다른 측면을 포함하고 있다.

스트레스의 선행조건 또는 스트레스 요인은 환경, 조직(업무), 집단, 개인 등에서 비롯된다.

① 환경적 스트레스: 일반적으로 조직의 밖에서 비롯되는 스트레스에 관해서는 그다지 인식되고 있지 않다. 기본적인 이유는 조직 또는 개인에게 미치는 영향을 직접적으로 인식하기 어렵기 때문이다. 그러나 현실적으로 사회기술적 변동, 가족의 요구, 전근(relocation), 경제적 조건, 사회계층, 지역사회조건 등은 조직 또는 개인에게 많은 스트레스 요인으로 작용한다.[78]

② 조직적 스트레스: 조직 수준의 스트레스는 조직 자체와 관련된 스트레스 요인을 말한다. 물론 조직이 집단과 개인으로 구성되어 있지만 조직에 고유한 보다 거시적인 스트레스 요인이 개인의 작업스트레스의 원인으로 작용한다.

③ 집단수준의 스트레스: 집단은 개인의 행태에 커다란 영향을 미친다. 이

것은 곧 스트레스의 원인이 될 수 있다는 것을 의미한다. 집단 수준의 스트레스는 일반적으로 집단응집력의 결핍, 사회적 지지의 결여, 개인 간 및 집단 간의 갈등에서 비롯된다.

④ 개인 수준의 스트레스: 어떤 의미에서 모든 수준의 스트레스는 결국 개인에게 귀착된다. 역할갈등과 모호성, 퍼스낼리티, 통제에 대한 지각, 학습된 무력감, 자기확신감, 심리적 난관 등은 모두 개인에게 스트레스를 유발한다.

3. 스트레스의 효과

적절한 수준의 스트레스는 오히려 조직성과를 높이기도 하나 과도한 스트레스는 조직성과를 현저하게 저하시킨다.[79] 과도한 스트레스는 개인의 신체, 심리, 행태에 여러 가지 영향을 미친다.

① 스트레스는 개인의 신체적 건강에 가장 큰 영향을 미친다. 높은 수준의 스트레스는 혈압과 콜레스테롤 수치의 상승으로 인한 심장병, 위궤양, 관절염 등을 일으키고, 심지어는 암을 유발하기도 한다. 스트레스로 인한 개인의 이러한 질병은 조직에게 많은 비용의 지출을 강요하게 된다. 물론 이와 같은 질병이 반드시 스트레스로 인한 것인가에 대한 의문이 제기되고 있으나, 적어도 상당한 증거가 발견되고 있다.

② 스트레스는 개인의 정신적 건강에도 영향을 미친다. 과도한 스트레스는 분노, 불안, 긴장, 지루함 등을 수반하는 동시에 이는 개인 간의 공격, 적대감, 불평등과 같은 공격적인 행동을 유발한다. 이러한 개인의 심리적 상태는 업무성과, 자긍심 등을 저하시키고 감독에 저항하며, 집중력은 물론 직무만족을 저하시킨다. 스트레스의 이러한 결과는 조직에게 직접적으로 비용효과를 미친다.

③ 스트레스는 개인의 행태에 여러 가지 영향을 미친다. 과도한 스트레스는 과식, 불면, 흡연, 음주, 약의 남용 등으로 안전사고는 물론 결근 및 이직률을 증가시킨다. 그러나 스트레스로 인한 행태는 개인과 조직의 노력에 의하여 비교적 효과적으로 예방될 수 있다.

4. 예방과 관리

스트레스가 개인과 조직에 미치는 역효과를 감안한다면 가능한 한 예방하는 것이 최선의 방법이다. 그러나 현실적으로 스트레스로부터 완전히 자유로워진다는 것은 불가능한 일이다. 따라서 리더는 적어도 스트레스를 효과적으로 관리하기 위하여 다음과 같은 원칙을 따를 필요가 있다.[80]

① 스트레스 수준의 감시: 스트레스를 관리하는 데 가장 중요한 것은 역시 리더와 부하들의 스트레스 수준을 탐지하는 것이다. 물론 이것은 쉽지 않은 일이다. 왜냐하면 현실적으로 스트레스는 무의식적으로 나타나기 때문이다. 그러나 과도한 스트레스에 시달리는 사람들은 이미 언급한 몇 가지 증후를 보이는 것이 일반적이다. 따라서 스트레스의 증후를 정기적으로 감시하는 습관을 가질 필요가 있다.

② 스트레스의 원인 규명: 스트레스를 지속적으로 감시하는 것만으로 스트레스를 예방할 수 있는 것은 아니다. 이와 더불어 리더는 스트레스의 원인을 규명할 필요가 있다. 무엇이 스트레스를 발생시키는가를 찾아내기란 쉽지 않은 일이다. 때로는 해결책이 분명하지 않지만 문제는 확실한 경우가 있는가 하면, 원인을 정확히 찾아내기 어려울 때도 있다.

③ 건전한 생활양식의 실천: 실제로 스트레스를 관리하는 데 가장 좋은 방법은 언제나 건전한 생활방식을 실천하는 것이다. 예컨대 균형 있는 영양식, 규칙적인 운동, 건전한 사고, 적절한 수면, 적당한 휴식, 금연, 적당량의 음주 등과 같은 건전한 생활을 대신할 수 있는 방법은 없다. 불충분한 수면은 에너지를 저하시키고, 판단을 흐리게 하며, 신경을 자극하는 동시에 질병에 대비한 저항력을 악화시킨다. 적당한 운동은 긴장을 완화시키는 데 우수한 방법이다. 그러나 이러한 방법은 모두 사람에 따라 다른 효과를 나타낸다. 즉 모든 사람에게 언제나 좋은 방법은 존재하지 않는다.

④ 밀접한 사회관계의 형성: 스트레스를 예방하기 위해서는 다른 사람들과의 밀접하면서도 상호지원적인 관계를 형성하고 유지하는 일이다. 일반적으로 밀접한 사회관계를 유지하는 사람들이 그렇지 않은 사람들보다 스트레스를 덜 받는 경향이 있다. 또한 상관, 부하, 동료, 가족, 배우자 등으로부터

지지를 받는 사람은 일로부터 오는 충격을 완화시킬 수 있기 때문에 스트레스를 덜 받는다.[81] 따라서 리더는 부하들 상호간의 지지와 응집력을 제고하는 데 결정적인 역할을 할 수 있다. 또한 리더의 개방적이고 솔직한 커뮤니케이션은 부하들이 모호하고 스트레스를 받는 상황을 극복하는 데 커다란 도움을 줄 수 있다.

⑤ 자아개념의 확립: 스트레스를 받는 정도는 사람들이 사안을 해석하는 방식에 영향을 받는다. 이것은 어떠한 활동에 투자하는 노력과 가치의 정도가 다르기 때문이다. 따라서 사람들은 사안을 해석하는 일정한 관점을 유지할 필요가 있다. 비교적 명확한 자아개념을 가진 사람을 그렇지 못한 사람들에 비해 일반적으로 스트레스에 덜 취약하다. 이것은 긍정적인 자아상이 사안의 충격을 완충시켜 스트레스를 극복할 수 있기 때문이다.

또한 목회적 입장에서의 스트레스의 관리에는 다음과 같은 대처방안이 필요하다.[82]

① 치료목회에 대한 통찰이 있어야 한다. 목회자는 교인과의 상담과정에서 발생하는 심리적 저항, 부정적 정서의 투사, 공격적 행동 등에 직면하게 된다. 이로 인하여 목회자의 정신적 부담은 증대된다. 따라서 목회자는 교회는 갈등과 부정적 정서를 흡수하는 공간이라는 생각을 가지고 교인들의 심리적 갈등과 부정적 정서를 치료해 주어야 하는 역할을 감당하게 된다. 이러한 상담과정의 통전적인 이해가 있어야 한다.

② 교회 조직에 대한 특수성을 이해해야 한다. 교회 조직의 경우 교회성장의 전적인 책임이 목회자에게 있는 것이 현실이다. 그러나 물질주의적 성장일변도의 성향, 소유적인 목회관은 더욱 더 목회자에게 스트레스를 가져다준다. 따라서 소유적인 목회에서 존재론적인 목회로, 결과중심적인 목회에서 과정중심적인 목화로의 전환이 필요하다.

③ 자아개념을 강화해야 한다. 일반 리더와 마찬가지로 목회자는 자아에 대한 정체감을 긍정적으로 강화하게 되면 목회에서 발생하는 스트레스를 상당 부분 감수할 수 있다.

자아개념의 강화 방안은 첫째, 자신을 수용해야 한다. 즉 자신의 장점과 능력을 긍정적으로 평가하고 자신의 약점과 한계를 정직하게 수용하는 것이 필요하다. 목회자는 항상 만능주의자로 비쳐지고 싶은 유혹이 있다. 그러나 진정한 자아개념을 수용해야 한다. 둘째, 자아를 존중해야 한다. 목회자로 부르신 소명을 받은 자로서의 자아존엄을 인정해야 한다.

④ 기도와 명상을 통해 극복해야 한다. 목회자는 스트레스와 심리적 갈등을 기도와 명상을 통해 극복해야 한다. 통성기도와 묵상, 명상기도를 통한 스트레스의 극복이 이루어져야 한다. 하나님과의 존재론적인 만남을 통하여 스트레스를 극복해야 한다.

관리자로서의 능력

목회자는 교회 조직을 이끄는 리더일 뿐 아니라, 효과적으로 관리, 감독해야 하는 관리자로서의 사명도 있다. 이 장에서는 일반 관리자들의 주요 역할을 살펴보려도 한다. 그런데 이 관리자의 역할은 교회에서 리더로서의 목회자들도 수행해야 되는 것들이다.

민즈버그(Mintzberg)는 조직 리더들에 대한 연구에서 관찰된 활동들의 내용을 코드화하기 위하여 관리자 활동을 10가지 역할로 구분하는 한 분류법을 개발하였다.[83] 그 10가지 역할은 관리자의 모든 활동을 설명하고, 관리자의 모든 활동은 비록 많은 활동이 두 개 이상의 역할과 관련되긴 하지만 최소한 한 개의 역할로 설명될 수 있다고 가정한다. 그 중 세 가지 역할 - 리더, 섭외사, 싱징인물의 역할 - 은 관리자의 인간관계에 관한 것이고, 다른 세 개의 역할 - 모니터, 분배자, 대변인 - 은 정보처리 행동에 관한 것이며, 나미지 네 개의 역할 - 경영자, 난국 수습자, 자원 할당자, 협상자 - 은 의사결정에 관한 것이다. 이 모든 관리 역할은 어떤 관리자에게도 적용될 수 있는 것이나, 그것들의 상대적 중요성은 관리자의 유형에 따라 달라질 수 있다. 민즈버그에 의하면 관리자의 역할은 대부분 관리 직책의 성질에 의해서 이미 결정되는 것이긴 하나, 관리자는 각 역할을 해석하고 행동으로 옮기는 과정에서 상당한 융통성을 발휘할 수 있다. 각 역할들에 대해 간략히 기술해 보면 다음과 같다.

1) 상징인물의 역할

관리자는 한 조직의 우두머리로서 공식적인 권위를 가지며, 따라서 그에 수반되는 합법적이고 사회적인 성격의 어떤 상징적인 성격의 어떤 싱징적인 임무를 수행해야 한다. 이 임무들에는 기록문서(계약서, 승인서 등)에 서명하는 일, 어떤 모임이나 의식(신입식, 퇴임식, 축하식 등)에서 의장을 맡아 의식을 전행하는 일, 타 조직의 의식이나 예식에 참가하는 일 및 공식 내방객들을 상대하는 일이 포함된다.

2) 리더 역할

관리자는 한 조직의 기본 목적을 달성하기 위하여 그의 하위조직의 기능을 전체로 통합할 책임이 있다. 관리자는 부하들에게 지침을 제공해 주고, 그들을 동기화시키며, 그들의 업무수행 여건을 호의적으로 만들어 주어야 한다. 수많은 관리활동을 분명히 고용, 훈련, 감독, 칭찬, 비판, 승진 및 해고를 포함하는 리더 역할에 관한 것이다. 리더 역할은 관리 활동의 기본 목적이 다를 때조차도 거의 같이 적용된다.

3) 섭외자 역할

섭외자 역할은 관리자가 조직 외부의 사람들 및 집단들과 좋은 관계를 형성하고 유지하는 것을 말한다. 이러한 관계들은 정보와 호의의 중요한 근원이 된다. 이러한 접촉 및 관계의 발전은 조직을 외부 환경과 연결해주기 위한 최고경영자의 책임의 일부이기도 하다. 중 하위 수준의 관리자들에게는 수평적 관계가 중요하다. 섭외자 역할의 본질은 관리자로 하여금 후에 호의를 요청할 수 있게 해 주는 새로운 접촉의 창조, 계속적인 접촉의 유지, 및 호의의 베풂이다. 섭외자 역할의 몇 가지 활동들, 예를 든다면 사교적 행사에 참여하는 일, 전문가 회의에 참여하는 일, 클럽 또는 협의회에 참가하는 것,

동료에게 축하편지를 쓰는 것, 다른 관리자에게 도움이 되는 정보를 제공하거나 도움을 제안하는 것들이다.

4) 모니터 역할

관리자는 보고서나 메모를 읽는 것, 모임 및 브리핑에 참여하는 일, 현장을 시찰하는 일 등과 같은 다양한 근원들로부터 계속적으로 정보를 수집한다. 그 정보들 중에 어떤 것은 부하들에게 넘겨지게 되고(분배자의 역할) 또 어떤 것은 외부로 나가게 된다(대변인 역할). 대부분의 정보는 문제와 기회를 발견하고 관리자 휘하 조직의 내적인 과정과 외적인 일들에 대해 이해 증진시키기 위해서 분석된다.

5) 분배자 역할

관리자는 부하들이 접할 수 없는 정보의 근원에 특별히 접할 수 있다. 그 정보들 중 어떤 것은 사실 그 자체일 수 있고, 또 어떤 것은 권위 수준이 높은 인물들을 포함하여 그 관리자에게 영향을 미치기를 희망하는 개인들의 선호를 기술한 것일 수도 있다. 사실적 정보들 중 어떤 것은 원래의 형태 그대로, 또 어떤 것은 관리자가 편집 및 해석한 후 부하들에게 넘겨져야 한다. 선호에 관한 정보는 그 근원의 영향력에 따라 일단 소화를 한 후, 부하들에게는 가치 진술의 형태나 답변의 형태로 표현되어야 한다.

6) 대변인 역할

관리자는 또한 그의 소관 조직 바깥의 인물들에게도 정보를 전하고 가치 진술을 해야 한다. 중 하위 수준의 관리자는 그의 상관에게도 보고하여야 한다. 최고 경영자는 이사회에 보고하여야 한다. 모든 관리자는 또한 그의 상관이나 외부인사에 대하여도 그의 소관 조직의 로비스트나 공식적인 대표로 활동할 것을 기대한다. 민즈버그는 관리자는 그의 조직을 위하여 효과적으로 대변하고 외부 인사들의 관심을 획득하기 위하여 그의 조직과 그 조직의 환경에 관한 최신의 지식을 보여 줄 수 있어야 한다.

7) 경영자의 역할

관리자는 현재 활동 상황을 개선하기 위하여 조심스런 변화의 주창자로, 또 설계자로도 활동하게 된다. 계획된 변화는 새로운 제품의 개발, 새로운 장비의 구입 또는 공식적인 조직구조의 개편과 같은 '개선 프로젝트' 의 형태로 발생한다. 개선 프로그램 중 어떤 것은 관리자에 의해서 직접 감독되며 또 어떤 것은 부하들에게 위임된다.

8) 난국 수습자의 역할

관리자는 기회를 개척하기 위하여 그가 자발적으로 찾아서 해결하는 기업가적 역할과는 반대로 갑작스럽게 발생하는 위기를 처리해야 한다. 이런 위기는 부하들 간의 갈등, 핵심 조직원의 상실, 화재나 사고, 파업 등과 같은 예측할 수 없는 사건들에 의하여 야기된다. 관리자는 대개 이것의 다른 모든 일들에 대한 역할 우선순위를 부여한다.

9) 자원 할당자 역할

관리자는 그의 권위를 행사하여 돈, 인원, 물자, 장비, 편의 시설 및 용역과 같은 여러 가지 자원을 할당한다. 자원 할당은 무엇이 행해져야 하는가에 관한 관리자의 결정, 부하들의 결정에 대한 관리자의 공인, 예산 준비 및 관리자 자신의 시간을 계획하는 일과 관련된다. 관리자는 자원을 할당할 수 있는 권력을 보유함으로써 전략 계획에 대한 통제를 유지할 수 있고, 전략적 목표를 향한 부하들의 활동을 조정 및 통합할 수 있다.

10) 협상자의 역할

자원에 대한 상당한 보장이 요구되는 협상에서는 그러한 보장을 할 수 있는 권한을 가진 관리자가 직접 참석함으로써 협상이 촉진될 수 있다. 관리자는 또한 그의 소관 조직을 대표하는 전문대변인 역할을 함으로써 협상을 도울 수도 있다. 관리자는 그의 소관 조직의 명목상의 수장이기도 하기 때문에 그의 참여는 협상에 신뢰를 더해 주게 된다. 따라서 협상 기간 동안 관리자의 역할은 협상자 역할에 부가해서 자원 할당자, 대변인 및 명목상의 수장 역할까지도 포함할 수 있다. 리더는 전략적이고 개념적인 일에 대한 협상을 주로 하게 되며, 중간 관리자는 업무적이고, 일상적인 것에 대한 협상을 주로 하게 된다.

주

1) 박우순, 「조직관리론」, 서울: 법문사, 1996. pp.387~88.
2) R.L. Hughes, R.C. Ginnett, and G.J. Curphy, *Leadership: Enhancing the Lessons of Experience.* Homewood, Ill.: Irwin, 1993, p.192.
3) D.A. Whetten and K.S. Cameron, *Developing Management Skills.*, N.Y.: Ridge, Ill.: Irwin, 1996.
4) G. A. Hale, *The Leader's Edge: Mastering the Five Skills of Breakthrough Thinking.* BurrRidge,Ill.: Irwin, 1996.
5) R. Kats, "Skills of an Effective Administrator", *Harvard Business Review,* Sep.-oct. 1974, pp.90~101.
6) M. Maccoby, *The Leader.* N.Y.: Simon and Schuster, 1981.
7) S. Lipset and W. Schneider, *The Confidence Gap: Business, Labor, and Government in the Public Mind.* Baltimore, MD: Johns Hopkins University Press, 1987
8) D.D. Van Fleet and G.A. Yukl, "A Century of Leadership Research." In W.E. Rosenbach and R.L. Taylor, eds., *Contemporary Issues in Leadership.* Boulder, Colo.: Westview Press, 1989.
9) L.B. Barnes, "Managing in Paradox of Organizational Trust." *Harvard Business Review,* 1981, 59(2), pp.107~116.
10) M. Sashkin, "True Vision in Leadership.", *Training and Development Journal*, 1986, 40(5), p.58.
11) G.W. Fairholm, *Leadership and the Culture of Trust.* Westport, Conn.: Praeger, 1984, pp.105~110.
12) G. W. Fairholm, *Leadership and the Culture of Trust*, Westport, Conn.: 1994, p.126
13) Fairholm(1994), p.131
14) 박우순, pp.433~435.
15) W. Bennis, *On Becoming A Leader*, Reading, Mass.: Addison-Wesley, 1989. pp.55~62.
16) W. Bennis(1989), pp.70~71.
17) 박우순, pp.433~435.
18) H. Minzberg, *The Nature of Managrial Work*, N.Y.: Harper & Row, 1975.; F. Dance, "The Concept of Communication," *Journal of Communication*, Vol.20, 1970. pp.201~202.; R. Nicols & L. Stevens, *Are You Listening?*, N.Y.: McGraw-Hill, 1957, p.13.

19) H. A. Simon, *Administrative Behavior*, 2nd. ed. N.Y.: Macmilan, 1937, p.157
20) W. Bennis, *On Becoming Leader*, p.19.
21) pp.110~151.
22) R. Black and J. Mouton, *Corporate Excellence Through Grid-Organization Development*, Houston, Texas: Gulf Publication, p.4.
23) Hughes, Gnnett, and Curphy(1993), pp.197~199.
24) F. Luthans and J. K. Larsen, "How Managers Really Communicate." *Human Relations*, 1986, 39. pp.161~178.
25) Bennis and Nanus(1985).
26) T. Gordon, *Leader Effectiveness Training, L.E.T.*: The No-Lose Way to Release the Productive Potential of People. N.Y.: Wyden, 1977.
27) Bennis and Naus(1985); J. M. Kouzes and B. Z. Posner, *The Leadership Challenge*: How to Get Extraordinary Things Done in Organizations. San francisco: Jossey-Bass, 1987: T. Peters, *Thriving on Chaos*: Handbook for a Management Revolution. N.Y.: Harper & Row, 1987.
28) M.M. Greller; "Evaluation of Feedback Sources as a Function of Role and Organizational Development." *Journal of Applied Psychology*, 1980, 65, pp.24~27.
29) J.L. Komacki, "Why We Don' t Reinforce: The Issues." *Journal of Organizational Behavior Management*, 1982, 4(3~4), pp.97~100
30) Bass(1990)
31) E.L. Harrison, "Training Supervisors to Discipline Effectively." *Training and Development Journal*, 1982, 36(11), pp.111~113; C.K. Parsons, D.M. Herold, and M.L. Leatherwood, "Turnover during Initial Employment: A Longitudinal Study of the Role of Casual Attributions." *Journal of Applied Psychology*, 1985, 70, pp.337~341; J.R. Larson, "Supervisors' Performance Feedback to Subrodinates: The Impact of Subordinate Performance Valence and Outcome Dependence." *Organizational Behavior and Human Decision Processes*, 1986, 37, pp.391~408; S. Deep and L. Sussman, *Smart Moves*. Reading, Mass.: Addison-Wesley, 1990.
32) Hughes, Ginnett, and Curphy(1993), pp.209~215.
33) 박우순, pp.393~402.
34) C.A. O' Reilly, "Supervisors and Peeras Information Sources, Group Supportiveness, and Individual Decison-Making Performance." *Journal of Applied Psychology*, 1977, 62, pp.632~635.
35) C.K. Guth and S.S. Shas, *How to Put on Dynamic Meetings*. Reston, VA: Reston, 1980.
36) N.R.F. Maier, Problem-Solving Discussions and Conferences: *Leadership Methods and Skills*. New York: McGraw-Hill, 1963, p.76.
37) Yukl(1989), p.248.
38) 박우순, pp.402~406.
39) W. Bennis, pp.187~214.
40) W. Bennis, *On Becoming Leader*, pp.69~79.
41) M. Csikszentmihalyi, Flow: *The Psychology of Optimal Experience*. N.Y.: Harper & Row, 1990, p.142.
42) W. Bennis(1989), pp.99~100.
43) L. G. Bolman and T. E. Deal, *Reframing Organizations: Aristry, Choice, and Leadership*. San

Francisco: Jossey-Bass, 1991.

44) P. Goldberg, *The Intuitive Edge: Understanding and Developing Intuition,* Boston: Houghton Mifflin, 1983.

45) C. I. Barnard, *The Functions of the Executive.* Cambridge. Mass: Harvard University Press, 1983; H. A. Simon, *Administrative Organization.* N.Y.: Mcmillan, 1947.

46) H. A. Simon, "Making Management Decisions: The Role of Intuition and Emotion." *Academy of Management Executive*, 1987, 1, pp.57~64.

47) W. D. Litzinger and T. E. Schaefer, "Some More-The Nature of Transcendent Management." *Business Horizons*, 1986, 29(2), pp.68~72.

48) W. H. Agor, "The Logic of Intuition: How Top Executives Make Important Decisions." *Organizational Dynamics*, 1986, 14(3), pp.68~72.

49) D. C. Pheysey, *Organizational Cultures: Types and Transformations.* N.Y.: Routledge, 1993, p.107.

50) W. Bennis(1989), p.103.

51) 박우순, pp.407~412.

52) C. Argyris, *Interpersonal Competence and Organizational Effectiveness.* Homewood, Ill.: Irwin. 1962

53) M. W. McCall and M. M. Lombardo, *Off the Track: Why and How Successful Executives Get Derailed*, GreenSboro, N.C.: Center for Creative Leadership, 1983.

54) W. G. Bennis and B, Naus, Leaders The Strategies for Taking Charge, N.Y.: Harper & Row, 1985; C. J. Cox and C. L. Cooper, High Flyers: *An Anatomy of Managerial Success*, Oxford: Basil Blackwell, 1988: A. Howard and D. W. Bray, *Managerial Lives in Transition: Advancing Age and Changing Times.* N.Y.: Guilford Press, 1988: G. A. Yukl, *Leadership in Organizations.* 2nd ed., Englewood Cliffs, N.J.: Prentice-Hall, 1989.

55) A. P. Brief and S. J. Motowidlo, "Prosocial Organizational Behaviors." *Academy of Management Review,* 1986, 11, pp.710~725.

56) Argyris(1962)

57) A. Zaleznik, "Interpersonal Relations in Organizations." In J. G. March, ed., *Handbook of Organizations.* Chicago: Rand McNally, 1965, pp.574~613.

58) B. M. Bass, *Bass & Stogdill's Handbook of Leadership: Theory, Research and Managerial Applications.* N.Y.: Free Press, 1990, p.110.

59) J. P. Kotter, *The General Managers*, N.Y.: Free Pres, 1982; R. E. Kaplan and M. S. Mazique, *Trade Routes: The Manager's Network of Relationships,* Greenboro, N.C.: Center for Creative Leadership, 1983.

60) B. M. Bass, P. C. Burger, R. Doktor, G. V. Barrett, Assessment of Managers: An International Comparison. N.Y.: Free Press, 1979. J. Hall and S. M. Donnell "Managerial Achievement: The Personal Side of Behavioral Theory." *Human Relations*, 1979, 32. pp. 77~101.

61) K. W. Thomas and W. H. Schmidt, "A Survey of Managerial with Respect to Conflict." *Academy of Management Journal*, 1976, 19, pp. 315~318; J. J. Morse and F. R. Wagner, "Measuring the Process of Managerial Effectiveness." *Academy of Management Journal*, 1978, 21, pp.23~25.

62) Yukl(1989)

63) R M. Kanter, *The Change Masters*, N.Y.: Simon & Schuster, 1983: A. R. Willner, *The Spellbinders: Charismatic Political Leadership*. New Heven, Conn.: Yale University Press, 1984; B. M. Bass, *Leadership and Performance Beyond Expectations*. N.Y.: Free Press, 1985; N. C. Roberts and R. T. Bradley, "Limits of Charisma." J. A. Conger and R. N. Kanungo, eds., *Charismatic Leadership: The Elusive Factor in Organizational Effectiveness*. San Francisco: Jossey-Bass, 1988, pp.253~275.

64) Hughes, Ginnett and Curphy(1993), p.368.

65) J. L. Gidson, J. M. Ivancevich and J. H. Donnelly, Jr., *Organizations: Behavior, Structure, Processes*, 4th. ed. Plano Texas: Business Publications Inc., 1982. p.209.

66) R. Fisher and W. Ury, *Getting to Yes*, Boston, Mass.: Houghton Mifflin, 1981.

67) K. T. Thomas, "Conflict and Conflict Management." In M. D. Dunnette, ed. *Handbook of Industrial and Organizational Psychology*. Chicago: Rand RcNally, 1976.

68) K. W. Thomas, "Toward Multidimensional Values in Teaching: The Example of Conflict Management." *Academy of Management Review*, 1977, 2(3), pp.484~490.

69) M. A. Rohim, "A Strategy for Managing Conflict in Complex Organizations", *Human Relations*, p.84

70) J. Mill, Coping with Stress, N.J.: Wiley, 1982. p.16.

71) 박우순, 조직관리론, 1996.

72) J. M. Ivancevich and M. T. Matteson, *Organizational Behavior and Management*. 3rd ed., Homewood, Ill.: Irwin, 1993, p.244.

73) T. A. Beeher and J. E. Newman, "Job Stress, Employee Health, and Organizational Effectiveness: A Facet Anlysis, Model, and Literature Review." *Personnel Psychology*, 1978. 31(4) pp.665~699.

74) H. Selye, *The Stress of Life*. 2nd ed., N.Y.: McGraw-Hill, 1976.

75) P. Trower, Cognitive Behavioral Counseling in Action. Beverly-Hill: Sage, 1989, p.86.

76) J. C. Quick and J. D. Quick, *Organizational Stress and Preventive Management*, N.Y.: McGraw-Hill, 1984, pp.8~9.

77) C. L. Cordes and T. W. Dougherty, "A Review and an Integration of Research on Job Burnout." *Academy of Management Review*, 1993, 18(4), pp.623~624.

78) J. M. I Ivancevich and M. T. Matteson, *Stress and Work*. Glenview, Ill. Scott, Foresman, 1980, p.145.

79) R. A. Baron, *Behavior in Organizations*. 2nd ed., Boston: Allyn and Bacon, 1986, p.223.

80) Hughes, Ginnett, and Curphy(1993), p.374~375

81) S. Jayaratne, D. Himle, and W. A. Chess, "Dealing with Work Stress and Strain: Is the Perception of support More Important than Its Use?" *Journal of Applied Behavior Science*, Supervisory Support. Group and Organization Studies, 1990, 15(1), pp.92~104.

82) 유근종, "목회자의 스트레스 요인의 분석과 대책에 관한 연구", 「실천신학 논단」, 한국실천신학회 편, 대한기독교서회, 1995. pp.316~323.

83) H. Mintzberg, *The Nature of Managerial Work*, N.Y.: Harper & Row, 1973.